Juden im Zeugenstand

Einband hinten:
Vergleiche Seite 12

Umschlaggestaltung: Tina Raccah

© Verlag HENTRICH & HENTRICH, Berlin und Teetz

Kein Teil dieses Buches darf ohne schriftliche Genehmigung
des Verlages in irgendeiner Form, durch Fotokopie,
Mikroverfilmung, Digitalisierung, Einspeisung in Datenbanken
oder Online-Diensten oder irgendein anderes Verfahren,
reproduziert oder in eine von Maschinen, insbesondere von
Datenverarbeitungsmaschinen, verwendbare Sprache
übertragen oder übersetzt werden.
Sollten Rechteinhaber nicht ermittelt worden sein,
bitten wir um Verständnis und nachträgliche Mitteilung
an den Verlag.

All rights reserved (including those of translation
into other languages).
No part of this book may be reproduced in any form,
by photoprinting, microfilm, digitalisation or communication
to the public in online-services or in other means,
nor transmitted or translated into a machine language
without written permission from the publishers.

Druck: Brandenburgische Universitätsdruckerei und
       Verlagsgesellschaft Potsdam mbH

1. Auflage 2009
Printed in Germany
ISBN 978-3-938485-97-2

Erika Schwarz

Juden im Zeugenstand

Die Spur des Hans Globke
im Gedächtnis der Überlebenden
der Schoa

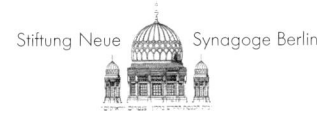

Schriftenreihe des Centrum Judaicum
Herausgegeben von Hermann Simon

Band 8

Stuckart-Globke / Kommentare zur deutschen Rassengesetzgebung

Reichsbürgergesetz
Blutschutzgesetz
Ehegesundheitsgesetz

C. H. Beck / München und Berlin

Erstausgabe der Kommentare zur deutschen Rassengesetzgebung, München und Berlin 1936

Inhalt

Vorwort *Hermann Simon*	6
Einleitung	9

Dokumente aus den Vernehmungen

1. Antisemiten an der Macht 1933 bis 1935	23
2. Entrechtete Staatsbürger Der 15. September 1935	37
3. Leben im Ungewissen 1936 bis Herbst 1938	59
4. Terrorisiert, beraubt, vertrieben November 1938 bis September 1939	92
5. Schwindende Lebensbasis September 1939 bis Juni 1941	129
6. In der Phase der »Endlösung« Juni 1941 bis 1945	143
7. Widerstand, Selbsthilfe, Solidarität	198
8. Leben nach der Schoa	236

Anhang

Register der Dokumente	249
Ortsregister	251
Liste der Dokumente aus Privatbesitz	256
Verzeichnis der Abkürzungen	260

Vorwort

Immer wieder finde ich es spannend und aufschlussreich, wenn historische Ereignisse erforscht und untersucht werden, an die ich mich selbst erinnere. Unwillkürlich vergleiche ich dann meine Erinnerung mit Erkenntnissen aus Darstellungen oder Akten. So ist es auch bis zu einem gewissen Grad bei dem Thema, das das vorliegende Buch behandelt.
Im Frühjahr und Sommer 1963, als in der DDR der Prozess gegen Hans Globke stattfand, war ich 14 Jahre alt. Bestimmt habe ich das Gerichtsverfahren gegen jenen NS-Juristen, der bereits im Oktober 1949 als Ministerialdirigent ins Bundeskanzleramt berufen und zur »Grauen Eminenz der Bonner Republik«[1] wurde, aufmerksam verfolgt, war ich doch regelmäßiger Zeitungsleser. Und die DDR-Presse berichtete ausführlich. Dennoch erinnere ich mich an den Vorgang nur schwach.
Den Steckbrief, der auf der Einbandrückseite dieses Buches abgebildet ist, sehe ich jedoch noch deutlich vor mir, denn er war als Plakat an die Litfaßsäulen Ost-Berlins geklebt worden.
Interessanterweise ist der Eichmann-Prozess, der zwischen dem 11. April und 15. Dezember 1961 in Jerusalem stattfand, wesentlich präsenter in meiner Erinnerung als der gegen Globke vor dem Obersten Gericht der DDR, der mit der Urteilsverkündung am 23. Juli 1963 seinen Abschluss fand.
Inzwischen ist über diesen propagandistischen Prozess im Zeitalter des Kalten Krieges viel geschrieben worden,[2] ebenso über den damals angeklagten Hans Globke. So muss beides weder Gegenstand des Buches sein noch in meinem Vorwort in extenso eine Rolle spielen.
Der Prozess gegen Globke in Ost-Berlin wurde intensiv vorbereitet. So auch durch hunderte Vernehmungen von ehemals Verfolgten.
Darauf, dass eine große Anzahl dieser Befragungsprotokolle, und zwar der von »DDR-Juden«, erhalten geblieben ist, wies mich als erster Thomas Jersch (Berlin) in den Jahren 1998/99 hin. Wir waren gerade mit der Vorbereitung der Ausstellung »Juden in Berlin 1938–1945« beschäftigt. In diesem Zusammenhang hat dann auch die Kuratorin dieser Exposition, Beate Meyer, das Material – Jersch kannte nur die Überlieferung in der Gauck-Behörde – eingesehen und im Hinblick auf eine ganz bestimmte Fragestellung ausgewertet und publiziert.[3]
Vorliegender Band wertet nun erstmals alle damals entstandenen Protokolle der Befragungen von 636 in der DDR ansässigen Juden – mitunter auch von ihren Angehörigen –[4] vollständig aus. Die Verfasserin, Erika Schwarz, leistet so einen wertvollen Beitrag zur weiteren Erhellung des Alltags der im Deutschen Reich lebenden Juden während der Jahre von 1933 bis 1945.
Unter den befragten Zeugen des Geschehens sind Menschen, die ich persönlich gut kannte und die mir nun in den Akten bzw. der Darstellung der Autorin begegnen.

Die Frage, warum kein Fall bekannt ist, dass einer der Befragten in seinem Familien- bzw. Bekanntenkreis über die mitunter oft langen Vernehmungen gesprochen hat, konnte bisher für mich nicht einleuchtend beantwortet werden. Ich gehe davon aus, dass dies mit Nachdruck untersagt worden sein muss. Anders ist das Schweigen in den mir bekannten Familien nicht zu erklären, gerade weil, bedingt durch das Verfolgungsschicksal, die Eltern-Kind-Beziehung eine ganz besondere war.
Ich denke zum Beispiel an Sally Simoni, den »gewissenhaften Schneider«, wie über seinem Laden in der Pankower Berliner Straße jahrzehntelang zu lesen war. Auch er wurde befragt; das Protokoll ist überliefert.[5] Mit seinem Sohn Benno bin ich im Jahre 1955 eingeschult worden. Er, dessen Vater im engsten Familienkreis seine Verfolgung thematisierte – ja einmal sogar, etwa 1965, ausführlich in meiner Gegenwart – hat die Befragung in Vorbereitung des Globke-Prozesses niemals erwähnt. Sein Sohn kann sich dies nur damit erklären, dass sein Vater über die Vernehmung »zum Stillschweigen verpflichtet wurde«.[6] Beweisbar ist dies allerdings nicht.[7]

Unklar ist, warum Menschen, die durchaus etwas hätten beisteuern können, nicht befragt worden sind. Andererseits wissen wir nicht, ob ehemals Verfolgte es abgelehnt haben, ihre Erinnerungen zu Protokoll zu geben, geschweige denn, als Zeuge in einem Prozess aufzutreten. Beides wäre im Falle meiner Mutter, Marie Simon, vorstellbar.
Interessant ist in diesem Zusammenhang die Äußerung einer Respektsperson meiner Kindheit und Jugend, des Berliner Arztes Erich Cohn, über dessen Zeugenvernehmung in den Akten folgender, äußerst ungelenk formulierter Vermerk überliefert ist: »Herr Dr. Cohn, welcher eine medizinische Orthopädie ausübt, war sofort bereit zur Zeugenaussage… In der weiteren Aussprache nannte er mir den Namen der Frau Dr. Marie Simon, Dozentin an der Humboldt-Universität (Geschichte für Philosophie).
Frau Simon hat in der Nazizeit illegal als Jüdin in Deutschland gelebt. Sie wohnt in Pankow. Dr. Cohn möchte nicht, daß es bekannt wird, daß er ihren Namen bei uns genannt hat.«[8]
Erich Cohn, der bekannte Ost-Berliner Orthopäde und lange Zeit gewählter Vertreter der Ost-Berliner Jüdischen Gemeinde,[9] war ein guter Bekannter meiner Eltern. Die Eheleute Cohn und Simon besuchten sich häufig; zwischen beiden herrschte ein Vertrauensverhältnis.
Warum Erich Cohn nicht wollte, dass meine Mutter von der Nennung ihres Namens – als mögliche Zeugin – erfährt, ist mir vollkommen unerklärlich.
Erich Cohn war nur einer von vielen Verfolgten, die in Vorbereitung des Prozesses befragt wurden; Zeuge wurde er schließlich nicht. Dennoch sind auch seine Angaben für die Forschung von großem Interesse.
Alle Aussagen wurden zu einer Zeit gemacht, als die Erinnerungen noch außerordentlich frisch und viele Details präsent waren. Überdies gab es kaum

Berichte anderer Überlebender der Schoa in gedruckter Form, so dass die Zeugen im Wesentlichen ihr eigenes Erleben schilderten.

Die überkommene Überlieferung hat in Deutschland mit Sicherheit nicht ihresgleichen, auch wenn die Befragungen unter bestimmten politisch-ideologischen Prämissen erfolgten.

Erika Schwarz ist zuzustimmen, wenn sie schreibt, dass das von ihr ausgewertete Material »eine wahre Fundgrube« darstellt. Wir sind ihr dankbar, dass sie die Ausführungen der »Juden im Zeugenstand« akribisch ausgewertet hat.

Hermann Simon
Direktor der Stiftung
Neue Synagoge Berlin – Centrum Judaicum

1 Jürgen Bevers, Der Mann hinter Adenauer. Hans Globkes Aufstieg vom NS-Juristen zur Grauen Eminenz der Bonner Republik, Berlin 2009.
2 Vgl. z. B. Christian Dirks, »Die Verbrechen der anderen«. Auschwitz und der Auschwitz-Prozeß der DDR: Das Verfahren gegen den KZ-Arzt Dr. Horst Fischer, Paderborn 2006, S. 70ff.
3 Beate Meyer, Die Inhaftierung der »jüdisch Versippten« in der Berliner Rosenstraße im Spiegel staatsanwaltschaftlicher Zeugenvernehmungen in der DDR, in: Jahrbuch für Antisemitismusforschung 11, hrsg. von Wolfgang Benz für das Zentrum für Antisemitismusforschung der Technischen Universität Berlin, Berlin 2002, S. 178ff.
4 Der Buchtitel »Juden im Zeugenstand« steht auch stellvertretend für die Zeugen, die selbst keine Juden waren (etwa 80), aber treu zu ihren jüdischen Partnern standen und über das gemeinsam Erlittene aussagen konnten.
5 BStU, MfS ASt, I-7/63, Bd. 40, Bl. 31ff.
6 E-Mail von Benno Simoni 20.9.2009.
Sally Simoni (1905-1989) war zur Zeit der Befragung Vorstandsmitglied der Ost-Berliner Jüdischen Gemeinde. Vgl. auch Inge Lammel, Jüdische Lebenswege. Ein kulturhistorischer Streifzug durch Pankow und Niederschönhausen. Teetz, Berlin. Hentrich & Hentrich 2007, S. 213f.
7 Vgl. hierzu die Ausführungen der Autorin, die anderer Meinung ist (S. 15).
8 Vermerk von Hauptmann der VP Schuster 9. Mai 1963. BStU, MfS ASt I–7/63, Bd. 36, Bl. 236.
9 Vgl. Sabine Hank, Das Leben des jüdischen Arztes Dr. Erich Cohn [1909–1995] als ein typisches Schicksal im 20. Jahrhundert – Findbuch zum Nachlaß [im Archiv des Centrum Judaicum] mit biographischer Einleitung. Diplomarbeit Fachbereich Archivwesen der Fachhochschule Potsdam, März 1996 (Manuskript).

Einleitung

Am 8. Juli 1963 begann in Berlin-Ost, der damaligen Hauptstadt der Deutschen Demokratischen Republik, ein Gerichtsverfahren, das weltweit Aufmerksamkeit erregte. Die Staatsanwaltschaft des ostdeutschen Staates klagte einen der höchsten Beamten des anderen deutschen Staates, der Bundesrepublik Deutschland, in Abwesenheit an. Gewicht bekam der Prozess gegen den als Ministerialdirigenten im Bundeskanzleramt, seit 1953 als Staatssekretär unter Konrad Adenauer wirkenden, Dr. Hans Josef Maria Globke[1] aber erst durch die Begründung der Anklage. Der ehemalige Ministerialrat des Reichs- und Preußischen Ministeriums des Innern wurde beschuldigt, »in Berlin und anderen Orten in der Zeit von November 1932 bis 1945 gemeinschaftlich mit anderen fortgesetzt handelnd Menschlichkeits- und Kriegsverbrechen begangen und dadurch an der Vernichtung ganzer Völkergruppen und von Millionen Menschen mitgewirkt zu haben«.[2] Verstärkt wurde das Interesse an dem Gerichtsverfahren dadurch, dass zwei Jahre zuvor, vom 11. April bis 15. Dezember 1961, in Jerusalem Adolf Eichmann vor Gericht gestanden hatte, zum Tode verurteilt und am 1. Juni 1962 in Ramle bei Tel Aviv hingerichtet worden war.
Der Globke-Prozess war noch lange nach seinem Stattfinden Gegenstand des Interesses von deutschen und ausländischen Publizisten, Historikern und Journalisten. Seine Erwähnung nahm selbst noch nach dem Ende der DDR erneut zu. Das war Folge des politisch geleiteten Wunsches, zu verwertbaren Sichten auf die Geschichte des ostdeutschen Staates zu gelangen. Historiker begannen nach 1990, DDR-Akten intensiv zu durchleuchten und stellten heraus, dass das Verfahren von seiner Idee und Vorbereitung an, einer politischen Aktion zuzuordnen wäre. Beabsichtigt gewesen sei, den deutschen Weststaat und insbesondere dessen Regierung in den Augen der Weltöffentlichkeit herabzusetzen und demgegenüber das eigene Staatswesen als bedingungslos antifaschistisch zu erweisen. Es ist unbestritten, dass in der DDR mit erheblichem personellen und finanziellen Aufwand im Verlaufe von Jahren intensiv daran gearbeitet wurde, beweiskräftiges und gerichtlich nutzbares Material gegen Globke zusammenzutragen.
Politisches Gewicht aber bekam der Prozess eben erst durch die Tatsache, dass der erste Kanzler der BRD, Konrad Adenauer, einen Mann mit dieser Vergangenheit für geeignet hielt, als seine rechte Hand zu fungieren und ihn an die Spitze seiner eigenen Regierungsbehörde gestellt hatte. Unter den Bedingungen des Kalten Krieges nutzte somit der ostdeutsche Staat diesen Umstand, um mit einem Gerichtsverfahren besonderer Art seine Haltung zu Kriegsverbrechen und Verbrechen gegen die Menschlichkeit, wie sie in den Nürnberger Prinzipien verankert sind, zu demonstrieren und den Angeklagten in Übereinstimmung mit unverjährbaren international zwingenden Rechtsnormen zu bestrafen. Globke als Privatier in einer Kleinstadt oder einem Kurort der Bundesrepublik lebend, wäre in niemandes Urteil, der seine ver-

gangene Rolle kannte, ein Ehrenmann, aber doch in jedermanns Augen uninteressant gewesen. Es lebten 1963 zwischen Saar und Elbe, den Alpen und der Nordsee hinauf bis in die Ränge ehemaliger Reichsminister viele einstige Führungskräfte und hohe Beamte des »Dritten Reiches« auf freiem Fuß, nachdem sie aus Internierung oder Haft entlassen worden waren. Manche bezogen Staatspensionen. Niemand tat ihrer früheren Tätigkeit noch Erwähnung, geschweige denn, dass ihnen irgendeine Aufmerksamkeit zugewandt worden wäre. Die aber kam einem Mann an der Seite eines deutschen Regierungschefs zu.

Die Gerichte der Bundesrepublik hatten natürlich die Möglichkeit, ihrerseits gegen Globke vorzugehen, zudem sich ihnen dazu Gelegenheiten boten, namentlich 1960/61, als der Westberliner Student Reinhard-M. Strecker akribisch gesammeltes Beweismaterial gegen Globke in einer Dokumentation »Dr. Hans Globke. Aktenauszüge, Dokumente« öffentlich in einer Publikation vorlegte, die der Verlag Rütten & Loening, Hamburg, herausbrachte. Globke seinerseits hatte sich vordem vergeblich bemüht, deren Erscheinen zu verhindern, wofür er bei Gericht eine sofortige einstweilige Verfügung ohne mündliche Verhandlung beantragte. Dieser Antrag blieb unbearbeitet. Erst als er wiederholt wurde, beraumte das Gericht für September 1961 ein Verfahren an. Dieser Zeitpunkt lag nach den Wahlen zum Bundestag. Die damit verbundene Absicht misslang. 14 Tage vor der Wahl konnte das Buch unerwartet in allen Buchhandlungen der Bundesrepublik und Westberlins gekauft werden.[3]

Gleichzeitig war der Hessische Generalstaatsanwalt Dr. Fritz Bauer mit der Vorbereitung eines Prozesses gegen Globke befasst. Dafür stand ihm auch Material zur Verfügung, das aus der Generalstaatsanwaltschaft der DDR stammte.[4] Bauer war es jedoch aufgrund der in der Bundesrepublik vom Bundesgerichtshof in Karlsruhe ausschließlich praktizierten Rechtslage von 1871 nicht möglich, Anklage zu erheben. Erst als sicher war, dass Globke in der Bundesrepublik unangeklagt bleiben würde, verstärkte der ostdeutsche Staat seine Bemühungen und entschloss sich zu eigenem Vorgehen, das sich auf die unverjährbaren Nürnberger Prinzipien stützte.[5]

***

Auf den Seiten dieses Buches wird die Geschichte des Globke-Prozesses nicht erneut dargestellt. Das ist angesichts der jedermann zugänglichen Literatur überflüssig.[6] Unser Anliegen ist begrenzter. Behandelt wird die Vorgeschichte des Prozesses und auch davon nur der Teil seiner Vorbereitung durch politische und juristische Staatsorgane der DDR. Der Vorgang, auf den wir uns beziehen, entsprang der Idee, im ostdeutschen Staat Lebende nach ihren persönlichen Erfahrungen aus der Zeit ihrer Verfolgungen, Vertreibungen und des Massenmordens zu befragen und das mit dem Ziel, prozessverwertbare Angaben zu erhalten, mit denen sich das dokumentarische Material der Anklage gegen Globke ergänzen und erhärten ließ. Globke hatte als leiten-

der Beamter Gesetze, Verordnungen und schriftliche Kommentare erarbeitet und verfasst, die Menschen auf der Grundlage von rassistischen Kriterien als Juden kennzeichneten und sie zu minderwertigen Bürgern deklarierten. Das machte ihn zum Beteiligten daran, dass Millionen Juden im Reich und in den besetzten Gebieten verfolgt, ihrer Existenz beraubt und ermordet worden waren.
Mehr als 600 DDR-Bürger, ihre Bereitschaft zur Aussage vorausgesetzt, wurden entlang vorgegebener Richtlinien nach ihren Erlebnissen in den Jahren der faschistischen Diktatur befragt. Die Zeugnisse aus dieser Enquete sind nahezu verlustlos überliefert. Sie werden, nachdem sie bisher Forschern in Auswahl als Untersuchungsmaterial dienten[7], hier erstmalig vollständig und systematisch ausgewertet. Die Zahl der protokollierten Gespräche erlaubt, von einer repräsentativen Umfrage zu sprechen, wenn dabei berücksichtigt wird, dass die wenigen, die die antisemitische Ausrottungspolitik überlebten, von der nazistischen Bürokratie zu einem erheblichen Teil nach NS-Terminologie in »Mischehen« gelebt oder als »Mischlinge« gegolten hatten.

***

Nachdem der Generalstaatsanwalt der DDR Josef Streit[8] am 3. April 1963 gegen Dr. Hans Josef Maria Globke ein Ermittlungsverfahren eingeleitet hatte, machte ein »Steckbrief« öffentlich bekannt, dass die zuständigen Behörden der DDR Hinweise zur Ergreifung des Täters oder zur weiteren Aufklärung der von ihm begangenen Verbrechen entgegen nehmen würden.[9] Es begann eine intensive Suche nach Zeugen im Inland und Ausland. Die Resonanz war beträchtlich. Betroffene meldeten sich bei der Generalstaatsanwaltschaft und wurden in die Liste zu hörender Personen aufgenommen. Diese wurde dadurch ergänzt, dass Zeugen bei ihren Vernehmungen zudem auf Familienmitglieder, Verwandte und Bekannte verwiesen, die wenn notwendig ebenfalls befragt wurden. Weitere Ergänzungen ließen sich vornehmen, als Jüdische Gemeinden in der DDR anhand ihrer Mitgliederlisten Personen benannten, deren Zeugenschaft von Belang sein konnte.[10] Weitere Hinweise gaben die überlieferten Anträge auf Anerkennung als Opfer des Faschismus.
Sodann führten vom 2. Mai bis zum 7. Juli 1963 73 Staatsanwälte und 48 Angehörige der VP in 13 Bezirken der DDR Befragungen durch. Einige der geladenen Zeugen hatten über ihr Wissen und Erleben schon in anderen offiziellen Zusammenhängen berichtet[11] und die Öffentlichkeit über ihr Schicksal informiert.[12] Diesmal aber unterschied sich die an sie ergangene Aufforderung nach Motiven und Ziel. Wie glimpflich Täter der Judenverfolgung und des Judenmords bis dahin in der Bundesrepublik weggekommen waren, hatten sie alle zur Kenntnis genommen. Diesen Zustand abzuändern, stimmte mit den Interessen und Bedürfnissen vieler überein. Welche Stellung sie immer zu den verschiedensten Fragen der deutschen Nachkriegspolitik haben mochten, dass ein Mann wie Globke nicht unbestraft davon kommen sollte, entsprach ihrem

Steckbrief

Auf Grund des Haftbefehls des Stadtbezirksgerichts Berlin-Mitte vom 23. April 1963 wird nach dem ehemaligen Ministerialrat im faschistischen Reichsinnenministerium und jetzigen Staatssekretär im Bundeskanzleramt der Bundesrepublik

Dr. Hans Josef Maria GLOBKE

geb. am 10. 9. 1898 in Düsseldorf,

der sich außerhalb des Gebietes der Deutschen Demokratischen Republik aufhält, gefahndet.

PERSONENBESCHREIBUNG: ca. 170 cm groß, kräftige Figur, graumeliertes Haar, Brillenträger.

Dr. Globke ist dringend verdächtig,

als langjähriger leitender Mitarbeiter des faschistischen Reichsinnenministeriums maßgeblich an der Vorbereitung und Durchführung der faschistischen Verbrechen, die zur Ermordung von Millionen jüdischer Bürger und Angehöriger anderer Völker führten, mitgewirkt zu haben.

Hinweise, die zur Ergreifung des Täters führen oder der weiteren Aufklärung der Verbrechen dienen, werden von jeder Dienststelle der Staatsanwaltschaft der Deutschen Demokratischen Republik entgegengenommen.

Der Generalstaatsanwalt der DDR
Berlin N 4, Scharnhorststraße 37

Original: Privatbesitz Carlos Foth

Wunsch und Rechtsverständnis. Das bedeutete nicht, dass sie mit ihren Aussagen auch öffentlich hervorzutreten wünschten. Eher war in den meisten Fällen leitend, dass ihnen ihr denkbarer Beitrag, Recht und Gesetz Geltung zu verschaffen, auch eine persönliche Befriedigung bedeutete.

Als Zeugen erschienen vor den Behörden der DDR 336 Frauen und 300 Männer.[13] Viele wurden, um ihnen angesichts ihres Alters und ihrer gesundheitlichen Leiden Strapazen zu ersparen, in ihren Wohnungen aufgesucht. Andere folgten der Einladung in Büros der Staatsanwälte sowie in VP-Dienststellen, BdVP, VP-Inspektionen, Abt. K oder VPKA.[14] Von den 636 Protokollen entstanden in den Bezirken Berlin 253 (nach der Territorialstruktur der DDR besaß Berlin-Ost den Status eines Bezirkes), Dresden 28 (heutige Zugehörigkeit: Land Sachsen), Erfurt 70 (Thüringen), Frankfurt/Oder 23 (Brandenburg), Gera 2 (Thüringen), Halle 2 (Sachsen-Anhalt), Karl-Marx-Stadt 18 (Sachsen), Leipzig 96 (Sachsen), Magdeburg 75 (Sachsen-Anhalt), Potsdam 54 (Brandenburg), Rostock 2 (Mecklenburg-Vorpommern), Schwerin 12 (Mecklenburg-Vorpommern), Suhl 1 (Thüringen). In den Bezirken Cottbus (Brandenburg) und Neubrandenburg (Mecklenburg-Vorpommern) fanden keine Befragungen statt.[15]

Als Leitfaden der Befragungen diente eine von der Generalstaatsanwaltschaft herausgegebene fünfseitige »Anleitung«[16], die das unterschiedliche Wissen der Staatsanwälte und der VP-Angehörigen berücksichtigte und es ihnen ermöglichte, die Berichte der Zeugen historisch einzuordnen. Doch gab es auch Staatsanwälte, wie Horst Reizmann in Potsdam, der selbst zu den Verfolgten gehörte. Er war als »Mischling« zur Zwangsarbeit befohlen worden.[17] Als Ziel der Vernehmungen wurde genannt, »die Verbrechen der Faschisten und insbesondere des Bonner Staatssekretärs Dr. Hans Globke an den jüdischen Bevölkerungsteilen Deutschlands und anderer Staaten umfassend aufdecken zu helfen«. Vor der Befragung sollte jedem Zeugen eine Information über die bis dahin bekannte Mittäterschaft Globkes an der Verfolgung der Juden gegeben werden. Darüber hinaus wurden für die spätere Auswertung der Gespräche und der zu erstellenden Protokolle »methodische Hinweise« formuliert. Die Antworten sollten wörtlich protokolliert, die Protokolle ein sauberes Schriftbild aufweisen und in 4-facher Ausführung[18] an die Oberste Staatsanwaltschaft, Abteilung I, über die Abteilungsleiter I der Bezirke übersandt werden. Den Bezirken Schwerin und Erfurt wurde der 10. Mai 1963, den Bezirken Dresden, Karl-Marx-Stadt, Magdeburg der 13. Mai 1963 und dem Bezirk Leipzig der 15. Mai 1963 als Termin aufgegeben. Nach jeder Vernehmung war ein »Aktenvermerk«[19] anzufertigen, der besagte, ob der oder die Befragte beweiskräftige Fakten vorlegen könne, ob sie psychisch und physisch in der Lage wären, vor Gericht aufzutreten, ob sie weitere Personen im In- und Ausland benennen können, die bereit wären, ebenfalls Aussagen zu machen und ob sie aufgrund ihrer Erfahrungen bereit sein würden, sie dazu anzuregen.

Danach folgte ein »Fragespiegel«, der die Vernehmung strukturieren sollte:
»1. Welche gesellschaftliche und berufliche Stellung hatten Sie zu Beginn des Jahres 1933 inne und welchen Repressalien waren Sie bzw. Ihre Angehörigen durch die verschiedensten faschistischen Partei- bzw. Staatsorgane ausgesetzt?
2. Welche konkreten Diffamierungs- und Verfolgungsmaßnahmen wurden gegen Sie bzw. Ihre Angehörigen durchgeführt?
3. Welche Partei- oder Staatsdienststellen des faschistischen Reichs oder Mitarbeiter dieser Dienststellen beteiligten sich an der Einleitung bzw. Durchführung der obengenannten Diffamierungs- oder Verfolgungsmaßnahmen?
4. Welche »gesetzlichen Bestimmungen« wurden von den örtlichen oder den sog. Reichsdienststellen zum Anlass der gegen Sie bzw. Ihre Angehörigen eingeleiteten Diffamierungs- und Verfolgungsmaßnahmen genommen?
5. Sind Sie oder Ihre Angehörigen heute noch im Besitz von Unterlagen, die die Verbrechen des faschistischen Terror-Regimes entlarven helfen können und um welche Unterlagen handelt es sich dabei?
6. Welche Verbrechen des faschistischen Terror-Regimes, insbesondere im Zusammenhang mit der Verfolgung und Ausrottung von jüdischen Bürgern, gleich welcher Nationalität, wurden Ihnen weiterhin bekannt?«

Diesem Leitfaden wurde wie die Protokolle ausweisen mit geringfügigen Ausnahmen[20] gewissenhaft gefolgt. Für die Anfertigung der Niederschriften standen den Staatsanwälten und VP-Angehörigen nicht immer Sekretärinnen zur Verfügung, so dass diese mitunter wie z. B. Staatsanwalt Max Erben den Text eigenhändig in die Maschine schrieben. Verwendet wurde meist das übliche vorgedruckte Deckblatt »Vernehmung eines Zeugen«. Auf ihm sind Ort und Datum und Dauer der Vernehmung, persönliche Angaben des Zeugen sowie der Name des Vernehmenden vermerkt. Am Ende des Blattes werden Rechtsbelehrungen aus der Strafprozessordnung der DDR formuliert, aus denen der Zeuge entnehmen konnte, dass seine Angaben der Wahrheit entsprechen müssten und er verpflichtet werden könnte, sie auch vor Gericht zu machen. Wie in der juristischen Praxis üblich, formulierte der Vernehmende den Protokolltext, der die Aussagen der Zeugen nicht wörtlich wiedergab. In ihm finden sich Begriffe und Wortkonstruktionen, die nicht aus dem Munde der Zeugen stammten, die ihrerseits zur Kennzeichnung der vergangenen Wirklichkeit unterschiedliche Begriffe benutzten.[21] Den Zeugen wurde die Endfassung dieses Protokolls vorgelegt, dessen Richtigkeit sie dadurch bestätigten, dass sie zumeist am unteren Rand jedes Blattes und am Ende des Gesamttextes unter dem Vermerk: »Vorgelesen, genehmigt, unterschrieben« ihre Unterschrift setzten. Der Grad der juristischen Bedeutsamkeit der Aussagen, die während der Anhörungen, die zwischen 30 Minuten und bis zu fünf Stunden dauerten und in Protokollen mit einem Umfang von zwei bis mehr als zehn Seiten festgehalten wurden, unterschied sich naturgemäß.

Der älteste Befragte war 1875, der jüngste 1940 geboren worden. 236 gehörten den Geburtsjahrgängen zwischen 1890 und 1899 an, waren 1963 also zwischen 64 und 73 Jahre alt. 180 hatten ein Alter zwischen 54 und 63 und 75 zwischen 43 und 34 Jahren erreicht. Das bedeutete, dass zum Zeitpunkt der vorliegenden im Jahre 2004 begonnenen Untersuchung der größte Teil dieser Zeugen nicht mehr lebte. Wer noch lebte, wessen Aufenthalt sich ermitteln ließ und wer sich zu einem Gespräch mit der Autorin bereit erklärte, ist in der Absicht aufgesucht worden, Einzelheiten über den Hergang der Befragungen und deren Atmosphäre und Wirkungen zu erfahren und aufzuklären, wie sich aus der Rückschau die eigene Erinnerung und der nach Jahrzehnten wieder gelesene Protokolltext zueinander verhalten. Zudem stellten sich aufgefundene Nachkommen für ein Gespräch zur Verfügung, das sich auf das innerfamiliäre Echo der Zeugenschaft vor den DDR-Behörden richtete. Dass im folgenden in wenigen Fällen Personen, die das Anliegen förderten, namentlich nicht genannt werden, entspricht deren Bitte. Insgesamt haben diese Begegnungen und Gespräche, so interessant sie im einzelnen waren, im Ganzen nur zu einem Teilziel führen können.

Kein Zeuge konnte sich noch an seine Vernehmung aus dem Jahre 1963 erinnern. Erst die Vorlage des Protokolls mit einst geleisteter Unterschrift überzeugte die Frauen und Männer von der Tatsächlichkeit dieser Episode ihres Lebens. Noch überraschender war für die Nachkommen oder andere Familienmitglieder, dass sie nichts über die juristische Befragung des Vaters, der Mutter, des Bruders oder der Schwester erfahren, die Zeugen also ihre Familien darüber nicht informiert hatten. Nun fragten sie sich, nach den Ursachen dieses Schweigens, das freilich damit korrespondierte, dass Einzelheiten aus dem Erleben aus der Zeit der ärgsten und toddrohenden Verfolgungen in diesen ihren Familien selten oder nie Inhalt von Gesprächen war. Niemand vermutete oder unterstellte, dass den Befragten von Amts wegen Stillschweigen auferlegt worden wäre, wofür den Vernehmenden auch jede juristische Grundlagen gefehlt haben würde. Zudem widerspricht dies jeder Geheimhaltungsabsicht, dass die Befragungen im Vorfeld des Globke-Prozesses öffentlich gemacht wurden. Schon einige Tage vor der Übersendung der Anklageschrift an Globke[22], die am 13. Juni 1963 auf dem Postweg erfolgte, informierte eine Pressemeldung, dass 78 Bürger aus dem Bezirk Magdeburg ihre Aussagen zu Protokoll gegeben und belastendes Material übergeben hätten.[23] Eine andere teilte mit, dass seit der Einleitung des Ermittlungsverfahrens 650 Personen als Zeugen gehört worden sind.[24]

Wie die Gespräche der Autorin mit den Nachkommen erkennen ließen, wurde in den jüdischen Familien anderthalb Jahrzehnte nach dem Ende der Drohungen und Verfolgungen und des Überlebens in sehr unterschiedlicher Intensität von jenen Einzelheiten geredet. Während die einen sich fragten, warum sie in den Texten der Protokolle Tatsachen nicht erwähnt fanden, die ihnen aus Erzählungen bekannt waren, wunderten sich andere darüber, dass sie aus eben diesen Protokollen von Geschehnissen erfuhren, über die nie gesprochen worden war. Dieses Berichten oder Beschweigen hatte jeder für sich entschieden und vielfach spielte in diese Entscheidungen der Vorsatz hinein, Kinder und andere Angehörige von deren neu gegründeten Familien nicht mit den Bildern des Leidens und den untilgbaren Empfindungen ihrer Traurigkeit zu belasten. Hinzu kamen äußere Umstände. Ältere Zeugen lebten 1963 allein und allen stellte der Lebensalltag seine Forderungen.

Die eingehendere Bewertung der Protokolle aus der Sicht des Historikers wird auch dadurch möglich, dass sie Angaben zu Berufen und Tätigkeiten enthalten. Demnach entstammten die Befragten sozialen und familiären Verhältnissen, die den Durchschnitt der deutschen Gesellschaft der frühen dreißiger Jahre darstellen. 1933 besuchten 50 Zeugen noch Schulen und ungefähr 14 absolvierten eine Lehre oder ein Studium. Von den Frauen besorgten etwa 35 Prozent den Familienhaushalt. Mehr als 80 Männer und Frauen waren Inhaber eines Geschäfts oder eines kleinen Betriebes. Annähend 50 Zeugen zählten zu den Lohnarbeitern, einige von ihnen hatten sich politisch in Arbeiterparteien (SPD und KPD) oder in der Gewerkschaft betätigt. Über 15 waren zu diesem Zeitpunkt arbeitslos. Etwa 40 Zeugen leiteten Betriebe bzw. Betriebsabteilungen oder arbeiteten als Vertreter großer Unternehmen und Firmen. Ungefähr 20 bezeichneten sich als Angestellte. 25 waren im Schneiderhandwerk beschäftigt, 27 als Verkäufer, sieben als Stenotypistinnen und vier als Friseure. Schließlich waren unter ihnen sechs Ärzte, ein Rechtsanwalt und ungefähr 15, die einen künstlerischen Beruf ausgeübt hatten. Andere arbeiteten als Taxifahrer, Lehrer, im Gaststätten- oder Kürschnergewerbe, als Gärtner, als Referendar oder als Korrespondentin.

Zu einem erheblichen Teil besaßen sie aus den Jahren der Verfolgung gemeinsame oder einander ähnliche Erfahrungen. Jedoch waren ihre Biographien vielfach durch lokale Verhältnisse und momentane Situationen, soziale und familiäre Charakteristika, eigenes Orientierungs- und Reaktionsvermögen, physische und psychische Widerstandsfähigkeit sowie durch die erlebte oder fehlende Solidarität Dritter geprägt worden. Vor allem aber durch die Kategorisierung, die die faschistischen Antisemiten wie Globke ihnen aufgezwungen hatten. Sie sortierte Juden und solche, die als Juden »galten«, in verschiedene Verfolgtengruppen ein. Die Mehrzahl der Zeugen hatte Schikanen und Verfolgungen als Zugehörige einer »Mischehe« erlebt, eine Zuordnung, die ihnen verglichen mit dem Schicksal anderer Juden als »Glücksumstand« vorkam und mit der sich der Dank an ihre nichtjüdischen Ehepartner verband, die zu ihnen gehalten hatten. 56 Zeugen waren weiteren Verfolgungsmaßnahmen entkommen, weil sie untertauchen konnten und illegal überlebten. Einigen gelang die Flucht aus Haftstätten, andere begaben sich in einen anderen Wohnort, wo es ihnen gelang, eine neue Identität anzunehmen.

156 Zeugen waren kurze oder längere Zeit, manche mehrmals in Konzentrationslagern gefangen gehalten worden. Ungefähr 12 Zeugen berichteten, dass

sie allein oder mit ihren Familien in Ghettos hatten leben müssen. Nur 25 Befragte konnten Deutschland rechtzeitig verlassen, wovon acht nach China auswanderten. Die meisten unter ihnen fanden in Shanghai Asyl. Andere konnten nach Holland, Frankreich, Italien, England, Palästina, in die Sowjetunion, nach Brasilien, Bolivien, in die USA, Kuba und Südafrika emigrieren.

Auch 18 Jahre nach der Befreiung konnten die Zeugen über ihre Schicksale nur unter äußersten Schwierigkeiten reden. Auf ihnen lasteten die Erlebnisse und Qualen in den Konzentrationslagern derart, dass sie unfähig waren, über deren Details zu sprechen. Manches wichtige Ereignis blieb daher unerwähnt oder konnte nur in Umrissen oder Andeutungen wiedergegeben werden.[25] Andere Befragte waren, wie Aktenvermerke der Vernehmenden erkennen lassen, außerstande, über den Ablauf des Geschehens geordnet zu berichten. Zahlreiche vernommene Zeugen schilderten dagegen klar, was ihnen widerfahren war. Sie rekonstruierten z. B. detailliert den Alltag in Konzentrationslagern, beschrieben ihre Peiniger und deren Taten bis in Einzelheiten. Sie vermochten Namen von Tätern zu nennen, die sie in Gefängnissen, Sammellagern, auf Polizeidienststellen oder anderen staatlichen Einrichtungen und Ämtern schikaniert und beleidigt hatten. Mehrfach stand das Schicksal ganzer Familien im Mittelpunkt der Berichte und die Trauer um ermordete Angehörige.

Trotz der erwähnten Einschränkungen hatten sich die nahezu 20 Jahre zurückliegenden Eindrücke erhalten. Sie waren damals auch noch nicht durch die vielen anderen von Leidensgenossen und die Verallgemeinerungen der frühen Forschungen zur Geschichte der Judenverfolgungen überlagert und besaßen so einen hohen Grad an Unmittelbarkeit. Eigene Erlebnisse hatten sich nicht mit denen anderer vermischt und das Berichtete besaß ein großes Maß von Subjektivität. Die Zeugen schilderten meist ohne zu erläutern und zu interpretieren. Zwar vermochten die Befragten Gesetze und Bestimmungen zu benennen, die sich gegen sie gerichtet hatten, doch deren jeweiliger Platz im Verfolgungsprozess und mithin ihre Rolle als Opfer in ihm war keineswegs allen gegenwärtig.

Zahlreiche Zeugen verwiesen die Vernehmenden auf in ihrem Privatbesitz befindliche Dokumente. Es lag in deren Ermessen, solche Angebote anzunehmen, davon Kopien zu fertigen und sie dem Protokoll beizufügen oder diese nur zu vermerken, damit später darauf zugegriffen werden konnte. Insgesamt wurden 117 Aussagen persönliche Dokumente beigelegt.[26] Die vorliegende Dokumentation gibt 66 davon im Druck wieder. Viele lassen einen entlarvenden Einblick in die Bürokratie der Rassisten bis in deren unterste Verwaltungsstufen zu. Zusätzlich haben der Autorin Nachkommen aus dem Nachlass der Verfolgten Dokumente zur Verfügung gestellt.[27] Aus den Vernehmungsunterlagen geht weiter hervor, dass Originale persönlicher Papiere bei der Generalstaatsanwaltschaft hinterlegt worden waren und nach Beendigung des Prozesses an die Eigentümer zurückerstattet wurden.[28]

28 der 636 Befragten, 19 Männer und neun Frauen, traten in der Beweisaufnahme, die am zweiten Verhandlungstag, am 9. Juli, begann, gegen Globke auf. Sie gehörten zu einer größeren Zeugengruppe von Verfolgten aus Polen (fünf), Israel (zwei), Frankreich (sechs), der CSSR (acht), der UdSSR (acht) und Holland (zwei). Am 23. Juli 1963 wurde Hans Josef Maria Globke wegen in Mittäterschaft begangenen fortgesetzten Kriegsverbrechens und Verbrechens gegen die Menschlichkeit, in teilweiser Tateinheit mit Mord, gemäß Artikel 6 des Statutes für den internationalen Militärgerichtshof und Paragraphen 211, 47, 73 StGB zu lebenslangem Zuchthaus und Aberkennung der bürgerlichen Ehrenrechte auf Lebenszeit verurteilt.[29] Die Aussagen der DDR-Bürger hatten einen wesentlichen Anteil an der Urteilsfindung.

***

Die Resultate der Erhebung aus dem Jahre 1963, von denen die Berichte der ausländischen Zeugen in dieser Veröffentlichung noch nicht berücksichtigt sind, bilden für die Geschichtswissenschaft trotz der vielen inzwischen veröffentlichten Dokumentationen und Erinnerungen eine Fundgrube. Das aus den Vernehmungen entstandene und überlieferte Material umfasst etwa 4.200 Blatt, inbegriffen Originale und Kopien persönlicher Unterlagen. Die Ablage der Befragungsprotokolle in der Generalstaatsanwaltschaft erfolgte seinerzeit weder alphabetisch nach den Namen der Zeugen noch chronologisch nach dem Datum ihrer Vernehmungen. Dieses Erbe ist heute im Bundesarchiv verwahrt. Durchschriften der Protokolle, ergänzt durch zusätzliche Aufzeichnungen den Prozess betreffend, die in dieser Behörde entstanden, befinden sich im Archiv der Bundesbeauftragten für die Unterlagen des Staatssicherheitsdienstes der ehemaligen DDR.[30]
In der vorliegenden Arbeit werden Auszüge aus 128 Protokollen veröffentlicht. Ihre Auswahl erfolgte unter historischen Gesichtspunkten. Sie sind chronologisch geordnet, sodass die Schritte der antisemitischen Politik des NS-Staates in allen ihren infamen Verzweigungen verfolgt werden können. Dieses Verfahren brachte es allerdings mit sich, dass die einzelnen Protokolle nicht geschlossen wiedergegeben sind, sondern in Teilauszügen den Perioden und Etappen der Verfolgungen zugeordnet wurden, auf die sie sich im zitierten Abschnitt beziehen. Von diesem Prinzip zeitlicher Abfolge weicht lediglich ein gesonderter Abschnitt ab, der Berichte über den Alltag vor und während des Krieges behandelt, und ein zweiter, der das Leben nach der Befreiung zum Gegenstand hat.
Jeder der Dokumentengruppen wurde ein Text vorangestellt, der in die jeweilige historische Situation einführt, ohne dass der Anspruch erhoben wird, auch nur einen vollständigen Überblick über die Geschichte der Judenverfolgungen zu bieten. Vielmehr sollen Zusammenhänge deutlich werden, die die Dokumente aufschließen und deren Gewicht verdeutlichen. Darauf folgen Auszüge aus den Vernehmungsprotokollen, denen Angaben zur Identifikation der

Zeugen und wenige Angaben zu ihrer Person beigefügt wurden. Geburtsdaten und Geburtsorte sind den Vernehmungsprotokollen entnommen. Die weiteren Angaben (»Jude«, »Halbjüdin« usw.) folgen der Kategorisierung durch die deutsch-faschistischen Antisemiten und den Bezeichnungen, die von den Zeugen selbst während ihrer Vernehmung benutzt wurden.[30] Neben der Tätigkeit, welche die Befragten im Jahre 1933 und dann zum Zeitpunkt ihrer Aussage 1963 ausübten, wird auch ihr damaliger Wohnort angegeben.

Nicht alle Personen konnten mit ihrem vollständigen Nachnamen ausgewiesen werden. Verfasserin und Herausgeber sind sich darin einig, das Bundesarchivgesetz zu respektieren, wonach die Schutzfrist nicht früher als 110 Jahre nach der Geburt bzw. 30 Jahre nach dem Tod des Betroffenen endet.[32] Namentlich genannt sind jene Personen, die in der Hauptverhandlung auftraten, in anderen Publikationen bereits Erwähnung fanden oder die als Personen der Zeitgeschichte gelten. Vom Gesetz wurde auch dann abgewichen, wenn die Erben die Namensnennung gestatteten.

Die Protokollauszüge sind durchgängig nummeriert, auf sie verweisen Zahlen in den Einführungstexten. Damit der Benutzer die Worttexte und die Faksimiles von Dokumenten aus dem Privatbesitz von Zeugen zusammenführen kann, erhalten beide die gleiche Zahl und den persönlichen Unterlagen ist ein Buchstabe angefügt. Schreibfehler wurden stillschweigend korrigiert. Fußnoten bieten, wo Recherchen zum Ziel führten, nähere Erklärungen zu Personen, Orten und Ereignissen. Diese Angaben sind soweit möglich in Literaturangaben vervollständigt.

Im Anhang sind die Namen der 128 Zeugen alphabetisch aufgeführt, die auf den Seiten dieses Bandes zu Worte kommen. Daran schließt sich ein Register an, das alle in den Einführungstexten und Dokumenten vorkommenden Ortsnamen in der jeweils historisch üblichen Benennung auflistet. Orte, die in den Fußnoten lediglich die geographische Lage eines anderen Ortes näher bestimmen, blieben unberücksichtigt. Weiterhin werden die den Protokollauszügen beigelegten persönlichen Unterlagen der Zeugen verzeichnet, um dem Leser den Zugriff auf diese einzigartigen Dokumente zu erleichtern. Notwendig erschien ein Verzeichnis der Abkürzungen.

***

Die Entstehung dieses Buches wäre ohne die finanzielle Unterstützung des Bundesministeriums des Innern nicht möglich gewesen. Gedankt sei Dr. Hermann Simon, Direktor der Stiftung Neue Synagoge Berlin – Centrum Judaicum, der dem Vorhaben sein besonderes Interesse entgegenbrachte, sich für seine Verwirklichung einsetzte und der Autorin wertvolle inhaltliche Hinweise gab. Beratend stand auch Professor Dr. Kurt Pätzold der Autorin zur Seite. Die ehemaligen DDR-Staatsanwälte Carlos Foth, Raoul Gefroi, Horst Reizmann (1925–2008), Günther Wieland (1931–2004) und andere schilderten bereitwillig ihren Anteil an der Vorbereitung und Durchführung des Globke-

Prozesses. Die ehemaligen Sekretärinnen Ursula Müller, Luzi Schinköth und Thea Thiel berichteten über das Zustandekommen der Protokolle. Die Gespräche mit Dr. Simone Walther, Bundesarchiv, Sabine Hank und Barbara Welker, Stiftung Neue Synagoge Berlin – Centrum Judaicum, Archiv, Klaudia Krenn, Israelitische Religionsgemeinde zu Leipzig, Archiv, Ralf Bachmann, Ruth Burse, Willi Frohwein, Dr. Horst Helas, Dr. Peter Kirchner, Professor Dr. Karl Lanius, Eva Maria Müller, Dr. Norbert Podewin, Dr. Siegfried Ransch, Professor Dr. Eberhard Rebling (1911-2008), Professor Dr. Kathinka Rebling, Professor Dr. Hans-Alfred Rosenthal (1924–2009), Benno Simoni, Dieter Skiba, Reinhard-M. Strecker und anderen nicht genannt sein wollenden Damen und Herren waren während der Bearbeitung des Themas unverzichtbar. Das Gelingen der Arbeit förderten viele, deren Namen im Textverlauf erwähnt sind und denen hier noch einmal summarisch gedankt werden soll.

1   Hans Maria Globke (1898–1973). Teilnehmer am Ersten Weltkrieg. Danach Studium der Rechts- und Staatswissenschaften in Bonn und Köln. 1922 Promotion. Mitglied der Zentrumspartei. 1925 Stellvertretender Polizeipräsident in Aachen. Ab 1929 Beamter im Preußischen Innenministerium. 1934–1945 erst Referent, dann Ministerialrat im Reichs- und Preußischen Ministerium des Innern. 1945 Verhaftung und Internierung. 1949 Ministerialdirigent und 1953-1963 Staatssekretär im Bundeskanzleramt der Bundesrepublik Deutschland. Mitglied der CDU.
2   Anklageschrift gegen Dr. Hans Maria Globke, Az.: I-7/63, vom 25. 5. 1963, S. II.
3   Gespräch der Autorin mit Reinhard-M. Strecker am 13. 2. 2008.
4   Die Staatsanwälte Carlos Foth und Gerhard Ender hatten am 16.1.1961 Aktenmaterial über Globke an Bauer übergeben. Vgl. Frankfurter Allgemeine Zeitung 18.1.1961, Frankfurter Rundschau 18.1.1961.
    Fritz Bauer (1903–1968), während der Zeit des Nationalsozialismus wegen seiner SPD-Mitgliedschaft und jüdischen Herkunft verfolgt, besaß den Hauptanteil am Zustandekommen des Frankfurter Auschwitz-Prozesses. Nach ihm wurde das 1995 in Frankfurt/Main gegründete Fritz Bauer Institut benannt.
5   Vgl. Carlos Foth: Die Nürnberger Gesetze 1935 und der Globke-Prozeß in der DDR. 60 Jahre Würdigung und Missachtung der Nürnberger Prinzipien. In: Bulletin für Faschismus- und Weltkriegsforschung, Heft 27, 2006, S. 44 ff.
6   Jürgen Bevers: Der Mann hinter Adenauer. Hans Globkes Aufstieg vom NS-Juristen zur Grauen Eminenz der Bonner Republik, Berlin 2009.
    Christian Dirks: »Die Verbrechen der anderen«. Auschwitz und der Auschwitz-Prozess der DDR: Das Verfahren gegen den KZ-Arzt Dr. Horst Fischer, Paderborn, München, Wien, Zürich 2006.
    Michael Lemke: Kampagnen gegen Bonn. Die Systemkrise der DDR und die West-Propaganda der SED 1960–1963. In: Vierteljahreshefte für Zeitgeschichte, Heft 2, 1993.
    Angelika Timm: Hammer Zirkel Davidstern. Das gestörte Verhältnis der DDR zu Zionismus und Staat Israel, Bonn 1997.
    Annette Weinke: Die Verfolgung von NS-Tätern im geteilten Deutschland. Vergangenheitsbewältigung 1949–1969 oder: Eine deutsch-deutsche Beziehungsgeschichte im Kalten Krieg, Paderborn, München, Wien, Zürich 2002.
7   Vgl. Horst Helas: Juden in Berlin-Mitte. Biografien – Orte – Begegnungen, hrsg. vom Verein zur Vorbereitung einer Stiftung Scheunenviertel Berlin e.V., Berlin, 2. ergänzte

Auflage 2001, S. 56–71. Beate Meyer: Die Inhaftierung der »jüdisch Versippten« in der Berliner Rosenstraße im Spiegel staatsanwaltschaftlicher Zeugenvernehmungen in der DDR. In: Jahrbuch für Antisemitismusforschung 11, hrsg. von Wolfgang Benz für das Zentrum für Antisemitismusforschung der Technischen Universität Berlin, Berlin 2002, S. 178–197.

8 Josef Streit (1911–1987). 1938–1945 Gefangener in den Konzentrationslagern Dachau und Mauthausen. 1951–1953 Staatsanwalt beim Generalstaatsanwalt der DDR. 1953–1962 Sektorenleiter der Abteilung Staats- und Rechtsfragen im ZK der SED. Im Januar 1962 wählte ihn die Volkskammer zum Generalstaatsanwalt der DDR.

9 Vgl. Auszüge aus dem Protokoll des Prozesses gegen Dr. Hans Globke vor dem Obersten Gericht der DDR, hrsg. vom Ausschuss für Deutsche Einheit und Vereinigung Demokratischer Juristen Deutschlands, o.O. 1963, S. 13.

10 So hatte z.B. der Präsident des Verbandes der Jüdischen Gemeinden in der DDR und Vorsitzende der Jüdischen Gemeinde zu Dresden Helmut Aris eine Liste erstellt und mit einem Staatsanwalt durchgesprochen und dabei als Zeugen geeignete Personen benannt. Vgl. BStU, ASt I-7/63/89, Bl. 94. Der Zeuge Alfred Scheidemann, Vorsitzender der Jüdischen Landesgemeinde Mecklenburg, er wurde am 7.5.1963 vernommen, hatte der BdVP Schwerin eine Mitgliederliste mit dem Stand vom 1.5.1963 übergeben und darin Namen von Personen vermerkt, die konkrete Angaben machen könnten. Vgl. BStU, ASt I–7/63/44, Bl. 114. Nach Angaben des CJA waren von den 253 Befragten aus Berlin 224 Personen in den Karteien/Listen der Jüdischen Gemeinde zu Berlin verzeichnet.

11 Zahlreiche Zeugen hatten bereits im Zusammenhang mit ihrer Antragstellung, als OdF anerkannt und als Mitglied in die VVN aufgenommen zu werden, über ihre Leidensgeschichte berichtet. 11 Zeugen hinterlegten ausführliche Darstellungen bei den 1948 gegründeten Forschungsstellen der VVN.

12 Die Zeugin Ruth Burse berichtete in einem Gespräch mit der Autorin am 10.8.2008, dass sie als Zeitzeugin vor Jugendlichen in Schulen und bei anderen Gelegenheiten auftrat und in der Presse ihr Erleben schilderte. Vgl. BArch, DP 3, Nr. 958, Ber. XVI/17. Vgl. Leipziger Volkszeitung 27.8.1960, S. 8.

13 Die Zahl 636 ist durch die Auszählung und Abgleichung der vorhandenen Protokolle, die im BArch im Bestand DP 3, Nr. 943–962 und im BStU, MfS, ASt I–7/63, Bd. 30–48, überliefert sind, entstanden. Sie könnte sich jedoch durch weitere bislang unbekannte Aufzeichnungen erhöhen. Allen statistischen Angaben wird daher die Zahl 636 zugrunde gelegt.

14 Laut Strafprozessordnung vom 2.10.1952 war auch die VP als staatliches Untersuchungsorgan berechtigt, Zeugenvernehmungen dieses Charakters durchzuführen. Mit der Neufassung vom 12.1.1968, Paragraph 96, wurde neben dem Ministerium des Innern und der Zollverwaltung auch das MfS als Untersuchungsorgan offiziell benannt.

15 Die Anzahl der Staatsanwälte und VP-Angehörigen muss nicht exakt sein, da manche Unterschriften der Vernehmer auf einigen Protokollen nicht zu identifizieren waren und somit in der Aufzählung fehlen.

16 Vgl. »Anleitung«, BStU, ASt I-7/63/89, Bl. 103–107.

17 Staatsanwalt Horst Reizmann hatte im Mai 1963 im Bezirk Potsdam fünf Zeugen vernommen, darüber berichtete er in einem Gespräch mit der Autorin am 23.8.2006. Er fertigte am 12.10.2006 eine Niederschrift seiner eigenen Verfolgungsgeschichte an.

18 Die Zahl der Ausfertigungen konnte nicht verifiziert werden.

19 Die »Aktenvermerke« sind vor allem in der Überlieferung im Archiv BStU, hier im Original, abgelegt. Im BArch sind diese nur vereinzelt zu finden.

20 Ausnahmen bilden die Zeugenaussagen von Herbert Söhler, BStU, ASt I–7/63/45, Bl. 225–233, sowie von Anna Pokora, BStU, ASt I–7/63/45, Bl. 234–236. Beide traten als Zeugen im Hauptprozess auf. Herbert Söhler lernte Globke in Bonn im Bundes-

kanzleramt kennen und schilderte seine Eindrücke. Anna Pokora berichtete, dass ihr Mann, um seine polnischen Verwandten zu retten, bei Globke im Reichsinnenministerium vorgesprochen hatte.

21 Der Sohn der Zeugin Frieda Ransch, Siegfried Ransch, machte die Autorin in einem Gespräch am 15.5.2008 auf diese Tatsache aufmerksam. Vgl. BStU, ASt I–7/63/39, Bl. 160–166.
22 Die 210 Seiten umfassende Anklageschrift beinhaltete 150 Namen von Zeugen. Vgl. Anklageschrift, S. 171–180.
23 Vgl. ND 10.6.1963. Tatsächlich waren bis dahin, folgt man den überlieferten Protokollen, 75 Bürger befragt worden.
24 Vgl. ND 13.6.1963. Die Zahl ist unexakt. Zu diesem Zeitpunkt waren die Vernehmungen noch nicht abgeschlossen.
25 Der Zeuge Willi Frohwein berichtete in einem Gespräch mit der Autorin am 9.7.2005, dass er sich erst während seiner Aussage im Prozess gegen Horst Paul Sylvester Fischer, KZ-Arzt in Auschwitz, der 1966 stattfand, von der Verdrängung seines Erlebten gelöst hätte. Vgl. Willi Frohwein: Von Spandau nach Auschwitz. Hrsg. von Mareike Auener/Uwe Hofschläger, Jugendgeschichtswerkstatt Spandau, Berlin 2005.
26 Der größte Teil der Dokumente aus Privatbesitz ist in der Überlieferung des BArch als Kopie abgelegt worden. Nur wenige befinden sich im Bestand des BStU.
27 Benno Simoni, Sohn des Zeugen Sally Simoni, überließ der Autorin mit Schreiben vom 18.1.2006 einschlägige Dokumente.
28 Vgl. Schreiben Dr. Peter Kirchner, Sohn der Zeugin Gerda Kirchner, an die Autorin vom 11.2.2006 und die darin beigefügten Materialien, u.a. eine Danksagung der Generalstaatsanwaltschaft vom 31.7.1963 für die während der Zeit der Durchführung des Prozesses zur Verfügung gestellten Originaldokumente.
29 Vgl. DDR-Justiz und NS-Verbrechen. Sammlung Ostdeutscher Strafurteile wegen nationalsozialistischer Tötungsverbrechen, Bd. III, Amsterdam, München 2003, S. 75–194.
Am 5.8.1963 wurde dem Oberstaatsanwalt in Bonn das Ersuchen nach Vollstreckung des Urteils übermittelt. Vgl. Die Haltung der beiden deutschen Staaten zu den Nazi- und Kriegsverbrechen. Eine Dokumentation. Hrsg. Generalstaatsanwalt der DDR und Ministerium der Justiz der DDR, Berlin 1965, S. 109.
30 Die Quellengruppen in den genannten Archiven sind demnach nicht identisch.
31 Begriffe wie »Jude«, »Jüdin«, »Mischling 1. Grades«, »Mischling«, »Halbjude«, »Vierteljude«, »Geltungsjude«, »Glaubensjüdin«, »Jüdische Konfession«, »Jüdische Abstammung«, »Nach Eheschließung Beitritt zur jüdischen Glaubensgemeinschaft«, »Arier«, »Reichsdeutscher« werden streng nach dem Wortlaut der Protokolle zitiert.
32 Vgl. Bundesarchivgesetz vom 6.1.1988, Paragraph 5 Absatz 2 sowie StUG, Paragraphen 32–34 sowie das Urteil des Bundesverwaltungsgerichts vom 23.4.2004.

Dokumente aus den Vernehmungen

1. Antisemiten an der Macht
   1933 bis 1935

Am 30. Januar 1933 begann für die deutschen Juden ein Abschnitt ihrer Geschichte, der ohne Beispiel war, der für Zehn- und Hunderttausende von ihnen in Elend und Tod endete und den nur eine kleine Minderheit in Deutschland überlebte. An diesem Tag übertrug Reichspräsident Paul von Hindenburg dem Führer der NSDAP Adolf Hitler, einem erklärten rabiaten Rassisten und Antisemiten, die Regierungsgewalt.

Nur drei Wochen vergingen bis die neuen Machthaber zum massenhaften Terror gegen Kommunisten, Sozialdemokraten und weitere politische Gegner übergingen, wofür sie sich nach dem Brand des Reichstagsgebäudes mit der eilig erlassenen »Verordnung zum Schutz von Volk und Staat« vom 28. Februar 1933 auch juristische Grundlagen schufen. Weitere drei Wochen später, am 23. März 1933, erteilte eine Reichstagsmehrheit, sich als Totengräber der Republik betätigend, der Hitler-Regierung die Ermächtigung, ohne das Parlament Gesetze erlassen zu können. Die Faschisten etablierten ihre Alleinherrschaft.

Mit dem Fernziel, das im Versailler Vertrag fixierte Ergebnis des Weltkrieges gewaltsam zu revidieren, begann eine Aufrüstung, die der deutschen Industrie Großaufträge für die Produktion von Waffen und jeglichem Kriegsgerät eintrug. Diese Politik, mit einer vorherrschenden Weltstellung im Visier, brauchte auf Dauer ein ruhiges und – eines Tages – kampfwilliges Hinterland. Darauf orientierte sich die ideologische Ausrichtung der Massen, die der NSDAP und ihren Organisationen und anderen staatlichen Einrichtungen übertragen wurde. In deren System nahmen Rassismus und Antisemitismus eine zentrale Stellung ein. Die Deutschen waren in ihrer Geschichte an nichts, die »Juden« an allem Schuld, zuletzt an der Kriegsniederlage, der Revolution, der Inflation, dem Massenelend. Die Stilisierung des Feindbildes Juden ging mit der Erhöhung der Deutschen zu einer edlen und einmaligen »Rasse« einher, die das Vorrecht besitze, sich andere Völker und Nationen untertan zu machen. Dazu mussten sie ihren Volkskörper »reinigen«, in ihrer Mitte die »Minderwertigen« isolieren und ausschalten, die als Volksgenossen nicht akzeptiert, sondern Volkschädlinge genannt wurden. Dazu zählten Juden und weitere Gruppen u.a. körperlich oder geistig Behinderte. Letzteren drohte bereits mit dem »Gesetz zur Verhütung erbkranken Nachwuchses« vom 14. Juli 1933 die zwangsweise Sterilisation.

Zu Jahresbeginn 1933 wurden in Deutschland ungefähr 500.000 Bürger gezählt, die der jüdischen Religionsgemeinschaft angehörten, wovon etwa ein Drittel, mehr als 160.000, in der Reichshauptstadt lebte. Dieser jüdische Bevölkerungsteil fühlte sich in seiner übergroßen Mehrheit in seinem Selbstverständnis Deutschland und den Deutschen ganz zugehörig. Seit Generationen prägte er dieses Land mit. Das taten durch herausragende Leistungen vor allem Wissenschaftler, Künstler, Politiker, Mediziner und Industrielle. Nach der Jahrhundertwende waren das unter anderem die Politiker Hugo Haase, Rudolf Hilferding und Walther Rathenau, der Schauspieler Ernst Lubitsch, die Verleger Ullstein und Springer, der Künstler Max Liebermann, die Bankiers Carl Fürstenberg und die Bleichröders, der Gastronom Berthold Kempinski. Annähernd 96.000 Juden kämpften während des Ersten Weltkrieges in den Reihen der Armee des Kaiserreiches. Ungefähr 12.000 von ihnen ließen ihr Leben auf den Schlachtfeldern. Zehntausende jüdische Soldaten und Offiziere wurden für ihren Einsatz dekoriert. Die Liste könnte beliebig fortgesetzt werden.[1]

Am 1. April 1933 gab die NSDAP den Auftakt für die reichsweiten, zentral geleiteten antijüdischen Maßnahmen, die sich mit Unterbrechungen bis zum Pogrom und zur Deportation steigerten. Organisiert wurde, gestützt auf die SA und SS, ein antijüdischer Boykott, der sich gegen jüdische Geschäftsinhaber, Ärzte und Rechtsanwälte richtete. In Städten und Dörfern marschierten an diesem Sonnabend SA-Trupps mit Aufschriften oder Plakaten diffamierenden Inhalts vor, kennzeichneten Läden, Praxen, Büros, die von Juden betrieben wurden, und hinderten Kunden und Patienten, sie zu betreten. (Dokument 1, 2) So wurde der Geschäftsbetrieb boykottiert, zum Teil nachhaltig, denn die eingeschüchterten Kunden verhielten sich auch danach entsprechend den Forderungen der Nazis.

Wenige Tage später verabschiedete das Kabinett das »Gesetz zur Wiederherstellung des Berufsbeamtentums« (7. April 1933). Es begann die Judenverfolgung von staatswegen mit Gesetzen, Erlassen und Verordnungen. Das Gesetz bestimmte, dass mit den politischen Gegnern auch Juden aus der Beamtenschaft zu entfernen seien. Das betraf jüdische Bürger, die bis dahin in Universitäten, Hoch- und Fachschulen, in Krankenhäusern, Bibliotheken und anderen Einrichtungen der Wissenschaft und Kultur gearbeitet hatten. Paragraph 3 des Gesetzes verlangte, dass Beamte »nicht arischer Abstammung«, in den Ruhestand zu versetzen oder zu entlassen seien. Ausgenommen waren vorerst Juden, die seit dem 1. August 1914 als Beamte tätig waren, am Weltkrieg teilgenommen oder deren Söhne oder Väter im Krieg ihr Leben verloren hatten.[2] (3, 4)

Dieses Gesetz verlangte eine Definition, wer als »nicht arisch« gelten sollte. Sie wurde am 11. April 1933 mit der Ersten Durchführungsverordnung gegeben. Demnach galt als »nicht arisch«, »wer von nichtarischen, insbesondere jüdischen Eltern oder Großeltern abstammt. Es genügt, wenn ein Elternteil oder ein Großelternteil nicht arisch ist«.[3]

Juden gehörten auch zur Zielgruppe, gegen die sich die Untat des 10. Mai 1933 richtete. Am Abend des Tages loderten im Zentrum Berlins, auf dem Platz vor der Berliner Universität, und in vielen anderen Universitätsstädten von fanatischen Studenten entfachte Scheiterhaufen, getürmt aus wissenschaftlichen und literarischen Werken, die als Zeugnisse »undeutschen Geistes« bezeichnet wurden. Die Autoren waren Nichtjuden und Juden und verbrannt wurden

Schriften von Karl Marx, Friedrich Engels, Rosa Luxemburg, Karl Liebknecht, Thomas und Heinrich Mann, Bertolt Brecht, Kurt Tucholsky, Erich Maria Remarque und anderen.

Gleichzeitig dauerten an den verschiedensten Städten blutige Terroraktionen fort, mit denen jeglicher Protest oder anderer Widerstand gegen das Regime zum Schweigen gebracht und für die Zukunft unmöglich gemacht werden sollte. Sie trafen immer wieder auch Juden, die sich den Reihen der Kommunisten und Sozialdemokraten angeschlossen hatten und mit denen die Nazis nun vielfach auch ihre »alten Rechnungen« beglichen. So begann am 21. Juni 1933 im Berliner Stadtteil Köpenick eine barbarische Racheaktion der SA, die eine Woche andauerte und deren Opfer neben anderen Antifaschisten auch jüdische Bürger wurden. (5)

Das Ziel, die jüdische Intelligenz, die zu einem großen Teil demokratisch und liberal orientiert war, auszuschalten und ihr jede Existenzgrundlage zu nehmen, wurde auch mit der Schaffung von Reichskulturkammern (Schrifttum, Presse, Rundfunk, Theater, Musik und bildende Künste)[4] vorangetrieben, deren Mitglieder, wollten sie ihre Berufe weiter ausüben, Künstler, Kulturschaffende und Journalisten sein mussten. Juden waren jedoch von der Aufnahme ausgeschlossen. (6, 6a) Ebenso wurde am 22. April 1933 »die Tätigkeit von Kassenärzten nichtarischer Abstammung« beendet.[5] Jüdische Ärzte hatten unter anderem keine Möglichkeiten mehr, an Fortbildungsveranstaltungen der Ärztekammer oder an ärztlichen Bereitschaftsdiensten teilzunehmen. (7, 7a, 8)

Schon nach wenigen Monaten waren Tausende deutscher Juden ihrer materiellen Existenzgrundlagen beraubt. Die Betroffenen reagierten auf ihre Ausgrenzung mit der Schaffung von Hilfsorganisationen, die sich der Wohlfahrtspflege und Wirtschaftshilfe widmeten und Berufsumschichtungen und Auswanderungspläne unterstützten. Tausende Juden verließen ihre Heimat, die einen, weil sie zu den politisch gefährdeten Gegnern des Regimes gehörten, die anderen und meisten, um sich vor Zurücksetzungen und Diffamierungen zu retten und eine neue und sichere Lebensbasis zu gewinnen. Allein aus Berlin waren das bis Ende 1934 ungefähr 22.000 jüdische Bürger. Diese Praxis der Vertreibung ging mit staatlicher Beraubung einher. Am 14. Juli 1933 wurde ein Gesetz erlassen, das auf Jahre hinaus auch für die aus Deutschland fliehenden Juden folgenschwer wurde.[6] Deutschen Staatsbürgern, die sich im Ausland aufhielten, konnte nicht nur die Staatsangehörigkeit aberkannt, sondern es konnte deren Vermögen beschlagnahmt werden.

---

1 Enzyklopädie Erster Weltkrieg, hrsg. von Gerhard Hirschfeld, Gerd Krumeich, Irina Renz in Verbindung mit Markus Pöhlmann, Paderborn, München, Wien, Zürich 2004, S. 600. Jüdisches Lexikon. Ein enzyklopädisches Handbuch des jüdischen Wissens in vier Bänden, begründet von Georg Herlitz und Bruno Kirschner, Frankfurt/Main 1987, S. 459ff.

2　Vgl. RGBl. 1933 I, S. 175–177.
3　Vgl. RGBl. 1933 I, S. 195, Fragebogen S. 253–256.
4　Vgl. RGBl. 1933 I, Reichskulturkammergesetz vom 22. 9. 1933, S. 66 f.
5　Vgl. RGBl. 1933 I, 222 f.
6　Vgl. RGBl. 1933 I, S. 480, Gesetz über den Widerruf von Einbürgerungen und die Aberkennung der deutschen Staatsangehörigkeit vom 14. 7. 1933.

1

Saretzki, Elsa, geb. 24. März 1894 in Hamburg.
»Infolge Eheschließung Beitritt zur jüdischen Glaubensgemeinschaft«.
1933: Tätigkeit im Geschäftshaushalt des Ehemannes, der ein
Wollwarengeschäft, Schönhauser Allee 124, Berlin, führte.
Befragung am 14. Mai 1963, Berlin-Pankow.
Tätigkeit und Wohnort 1963: Rentnerin, Berlin-Pankow.

*Mit dem Machtantritt des Hitlerfaschismus in Deutschland wurde unser Geschäft in der Schönhauser Allee[1] wiederholt mit diffamierenden Schmierereien versehen. So wurden von SA-Angehörigen an das Geschäft die Aufschrift »Jude« und der sogenannte »Judenstern« angeschrieben. Vor dem Geschäft hatten Angehörige der SA mit Schildern mit der Aufschrift: »Kauft nicht bei Juden« Aufstellung genommen und boykottierten so den Gang des Geschäfts. Da dadurch ein Teil unserer langjährigen Kunden, wie z. B. Angestellte der Verwaltung und Mitglieder der faschistischen Partei vom Kauf in unserem Geschäft fernblieben, waren wir veranlasst, 1935 eine Verkleinerung des Geschäfts durchzuführen. 1938 wurde auch unser Geschäft durch die Horden der SA und Mitglieder der faschistischen Partei demoliert und einer wüsten Zerstörung ausgesetzt. Unmittelbar danach wurden wir gezwungen, durch einen Angehörigen der faschistischen Nazipartei, dessen Name mir heute noch geläufig ist, er hieß Amonat, das Geschäft zu verkaufen.
Nach dem Zwangsverkauf des Geschäftes erfolgte die Zuweisung einer Zwangsarbeit für meinen Ehemann in einer Gärtnerei in Buchholz[2].*

Quelle: BStU, MfS ASt I–7/63[3], Bd. 40, Bl. 93–02.

1　Die Schönhauser Allee, ehemals auch Boulevard des Nordens genannt, ist eine vom historischen Stadtzentrum nach Norden führende Geschäftsstraße im Bezirk Prenzlauer Berg, seit der Bezirksfusion 2001 Bezirk Pankow.
2　Heute Berlin-Buchholz.
3　Künftig BStU.

2

Matthias, Helene, geb. 26. Januar 1887 in Prausnitz b. Breslau.
»Mischehe«, Ehemann »Jude«.
1933: Gelernte und geprüfte Drogistin. Gemeinsam mit
Ehemann Eigentümerin einer Drogerie in Breslau.
Ehemann Mitglied der Jüdischen Gemeinde.[1]
Befragung am 10. Mai 1963, Berlin.
Tätigkeit und Wohnort 1963: Rentnerin, Berlin-Friedrichshagen.[2]

Am 1. April 1933 wurde durch die SA ein Boykott über unseren Laden verhängt. Vor der Tür stand ein SA-Mann Wache. Ich möchte noch bemerken, dass wir unsere Drogerie in Breslau hatten. Im Jahre 1934 wollte ein SA-Mann durch unsere Werbeagfafilmfahne belästigt worden sein. Er stürzte in den Laden und schrie u.a. »das Palästinaschwein müsste man umbringen«. Im Laufe der Zeit erschienen immer wieder Kunden bei uns, Studienräte und andere hochgestellte Persönlichkeiten, die sich gewissermaßen bei uns entschuldigten, dass sie aufgrund des Naziterrors nicht mehr bei uns einkaufen könnten. Die Belieferung der Krankenhäuser durch unsere in der Drogerie hergestellten Salben wurde schon 1933 durch die Nazis verboten. Welche Dienststelle das veranlasst hat, kann ich leider nicht angeben.
In der berüchtigten Kristallnacht 1938 wurde unser Laden vollkommen demoliert. Wir wurden gezwungen erst die Schaufenster mit Brettern zu vernageln und dann anschließend den Laden wieder herzustellen. Mein Mann durfte den Laden nicht mehr betreten und wollte sich zum damaligen Zeitpunkt schon das Leben nehmen. Innerhalb von 14 Tagen wurden wir gezwungen, unseren Laden für Bettelpfennige zu verkaufen. (...)
1939 sind wir dann nach Berlin gezogen. Ich war dann mehrere Jahre in einer Drogerie tätig, dann hat mich die Inhaberin gemeldet und ich wurde aus meiner Arbeit herausgeschmissen. Mein Mann wurde gezwungen, als wir in Berlin waren, in der Jüdischen Gemeinde die Kartei der ermordeten Juden zu führen.

Quelle: BStU, Bd. 41, Bl. 176–180.

1 Matthias, Bruno (11.7.1878–13.12.1957), beerdigt auf dem jüdischen Friedhof Berlin-Weißensee. Er war seit 1900 Mitglied der Jüdischen Gemeinde in Breslau und seit 1939 Mitglied der Jüdischen Gemeinde in Berlin. Vgl. CJA, Friedhof Weißensee Beisetzungsregister.
2 Gestorben am 8.10.1971.

3

Weissrock, Erwin, geb. 29. November 1893 in Berlin.
»Jude«.
1933: Seit 1928 Sachbearbeiter Bezirksamt Zehlendorf, Steuerkasse, Berlin.
Befragung am 6. Mai 1963, Berlin-Weißensee.
Tätigkeit und Wohnort 1963: Rentner, Berlin-Weißensee.

Als ich am 1.4.1933 im Bezirksamt Zehlendorf meine Tätigkeit aufnehmen wollte, saß bereits ein anderer Kollege an meinem Arbeitsplatz und mir wurde zur Kenntnis gegeben, dass ich fristlos entlassen bin. Als ich nach dem Grund meiner Entlassung fragte, erhielt ich nur zur Antwort »als Jude fragen sie noch?«. Ich hörte dann auch heraus, dass es sich um den »Boykott-Tag« handelte, d. h. dass mit dem 1.4.33 der Auftakt zur Bekämpfung des Judentums gegeben wurde. Da ich mit der fristlosen Entlassung nicht einverstanden war, sprach ich dann noch beim damaligen kommissarischen Bürgermeister in Zehlendorf vor, um zu versuchen, meine Stellung zu behalten. Es blieb jedoch bei der fristlosen Entlassung, obwohl ich zum Ausdruck gebracht hatte, dass ich von 1914 bis 1918 als Kriegsfreiwilliger gedient hatte. Meine Erklärung hierzu wurde jedoch mit der lakonischen Bemerkung abgetan, dass mich zum Wehrdienst ja keiner gerufen hätte und dass es meine eigene Sache gewesen sei. Etwa eine Woche nach der fristlosen Entlassung musste ich dann plötzlich meine alte Tätigkeit wieder aufnehmen, da »Frontkämpfer« nicht unter die zur Entlassung kommenden Juden fallen würden. Dieses hielt jedoch nur kurze Zeit an, denn im Juli 1933 wurde ich dann endgültig aus dieser Tätigkeit entfernt. Zur Begründung wurde mir lediglich gesagt, dass es eine Anordnung einer anderen Dienststelle sei, die mir nicht genannt wurde.
Da ich bereits erkannt hatte, dass dieser Widerruf nichts endgültiges war, sondern höchstfalls nur ein Aufschub und sich weitere Repressalien gegen die jüdischen Bürger bereits zu dieser Zeit abzeichneten, nutzte ich Verbindungen zu einem Persischen Unterstaatssekretär zwischenzeitlich aus, um mit dessen Hilfe meine Auswanderung zu ermöglichen. Da im damaligen Persien Finanzleute gesucht wurden, schlug ich in das Angebot ein. So kam es dann auch dazu, dass ich kurz nach meiner endgültigen Entlassung im Juli 1933 nach Persien ausreisen konnte. Da ich vorher von der Persischen Botschaft die Einreisegenehmigung erhalten hatte, wurden mir im Zusammenhang mit der Ausreise von den deutschen Behörden keine Schwierigkeiten bereitet. Ich war dann in Teheran beim dortigen Finanzministerium als Sachbearbeiter tätig. Als dann im September 1942 englische Truppen einmarschierten, wurde ich von den Engländern interniert. Ich war dann bis 1946 im Kloster Emmaus in Palästina[1].

Quelle: BStU, Bd. 36, Bl. 180–186.

1   Am Berg Zion in Jerusalem. Palästina war von 1920 bis 1948 britisches Mandatsgebiet.

4

C., Samuel, geb. 9. Juli 1899 in Alsfeld/Hessen.
»Jude«, »Mischehe«.
1933: Seit November 1928 Rechtsanwalt Amts- und Landgericht in Stettin.
Befragung am 7. Mai 1963, Stendal, Bezirk Magdeburg.
Tätigkeit und Wohnort 1963: Rentner, Stendal.

Am 31.3.1933 wurden wir von einem jüdischen Rechtsanwalt angerufen, der uns dann in seinem Büro mitteilte, dass ab 1.4.1933 ein Verbot für alle jüdischen Rechtsanwälte bestand, die Gerichte zu betreten, und dass ab 1.4.1933 auch die Büros der Rechtsanwälte durch Wachen der SA besetzt werden. Am 1.6.1933 erfolgte die Zurücknahme meiner Zulassung als Rechtsanwalt wegen »nichtarischer Abstammung«. (…)
Am 1.4.1933 wurde der Boykott der Rechtsanwälte durch den späteren Kommentator der Nürnberger Gesetze, Dr. Stuckart, in Stettin mitinszeniert. Stuckart war seinerzeit Rechtsanwalt in Stettin.[1] Die damaligen Verhandlungen wurden nach meiner Erinnerung mit den jüdischen Rechtsanwälten Cron[2] und Dr. Narkuse[3] mit einem Gremium geführt, zu dessen Mitgliedern Stuckart und auch Rechtsanwalt Dr. Franz[4], der später Reichsgerichtsrat in Leipzig wurde, gehörten. Stuckart war mir dienstlich aus Stettin bekannt.

Quelle: BStU, Bd. 34, Bl. 139–146.

1   Wilhelm Stuckart (1902–1953), seit 1932 in Stettin als Rechtsanwalt tätig, hatte während dieser Zeit verschiedene NSDAP-Ämter inne: Leiter eines Gaurechtsamtes, Gauführer Pommern des Nationalsozialistischen Juristen-Bundes und Leiter einer »Lügenabwehrstelle«. 15.3.1932 SA-Mitglied. Ab April 1933 kommissarischer Oberbürgermeister und Staatskommissar in Stettin. Ab Mai 1933 Ministerialdirektor im Preußischen Kultusministerium Berlin. 1935 Abteilungsleiter im Reichsministerium des Innern, wo er maßgeblich an der Ausarbeitung von Gesetzen und Verordnungen mitwirkte, die sich gegen die jüdische Bevölkerung richteten. Gemeinsam mit Globke hatte er 1936 den Kommentar zu den Nürnberger Gesetzen herausgegeben. Angeklagter im Prozess gegen die Staatssekretäre (»Wilhelmstraßen-Prozess«), 4.11.1947–13.4.1949. Stuckart wurde zu 3 Jahren, 10 Monaten und 20 Tagen Haft verurteilt.
2   Die Rede ist hier wahrscheinlich von David Cron, Richter und Notar in Stettin. Er war später „Konsulent", ein Jurist, der unter besonderen vorgeschriebenen Auflagen nur jüdische Klienten vertreten durfte. Vgl. BArch, Reichsjustizministerium, Personalkartei.
3   Offensichtlich handelt es sich hier um Heinrich Marcuse, geb. 23.5.1880, Sohn eines jüdischen Kaufmanns. Seit März 1907 war er als Rechtsanwalt am Amts- und Landgericht Stettin und seit April 1929 als Notar tätig. Am 10.6.1933 wurde ihm die Zulassung als Notar entzogen. Am 5.8.1933 verstarb er. Vgl. BArch, Reichsjustizministerium, Personalkartei.
4   Dr. Georg Frantz, geb. 4.12.1899. Frantz, seit 1.10.1932 Mitglied der NSDAP, war von Dezember 1927–Juli 1933 als Rechtsanwalt beim Land- und Amtsgericht in Stettin tätig.

September 1933 Bestallung zum Oberlandesgerichtsrat in Stettin. Im März 1934 durch den Minister für Volksaufklärung und Propaganda Ernennung zum Vorsitzenden des Bezirksgerichtes der Presse in Stettin. Seit Januar 1937 Hilfsrichter beim Reichsgericht in Leipzig, 6.8.1937 Ernennung zum Reichsgerichtsrat. Oktober 1943 Wehrdienst, Westfront, Oktober 1944 englische Kriegsgefangenschaft. Vgl. BArch, R 3002, PA 239, Bd. 1–4.

5

Baer, Lothar, geb. 29. Dezember 1900 in Berlin.
»Jude«, »Mischehe«.
1933: Angestellter, BVG, Mitglied der KPD und Gewerkschaftsfunktionär.
Befragung am 15. Mai 1963, Berlin.
Tätigkeit und Wohnort 1963: BVG-Angestellter, Berlin Lichtenberg.

Am 21.6.1933 fuhr ein Omnibus mit einer Besatzung aus dem SA-Sturm Plönske[1] vor unserm Haus vor. Ich wurde in Gegenwart meiner Frau, die bereits hoch schwanger war, von SA-Angehörigen aus der Wohnung geschleppt und beschimpft. Meine Frau wurde angebrüllt, dass sie mitkommt wenn sie ein Wort sagt. Als ich in Uhlhorst[2] ankam, wurde ich zynisch empfangen. Man brüllte: »Jetzt kommt der Jude Baer!« Es wurde zynisch gebrüllt: »Der Jude hat eine deutsche Frau geschwängert!«
Ich musste mich nackend ausziehen und wurde mit Stahlruten solange geschlagen, bis sich die Haut vom Körper löste und in Fetzen herunter hing. Ich verlor die Besinnung und musste Wasser trinken, um in die Lage versetzt zu werden, das Protokoll zu unterschreiben. Ich blutete am ganzen Körper, so dass das Protokoll mit meinem Blut beschmiert wurde. Später kam ich ins Polizeipräsidium und mir wurde dort eine neu gefertigte Protokollabschrift vorgelegt, die ich nochmals unterschreiben musste, weil an der anderen zu viel Blut war.
Nach meiner Entlassung durfte ich keinen Arzt aufsuchen, es war mir verboten. Da ich am ganzen Körper offene Wunden hatte, setzte sich meine Frau heimlich mit dem jüdischen Arzt Dr. Crohnheim in Verbindung. Dieser musste sich vorsichtig in unsere Wohnung schleichen und tagelang wurden meine Wunden Tag und Nacht mit Umschlägen gekühlt. Wir wohnten damals im Mahlsdorf/Süd, Ebereschenallee 28.

Quelle: BStU, Bd. 33, Bl. 168–173.

1. Gemeint ist der SA-Sturm 1/15, »Seidler-Sturm«, unter Sturmführer Friedrich Plönzke. Plönzke wurde im Juli 1950 im dritten und letzten Prozess im Zusammenhang mit der Köpenicker Blutwoche vor der 4. Großen Strafkammer des Ostberliner Landgerichts zum Tode verurteilt. Während der Hauptverhandlung, die vom 5.6.–19.7.1950 stattfand, wurden 386 Zeugen vernommen. Belegt ist, dass der faschistischen Terroraktion 23 Menschen zum Opfer fielen.
2. Das SA-Lokal »Seidler« befand sich in Köpenick, Uhlenhorst, in der Mahlsdorfer Straße 62/65.

6

Heß, Richard, geb. 1. Juli 1898 in Gardelegen.
»Mischling 1. Grades«.
1933: Musiker (Pianist), Musikschule Gardelegen, Vater Besitzer und Direktor.
Befragung am 10. Mai 1963, Gardelegen, Bezirk Magdeburg.
Tätigkeit und Wohnort 1963: Rentner, Gardelegen.

Wie ich bereits erwähnte, setzten diese Maßnahmen gegen meinen Vater und mich schon 1933 ein. Bis 1935 hat man uns in unserer beruflichen Tätigkeit derartig eingeschränkt, dass unser Verdienst äußerst gering war. Wir verdienten kaum unseren Lebensunterhalt. Es sah so aus, dass man behördlicherseits einfach keine Genehmigungen den Veranstaltern erteilte, die unser Orchester auftreten lassen wollten. Es blieb uns lediglich über, Gelegenheitsmusik im kleineren Rahmen durchzuführen. Während 1933, vor der Machtübernahme, unser Orchester sich aus 35 Musikern zusammensetzte, reduzierte es sich bis 1935 auf insgesamt 6 Lehrlinge. Alle anderen Musiker waren im Laufe dieser 2 Jahre nach und nach abgegangen, weil keine Aufträge mehr einkamen.
1935 wurde uns schließlich das absolute Berufsverbot ausgesprochen. Der damalige kirchliche Organist Helmut Prollius erschien bei uns, d.h. bei meinem Vater und bei mir, im Auftrage der Reichsmusikerschaft und entzog uns die Konzession und alle übrigen Unterlagen wie Zeugnisse usw. die uns bis dahin zum Musizieren berechtigten. (...)
Der damalige Bürgermeister setzte mich dann zum Papiersammeln in den Parkanlagen unserer Stadt ein, wofür ich täglich 20 Pfennig erhielt. Ebenfalls musste ich für die NSV[1] Kartoffelschalen sammeln, wofür ich wöchentlich 50 Pfennig bekam. Da ich mit diesem Geld meine Familie nicht ernähren konnte, habe ich versucht, eine Arbeit aufzunehmen. Es waren jedoch nur immer Saisonarbeiten, die man mir zuteilte, so dass ich nach kurzer Zeit die Arbeitsstelle wieder verlassen musste.

Quelle: BStU, Bd. 45, Bl. 96–104.

1 NSV war ein der NSDAP angeschlossener Verband und die übergeordnete Organisation der Arbeitsgemeinschaft freie Wohlfahrtspflege Deutschlands. Dazu gehörten das Deutsche Rote Kreuz, Caritas und die Innere Mission.

6a

Schreiben des Präsidenten der Reichsmusikkammer (gez. Dr. Peter Raabe) an Richard Heß vom 22.8.1935, betr. Ablehnung des Aufnahmeantrages und damit Verbot einer weiteren Berufsausübung

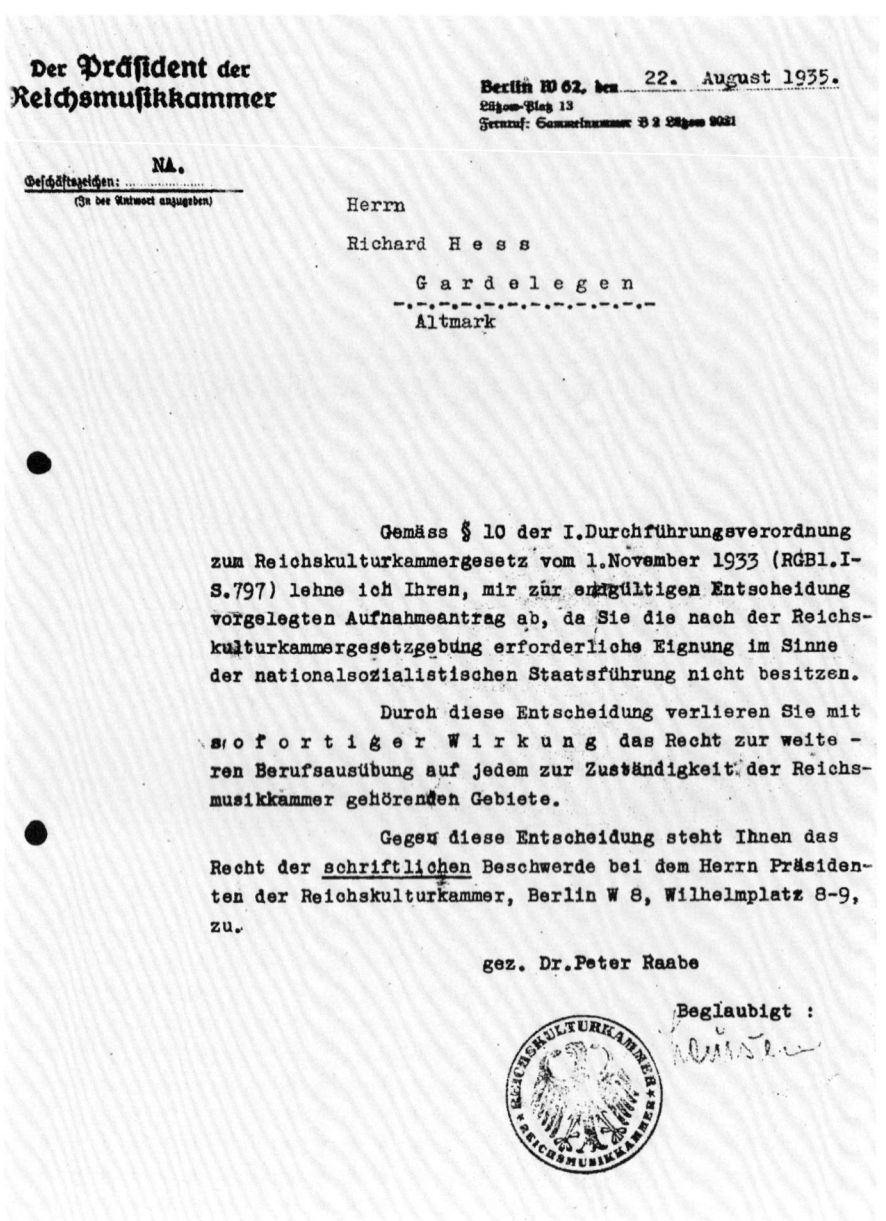

Quelle: BArch, DP 3, Nr. 958, Ber. XVI/13.

7

Fürstenheim, Kurt, geb. 31. Mai 1886 in Berlin.
»Mischling 1. Grades«.
1933: Praktischer Arzt in eigener Praxis, Berlin-Lichterfelde-Ost.
Vorstandsmitglied des lokalen Ärztevereins in Berlin-Lichterfelde,
Lankwitz und Dahlem.
Befragung am 13. Mai 1963, Alt-Ruppin, Bezirk Potsdam.
Tätigkeit und Wohnort 1963: Rentner, Alt-Ruppin.

Aufgrund genereller Verfügungen wurde mir wegen meiner teilweisen jüdischen Abstammung untersagt, sportärztliche Tätigkeit, die ich bis dahin ausführte, weiterhin auszuüben. Ferner wurde mir untersagt, am ärztlichen Bereitschafts- und Sonntagsdienst teilzunehmen, den ich bis zu diesem Zeitpunkt in meinem Bezirk organisiert und geleitet habe. Weiterhin wurde mir als »nichtarischer« Arzt die Teilnahme an Pflichtfortbildungskursen der Ärztekammer verboten.

Quelle: BStU, Bd. 37, Bl. 167–172.

7a

Schreiben des Reichs- und Preußischen Ministers des Innern an Dr. med. Kurt Fürstenheim vom 12.3.1935, betr. Ausschluss »nichtarischer« Ärzte von Weiterbildungsmaßnahmen und Sonntagsdiensten

Der Reichs- und Preußische Minister des Innern

Nr. IV d 824/35.

Es wird gebeten, dieses Geschäftszeichen und den Gegenstand bei weiterem Schreiben anzugeben

Berlin NW 40, den 12. März 1935
Königsplatz 6
Fernsprecher:
Abt. Z, I, IV, VI, VII Sammel-Nr. A 1 Jäger 0027
„ II, III, V (II. b. Linden 72—74) Sammel-Nr. A 2 Flora 0034
Drahtanschrift: Reichsinnenminister

An

Herrn Dr. med. Fürstenheim

in Berlin-Lichterfelde.

Zu Ihrem Einspruch vom 24. Januar 1935 äußert sich der Herr Staatskommissar der Hauptstadt Berlin wie folgt:

"Nach Mitteilung der Ärztekammer für Berlin, die durch Bekanntmachung im Ärzteblatt für Berlin vom 19. Januar 1935 (Nr. 3) den arischen Ärzten die Teilnahme an den Krebskursen der Berliner Akademie für ärztliche Fortbildung zur Pflicht gemacht und für die nichtarischen Ärzte eine besondere Regelung in Aussicht gestellt hat, ist keineswegs beabsichtigt, einen Zwang auf die nichtarischen Ärzte zur Teilnahme an für sie besonders einzurichtenden Kursen in der Weise auszuüben, daß sie etwa bei Nichtteilnahme der Zulassung zur Kassenpraxis verlustig gingen. Ihnen soll vielmehr freigestellt werden, ob und wie sie für ihre Weiterbildung sorgen wollen, allerdings dürfen sie an den oben genannten Kursen nicht teilnehmen, da diese im Rahmen der Berliner Akademie für ärztliche Fortbildung stattfinden, die satzungsgemäß Nichtarier als Hörer nicht zuläßt.

Dementsprechend werden jedoch auch von der Ärztekammer zu den genannten Kursen keine Beiträge gezahlt, sodaß nicht etwa die nichtarischen Ärzte den Vorwurf erheben können, daß sie zwar Beitragsgelder an die Ärztekammer zahlen

len müssen, an ihren Vergünstigungen jedoch nicht teilnehmen dürfen.

Zu den Beschwerdepunkten 2) und 3) darf ich bemerken, daß die Regelung des Sonntagsdienstes durch die Kassenärztliche Vereinigung unter Ausschluß der nichtarischen Ärzte vorgenommen worden ist, weil den arischen Ärzten nicht zugemutet werden kann, sich von Nichtariern vertreten zu lassen. Ich glaube nicht, daß Bedenken gegen eine derartige Regelung bestehen. Wenn tatsächlich arische Ärzte diese Gelegenheit ausnutzen sollten, um einen nichtarischen Arzt unsachlich und gehässig herabzusetzen und unlautere Konkurrenz zu treiben, so wird ihm hiergegen das Ärztliche Ehrengericht Schutz gewähren müssen. Ohne die Angabe konkreter Vorfälle, bei denen das Ehrengericht ein Einschreiten abgelehnt hat, vermag ich mich zu den Vorwürfen des Dr.Fürstenheim gegen das Ärztliche Ehrengericht nicht zu äußern."

Bei dieser Sachlage sehe ich mich zu einem Einschreiten nicht veranlaßt.

Im Auftrag
gez. Frey.

Beglaubigt
Reinbacher

Quelle: BArch, DP 3, Nr. 950, Ber. VIII/35.

8

Benjamin, Margot, geb. 16. August 1893 in Berlin.
»Jüdin«.
1933: Praktische Ärztin, Frankfurt/Main.
Befragung am 6. Mai 1963, Erfurt, Bezirk Erfurt.
Tätigkeit und Wohnort 1963: Rentnerin, Erfurt.

Ich war im Jahre 1933 als praktische Ärztin in Frankfurt/Main tätig. Selbst war ich nicht organisiert. Hatte jedoch Verbindung zur Roten Hilfe (Arbeiterhilfe und der Liga gegen Imperialismus und für nationale Unabhängigkeit). Ich war Kassenärztin[1] und hatte in der Hauptsache Patienten aus der Arbeiterklasse. Am 21.4.1933 wurde mir meine Zulassung als Kassenärztin entzogen. Am 4.7.1933 wurde bei mir eine Hausdurchsuchung vorgenommen. Meine Hausangestellte hatte mich verraten, weil ich bei mir eine Besprechung mit kommunistischen Funktionären durchgeführt hatte. Da ich mich nicht mehr sicher fühlte, bin ich am 23.8.1933 nach Paris emigriert. In der Zeit vom 23.12.1934 bis 2.8.1956 befand ich mich in der Emigration in der Sowjetunion.[2] Seit 5.10.1956 befinde ich mich hier in Erfurt. (…)
Meine damals 70jährige Mutter musste ich in Frankfurt unmittelbar zurücklassen. Sie befand sich dann in einem jüdischen Altersheim. Nach meiner Ansicht ist sie im August 1942 nach Theresienstadt gebracht worden. Nach der im Besitz befindlichen Todesurkunde ist sie am 7.9.19..[3] dort verstorben.

Quelle: BStU, Bd. 35, Bl. 241–244.

1 Forschungen zu diesem Thema vgl. Rebecca Schwoch: Jüdische Kassenärzte rund um die Neue Synagoge Berlin, Berlin 2006.
2 In dem »Vermerk zu der Vernehmung der Zeugin Frau Dr. med. Margot Benjamin« wird ausgewiesen, dass die Zeugin von 1937 bis 1946 in der Sowjetunion inhaftiert bzw. interniert war.
3 Datum des Jahres unleserlich. Offensichtlich handelt es sich um Sara Benjamin, geb. Solinger, geb. 27.12.1862 in Marienburg (Westpreußen), wohnhaft in Frankfurt/Main. Sara Benjamin wurde am 18.8.1942 nach Theresienstadt deportiert, wo sie am 7.9.1942 verstarb. Vgl. Gedenkbuch. Opfer der Verfolgung der Juden unter der nationalsozialistischen Gewaltherrschaft in Deutschland 1933–1945, Berlin 2006, Bd. I, S. 223.

2. Entrechtete Staatsbürger
   Der 15. September 1935

Binnen zwei Jahren faschistischer Herrschaft hatten sich in Deutschland gravierende Veränderungen vollzogen. Politische Gegner des Regimes saßen in Gefängnissen und Konzentrationslagern, waren ins Exil geflohen oder hatten, reduziert auf die Standhaftesten, ihre Tätigkeit in die Illegalität verlagert.
Unstimmigkeiten über das Tempo und die Methoden der Stabilisierung der Macht hatte die NSDAP-Führung in ihren eigenen Reihen rigoros ausgeräumt. Mit der Mordaktion am 30. Juni 1934 gegen den Stabschef der SA Ernst Röhm und gegen konservative Kräfte wurde der Konsolidierungsprozess der faschistischen Diktatur als abgeschlossen erklärt. Immer mehr Deutsche hatten mit dem Regime ihren Frieden gemacht und fühlten sich zur »nationalsozialistischen Volksgemeinschaft« hingezogen, ihr zugehörig und vertrauten den Faschisten. Das hatte u. a. auch ganz praktische Gründe. Arbeiter und Bauern, die bis dahin ohne Arbeit waren, erhielten eine Tätigkeit, oft gering bezahlt und berufsfremd. Dazu dienten vor allem Arbeitsbeschaffungsmaßnahmen beim Autobahnbau, im Bausektor und in der Rüstungsindustrie. Die Arbeitszeit in Ämtern und in kriegswichtigen Betrieben stieg, somit ebenfalls die Löhne. Gab es im Jahre 1933 6 Millionen Arbeitslose, so hatte sich die Zahl 1935 halbiert. Die Lebensverhältnisse der deutschen Bevölkerung zeigten sich im Vergleich zum Jahre 1932/33 verbessert. Organisationen wie z. B. die HJ, die NSF, das WHW, die DAF oder die Organisation KdF und deren Aktionen sollten die Deutschen an das Regime binden und in der nationalsozialistischen Volksgemeinschaft ein enges Zusammengehörigkeitsgefühl erzeugen.
Zum andern hatten außenpolitische Erfolge die Glaubwürdigkeit des Staates gestärkt. Am 13. Januar 1935 waren 528.005 Saarländer an die Wahlurnen gegangen. 90,76 Prozent von ihnen entschieden sich in der nach dem Versailler Vertrag fälligen Volksabstimmung für den Anschluss an Deutschland. Demzufolge wurde am 1. März 1935 das Saarland in das Deutsche Reich eingegliedert. Damit erhielt die deutsche Wirtschaft die Möglichkeit, die reichen Kohlevorkommen sowie die Eisen- und Stahlindustrie des Saarlandes für ihre eigene Rüstungsproduktion auszubeuten und zu nutzen. Zwei Wochen später, am 16. März 1935, wurde per Gesetz, gegen die Bestimmungen des Versailler Vertrages, die allgemeine Wehrpflicht wieder eingeführt. Das war ein Schritt, der die kriegerischen Absichten Deutschlands deutlich werden ließ und gleichzeitig von führenden Staaten zwar empört wahrgenommen, aber letzten Endes akzeptiert wurde.
Vor diesem Hintergrund begann am 10. September 1935 der alljährliche Parteitag der NSDAP unter der Losung: »Reichsparteitag der Freiheit«. Gefeiert wurde die nun wieder gewonnene »Wehrfreiheit«. Hunderttausende NSDAP-Anhänger und zum ersten Mal auch Wehrmachtseinheiten bekundeten auf den Aufmarschfeldern des Nürnberger Parteitagsgeländes ihre Treue zum

Führer. Einen Tag vor dem Ende der Kette von Demonstrationen der Macht, am 15. September, fand eine Reichstagssitzung statt. Im Großen Saal des Nürnberger Kultur-Vereinshauses versammelten sich die Führer und Funktionäre von Nazipartei und Staat, die inzwischen dieses Gremium bildeten. Die Gesetze, die Hitler in seiner Rede zur Annahme empfahl, hätten auch vom Reichskabinett verabschiedet werden können. Dass das vorab sichere einstimmige Votum dieser Versammlung von Jasagern eingeholt wurde, sollte die Bedeutung des Parteitages und auch der Gesetze herausheben, die erst nach Hitlers Rede von Reichstagspräsident Hermann Göring begründet und verlesen wurden. Ohne Debatte und unter Beifall wurden die alsbald als »Nürnberger Gesetze« bezeichneten verbindlichen Wegweisungen für die Steigerung des Verfolgungsdrucks gegen die Juden in das Leben der faschistischen Gesellschaft gesetzt. Sie verbanden sich mit dem doppelten Vorsatz, die germanisch-rassistische Formierung der Bevölkerungsmehrheit voran- und die Juden aus Deutschland zu vertreiben.

Das erste der drei Gesetze, das »Reichsflaggengesetz«[1], bestimmte die Hakenkreuzflagge mit den Reichsfarben schwarz-weiß-rot zur Reichs- und Nationalflagge sowie zur Handelsflagge. Das Zeigen dieses Symbols wurde jüdischen Deutschen verboten, denen »zugebilligt« wurde, die Fahne mit dem Davidstern zu zeigen. Schon das war eine Diffamierung und Verhöhnung. Zum einen zählte die Mehrheit der jüdischen Deutschen nicht zu den Zionisten, wenn deren Einfluss angesichts des um sich greifenden Antisemitismus auch zunahm. Vor allem aber hätte die Ausübung dieses »Rechts« in Nazideutschland nichts anderes bedeutet, als dass dadurch die Judenfeinde geradezu angezogen worden wären. Dass in einem Reichsgesetz eine Menschengruppe erkennbar verhöhnt wurde, hatte es seit der Reichsgründung nicht gegeben. Die beiden anderen Gesetze schnitten tief in den Lebensalltag der Juden ein, ohne dass alle ihre Konsequenzen spürbar oder auch nur absehbar gewesen wären. Das »Reichsbürgergesetz«[2] differenzierte »Reichsbürger« und »Staatsbürger«, von denen nur die ersteren Träger der vollen politischen Rechte waren, wie wenig das immer bedeutete. Die »Staatsbürger« hingegen wurden zu Angehörigen des Schutzverbandes erklärt, den das Deutsche Reich angeblich darstellte. »Reichsbürger« waren demnach nur jene, in deren Adern nach Nazisicht angeblich deutsches oder artverwandtes Blut floss, während die Juden, denen die faschistischen Dunkelmännner »jüdisches Blut« andichteten, in die Kategorie minderen Rechtes eingestuft wurden. Auch das ging mit Zynismus einher, denn in Wahrheit konnte keine Rede davon sein, dass dieses Reich ihnen Schutz gewährte, wie sich schon beim Boykott des 1. April 1933 gezeigt hatte. Das »Gesetz zum Schutz des deutschen Blutes und der deutschen Ehre«[3] überbot die beiden anderen noch an Infamie und atmete den Geist des faschistischen Antihumanismus. Es untersagte Eheschließungen und »außerehelichen Verkehr zwischen Juden und Staatsangehörigen deutschen oder artverwandten Blutes« und bedrohte Verstöße mit Zuchthaus- oder Gefängnisstrafen. Verboten war für Juden zudem die Beschäftigung von weiblichen nichtjüdischen Angestellten unter 45 Jahren in ihren Haushalten, eine Bestimmung, die ihnen notwendige oder erwünschte Hilfe nahm und obendrein deutlich den Beigeschmack besaß, den männlichen Teil der deutschen Juden zu diffamieren.

Notwendig war nun die zweifelsfreie Definition, wer den Machthabern als »Jude« galt. Dafür war das Reichsinnenministerium und in ihm die Abteilung I zuständig. In ihr wurden die Rechts- und Verwaltungsvorschriften erarbeitet und kommentiert, die den staatlichen Behörden reichsweit als verbindliche Grundlage ihrer Entscheidungen und Maßnahmen dienten. Der Oberregierungsrat Hans Maria Globke fasste sie gemeinsam mit seinem Vorgesetzten Wilhelm Stuckart zusammen und publizierte sie unter dem Titel »Kommentare zur deutschen Rassegesetzgebung«.[4] Stuckart hatte dafür die Einführung beigetragen. Über den Gebrauchswert und Platz der Publikation schrieb der Staatssekretär im Reichsjustizministerium Roland Freisler: »Der Kommentar kann wohl in keiner Handbücherei eines Rechtswahrers fehlen.«[5] Globke und Stuckart hatten damit eine ausgefeilte Handhabe geschaffen, die zunächst Richtschnur für die eskalierenden Schritte der Verfolgung der Juden bildeten, in der folgenden Phase die Unterscheidung zwischen den Deportierten und den von der Deportation Verschonten lieferte, also den Maßstab, mit dem über Tod oder Überleben entschieden wurde.

Die »Erste Verordnung zum Reichsbürgergesetz« sowie die »Erste Verordnung zum Schutz des deutschen Blutes und der deutschen Ehre«, beide vom 14. November 1935[6], differenzierten nach rassischen Kriterien die bis dahin als »Nichtarier« bezeichneten Personen, so dass eine größere Anzahl Deutscher zu den »Nichtariern« sortiert wurde. Unterschieden wurde zwischen Juden, die als »Volljuden« kategorisiert wurden, und »jüdischen Mischlingen«. Zu deren Erfassung wurde auf die Großelternschaft zurückgegriffen. Personen mit drei jüdischen Großeltern wurden unabhängig von ihrer eigenen religiösen Bindung zu »Volljuden« erklärt. Wer zwei jüdische Großeltern besaß, geriet in die Gruppe »Mischlinge 1. Grades« und zu den »Halbjuden«. In die Kategorie »Mischlinge 2. Grades«, die »Vierteljuden«, gelangte, wer unter seinen Großelternteilen einen Juden oder eine Jüdin hatte. Diese Gruppe wurde als »Reichsbürger« angesehen. Gemeinsam galten »Mischlinge 1. Grades« und »Mischlinge 2. Grades« als Sondergruppe, über deren Behandlung es im Prozess der sich steigernden Verfolgungen unter den Rassebürokraten im Staatsapparat und der NSDAP, die zuletzt über Leben und Tod entschieden, zu Meinungsverschiedenheiten kam. Das Schema der Rassisten schuf zudem die Gruppe der »Geltungsjuden«. Zu ihr wurde eingestuft, wer als »Halbjude« der jüdischen Religionsgemeinschaft angehörte oder mit einer Jüdin oder einem Juden verheiratet war. Diese wurden wie »Volljuden« behandelt.

Ebenfalls umstritten war der Umgang mit den Partnern von »Mischehen«, denen Ehegemeinschaften zwischen »Ariern« und »Nichtariern« unterschiedlichen Typs zugezählt wurden. Später wurde noch einmal zwischen »privilegierten« und »nichtprivilegierten Mischehen« unterschieden. Als »privilegiert« galt eine Ehe zwischen einem nichtjüdischen und einem jüdischen Partner, wenn aus dieser Gemeinschaft keine Kinder hervorgegangen oder ihre Kinder nichtjüdisch erzogen worden waren. Als »nichtprivilegiert« wurden Familien behandelt, in denen der Mann Jude und die Ehe kinderlos war oder ein Ehepartner Jude und der andere (oft die Frau) zum Judentum übergetreten war und die gemeinsamen Kinder ebenfalls jüdisch erzogen wurden. Diesen weitgehend willkürlich getroffenen Zuordnungen lag die widerwissenschaftliche Vorstellung vom »jüdischen« und »arischen« oder »deutschen« Blut zugrunde und die Vorstellung der deutschen Faschisten vom »rassereinen« deutschen Volk, dem die Weltvorherrschaft zukam.

Die Nürnberger Gesetze teilten somit das deutsche Volk willkürlich und mit dem Instrument von Staatsgesetzen in zwei Gruppen, die größere der bevorrechtigten »Arier« und die kleinere der zunehmend aller Rechte beraubten »Nichtarier«, zu denen vor allem die Juden gerechnet wurden. Die Idee, diese oder eine ähnliche Unterscheidung vorzunehmen, war nicht vollkommen neu. Schon vor 1933 und vor allem vor der Verabschiedung der Nürnberger Gesetze hatten Juden die Erfahrung eben solcher beleidigender Zurücksetzungen gemacht, die jetzt staatsweit durchgesetzt wurden. So waren z.B. Anträge auf Änderung des Namens jüdischer Bürger von staatlichen Verwaltungen abgelehnt (9) oder auf Eheschließung zwischen jüdischen und nichtjüdischen Partnern untersagt worden. (10, 10a, 10b, 10c) Diese Vorgeschichte erklärt die Bereitwilligkeit und das Tempo, mit dem Juristen wie Hans Globke und Wilhelm Stuckart, ältere Verfechter dieser Praktiken, nun in Aktion traten. Die sich unter dem Einfluss der fortgesetzten Aufhetzung ausbreitende antijüdische Stimmung in weiten Kreisen der Bevölkerung bewirkte, dass Beamte der mittleren und unteren Ebene sowie NSDAP-Funktionäre diese Bestimmungen unnachsichtig exekutierten und sich dabei als Gesetzeshüter und Wächter über die Reinheit der »deutschen Rasse« fühlten. (11, 11a, 11b, 11c, 11d)

Der September 1935 bedeutete für alle jüdischen Deutschen einen Einschnitt in ihren Lebensalltag. Betroffen waren aber auch Nichtjuden, deren Beziehungen zu Juden nun als die von »Rasse- oder Blutschändern« hingestellt und verfolgt werden konnten. Wer nicht bereit war, sich dem Verbot von Beziehungen und Verbindungen zu beugen, musste Wege und Möglichkeiten heimlicher Treffen finden. Ein, jedoch gewagter Ausweg waren Eheschließungen im Ausland. (12) Wer dennoch vor deutschen Ämtern einen Antrag auf Verheiratung stellte und die nun zusätzlich verlangten persönlichen Dokumente vorlegte, sah sich schikanösen Befragungen und ärztlichen Untersuchungen unterworfen. (13) Zugleich nahm von staatswegen der allgemeine öffentliche und der gezielte individuelle Druck zu, der vor allem nichtjüdische Frauen und Männer veranlassen sollte, ihre Kontakte zu jüdischen Partnern aufzugeben und Verlöbnisse zu lösen. Manche Paare gingen auf die Forderungen ein, um den Gefährdeten zu schützen. (14) Auch die Bestrafungen blieben nicht nur angedroht. Wo die Paare ihre Beziehungen nicht verheimlichen konnten oder wollten, folgten in der Regel die im Gesetz angedrohten Maßnahmen. »Rassenschänder« wurden verurteilt und in Zuchthäuser und Konzentrationslager gesperrt. (15) Andere wurden gerichtlich belangt, weil sie, um eine Familie zu gründen, wissentlich falsche Angaben gemacht hatten. (16) Die Nürnberger Gesetze trafen auch schon verheiratete Paare. Nichtjüdische Frauen und Männer, die in einer »Mischehe« lebten, wurden angehalten, sich vom jüdischen Partner scheiden zu lassen. Taten sie das nicht, hatten sie mit Beleidigungen und Drohungen zu leben und erlitten mehrfach auch berufliche Nachteile. (17, 17a, 17b, 18, 18a)

Die »Reichsvertretung der deutschen Juden«, die im September 1933 als eine Gesamtvertretung der deutschen Juden gegründet worden war und als Folge der Nürnberger Gesetze gezwungen wurde, die Bezeichnung »Reichsvertretung der Juden in Deutschland« anzunehmen, vertrat im Rahmen ihrer immer weiter eingeschränkten Möglichkeiten die Interessen der Gesamtheit der Juden, jüdischen Gemeinden und Großverbände. Vor allem suchte sie den Zusammenhalt und die gegenseitige Hilfe der schwindenden Zahl im Reich lebender Juden zu sichern. Besondere Sorge galt der Ausbildung und Erziehung der Kinder und Heranwachsenden. Das jüdische Schulwesen wurde ausgebaut, vielerlei Anstrengungen galten der Frage, wie den Jungen eine Zukunft zu sichern sei, ihnen jüdische Religion, Kultur und Traditionswerte vermittelt werden konnten. Immer stärker rückte der Gedanke in den Vordergrund, Maßnahmen für die Auswanderung zu ermöglichen, wofür junge Leute Kenntnisse in praktischen handwerklichen oder landwirtschaftlichen Berufen erwerben sollten. In der gleichen Absicht verhandelte die Vertretung mit den Nazibehörden über Bedingungen, welche die Auswandernden Deutschland nicht völlig als Bettler verlassen ließen.

1 Vgl. RGBl. 1935 I, S. 1145. Das Verbot für Juden, die Reichsflagge zu hissen, und die Erlaubnis des »Zeigens der jüdischen Farben« sind im Paragraph 4 des »Gesetzes zum Schutze des deutschen Blutes und der deutschen Ehre" festgelegt.
2 Vgl. RGBl. 1935 I, S. 1146 f.
3 Vgl. RGBl. 1935 I, S. 1146.
4 Vgl. Wilhelm Stuckart/ Hans Globke: Kommentare zur deutschen Rassegesetzgebung, C. H. Beck'sche Verlagsbuchhandlung München und Berlin 1936, Bd. 1.
5 Deutsche Justiz. Rechtspflege und Rechtspolitik. Amtliches Blatt der deutschen Rechtspflege. Hrsg.: Dr. Franz Gürtner, Reichsminister der Justiz, 98. Jahrgang, 3.4.1936, Nr. 14, Ausgabe A, S. 587.
6 Vgl. RGBl. 1935 I, S. 1333 ff.

9

Kohn, Bernhard, geb. 20. März 1899 in Bartnig/Provinz Schlesien.
»Jude«.
1933: Wiegemeister, Baumwollspinnerei, Leipzig.
Befragung am 16. Mai 1963, Leipzig, Bezirk Leipzig.
Tätigkeit und Wohnort 1963: Rentner, Leipzig.

Bernhard Kohn; Quelle: BArch, Bild 183-B0709-0004-027/Stöhr

Bereits im Jahre 1922 hatte ich versucht, beim Amtsgericht Schkeuditz eine Namensänderung zu erreichen, die jedoch, nicht weiter behandelt wurde, weil ich die geforderten Kosten in Höhe von 500,– M nicht aufbringen konnte.
Ich möchte bemerken, dass meine beiden Elternteile jüdischer Abstammung sind und ich bereits in Leipzig bemerkte, dass mein Name Kohn oft der Anlass war, dass ich von anderen Personen wegen meiner jüdischen Herkunft beschimpft wurde.
Diese Beschimpfungen traten besonders Ende 1932 Anfang 1933 hervor, so dass meine Ehefrau mir den Vorschlag machte, erneut einen Antrag auf Namensänderung einzu-

reichen. Im guten Glauben, dass ich als preußischer Staatsangehöriger, der bereits zum evangelischen Glauben übergetreten war und im Weltkrieg gedient hatte, bei der neuen Regierung Verständnis für eine Namensänderung findet, schrieb ich am 23.3.1933 ein Bittgesuch an den damaligen Reichskanzler Hitler. Ich bat damals um die Namensänderung Kohn in Köhn.
Später, d.h. im August 1933, erhielt ich dann eine Mitteilung des preußischen Ministeriums des Inneren, dass mein Antrag auf Namensänderung abgelehnt wurde.[1] *Damit war die Möglichkeit, dass ich durch die Namensänderung meine jüdische Abstammung nicht mehr so deutlich zeigen brauchte, hinfällig geworden und ich wurde in der Folgezeit, besonders nach Erlass der Nürnberger Gesetze, als sogenannter Volljude diffamiert und verfolgt.*

Quelle: BStU, Bd. 37, Bl. 180–184.

1   Kopien der Dokumente über den Vorgang der Namensänderung sind abgelegt im BStU, MfS ASt I--7/63, Bd. 48, Bl. 17--30.

10

G., Luise, geb. 2. November 1908 in Berlin.
»Mischling«.
1933: Fotografin, Berlin.
Befragung am 7. Mai 1963, Leipzig, Bezirk Leipzig.
Tätigkeit und Wohnort 1963: Ohne Angabe, Leipzig.

Anfang des Jahres 1934 lernte ich einen Herrn Gerhard Gebel, wohnhaft gewesen in Berlin O 17, Bossestr. 9, kennen. Mit diesem habe ich mich verlobt und wir hatten die Absicht, auch zu heiraten. Durch Gespräche wurde uns bekannt, dass wir nicht heiraten könnten. Gemeinsam gingen wir nach dem Standesamt in Berlin Moabit und gaben dort unser Aufgebot ab. Dort wurde ich schon nach der Rassenzugehörigkeit gefragt. Ich habe dieses dort ordnungsgemäß angegeben und kurze Zeit später erhielt mein Verlobter ein Schreiben, woraus hervorging, dass es nicht geht, dass ich als nichtarische Person ihn heiraten darf. Dieses war im Juli 1935, als noch nicht einmal die Nürnberger Gesetze in Kraft waren. Gegen diese Maßnahmen haben wir Einspruch erhoben, jedoch immer vergebens. Nachdem dann das Gesetz zum Schutze des deutschen Blutes und der deutschen Ehre in Kraft war, haben wir erneut einen Antrag zwecks Heirat gestellt. Im März 1936 bekamen wir erneut die Mitteilung, dass eine Eheschließung abgelehnt wird und ich musste erst mal 10,– RM dafür bezahlen. Da wir aber keine Ruhe gaben, bekam ich am 14.9.36 eine Aufforderung zur ärztlichen Untersuchung beim Städt. Gesundheitsamt Mitte. Dort musste ich mich in einem Badeanzug fotografieren lassen und zwar von allen Seiten. Für diese Untersuchung musste ich auch noch 5,– RM bezahlen. Wir bekamen dann überhaupt keine Antwort mehr. Mein Verlobter begab sich darauf zum Standesamt und dort machte man ihm klar, dass wenn er nicht zur Einsicht kommt, sie ihn dahin bringen, wohin er dann auch gehört. Trotz dieser Schikanen haben wir unser Verhältnis nicht getrennt und nach ca. 1 Jahr bekam ich plötzlich eine Vorladung zur Gestapo am Alexanderplatz. Dort verhörte man mich und erklärte mir auch, dass ich ja das Verhältnis lösen sollte, denn wenn sie dahinterkommen, dann würde es uns beiden schlecht ergehen. Mit anderen Diffamierungsmaßnahmen hatte ich bis 1943 nicht zu rechnen. Mein Verlobter wurde 1941 eingezogen und ist 1943 gefallen.

Quelle: BStU, Bd. 37, Bl. 71–75.

10a

Schreiben der Preußischen Standesämter Berlin III an Gerhard Gebel vom 24.7.1935, betr. Ablehnung der Eheschließung zwischen einem »Arier« und einer »Nichtarierin« (Abschrift)

```
                        Abschrift.

Preuss. Standesämter Berlin XII        den 24. Juli 1935
Berlin N.W., Wilhelmshavenerstr. 2
Fernruf C9 Tiergarten 9013 Apparat 73


       Ich lehne es ab, Ihr Aufgebot mit Frl. Luise Veuve
       entgegen zu nehmen und die Ehe zu schliessen. Sie
       sind Arier, während Ihre Verlobte Nichtarierin ist.
       Durch die Eheschliessung zwischen Ariern und Nicht-
       ariern wird arisches Blut vermischt und für alle Zu-
       kunft, vom völkischen Standpunkt betrachtet, unbrauchbar
       gemacht. Wenn auch formell -gesetzlich ein Verbot nicht
       besteht, so verstösst doch eine solche Ehe gegen die
       wichtigsten Gesetze des Staates, die die Reinhaltung und
       Pflege des deutschblütigen Volkes zum Ziele hat.
       Ein Beamter des dritten Reiches kann zu einer solchen
       Handlung seine Hand nicht bieten.
       Gegen diesen Bescheid steht Ihnen die Beschwerde beim Amts-
       gericht Berlin offen.
                             Der Standesbeamte
                             gez Unterschrift
   An
   Herrn Gerhard Gebel, Bln. O.17, Bossestr.9
   Abschrift stimmt mit Original überein.
```

Quelle: BArch, DP 3, Nr. 950, Ber. VIII/15.

10b

Schreiben des Staatskommissars von Berlin an Luise Veuve vom 23.3.1936, betr. Aufforderung zur Entrichtung von 10.– RM für die Versagung der Ehegenehmigung

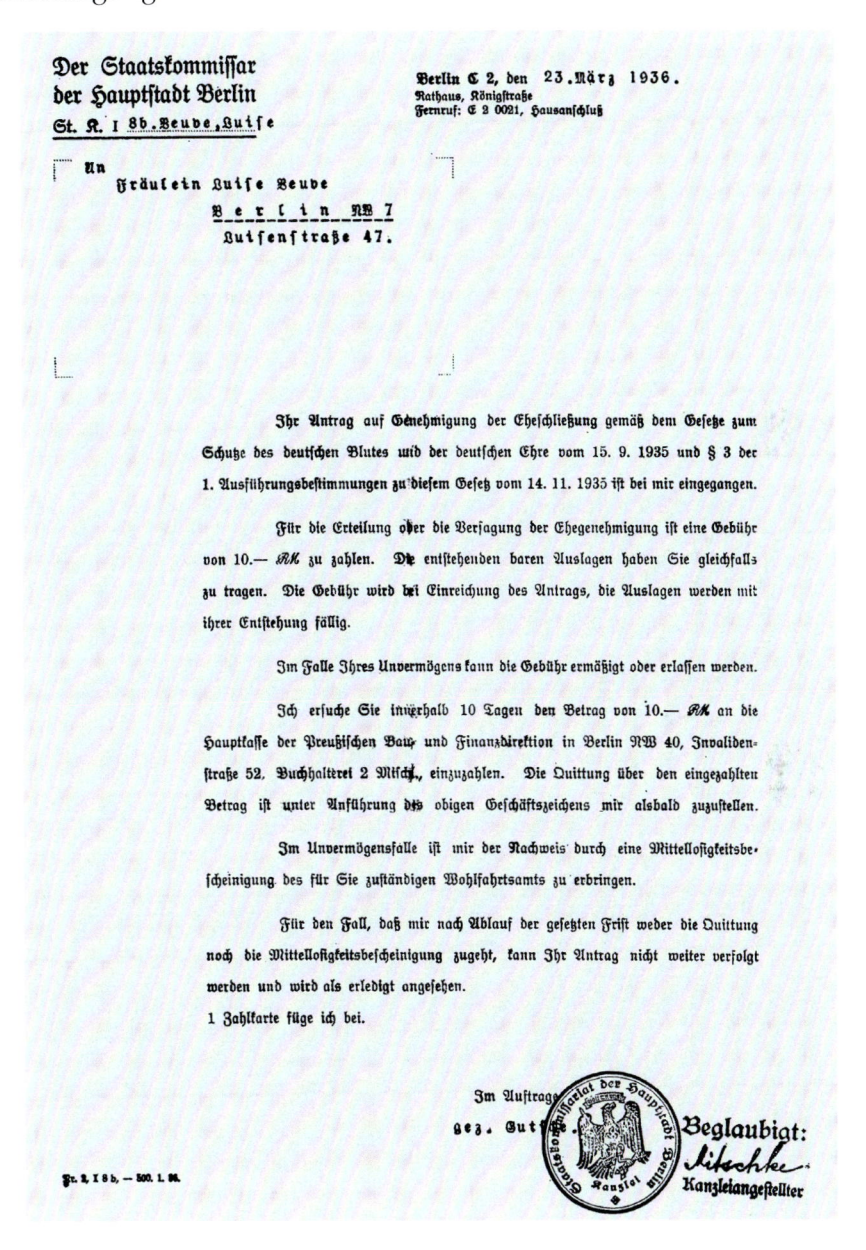

Der Staatskommissar
der Hauptstadt Berlin

St. K. I 8b. Veuve, Luise

Berlin C 2, den 23. März 1936.
Rathaus, Königstraße
Fernruf: C 2 0021, Hausanschluß

An
Fräulein Luise Veuve
Berlin NW 7
Luisenstraße 47.

Ihr Antrag auf Genehmigung der Eheschließung gemäß dem Gesetze zum Schutze des deutschen Blutes und der deutschen Ehre vom 15. 9. 1935 und § 3 der 1. Ausführungsbestimmungen zu diesem Gesetz vom 14. 11. 1935 ist bei mir eingegangen.

Für die Erteilung oder die Versagung der Ehegenehmigung ist eine Gebühr von 10.– RM zu zahlen. Die entstehenden baren Auslagen haben Sie gleichfalls zu tragen. Die Gebühr wird bei Einreichung des Antrags, die Auslagen werden mit ihrer Entstehung fällig.

Im Falle Ihres Unvermögens kann die Gebühr ermäßigt oder erlassen werden.

Ich ersuche Sie innerhalb 10 Tagen den Betrag von 10.– RM an die Hauptkasse der Preußischen Bau- und Finanzdirektion in Berlin NW 40, Invalidenstraße 52, Buchhalterei 2 Misch., einzuzahlen. Die Quittung über den eingezahlten Betrag ist unter Anführung des obigen Geschäftszeichens mir alsbald zuzustellen.

Im Unvermögensfalle ist mir der Nachweis durch eine Mittellosigkeitsbescheinigung des für Sie zuständigen Wohlfahrtsamts zu erbringen.

Für den Fall, daß mir nach Ablauf der gesetzten Frist weder die Quittung noch die Mittellosigkeitsbescheinigung zugeht, kann Ihr Antrag nicht weiter verfolgt werden und wird als erledigt angesehen.

1 Zahlkarte füge ich bei.

Im Auftrage
gez. Gut...

Beglaubigt:
Nitschke
Kanzleiangestellter

Quelle: BArch, DP 3, Nr. 950, Ber. VIII/15.

10c

Vorladung an Luise Veuve durch das Städtische Gesundheitsamt Mitte vom 14.9.1936, betr. Ehegenehmigungsgesuch und Vorladung zu einer ärztlichen Untersuchung

Der Bezirksbürgermeister
des Verwaltungsbezirks Mitte
der Stadt Berlin
Städt. Gesundheitsamt Mitte
C 25, Alte Schützenstraße 15, III

Berlin, d. 14.9.36
Zimmer 358
Tel. E1 00 22 App. 453

Betr. Ihr Ehegenehmigungsgesuch

Sie werden ersucht, sich am Donnerstag, d. 24.9.36, um 11 Uhr zu einer ärztlichen Untersuchung unter Vorlage dieses Schreibens vorzustellen. Mitzubringen sind hierzu 2 Lichtbilder in den Größen 6 x 9 bis 9 x 12, und zwar Ganzaufnahmen von vorn und von der Seite; ferner 2 Paßbilder. Die Gebühr für die Untersuchung, die am gleichen Tage zu zahlen ist, beträgt 5,– RM.

I.a.
Masitzka

An
Frl. Luise Veuve

Quelle: BArch, DP 3, Nr. 950, Ber. VIII/15.

11

T., Susanna, geb. 7. Juni 1906 in Colmar/Elsaß.
»Jüdin«, »Mischehe«.
1933: Stenotypistin, arbeitslos, Aue.
Befragung am 9. Mai 1963, Aue, Bezirk Karl-Marx-Stadt.
Tätigkeit und Wohnort 1963: Hausfrau, Aue.

Kreisleiter Hentschel ließ meinen Mann gar nicht zu Worte kommen, als er unterrichtet worden war, dass es sich um mich handelte.[1] Er schrie wörtlich (diese Kenntnis habe ich von meinem Ehegatten, der sich die Worte seinerzeit fest einprägte): »Tausend Leben flehe ich mir vom Himmel herab, um den Judenkampf bis zu Ende mitzuführen. Das Kostbarste, was Sie besitzen, Ihr Deutsches Blut, haben Sie verraten.«[2]

Quelle: BStU, Bd. 32, Bl. 167–180.

1   Der Ehemann sprach beim Kreisleiter der NSDAP vor, um die Deportation seiner Frau zu verhindern.
2   Die Zeugin T. hat zu ihrem Vernehmungsprotokoll als Anlage »Die Nürnberger Gesetze in Übersichtstafeln« beigelegt.

11a

Die Nürnberger Gesetze
in Übersichtstafeln, Legende

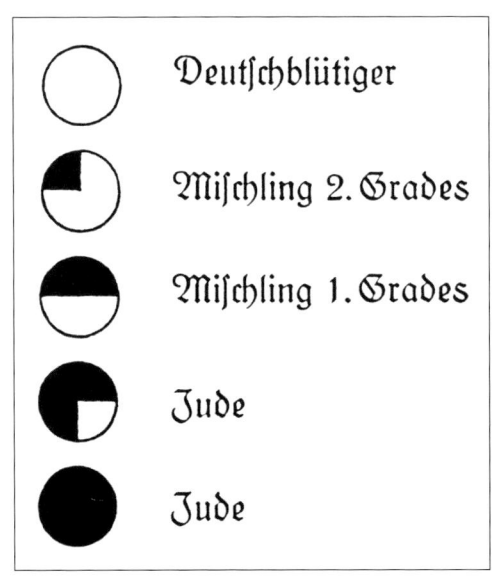

Quelle: Neues Volk, 4, 1936, Nr. 5, S. 20.

11b

Die Nürnberger Gesetze in Übersichtstafeln, »Mischling 2. Grades«

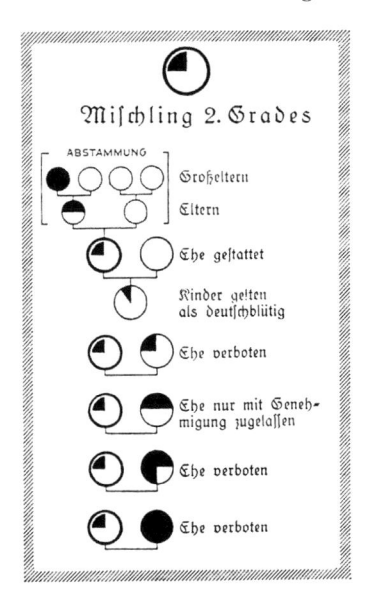

Quelle: Neues Volk, 4, 1936, Nr. 5, S. 20.

11c

Die Nürnberger Gesetze in Übersichtstafeln, »Mischling 1. Grades«

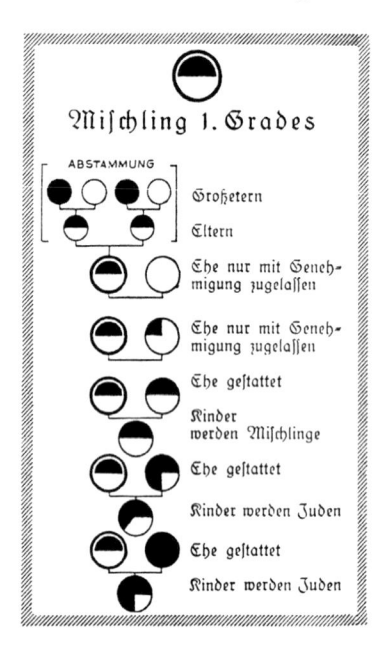

Quelle: Neues Volk, 4, 1936, Nr. 5, S. 20.

11d

Die Nürnberger Gesetze in Übersichtstafeln, »Jude«

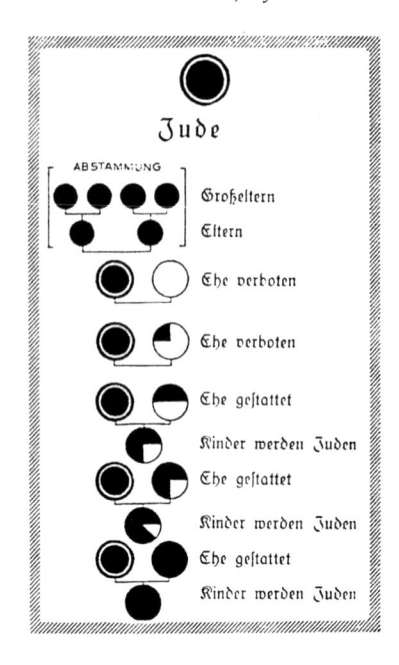

Quelle: Neues Volk, 4, 1936, Nr. 5, S. 21.

12

W., Werner, geb. 16. Juni 1909 in Altona.
»Jude«.
1933: Referendar, Amtsgericht Dresden.
Befragung am 13. Mai 1963, Leipzig, Bezirk Leipzig.
Tätigkeit und Wohnort 1963: Justitiar, Leipzig.

Über die bereits genannten Verfolgungsmaßnahmen hinaus waren ich und meine jetzige Ehefrau Elsa geborene Helbig noch Repressalien wegen unserer persönlichen Beziehungen ausgesetzt. Wir lernten uns im Jahre 1933 in der Zigarettenfabrik Yramos kennen. Wir mussten unsere freundschaftlichen Beziehungen streng verschwiegen halten, da meine damalige Freundin und jetzige Ehefrau Nichtjüdin war. Uns war aus Zeitungsnachrichten und auch aus bereits in der Zigarettenfabrik Yramos wegen sogenannter »Rassenschande« vorgenommenen Verhaftungen bewusst, dass bei Bekanntwerden unseres Verhältnisses brutale Repressalien einsetzen würden.

Die faschistischen Rassengesetze machten es uns unmöglich, zu heiraten. Wir waren gezwungen, uns über Jahre hinweg heimlich zu treffen. Wir verdanken es dem Verständnis meiner Schwiegermutter, dass wir in ihrer Wohnung regelmäßig zusammenkommen konnten.

Im August 1938 wurden meine Schwiegermutter und meine Frau von einem Hausbewohner gewarnt. Dieser Nachbar teilte mit, dass meine heimlichen Besuche beobachtet worden waren und dass darüber gesprochen wurde. Meine Besuche bei der Familie Helbig brach ich daraufhin sofort ab. Mit meiner Frau traf ich mich in der Folgezeit nur nach Eintritt der Dunkelheit an verschwiegenen Orten, zum Teil außerhalb der Stadt.

Mitte August 1938 wurde meine Frau von ihrer Arbeitsstelle dem Polizeipräsidium Dresden zugeführt. Dort wurde sie vom Kriminalbeamten Hampel – er soll inzwischen verstorben sein – vernommen. Ihr wurde eröffnet, es liege eine Anzeige wegen »rassenschänderischer Beziehungen« zu dem Juden Werner W. vor. Es wurden ihr Fotografien vorgehalten, auf denen ich beim Betreten des Wohngrundstückes der Familie Helbig abgebildet war. Nach stundenlangem Verhör wurde meine Frau nach Hause entlassen. Sie erhielt die Verwarnung, mich auf keinen Fall etwas von dem Verhör wissen zu lassen. Meiner Ehefrau gelang es, mich über eine gemeinsame Bekannte am späten Abend warnen zu lassen. Als ich diese Warnung kurz vor Mitternacht erhielt, verließ ich sofort die Wohnung meiner Eltern und suchte bei Genossen und Freunden Unterschlupf. Nach 3 bis 4 Tagen hatten wir die Möglichkeit gefunden, mit der Hilfe der Genossen Ende August 1938 die Grenze nach der CSR zu überschreiten.

Meiner Ehefrau ist es einen Tag nach der Vernehmung durch die Dresdener Polizei gelungen, zu Genossen nach Schweden zu entkommen. Von dort kam sie zu mir über Polen nach Prag.[1] Nach der faschistischen Okkupation der Tschechoslowakei[2] gelang es meiner Ehefrau, über Holland nach England zu entkommen. Wir heirateten in England im Jahre 1939.[3]

Quelle: BStU, Bd. 46, Bl. 36–42, (202–204).

1 In Prag nahm Werner W. Verbindung mit dem antifaschistischen Schriftsteller Max Zimmering (1909–1973) auf. Zimmering war seit 1929 Mitglied der KPD und des Bundes proletarisch-revolutionärer Schriftsteller. Mitte 1933 war er über Paris und Palästina nach Prag und 1939 nach England emigriert.
2 Mit dem Münchener Abkommen vom 29.9.1938, das Arthur Chamberlain (Großbritannien), Edouard Daladier (Frankreich), Adolf Hitler (Deutschland) und Benito Mussolini (Italien) unterzeichneten, wurde Deutschland gestattet, tschechoslowakische Grenzgebiete in Böhmen und Mähren und das Sudetenland zu okkupieren.
3 W. gelangte über Polen und Schweden nach England.

13

S., Hugo, geb. 15. Oktober 1905 in Berlin.
»Mischling 1. Grades«.
1933: Bankkaufmann, Dresdner Bank Berlin.
Befragung ohne Angaben. Wahrscheinlich im Bezirk Erfurt.
Tätigkeit und Wohnort 1963: Mitarbeiter im Sekretariat des Bezirkskomitees des DRK Erfurt, wohnhaft in Weimar.

Im Herbst 1936 wollte ich heiraten, ich war zu dieser Zeit mit meiner jetzigen Ehefrau verlobt. Ich musste (…) meinen arischen Nachweis erbringen. Das wurde mir auf dem Standesamt in Berlin-Karlshorst gesagt, als ich das Aufgebot aufgeben wollte. Auf meine Nachforschungen hin, wurde mir vom Standesamt Artern, Krs. Sangerhausen, der schriftliche Bescheid erteilt, dass mein leiblicher Vater, der Student der Rechte Leopold S., mosaischer Religion ist. Nach eingehendem Studium des Wortlautes der »Nürnberger Gesetze« mit Kommentar stellte ich fest, dass ich als Mischling 1. Grades gelte und dass aufgrund der erwähnten gesetzlichen Bestimmungen für mich durchaus die Möglichkeit gegeben war, meine Braut nach Einholung einer entsprechenden Genehmigung zu ehelichen. Ich stellte daher bei der zuständigen Stelle des Magistrats der Stadt Groß-Berlin einen entsprechenden Antrag, der verschiedene ärztliche und andere Untersuchungen nach sich zog. So mussten meine Mutter und mein leiblicher Vater sich ebenfalls bestimmten ärztlichen Untersuchungen unterziehen. Nach etwa 1 Jahr eröffnete mir ein Beamter des Magistrats Berlin in einer ganz vertraulichen Unterredung, dass nach seinen neuesten Informationen Eheschließungen mit den Mischlingen 1. Grades und »Deutschblütigen« nicht mehr genehmigt werden. Auf seine Empfehlung hin, habe ich dann meinen Antrag zurückgezogen. Seit dem Jahre 1936 habe ich mit meiner jetzigen Frau, die ich erst am 16. 6. 1945 in Erfurt heiraten konnte, einen gemeinsamen Haushalt geführt. Wir galten von dieser Zeit ab in unseren Freundes- und Bekanntenkreisen als Eheleute, während wir an unseren Arbeitsstellen als Unverheiratete geführt wurden. Diese Zwitterstellung brachte für uns beide sehr viele innere und äußere Konflikte mit sich, so dass wir ein verhältnismäßig zurückgezogenes Leben geführt haben.
Im Jahre 1941 wurde meiner Arbeitgeberin, der Dresdner Bank in Berlin, durch eine Indiskretion beim Wehrbezirkskommando die Tatsache bekannt, dass ich Halbjude sei. Von diesem Zeitpunkt ab wurden mir bestimmte Einschränkungen im Bezug auf meine Tätigkeit in der Dresdner Bank auferlegt, der größte Teil meiner Kollegen grüßte mich plötzlich nicht mehr und vermied jegliches Zusammentreffen. In der nachfolgenden Zeit wurde dann mehrfach versucht, mich abzuschieben. Im Jahre 1943 wurde ich dann von der Dresdner Bank zur Dienstleistung in einem Treuhandbüro abgestellt, wo ich bis zu meiner Internierung als Hauptbuchhalter und Bankspezialist tätig war. Im Spätsommer 1944 wurde ich mit meiner Braut zum Rasseamt der NSDAP[1] bestellt, wo wir gezwungen wurden, in schriftlicher Form unser Verlöbnis aufzulösen.

Quelle: BStU, Bd. 39, Bl. 132–135.

1 Es ist unklar, in welche Institution der Zeuge bestellt wurde. Es könnte sich um das Reichssippenamt handeln, bis Ende 1940 »Reichsstelle für Sippenforschung«. In dieser Dienststelle wurden Abstammungsbescheide erteilt, Gutachten angefertigt und eine Kartei geführt. Vgl. Diana Schulle: Das Reichssippenamt: Eine Institution nationalsozialistischer Rassenpolitik, Berlin 2001.

14

S., Erika, geb. 17. April 1909 in Essen.
Verlobter »Mischling 1. Grades«.
1933: Hortleiterin, Erfurt.
Befragung am 7. Mai 1963, Erfurt, Bezirk Erfurt.
Tätigkeit und Wohnort 1963: Rentnerin, Erfurt.

Da mein Mann zur Wehrmacht eingezogen wurde und wir nunmehr keine Schwierigkeiten hinsichtlich einer Heirat erwarteten, stellte mein Verlobter den schriftlichen Antrag für die Heirat. Wo und bei wem der Antrag dazu eingereicht wurde, kann ich heute nicht mehr sagen. Auf alle Fälle hat mein Verlobter auf diesen Antrag keine Antwort bekommen. Wir haben gewissermaßen als Antwort diese Tatsache angesehen, dass mein Verlobter als »wehrunwürdig« aus der Wehrmacht entlassen wurde, nachdem er bereits ein viertel Jahr dabei war.
In diesem Zusammenhang kann ich noch anführen, dass nach meiner Erinnerung 1942 es begann, wo man mit aller Macht versuchte, mich und meinen Verlobten zu trennen. Eines Tages wurde ich zum Erziehungsdirektor, Herrn Riemke, bestellt, – ich arbeitete ja wieder in meinem Beruf – und er gab mir bekannt im Auftrag des Stadtrates Schmidt, dass ich mich von meinem Verlobten trennen solle oder ich würde meine Arbeit verlieren. Man gab mir 6 Wochen Bedenkzeit. Herr Riemke, der es gut mit mir meinte, gab mir den Rat, nach 6 Wochen zum Stadtrat Schmidt zu gehen und ich sollte mitteilen, dass ich das Verlöbnis gelöst habe. Diesen Rat habe ich befolgt, um damit meinen Verlobten sowie auch mir nicht unbedingt zu schaden. Fest steht eins, dass aber dadurch unser Verhältnis nicht verändert wurde. Somit behielt ich auch meine Arbeitsstelle. Mein Verlobter teilte auch zu dieser Zeit mit, dass er bei der Gestapo in Erfurt und zwar bei einem gewissen Remde war, bei dem er einen Revers[1] unterschreiben musste, dass er kein Verhältnis zu »arischen« Frauen oder Mädchen haben dürfte. Das waren auch die Gründe, warum ich dem Stadtrat Schmidt gegenüber erklärte, dass ich das Verlöbnis gelöst habe.
Es war im Januar 1943, als ich auch zu diesem Gestapo-Mann Remde vorgeladen wurde. Er hielt mir vor, dass ich doch nach wie vor noch das Verhältnis mit meinem späteren Ehemann aufrecht erhalte und dass es für mich schlimme Folgen haben könne. Er hat mir ohne Umschweife gesagt, dass, wenn ich seine Weisung nicht beachte, er

mich sofort wegbringen lässt. Diese Vernehmung bei ihm dauerte ca. 1½ Stunden. Ich wurde dann aber doch wieder entlassen. Noch im gleichen Jahr, also 1943, musste ich nach einigen Monaten noch einmal zu Remde, der mir wieder vorhielt, dass er Informationen habe, wonach ich das Verhältnis zu meinem Verlobten nicht geändert habe.
Ich konnte ihn wohl doch überzeugen, dass er nicht recht hat, und so durfte ich nach einer halben Stunde wieder gehen. (...)
Am 3.5.1945 haben wir dann in Erfurt geheiratet.

Quelle: BStU, Bd. 36, Bl. 140–147.

1   Erklärung; Verpflichtungsschein.

15

S., Willi, geb. 18. Juli 1910 in Lübbow, Kr. Lüchow.
Mutter seiner Kinder »jüdischer Abstammung«, »Mischling 1. Grades«.
1933: Tätigkeit, keine Angaben.
Befragung am 10. Mai 1963, Potsdam, Bezirk Potsdam.
Tätigkeit und Wohnort 1963: Rentner, Klein Machnow, Bezirk Potsdam.

Aufgrund der Nürnberger Rassengesetze war es mir nicht möglich, in der Nazizeit meine Frau zu heiraten. Deshalb heiratete ich meine Frau erst im April 1946. Mit meiner Frau habe ich zwei Kinder. Die erste Tochter wurde im Januar 1938 und die zweite im September 1939 geboren. Während dieser Zeit lebte ich mit meiner Frau zusammen. Obwohl meine Frau den Judenstern tragen sollte, hat sie es nicht getan. In dieser Zeit war zwar meine Frau in der Hinsicht diffamiert worden, dass sie nur zu bestimmten Zeiten einkaufen durfte. Sonst bin ich mit meiner damaligen Braut überall, auch zu Kulturveranstaltungen hingegangen.
Im Juni 1939 wurde ich zur damaligen Wehrmacht eingezogen. Wenn ich auf Urlaub kam, musste ich bei einer bekannten Familie meine Uniform ausziehen, mich in Zivil kleiden, um mich mit meiner Braut in der Öffentlichkeit sehen lassen zu können. 1942 sollte meine Frau ins Lager Theresienstadt kommen. Ich erhielt durch Nachbarn Kenntnis und erhielt von meiner Einheit Urlaub. Dann fuhr ich nach Berlin und sprach bei der Gestapo vor. Ich erreichte, dass meine Frau von der Einlieferung ins Lager zurückgestellt wurde. Als ich dann zu meiner Einheit zurückkam, musste ich mich beim Feldgericht 3 in Wjasma[1] melden. Dort wurde ich innerhalb von 10 Minuten zu zwei Jahren Zuchthaus wegen Rassenschande verurteilt. Man wies mich in das Moorlager Papenburg/Emsland[2] ein. Dort wurde ich nach 9 Monaten für bewährungsunfähig befunden und kam anschließend zum Bewährungsbataillon 500[3]. Dort verblieb ich bis Kriegsende. In dieser Zeit wurde ich sechs Mal verwundet. Meine Frau wurde im Mai 1943 mit den Kindern nach Theresienstadt gebracht. Als ich davon

Kenntnis erhielt, habe ich mich gegen diese Maßnahme gewandt und erreicht, dass meine Frau wieder entlassen wurde. Ungeachtet dessen, wurde meine Frau mit den Kindern 1944 nochmals nach Theresienstadt gebracht. Dort musste meine Familie bis zur Befreiung im Mai 1945 bleiben.

Quelle: BStU, Bd. 41, Bl. 127–130.

1 Ort ca. 160 km nordöstlich Smolensk, Russland.
2 Im Sommer 1933 wurden im Emsland verschiedene Lager eingerichtet, die als »Staatliches Konzentrationslager Papenburg« geführt wurden. Neben Strafgefangenen (sog. Kriminellen, Homosexuellen, sog. Asozialen und politischen Gegnern) kamen auch wehrmachtsgerichtlich verurteilte Soldaten sowie Kriegsgefangene, insgesamt ca. 250.000 Menschen, in die Emslandlager. Die Gefangenen leisteten vor allem Zwangsarbeit in den emsländischen Mooren. Sie bezeichneten sich selbst als »Moorsoldaten«. Hier entstand im Sommer 1933 das wohl bekannteste KZ-Lied »Wir sind die Moorsoldaten«. Die Befreiung der Häftlinge erfolgte im April 1945 durch britische, kanadische und polnische Truppen.
3 Ungefähr 27.000 Soldaten, die in der Wehrmacht wegen Disziplinar- und anderer Vergehen, häufig wegen »politischer Unzuverlässigkeit«, verurteilt worden waren, wurden in die Infanterie-Bataillone zur besonderen Verwendung der 1941 gebildeten »Bewährungstruppe 500« überwiesen. Annähernd 5.000 dieser Männer, die an Brennpunkten eingesetzt werden sollten, kamen aus den Emslandlagern. Die Bataillone wurden ausschließlich an die Ostfront geschickt.

16

K., Walter, geb. 3. Juli 1911 in Görschnitz bei Bayreuth.
»Mischehe«, »Ehefrau Mischling 1. Grades«.
1933: Arbeitslos. 1934 bis 1940 Druckereigehilfe.
Befragung am 20. Mai 1963, Greiz, Bezirk Gera.
Tätigkeit und Wohnort 1963: Behördenangestellter, Elsterberg, Bezirk Gera.

Nach Ablehnung unseres Aufgebotes durch das Standesamt Plauen[1] habe ich mich an die Kreishauptmannschaft in Zwickau zwecks Genehmigung gewandt. Dieser Antrag wurde ohne Begründung von dort abgelehnt. Ein weiteres Gesuch im Jahre 1937 an das Reichsinnenministerium in Berlin wurde ebenfalls ohne begründeten Bescheid im Verlaufe des II. Halbjahres abgelehnt. Mein weiteres Bemühen bei der Reichskanzlei in Berlin im gleichen Jahre war ebenfalls erfolglos. Ich wurde an die Kreishauptmannschaft in Zwickau zurückverwiesen.
Durch diese faschistischen Rassengesetze war es meiner Frau und mir trotz aller Bemühungen nicht möglich, unter dem faschistischen Regime zu diesem Zeitpunkt ordnungsgemäß eine Ehe einzugehen.
Im Jahre 1940 wurde ich zur ehemaligen faschistischem Wehrmacht eingezogen. Damals ließen die gesetzlichen Bestimmungen zu, dass von der Beibringung des

»Stammbaumes« abgesehen werden konnte, wenn durch eidesstattliche Versicherung die »arische Abstammung« erklärt wurde.

Meine jetzige Ehefrau erwartete zu diesem Zeitpunkt von mir ein Kind. Da ich nicht wollte, dass meinem zu erwartenden Kind aufgrund außerehelicher Geburt Nachteile entstehen, überredete ich meine Frau, eine falsche eidesstattliche Versicherung über ihren »Abstammungsnachweis« abzugeben. Um der Gefahr der Entdeckung auszuweichen, haben wir die Eheschließung vor dem Standesamt in Elsterberg[2] beantragt und durchgeführt. Dies erfolgte am 8.4.1940.

Von meiner Ehefrau bekam ich 1942 in einem Brief die Mitteilung, dass sie zur Gestapo in Plauen bestellt worden sei. Ebenfalls durch Briefe meiner Frau erfuhr ich dann, dass durch die Standhaftigkeit ihrer Mutter und die falsche Zeugenaussage eines gewissen Meißner der gegen sie durchgeführte Prozess nicht den von den Faschisten gewünschten Erfolg hatte und sie einer Verurteilung zu hoher Strafe bzw. Einweisung in ein Konzentrationslager im Augenblick entgangen ist. Trotzdem wurde sie wegen »Abgabe einer wissentlichen falschen Versicherung an Eides Statt« zu 3 Monaten Gefängnis verurteilt und nach Verbüßung von 6 Wochen wurde die Strafe unter Bewährungsfrist ausgesetzt.

Wegen des gleichen Deliktes war gegen mich ein Ermittlungsverfahren eingeleitet worden. Davon habe ich jedoch erst erfahren, als man mir durch das Gericht der 223. Infanteriedivision die Einstellungsverfügung vom 19.12.1942 aushändigte.

Mit der Überreichung dieser Einstellungsverfügung wurde ich von den anwesenden faschistischen Offizieren, die mir nicht näher bekannt sind, aufgefordert, mich sofort von meiner Frau scheiden zu lassen. Sie erklärten ausdrücklich, dass es nur einiger »entsprechender Zeilen« von mir bedürfe, alles weitere würden sie veranlassen. Da ich diesem Verlangen nicht nachgab, forderten sie mich wiederholt auf zu erklären, dass ich die Ehe mit dem »jüdischen Mischling ersten Grades« nicht mehr fortsetzen wolle. Dies lehnte ich ebenfalls ab. Infolge der sich zuspitzenden Niederlage des Faschismus habe ich nichts wieder gehört.

Quelle: BStU, Bd. 37, Bl. 110–111.

1   Plauen/Vogtland, Reichsgau Sachsen.
2   Ort nördlich von Plauen.

17

Zorn, Rosa, geb. 24. Dezember 1892 in Berlin.
»Jüdin«, »Mischehe«.
1933: Hausfrau.
Befragung am 13. Mai 1963, Leipzig, Bezirk Leipzig.
Tätigkeit und Wohnort 1963: Rentnerin, Leipzig

Nachdem mein Mann als Lehrer entlassen wurde, nahm er als Hilfsarbeiter eine Tätigkeit bei der Fa. Velhagen und Klasing in Leipzig auf. Im Herbst 1944 sollte er nach dem Zwangsarbeiterlager Osterode verschickt werden und täuschte aber einen Unfall vor, wobei er von einem Arzt unterstützt wurde. Auf Grund der Bombenangriffe wurde die Fa. Velhagen & Klasing nach Grimma[1] verlegt und wir mieteten uns dort ein kleines Zimmer und hielten uns dort auf. Im Januar 1945 bekam er eine erneute Aufforderung zum Zwangsarbeitereinsatz und kurz danach bekam ich eine schriftliche Aufforderung, dass ich nach dem KZ-Theresienstadt abtransportiert werden soll. Ich meldete mich aber nicht zum Abtransport, sondern der Pfarrer Kunkel in Leipzig-Plagwitz[2] verbarg uns einige Wochen. Wir konnten dann aber nicht mehr dort verbleiben und nach einem erneuten Bombenangriff begaben wir uns zum Bahnhof und meldeten uns als Flüchtlinge aus Schlesien, die hier übernachtet hatten und beim letzten Angriff alle Papiere verloren haben. Ich kann heute nicht mehr sagen, wer uns dann ein Schreiben auf den Namen Märkel ausstellte. Mit einem Sammeltransport von Flüchtlingen kamen wir dann nach Solsdorf[3] in der Nähe von Saalfeld. Dort verblieben wir unter dem Namen Märkel bis Kriegsende.

Quelle: BStU, Bd. 35, Bl. 98–104.

1 Stadt 20 km südöstlich von Leipzig.
2 Stadtteil von Leipzig.
3 Dorf 10 km westlich Rudolstadt, Thüringen.

17a

Schreiben der NSDAP Kreisgeschäftsstelle Leipzig, Amt für Erzieher, Abteilung der Kreisamtsleiter, an Richard Zorn vom 11.10.1935, betr. seinen Ausschluss aus dem NS-Lehrerbund

Nationalsozialistische Deutsche Arbeiterpartei
Kreis Leipzig

Kreisgeschäftsstelle
Leipzig C 1, Gottschedstr. 10
Fernsprech-Sammelnummer
714 41

Kampfzeitung des Kreises
„Leipziger Tageszeitung"
Schriftleitung,
Leipzig C 1, Windmühlenstr. 39
Fernsprecher 710 61

Amt für Erzieher
(NS.-Lehrerbund)
Fernsprecher 180 12
Postscheck-Konto 105 85
Stadt- u. Girobank 1989

Ihr Zeichen ....
Unser Zeichen Dr.W./Sch.
Bei Antworten stets unser Zeichen und unsere Abteilung angeben!

Leipzig C 1, am 11. Okt. 35.
Kramerstraße 61

Abteilung Der Kreisamtsleiter.

Einschreiben.

Herrn
Lehrer Richard Zorn,
Leipzig N 26,
Linckelstr. 2 f, III.

    Auf Grund der Dienstanweisung der Reichsamtsleitung des NSLB, nach der, falls von Eheleuten ein Partner nichtarisch ist, auch der arische Partner die Mitgliedschaft des NS-Lehrerbundes nicht erwerben kann, werden Sie hiermit mit sofortiger Wirkung aus dem NSLB ausgeschlossen.

    Heil Hitler !

    Dr. Wagner

Quelle: BArch, DP 3, Nr. 948, Ber. VI/17.

17b

Urkunde, ausgestellt am 5.7.1937, betr. Versetzung des Volksschullehrers Richard Zorn in den dauernden Ruhestand

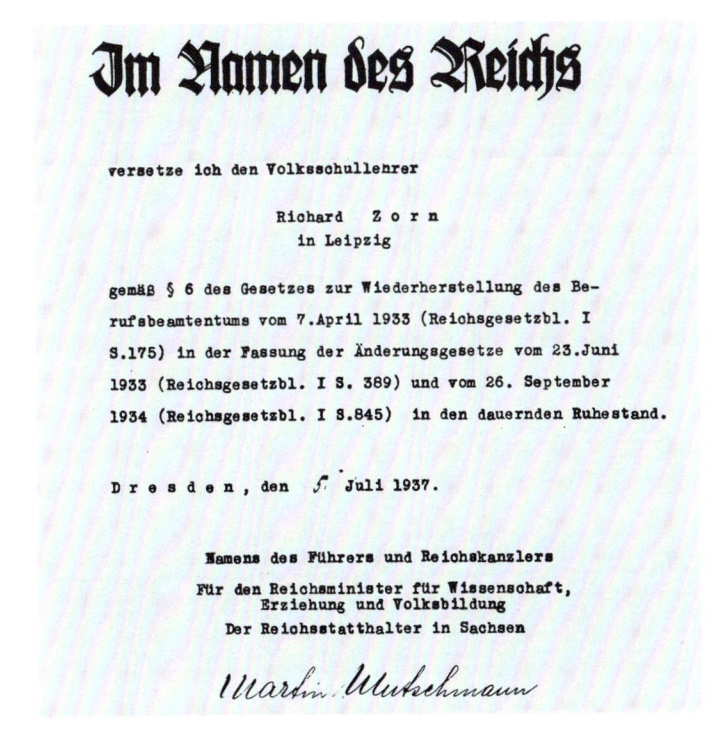

> **Im Namen des Reichs**
>
> versetze ich den Volksschullehrer
>
> Richard Zorn
> in Leipzig
>
> gemäß § 6 des Gesetzes zur Wiederherstellung des Berufsbeamtentums vom 7. April 1933 (Reichsgesetzbl. I S.175) in der Fassung der Änderungsgesetze vom 23. Juni 1933 (Reichsgesetzbl. I S. 389) und vom 26. September 1934 (Reichsgesetzbl. I S.845) in den dauernden Ruhestand.
>
> Dresden, den 5. Juli 1937.
>
> Namens des Führers und Reichskanzlers
> Für den Reichsminister für Wissenschaft,
> Erziehung und Volksbildung
> Der Reichsstatthalter in Sachsen
>
> *Martin Mutschmann*

Quelle: BArch, DP 3, Nr. 948, Ber. VI/17.

18

Sydow, Erna, geb. 25. Oktober 1907 in Berlin.
»Jüdin«, »Mischehe«.
1933: Hausfrau, Berlin.
Befragung am 21. Mai 1963, Berlin.
Tätigkeit und Wohnort 1963: Ohne Angabe, Berlin.[1]

1936 wurde mein Mann, der im Postscheckamt Berlin als Postbeamter tätig war und damals auf eine 19jährige Tätigkeit zurückblicken konnte, zu dem Postleiter Zillewis gerufen. Dieser forderte meinen Mann auf, dass er sich von mir scheiden lassen sollte, da ich Jüdin sei. Dies lehnte mein Mann kategorisch ab. Der Postamtsleiter sagte zu ihm, dann müssen sie damit rechnen, dass sie entlassen werden. 1937 ging diese Drohung des Postamtsleiters in Erfüllung. Mein Mann wurde aus dem Postdienst aufgrund des §6 zur Vereinfachung der Verwaltung erst in den Ruhestand versetzt und dann entlassen. (...)

Es muß im Februar 1941 gewesen sein, als ich von dem Jüdischen Arbeitsamt Fontanepromenade als Zwangsverpflichtete zur Reinigung von Eisenbahnwaggons nach dem Lehrter Bahnhof verpflichtet wurde. Auf dem Lehrter Bahnhof habe ich bis 1943 arbeiten müssen und konnte die Arbeit nur deshalb aufgeben, weil meine Tochter geboren wurde. (…)
Mein Mann wurde 1944 zur OT[2] in ein Strafarbeitslager zwangsverpflichtet. Auch in der Zeit nach seinem Ausscheiden als Postbeamter hat er immer nur geringbezahlte manuelle Arbeit verrichten dürfen.

Quelle: BStU, Bd. 46, Bl. 161–164.

1 Gestorben am 29.7.1968. Vgl. CJA, Friedhof Weißensee Beisetzungsregister.
2 OT, 1938 gegründet, beim Bau militärischer Anlagen eingesetzt. Benannt nach dem Generalinspekteur für das deutsche Straßenwesen Fritz Todt (1891–1942). 1943 übernahm der Reichsminister für Bewaffnung und Munition Alfred Speer die Leitung der Organisation.

18a

Urkunde, ausgestellt
am 26.6.1937,
betr. Versetzung des
Postschaffners
im Kreisdienst
Karl Erich Walter Sydow
in den dauernden Ruhestand

Quelle: BArch, DP 3, Nr. 961,
Ber. XVII/24.

3. Leben im Ungewissen
   1936 bis Herbst 1938

Seit September 1935 galten die Juden in Deutschland ausnahmslos als Staatsbürger zweiter Klasse. Hatten sich vordem schon diffamierende Gesetze und Bestimmungen gegen einzelne ihrer Gruppen gerichtet, so waren sie nun durch Reichsgesetze von der Bevölkerungsmehrheit weggestoßen und als ein im deutschen Volk lebender und nur geduldeter Fremdkörper behandelt. Verordnungen, die sich in den folgenden drei Jahren auf die Nürnberger Gesetze beriefen, beschränkten und belasteten nicht nur das Alltagsleben der jüdischen Menschen, sondern nahmen einen existenzbedrohenden Charakter an. Viele verließen Deutschland Jahr für Jahr, doch nach den Maßstäben der Machthaber und der Rabiatesten unter den Antisemiten waren das zu wenige, um das Ziel zu erreichen, Deutschland »judenfrei« zu machen. Niemand konnte im Zweifel sein, dass die antijüdische Politik der Nationalsozialisten nicht an ihr Ende gekommen war.
Diese Drohung musste umso ernster genommen werden, als es dem NS-Staat gelang, seine Basis in Deutschland zu festigen und außenpolitische Schritte zu gehen, die vom Ausland ohne angemessene Gegenwehr hingenommen wurden. Anfang 1936 marschierte die Wehrmacht unter Bruch des Versailler Vertrages und des 1925 zwischen Großbritannien, Frankreich, Italien, Belgien, Deutschland, Polen und der Tschechoslowakei geschlossenen Locarno Vertrages in die entmilitarisierte Rheinlandzone ein. Dass die wirtschaftlich und ökonomisch stärkeren Mächte Westeuropas sich mit diesem Vorgehen abfanden, machte die Regierenden in Berlin nur dreister. Zwei Jahre später rückten Wehrmachtstruppen in die Republik Österreich ein und beseitigten per Anschluss den souveränen Staat. Die Deutschen lebten in einem nationalistischen Siegestaumel. Ihr Selbstwertgefühl, nach dem Weltkrieg auf einem Tiefpunkt angekommen, wuchs rasch. Keiner dieser Erfolge aber stimmte die Machthabenden und ihre Gefolgschaft milder gegen die in Deutschland verbliebenen Juden. Wenn ihre Zahl auch geringer geworden war, noch existierten Industriebetriebe und Banken in jüdischem Eigentum, noch verfügten Juden über Haus- und Grundbesitz, betrieben Einzelhandelsgeschäfte oder gingen freien Berufen wie denen des Arztes nach. In den Händen der Juden befanden sich Werte, die Milliarden Reichsmark zählten.
Dagegen vorzugehen lag ebenso in den Plänen der rassistischen Ideologen und Kriegsplaner wie in den Absichten vieler nichtjüdischer Geschäftsleute. Jetzt beschäftigte die Antisemiten die Frage, wie die räuberische Enteignung vollzogen werden könne, ohne dass die Gesamtwirtschaft und insbesondere der Außenhandel Schaden nähmen würde. Und wie, was den Juden genommen werden sollte, in die »richtigen Hände« käme. Darüber entstanden zwischen maßgeblichen Wirtschafts- und Finanzkreisen und Führungszentralen der NSDAP unterschiedliche Auffassungen, die Methode und Zeitpunkt der

»Arisierung« jüdischer Unternehmen betrafen, was vor allem jüdische Unternehmen in kleineren und mittelgroßen Städten zu spüren bekamen, die zunehmend unter den Druck der lokalen Parteiführer und deren Aktionen gerieten. (19, 19a, 19b, 19c, 19d) Zahlreiche mittlere und kleine Betriebe konnten dem nicht mehr standhalten und gingen bankrott. (20)

Im ersten Halbjahr 1938 setzten Veränderungen ein, die darauf hindeuteten, dass der entscheidende Schlag gegen die materielle Existenz der Juden in Deutschland bevorstand. Am 26. April 1938 wurden den Juden durch »Verordnung über die Anmeldepflicht jüdischen Vermögens«[1] auferlegt, ihr in- und ausländisches Vermögen, soweit es die Summe von 5.000 RM überschritt, offen zulegen und registrieren zu lassen. Davon ausgenommen waren Hausrat und persönliche Gegenstände. Damit und seitdem war das Eigentum der Juden staatlicher Kontrolle ausgeliefert. Rechtsgeschäfte mit jüdischen Partnern unterlagen nun einer Genehmigungspflicht. Die bis dahin nicht geklärte Frage, wann ein Gewerbebetrieb, eine Firma oder eine Handelsgesellschaft als »jüdisch« anzusehen und zu behandeln sei, erhielt am 14. Juni 1938 mit der »3. Verordnung zum Reichsbürgergesetz«[2] eine Beantwortung. Als jüdisch galten Unternehmen und deren Zweigniederlassungen, wenn ein oder mehrere persönlich haftende Gesellschafter Juden waren oder wenn sie tatsächlich unter dem beherrschenden Einfluss von Juden standen. Die jüdischen Gewerbebetriebe wurden in einem Verzeichnis erfasst, sie konnten mit einer Anordnung des Reichswirtschaftsministers gekennzeichnet werden.

Der Zugriff auf zwei weitere Berufsgruppen, in denen Juden stark vertreten waren, erfolgte mit der »4. Verordnung zum Reichsbürgergesetz«[3] vom 25. Juli 1938. Für jüdische Ärzte erloschen demnach am 30. September 1938 die Approbationen. Nur mit Genehmigung und unter einzuhaltender Auflagen wurde es jüdischen Ärzten gestattet, als »Krankenbehandler« ihren Beruf widerruflich auszuüben. (21, 21a) Jüdische Rechtsanwälte hätten, laut der »5. Verordnung zum Reichsbürgergesetz« vom 27. September 1938[4], aus der Rechtsanwaltschaft auszuscheiden und könnten als »Konsulenten«, so ihre verordnete Bezeichnung, unter besonderen Auflagen nur noch Juden rechtlich beraten und vertreten.

Auf die Erfassung und Markierung der Sachen folgte die der Personen. Am 23. Juli 1938 wurde verfügt, dass Juden bis Jahresende bei der zuständigen Polizeibehörde eine besondere Kennkarte zu beantragen und sich damit jederzeit auszuweisen hätten.[5] Die Verordnung vom 17. August 1938[6] zwang jüdische Bürger darüber hinaus, ihren Vornamen, wenn dieser kein jüdischer war, zu ändern, wofür in der Anlage des Runderlasses des Reichsministeriums des Innern vom 18. August 1938 eine Liste jüdischer oder als jüdisch bezeichneter Vornamen beigefügt war, oder aber zusätzlich die Namen Sara und Israel anzunehmen. Zur bürokratischen Prozedur gehörte, dass die Geburtsurkunde bzw. die Heiratsurkunde amtlich geändert wurden, was Standesämter und Polizeimeldestellen erledigten. (22, 22a, 22b, 22c, 23) Nicht alle wollten diesen erniedri-

genden Eingriff widerstandslos hinnehmen. Doch waren Proteste fast immer zum Scheitern verurteilt, wenn sich nicht ein Weg fand, die Gesetze klug und listig zu umgehen. (24) Zur Kette dieser Maßnahmen, die auf die Voraussetzungen einer vollständigen Überwachung der jüdischen Menschen zielte, gehörte die Verfügung vom 4. Oktober 1938, dass alle Reisepässe von Juden nur länger gültig seien, wenn sie mit einem »J« gekennzeichnet waren.[7] (25, 25a)
Unter dem Druck der Verfolger und wegen der Perspektivlosigkeit ihres Lebens im Reich hatten von 1933 bis 1936 insgesamt 93.000 Juden Deutschland verlassen. 22.000 von ihnen emigrierten in europäische Länder, 31.000 nach Palästina und 22.000 nach Übersee. 18.000 Juden ausländischer Staatsbürgerschaft waren in ihre Heimatländer zurückgekehrt. Bis 1938 stieg die Gesamtzahl der Deutschland und Österreich den Rücken kehrenden Auswanderer auf 150.000. Allein sich die Tür nach draußen zu öffnen, stellte sich als schwierig und Kräfte zermürbend dar. Schikanöse bürokratische Auflagen waren zu erfüllen und eine unverhohlene Beraubung zu akzeptieren. Wer mehr als 50.000 RM Vermögen oder 20.000 RM Jahreseinkommen besaß, hatte 25 Prozent seines auszuführenden Eigentums an den Staat abzugeben. Die Bestimmung aus dem Jahre 1931 und damals als Reichsfluchtsteuer bezeichnet, war während der Weltwirtschaftskrise getroffen worden, um die Abwanderung von Kapital aus Deutschland zu behindern. Hinterließ der Auswanderer inländische Guthaben als Bank- und Wertpapierguthaben, so wurden diese auf ein Sperrkonto eingezahlt, zu dem die Auswanderer selbst keinen Zugriff mehr hatten. Eine Devisenstelle verwaltete das Konto. Ebenso wurde mit dem zurückgelassenen Grundbesitz verfahren.
Die Reichsvertretung der Juden musste angesichts der Zunahme der Auswanderungswilligen immer größere Anstrengungen unternehmen, dafür Voraussetzungen zu schaffen. 1937 wurde von ihr eine spezielle »Zentralstelle für die Jüdische Auswanderung« geschaffen, die umfassende Informationen über Einwanderungsländer und ihre Einreisebestimmungen gab. Vermehrt wurden auch die Maßnahmen, Jugendlichen beim Erlernen von Berufen oder bei aussichtsreichen Umschulungen zu helfen, damit sie in ihren neuen Heimatländern schnell Fuß fassen konnten. (26) Palästina blieb gerade für sie auch weiterhin ein bevorzugtes Emigrationsland. (27) Doch nicht alle Emigranten erreichten Länder, in denen sie antijüdischen Verfolgungen ganz entgingen. (28)
Drastisch traf der »Anschluss« die Juden Österreichs. Im März 1938 wurden alle in Deutschland geltenden antisemitischen Gesetze auf das angeschlossene Gebiet übertragen. Davon waren 185.000 jüdische Bürger betroffen. Die Mehrzahl von ihnen drängte aus dem Land. Rasch entstand ein Flüchtlingsstrom, der in die benachbarte neutrale Schweiz führte. (29) und der mit jeder antijüdischen Maßnahme weiter anschwellen würde. Schätzungen rechneten mit der Flucht von weiteren 200.000 Juden aus Deutschland und 100.000 aus Österreich. Demgegenüber blieb allerdings die Bereitschaft der Regierungen, Asyl zu gewähren, vielfach beschränkt. Vom 6. bis 15. Juli 1938 versammelten sich

im französischen Badeort Evian Vertreter aus 32 Staaten sowie privater und jüdischer Hilfsorganisationen zu einer Konferenz, um Quoten und Konditionen für die Aufnahme von Auswanderern zu beraten. Kein teilnehmender Staat fand sich bereit, grundlegenden Erleichterungen seiner bestehenden Einreisebestimmungen zuzustimmen. Dafür waren sowohl Besorgnisse wegen der Konkurrenz auf den Arbeitsmärkten wie auch Befürchtungen wegen des Anwachsens des einheimischen Antisemitismus maßgebend. Evian brachte den Juden eine Enttäuschung.

Ende Oktober 1938 nutzte Deutschland eine Anordnung der polnischen Regierung, um sich der etwa 17.000 Juden zu entledigen, die polnische Staatsangehörige waren. Die Regierung in Warschau hatte verfügt, dass die Pässe polnischer Bürger, die sich im Ausland aufhielten, ungültig seien und damit deren Rückkehr nach Polen unmöglich gemacht. Darauf wurden in der Nacht vom 28. zum 29. Oktober reichsweit alle aus Polen stammenden, in Deutschland lebenden Juden verhaftet und zur Ostgrenze transportiert. Die dafür erforderliche juristische Grundlage war vorsorglich bereits durch eine Polizeiausländerverordnung vom 22. August 1938 geschaffen worden.[8] (30, 30a) Die Ausgewiesenen, bei denen sich die Polizei einstellte, hatten in größter Eile das Nötigste zusammenzupacken und wurden dann zu Sammelpunkten gebracht und auf Bahnhöfen unter Polizei- und SS-Bewachung in Züge verfrachtet. An der Grenze wurden sie, übermüdet und hungrig, im Niemandsland ausgesetzt. Einige fanden bei polnischen Verwandten Unterschlupf, andere mussten auf sich gestellt oder mit Unterstützung örtlicher jüdischer Gemeinden versuchen, sich eine neue Existenzgrundlage zu schaffen. (31) Die Ausweisung betraf direkt nur polnische Bürger, doch blieben Ehefrauen oder Ehemänner an deren Seite, auch wenn sie die deutsche Staatsbürgerschaft besaßen. (32) Am 29. Oktober wurden die Deportationen eingestellt, nachdem Polen und Deutschland Verhandlungen aufgenommen hatten. Das Schicksal der im Oktober 1938 Ausgewiesenen verlief unterschiedlich. Doch waren sie zumeist den Judenverfolgern nur für elf Monate entkommen. Mit dem Einfall der Wehrmacht in das Nachbarland Polen änderte sich für die einen die Lage rasch. (33) Für diejenigen, die sich auf dem östlichen polnischen Gebiet aufhielten, blieb eine weitere Frist von 21 Monaten. Mit dem Nichtangriffsvertrag zwischen Deutschland und der UdSSR vom 23. August 1939 hatten die Regierungen beider Staaten in einem Geheimen Zusatzprotokoll zum Vertrag vom selben Tage eine Abgrenzung der beiderseitigen Interessensphären in Osteuropa festgelegt. So sollte u. a. bei einer militärischen Niederlage Polens während eines Krieges gegen Deutschland, die UdSSR polnische Gebiete ostwärts einer Linie, die durch die Flüsse Narew, Weichsel und San begrenzt wird, erhalten. (34) Aus dem Rückblick erscheint die Aktion gegen die aus Polen stammenden Juden, die noch die Staatsbürgerschaft dieses Landes ihrer Herkunft besaßen, wie eine Generalprobe der deutschen Faschisten für die in den Kriegsjahren folgenden Deportationen, die dann nicht mehr in ein anderes Land, sondern in den Tod führten.

1 RGBl. 1938 I, S. 415f.
2 RGBl. 1938 I, S. 627f.
3 RGBl. 1938 I, S. 969f.
4 RGBl. 1938 I, S. 1403ff.
5 RGBl. 1938 I, S. 922.
6 RGBl. 1938 I, S. 1044.
7 RGBl. 1938 I, S. 1342.
8 RGBl. 1938 I, S. 1953.

19

Günther, Eberhard, geb. 22. März 1895 in Coswig.
»Arier«, »Mischehe«.
1933: Mitinhaber Bankgeschäft I. Rothenstein, Zerbst.
Befragung am 7. Mai 1963, Zerbst, Bezirk Magdeburg.
Tätigkeit und Wohnort 1963: Rentner, Zerbst.

Bereits vor Inkrafttreten des sog. »Nürnberger Gesetzes« Ende 1935 setzten die Diffamierungsmaßnahmen ein. Es begann damit, dass in der faschistischen Zeitung »Der Mitteldeutsche« die jüdischen Geschäfte genannt wurden und in der gleichen Zeitung praktisch darauf hingewiesen wurde und entsprechende Matrizenabzüge an sämtliche Behörden gingen. Nach diesem Matrizenabzug lief unser Bankhaus als sog. getarntes jüdisches Geschäft. Die Kundschaft wurde unsicher. Das Geschäft wurde zum Teil gemieden. Es wurde uns dadurch außerordentlicher Schaden zugefügt.
Wir wurden in der Folge gezwungen, die Geschäfteanteile an eine Holzfirma in Roßlau abzugeben. Das Bankgeschäft wurde notdürftig und formal bis Ende des Krieges aufrecht erhalten. In der Zwischenzeit war jedoch dem Geschäft enormer Schaden zugefügt. (…)
Ich sprach bereits davon, dass auch unser Betrieb nach der Ansicht der führenden Parteistellen des Kreises als jüdischer Betrieb galt. Da jedoch beide Mitinhaber sog. »Arier« waren, verwahrten wir uns dagegen, um unser Geschäft nicht zu Grunde zu richten. Bereits 1935 schrieb ich an den Kreisleiter der NSDAP und verwahrte mich dagegen. In einem äußerst beleidigenden Schreiben wurde mir dann mitgeteilt, dass auch unser Geschäft als jüdisches Geschäft gelte, weil die Inhaber mit jüdischen Frauen verheiratet seien. Wir haben jedoch nicht aufgegeben, und so ergab ein Schreiben der Anhaltinischen Industrie- und Handelskammer vom 23. 2. 1938, dass es nach den vorliegenden Richtlinien als »arisch« angesehen werden muss. Daraufhin wandte ich mich abermals an die Kreisleitung der NSDAP, erhielt jedoch die gleiche Antwort wie zuvor. Demzufolge musste ich mich an die Gauleitung nach Dessau wenden, worauf mir mitgeteilt wurde, dass die Entscheidung der Kreisleitung Zerbst richtig sei und nicht angefochten werden kann. Aus dem vorliegenden Schreiben ist klar ersichtlich, dass für die NSDAP ihre eigenen Gesetze nur eine Farce waren, denn es

wurde in dem Schreiben der Gauleitung zum Ausdruck gebracht, dass für die Partei erheblich schärfere Bestimmungen bestünden, woraus sich klar ergibt, dass man nicht die Absicht hatte, die eigenen Gesetze einzuhalten.

Quelle: BStU, Bd. 36, Bl. 31–38.

19a

Schreiben der Kreisleitung der NSDAP Zerbst an Eberhard Günther vom 6.9.1935, betr. Einschätzung des Geschäftes als »nicht rein arisch«

Nationalsozialistische Deutsche Arbeiterpartei
Gau Magdeburg-Anhalt

Dessau, Hitlerhaus

Kreisleitung Zerbst
Der Kreisleiter

Nr. 257/35

Zerbst, den 6. September 1935.
Markt 4¹

Herrn
E. Günther, Bankgeschäft
Zerbst.

Zu Ihrem Schreiben vom 5.9.35 bemerke ich folgendes: Wenn in Nr. 203 des "Mitteldeutschen" v. Sonnabend, dem 31.8. das Ihnen und Herrn Schlüter gehörende Bankgeschäft in Zerbst als "getarnt jüdische Firma" bezeichnet wurde, so ist dies keine "Auffassung", wie Sie sich auszudrücken beliebten, sondern einfach eine nationalsozialistische Feststellung.

Auch interessiert uns Nationalsozialisten wenig, ob der frühere Mitinhaber Freudenberg (von dem Sie in Ihrem Schreiben verschämt verschweigen, daß er Vollblutjude, sowie der Schwiegervater von Ihnen und Herrn Schlüter ist) sein Kapital noch in Ihrem Geschäft stehen hat oder nicht!

Wenn Sie sich weiterhin in Ihrem Schreiben zu dem Satz versteigen,:"Da die Anordnung auf unsere Inhaber zutrifft, hat unser Bankgeschäft als rein arisch zu gelten und bitten wir um entsprechende parteiamtliche Anerkennung" so muß ich dies als geradezu jüdische Arroganz bezeichnen und bemerken, daß nach unserer nationalsozialistischen Auffassung ein Geschäft, dessen beide Inhaber mit rassereinen Vollblutjüdinnen verehelicht sind, nicht als rein arisch gelten kann.

Mit gebührender Hochachtung!

Der Kreisleiter:
M.d.R.

Quelle:
BArch, DP 3,
Nr. 949,
Ber. VII/6.

19b

Schreiben der Anhaltischen Industrie- und Handelskammer an die Firma Schlüter & Günther vom 23.2.1938, betr. Einschätzung der Firma als »nichtjüdisch«

Anhaltische Industrie- und Handelskammer

Bankkonto:
Anh.-Dess. Landesbank
Abteilung der Adca, Fil. Dessau
Postscheckkonto:
Magdeburg Nr. 14300
Tageb.-Nr.

Dessau, den 23. Februar 1938.
Bismarckstraße 22, I
Fernsprecher Nr. 2078 und 2268

An die Firma
Schlüter & Günther,
Z e r b s t i/Anhalt,
Adolf-Hitler-Str. 26.

Wa./St.
Betr.: Ihr Schr.v.25.v.Mts.
Ihr Unternehmen.

Nach den Richtlinien des Herrn Reichs- und Preußischen Wirtschaftsministers vom Ende November 1937 und den dazu ergangenen weiteren Erlassen von Mitte Dezember 1937 gilt der Gewerbebetrieb einer offenen Handelsgesellschaft oder einer Kommanditgesellschaft dann als jüdisch, wenn ein persönlich haftender Gesellschafter Jude ist. Das trifft bei Ihnen nicht zu, da nach den uns gemachten Mitteilungen eines vereidigten Wirtschaftsprüfers beide Inhaber arisch sind und ausserdem jüdisches Kapital in Ihrer Firma nicht arbeitet, also auch nach dieser Richtung hin jüdischer Einfluss nicht vorhanden ist. Nach den oben erwähnten Richtlinien ist deshalb Ihre Firma zurzeit als nichtjüdisch anzusehen.

Anhaltische Industrie- und Handelskammer

Quelle: BArch, DP 3, Nr. 949, Ber. VII/6.

19c

Schreiben des Kreisleiters der NSDAP Zerbst an die Firma Schlüter & Günther vom 29.3.1938, betr. Einschätzung der Firma als »weiter jüdisch«

Nationalsozialistische Deutsche Arbeiterpartei
Gau Magdeburg-Anhalt

Dessau, Hitlerhaus
Fernruf-Sammelnummer 3111
Bankkonten:
Nationalsozialistische Deutsche Arbeiterpartei
Gau Magdeburg-Anhalt
Mitteldeutsche Landesbank Magdeburg, 6788
Städtische Kreissparkasse Dessau, 4500
Postscheck-Konto: Magdeburg Nr. 19740

Tageszeitung des Gaues:
„Der Mitteldeutsche"
Geschäftsstelle: Mitteldeutscher Zeitungsblock,
Magdeburg, Gr. Münzstr. 3, Ruf: 23981-83
Postscheck-Konto: Magdeburg Nr. 894

Kreisleitung Zerbst (Anh.)
Der Kreisleiter

Nr. P 326 / 38.
(Im Schriftverkehr anzugeben)

F. / Frd.

Zerbst, den 29. März 1938
Markt 4¹ — Fernruf 240

An die
Firma Schlüter & Günther
- Bankgeschäft Zerbst -
Z e r b s t .
Adolf-Hilter-Strasse 26

Auf Ihr Schreiben vom 2.ds.Mts. mit Abschrift eines Schreibens der Anhaltischen Industrie- und Handelskammer vom 23.vergangenen Mts. teile ich Ihnen mit, dass sich an der Einstellung der Partei zu Ihrer Firma nicht das Geringste ändert, da die Stellungnahme der Anhaltischen Industrie- und Handelskammer für die Partei nicht massgeblich ist.

Wie mir bekannt ist, sind die Inhaber Ihrer Firma beide mit Jüdinnen verheiratet, sodass Ihr Unternehmen für die Partei weiter als jüdisches gilt.

Heil Hitler!
Der Kreisleiter

Quelle: BArch, DP 3, Nr. 949, Ber. VII/6.

19d

Schreiben des Gauleiters der NSDAP Magdeburg-Anhalt an das Bankgeschäft Schlüter & Günther vom 11.4.1938, betr. Bestätigung der Entscheidung der Kreisleitung, die Firma als »jüdisch« einzuschätzen

Nationalsozialistische Deutsche Arbeiterpartei
Gauleitung Magdeburg-Anhalt

Dessau, Hitlerhaus
Fernruf-Sammelnummer 3111
Bankkonten:
Nationalsozialistische Deutsche Arbeiterpartei
Gau Magdeburg-Anhalt
Mitteldeutsche Landesbank Magdeburg, 6788
Städtische Kreissparkasse Dessau, 4500
Postscheck-Konto: Magdeburg Nr. 19740

Tageszeitung des Gaues:
„Der Mitteldeutsche"
Geschäftsstelle: Mitteldeutscher Zeitungsblock,
Magdeburg, Gr. Münzstr. 3, Ruf: 28981-88
Postscheck-Konto: Magdeburg Nr. 894

Der Gauleiter

Nr. /

T / Ab.

Dessau, den 11. April 1938
Seminarstr. 10

An das

Bankgeschäft Schlüter & Günther,

Z e r b s t.

Adolf Hitlerstr. 26

Betr.: Ihr Schreiben vom 5.4.38

Ihr obiges Schreiben, das an den Reichsstatthalter gerichtet war, ist zuständigkeitshalber an die politische Dienststelle - den Gauleiter - abgegeben worden. Nach Prüfung der Angelegenheit muß ich Ihnen folgendes mitteilen:

Die Industrie- und Handelskammern haben Richtlinien, welche Firmen und Geschäfte als jüdisch, und welche als arisch zu bezeichnen sind. Diese Richtlinien betreffen aber nur die allgemeine Wirtschaft und das Volk im allgemeinen. Es würde z.B. bei einer Anordnung, daß jedes Geschäft außen kenntlich machen muß, ob es ein arisches oder ein jüdisches Geschäft ist, nach den Richtlinien der Industrie- und Handelskammern verfahren und Ihnen die Bezeichnung "arisches Geschäft" zugestanden werden. Darüber hinaus bestehen für die Partei aber erheblich schärfere Bestimmungen. Die Partei muß es den Angehörigen ihrer Organisationen zur Pflicht machen, sich persönlich und geschäftlich von allen Volksgenossen fernzuhalten, die gegen den fundamentalen Grundsatz des Nationalsozialismus, gegen die Reinheit des deutschen Blutes verstossen haben. Aus diesem Grunde wird die Partei in die

> Gauleitung Magdeburg-Anhalt   2. te Seite z. Schreiben v. 11.4.38
>
> Liste der Geschäfte, die von **Nationalsozialisten** nicht besucht werden dürfen, auch immer die Geschäfte aufnehmen müssen, deren Inhaber mit Juden oder mit Jüdinnen verheiratet sind. Aus diesem Grunde kann ich die Entscheidung des Kreisleiters nicht abändern und muß Ihnen empfehlen, es bei dieser Entscheidung bewenden zu lassen.
>
> Heil Hitler !
> i. A.
> [Unterschrift]

Quelle: BArch, DP 3, Nr. 949, Ber. VII/6.

20

Moses, Agnes, geb. 17. März 1891 in Breslau.
»Glaubensjüdin«.
1933: Gemeinsam mit Ehemann Eigentümerin einer Weingroßhandlung und einer Weinstube, bekannt unter dem Namen »Litauer«, Breslau.
Befragung am 6. Mai 1963, Erfurt, Bezirk Erfurt.
Tätigkeit und Wohnort 1963: Rentnerin, Erfurt.

Die Maßnahmen begannen bereits im Jahre 1933, sie wurden jedoch nach dem Erlass der »Nürnberger Gesetze« schärfer und spitzten sich immer mehr zu. Das war, so weit ich mich erinnern kann, hauptsächlich in den Jahren von 1935-1939 auf der Grundlage dieser Gesetze.
Unser Geschäft wurde mehr und mehr boykottiert. Viele Kunden kamen aus Angst nicht mehr zu uns, weil laufend Kontrollen durchgeführt worden sind, ob sich arische Mädchen bei uns aufhalten. Es ging soweit, dass Glaubensgenossen direkt aus dem Lokal verhaftet worden sind. Das Geschäft ging langsam zugrunde und deshalb gaben

wir die Weinstube im Jahre 1935 auf. Das Geschäft hatten wir noch bis zum Jahre 1938, zu dieser Zeit wurde unser gesamtes Vermögen beschlagnahmt, es handelte sich um Geldvermögen. Wir bekamen monatlich einen Betrag von 150,- RM zur Verfügung und davon mussten wir leben.

Quelle: BStU, Bd. 35, Bl. 236–240.

21

Sternberg, Wilhelmine, geb. 21. April 1903 in Berlin.
»Jüdin«.
1933: Hausfrau, Berlin.
Befragung am 21. Mai 1963, Berlin.
Tätigkeit und Wohnort 1963: Rentnerin, Berlin-Pankow.[1]

Am 23. 8.1938 wurde uns von der Reichsärzte-Kammer (…) mitgeteilt, dass man meinen Ehemann als jüdischen Arzt zur Zulassung auf Widerruf vorschlagen wollte.[2] Die Wohnung und Praxisräume sollten jedoch von einem anderen Arzt benutzt werden. So dass wir veranlasst waren, zur Untermiete in die Wohnung des jüdischen Kinderarztes Dr. Wilhelm Kassel in der Schönhauser Allee 124 umzuziehen.
Durch Vermittlung der jüdischen Gemeinde bekam mein Ehemann dann die Möglichkeit, seine ärztliche Arbeit in der Alters- und Siechenbetreuung der jüdischen Bürger fortsetzen zu können.
Mit dem 1.10.1938 teilte dann das Innenministerium mit, dass mein Ehemann widerruflich seinen Beruf mit einer Reihe diffamierender Einschränkungen ausüben darf. So gab es Beschränkungen im Wohnsitz, in der Inserierung in Zeitungen, in der Berufsbezeichnung und in der Kenntlichmachung der Praxis durch ein besonderes Schild. (…) Diese Diffamierungen wurden dann am 12.10.1938 von der Ärztekammer dadurch fortgesetzt, dass in einem Schreiben mitgeteilt wurde, welche weiteren Verbote von uns zu beachten sind. Es handelt sich dabei um 10 verschiedene Positionen von Beschränkungen. (…)
Am 15.11.1938 folgte dem ein weiteres Schreiben der Ärztekammer mit 7 verschiedenen Auflagen (…)
Damit war praktisch eine ordentliche Arbeit abgeschnitten und unsere Existenz untergraben. (…) Unsere Wohnmöglichkeiten in der ehemaligen Praxis des Dr. Kassel wurden uns dann am 1.5.1943 auch noch genommen und wir mussten mit einer völlig ungeeigneten unzureichenden Wohnung in der Weißenburger Straße auskommen.
Am Ende des Monats Juni 1943 erfolgte dort unsere Verhaftung und Einlieferung in das jüdische Sammellager Große Hamburger Straße.
Hier hatte mein Ehemann das Seuchenlager zu betreuen. Die gesundheitlichen Verhältnisse waren so katastrophal, dass nur mit größter Mühe und restlosem persön-

lichen Einsatz des Personals das Schlimmste etwas gemindert werden konnte. Infolge mangelnden Schutzes und völlig unzureichender Medikamente erkrankte auch mein Ehemann dort an Ruhr.
Ab Ende 1943 änderte dieser Teil des Lagers wiederholt seine Bezeichnung. So hieß es einmal »Ausländerlager« dann »Notgefängnis«.
Am 22.4.1945 gelang es uns dann in der Nacht das Lager zu verlassen, da die Gefahr bestand, dass die Insassen, die die ganzen Verbrechen miterlebt hatten, umgebracht würden, flüchteten wir in das St. Hedwig-Krankenhaus[3] und erlebten dort die Befreiung.

Quelle: BStU, Bd. 45, Bl. 105–111.

1 Gestorben am 16.5.1982. Vgl. CJA, Friedhof Weißensee Beisetzungsregister.
2 Martin Sternberg, geb. 21.8.1899 in Wongrowitz/Posen, Studium in Berlin, Allgemeinpraktiker.
3 Das St. Hedwig-Krankenhaus befindet sich in Berlin-Mitte, Große Hamburger Straße Nr. 5–11, unweit des ehemaligen Sammellagers mit der Hausnummer 26. Es wurde 1846 im Auftrag der katholischen Kirchengemeinde eröffnet und zählt zu den ältesten Krankenhäusern Berlins. Vgl. Axel Hinrich Murken, Sylvia Thomas: Selig sind die Barmherzigen. 150 Jahre St. Hedwig-Krankenhaus, Herzogenrath, Murken-Altrogge 1996. Regina Scheer: AHAWAH. Das vergessene Haus. Spurensuche in der Berliner Auguststraße, Berlin, Weimar 1992, S. 175–186.
Dr. Lux, 1945 Oberarzt im St. Hedwig-Krankenhaus, hatte die Familie Sternberg in den Kellerräumen des Krankenhauses versteckt. Vgl. Zeitzeugenbericht über Dr. Lux, o.J.u.o. Verfasser, Fachbibliothek St. Hedwig-Krankenhaus.

21a

Schreiben der Reichsärztekammer Berlin, der Beauftragte für jüdische Behandler Dr. Hermann, vom 12.10.1938, betr. Auflagen gemäss der 4. Verordnung zum Reichsbürgergesetz

```
REICHSÄRZTEKAMMER                          BERLIN, den 12.Okt.1938
Ärztekammer Berlin.
DER BEAUFTRAGTE FÜR
JÜDISCHE BEHANDLER.
Dr.H./J.
```

       Frühere jüdische Ärzte, denen gemäss § 2 der 4. Verordnung zum Reichsbürgergesetz vom 25. Juli 1938 widerruflich die Ausübung des Ärzteberufes gestattet ist, haben folgendes zu beachten:

       1.) Sie sind verpflichtet, sich davon zu vergewissern, dass der von Ihnen Behandelte ein Jude ist.

       2.) Ein Umzug ist nur nach vorheriger rechtzeitiger Anmeldung mit meiner Genehmigung gestattet.

       3.) Das in Ziffer 6 im Schreiben des Reichsministeriums des Innern genannte Schild ist ausschliesslich in der Grösse 30 mal 25 cm anzufertigen. Die Grundfarbe ist himmelblau. Das Schild führt in schwarzer Schrift den Namen, darunter etwaige Fachbezeichnungen gemäss Ziffer 7 im Schreiben des Reichsministeriums des Innern, darunter die Sprechstundenzeiten, darunter der in Ziffer 6 des genannten Schreibens genannte Zusatz:

       "Zur ärztlichen Behandlung ausschliesslich von Juden berechtigt".

In der linken oberen Ecke ist eine zitronengelbe kreisförmige Fläche mit einem Durchmesser von 5 cm anzubringen, in der der blaue Davidstern mit einer Dreieckhöhe von 3½2 cm erscheint.

       4.) Dieses Schild darf an dem Hause nur einmal angebracht werden. Andere Schilder sind ausser an der Wohnungstüre nicht gestattet. Auf dem Wohnungsschild darf nur der Name ohne jede weitere Angabe erscheinen.

       5.) Soweit Sie nicht gemäss § 1 der 2. Verordnung zur Durchführung des Gesetzes über die Änderung von Familiennamen und Vornamen vom 17.August 1938 einen jüdischen Vornamen führen, ist es empfehlenswert, schon jetzt den gemäss § 2 der genannten Verordnung geforderten vorzusetzenden Vornamen I s r a e l bzw. S a r a auf dem Schild zur Vermeidung späterer Unkosten zu vermerken. Diese Vornamen sind selbstverständlich auszuschreiben.

6.) Sollten Sie ab 1.10.1938 an einer neuen Stelle Ihre Tätigkeit ausüben, so ist es Ihnen gestattet, in einer oder mehreren jüdischen Zeitungen je 3 mal Ihre neue Wohnung anzuzeigen. Hierbei haben Sie lediglich die neue Wohnung und die Sprechzeiten anzumelden, sowie Ziffer 5, 6 und 7 im Schreiben des Reichsministeriums des Innern zu beachten.

7.) Der Absatz "Eine Fachbezeichnung schliesst die Betätigung auf einem anderen Gebiet für Heilkunde nicht aus" (Ziffer 7 im Schreiben des Reichsministeriums des Innern) ist hier so zu verstehen, dass der Behandler verpflichtet ist, in Notfällen, die mit Lebensgefahr verbunden sind, wie jedermann Hilfe zu leisten. In der Regel ist Beschränkung auf das gewählte Fach geboten entsprechend dem § 33 der Berufsordnung für die deutschen Ärzte.

8.) Das in Ziffer 6 im Schreiben des Reichsministeriums des Innern genannte Zeichen (blauer Davidstern auf gelbem Grund) ist in Grösse von 2 cm in schwarz-weiss ausser dem Vermerk "Zur ärztlichen Behandlung ausschliesslich von Juden berechtigt" auf sämtlichen Rezepten, Briefbogen usw. deutlich sichtbar anzubringen. Auf Verordnungen für die Sozialversicherung muss ausserdem der gelieferte Nummernstempel beigefügt werden.

9.) Der für Verordnungen von Rauschgiften, Ausstellung von Totenscheinen usw. bei der Unterschrift geforderte Zusatz "Arzt" wird bei Ihnen durch den in Ziffer 6 im Schreiben des Reichsministeriums des Innern genannten Vermerk ersetzt.

10.) Bis zum 1.11.1938 ist mir schriftlich zu melden, dass Sie die Auflagen dieses Schreibens erfüllt haben. Bis dahin sind auch die Schilder "Freie Arztwahl" und das dreieckige "T"-Schild hier abzugeben.

Für die Richtigkeit: gez.: Dr. H e r m a n n

Kurlu.

Quelle: BArch, DP 3, Nr. 958, Ber. XVI/16.

22

Herfurth, Else, geb. 30. September 1893 in Breslau.
»Jüdin«, »Mischehe«.
1933: Putzverkäuferin, Breslau.
Befragung am 9. Mai 1963, Magdeburg, Bezirk Magdeburg.
Tätigkeit und Wohnort 1963: Rentnerin, Magdeburg.

Als Grundlage für die Verfolgung dienten die »Nürnberger Gesetze«. Meine Namensänderung, d. h. der Zusatz des Namens »Sara« erfolgte aufgrund des »Gesetzes für die Änderung der Vornamen von Juden«. Irgendwelche Beschwerden oder Eingaben waren nutzlos und wir haben es gar nicht gewagt.

Quelle: BStU, Bd. 38, Bl. 83–89.

22a

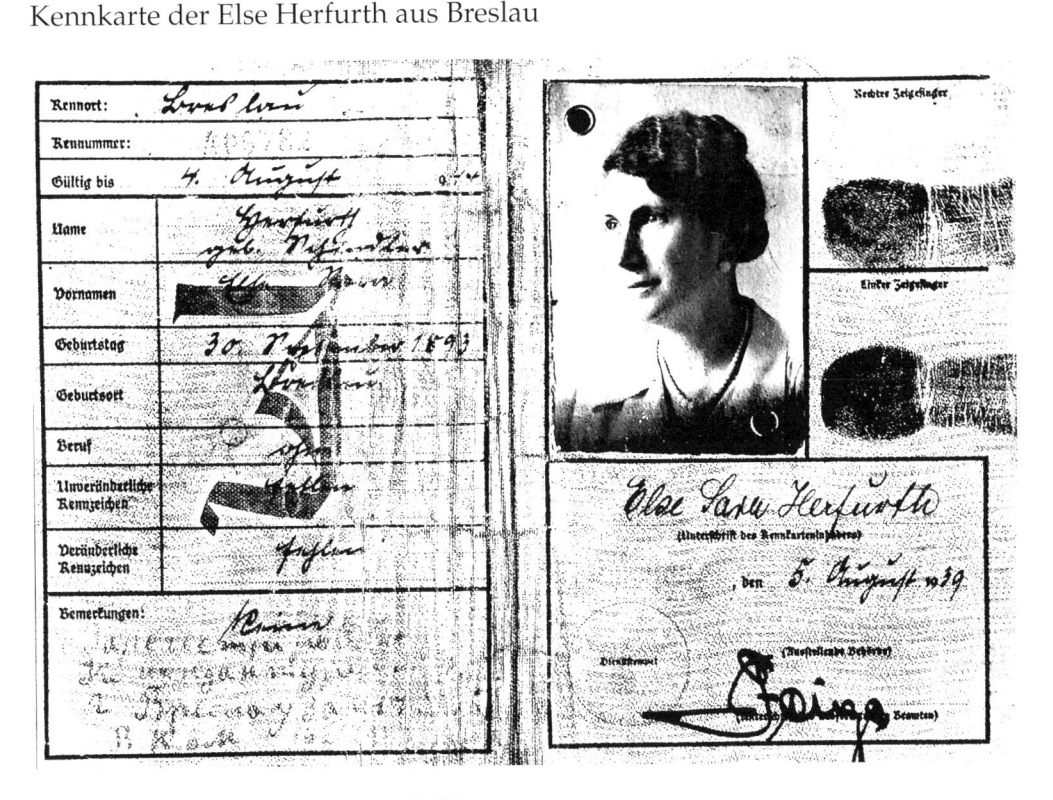

Kennkarte der Else Herfurth aus Breslau

Quelle: BArch, DP 3, Nr. 951, Ber. IX/21.

22b

Benachrichtigung der Standesämter I und IV in Breslau durch Else Herfurth vom 30.1.1939, betr. Änderung des Vornamens

> Breslau 23, den 30. Januar 1939
> Cretiusstr. 41 hptr.
>
> An das Standesamt Breslau I
>
> Breslau
> ------------
> Königsplatz 2
>
> Unter Bezugnahme auf das Gesetz für die Aenderung von Vornamen für Juden, teile ich mit, dass ich den zusätzlichen Vornamen Sara angenommen habe.
> Ich bin am 30. September 1893 in Breslau, Karuthstr. 7 geboren. (Standesamt Breslau I). Das Standesamt meiner am 9.12.33. erfolgten Eheschliessung (Breslau IV) habe ich gleichzeitig benachrichtigt.
>
> Else Sara Herfurth
> geborene Schneider

> Breslau 23, den 30. Januar 1939
> Cretiusstr. 41 hptr.
>
> An das Standesamt Breslau IV
>
> Breslau
> ------------
> Königsplatz 2
>
> Unter Bezugnahme auf das Gesetz für die Aenderung von Vornamen für Juden, teile ich mit, dass ich den zusätzlichen Vornamen Sara angenommen habe.
> Ich bin am 30.9.1893 in Breslau, Karuthstr. 7 geboren (Standesamt I). Meine Eheschliessung erfolgte am 9. Dezember 1933 in Breslau (Standesamt IV - Heiratsregister Nr.1024.
>
> Else Sara Herfurth
> geborene Schneider

Quelle: BArch, DP 3, Nr. 951, Ber. IX/21.

22c

Geburtsurkunde der Else Schindler, ausgestellt am 14.9.1940, betr. Eintragung des zusätzlichen Vornamens »Sara«

Geburtsurkunde

(Standesamt Breslau I   Nr. 2025/1893

Else Schindler,

ist am 30. September 1893

in Breslau, Karuthstraße 7 geboren.

Vater: Geschäftsreisender Heinrich Schindler, jüdisch.

Mutter: Selma Schindler, geborene Pogorzelsky, jüdisch, beide wohnhaft in Breslau.

Änderungen der Eintragung: Das obengenannte Kind führt zusätzlich den Vornamen "Sara."

Breslau, den 14. September 1940

Der Standesbeamte
In Vertretung

Quelle: BArch, DP 3, Nr. 951, Ber. IX/21.

23

Hofmann, Ernestine, geb. 1. Juli 1896 in Mährisch-Ostrau.
»Jüdin«, »Mischehe«.
1933: Ohne Angabe.
Befragung am 7. Mai 1963, Berlin.
Tätigkeit und Wohnort 1963: Rentnerin, Berlin.[1]

Im Laufe des Sommers 1938 wurde ich zum Polizeirevier vorgeladen, wo man mir mitteilte, dass aufgrund des Gesetzes über die Änderung der Vornamen ich einen neuen Ausweis beantragen sollte. Da mein Ehemann nicht wollte, dass mir der damals übliche Zusatzname Sara zudiktiert wurde, stellten wir einen Antrag auf Änderung des Vornamens. Mit Anschreiben vom 21.10.1938 erhielten wir die entsprechende Urkunde, aus der ersichtlich war, dass ich fortan verpflichtet bin, den Vornamen Bela zu tragen. Entsprechend wurde dann im Jahre 1939 meine mit einem »J« versehene Kennkarte ausgefüllt.

Quelle: BStU, Bd. 30, Bl. 172–176.

1   Gestorben am 21.6.1974. Vgl. CJA, Friedhof Weißensee Beisetzungsregister.

24

Israelowicz, Hans, geb. 12. Juni 1924 in Berlin.[1]
»Mischling 1. Grades«. »Meine Mutter war Christin, sie trat in die jüdische Gemeinde ein«.[2]
1933: Kind, Berlin. Eltern besaßen ein Konfitürengeschäft in der Brunnen-/ Ecke Anklamer Straße.
Befragung am 4. Mai 1963, Berlin.
Tätigkeit und Wohnort 1963: Sachbearbeiter beim VEB Bürotechnik, Berlin.

Das Leben meiner Eltern war nach 1933 insbesondere darauf ausgerichtet, mich zu retten. Meine Mutter trat aus diesem Zweck offiziell zum Christentum über und kämpfte darum, mich zu retten.[3] Das damalige Namensänderungsgesetz sowie das Blutschutzgesetz, die Globke kommentiert hatte, zwangen, dass ich den Zusatznamen Israel erhielt. Meine Mutter wandte sich an die Abteilung II des Polizeipräsidenten in Berlin, Burgstr. 29 mit einem Antrag für meine rechtliche Gleichstellung, als zumindest jüdischen Mischlings 1. Grades und erhielt am 20.3.1940, unter dem Geschäftszeichen II 5021 J 394.Rb. eine Ablehnung, unterschrieben von v. Rath. Die Ablehnung wird begründet mit dem Erlass des Reichsministers Nr. I e Js. 2/39 – 50 17 a. Ich war damit von allen Rechten ausgeschlossen. Ich musste den Judenstern tragen, durfte mich nirgends mehr sehen lassen, bekam anfangs noch die Lebensmittelkarten mit J-Überdruck und als mein Vater 1941 verstarb, unternahm meine Mutter noch einmal den Versuch,

Hans Israelowicz, Hans-Alfred Rosenthal, Charlotte Rosenthal und Alfred Rosenthal (v.l.)
Quelle: BArch, Bild 183-B0710-0002-012/Zentralbild

mich irgendwie zu bewahren. Sie stellte einen Antrag, um meine eheliche Geburt anzufechten und gab als Erzeuger einen bereits 1937 verstorbenen Nachbarn an.
Aber auch dies führte insoweit nicht zum Erfolg, da erst 5 Minuten vor der Befreiung am 12.3.1945, durch Urteil meine Nichtehelichkeit ausgesprochen wurde. Sie wurde am 5. April 1952 unter Anfechtung dieses Urteils des Landgerichts Berlin 213 R 575/44 durch das Amtsgericht Berlin Mitte zum Az. 1 AR 232/52 (Rest) wieder hergestellt.

Quelle: BStU, Bd. 48, Bl. 31–34.

1 Vgl. Diana Schulle: »Gebt unsere Männer frei«. In: Beate Meyer, Hermann Simon (Hrsg.): Juden in Berlin 1938–1945, Begleitband zur gleichnamigen Ausstellung in der Stiftung Neue Synagoge Berlin – Centrum Judaicum, Mai bis August 2000, Berlin 2000, S. 159. Museum Blindenwerkstatt Otto Weidt, Dauerausstellung. Eine Dokumentation der Stiftung Gedenkstätte Deutscher Widerstand, Berlin 2007, S. 121-125.
2 S. auch Dok. 47.
3 Elise Israelowicz trat laut Austrittskartei am 23.2.1939 aus dem Judentum aus. Vgl. CJA, 2A 1, Austrittskartei.

25

Silbermann, Max, geb. 20. März 1885 in Stolp/Pommern.
»Jude«.
1933: Seit 1919 Besitzer Rohproduktengroßhandlung,
Berliner Bahnhof, Leipzig.
Befragung am 18. Mai 1963, Leipzig, Bezirk Leipzig.
Tätigkeit und Wohnort 1963: Rentner, Leipzig.

Zwei Tage vor meiner Haftentlassung wurde ich von allen Seiten wie ein Schwerverbrecher fotografiert und musste ich einen Revers unterschreiben, dass ich mich verpflichte mit meiner Ehefrau auszuwandern und dass ich so schnell wie möglich die Auswanderung vorantreibe. Gleichzeitig wurde mir eröffnet, wenn ich diesen Revers nicht unterschreiben würde, dass ich dann in ein Lager kommen würde. (…)
Meine Ehefrau wurde am 1.4.1938 verhaftet und auch im Gefängnis im Polizeipräsidium Leipzig untergebracht. Dort wurde sie bis Ende April 1938 festgehalten ohne dass der Haftgrund ihr bekannt gegeben worden war. (…) Auch meine Frau unterschrieb den Revers.
Als wir dann aus der Haft entlassen waren, schrieb ich einem Bekannten aus London, dass er mir eine Einreiseerlaubnis schicken soll, was dieser auch tat. Wir suchten dann das Reisebüro im Hotel »Continental« in Leipzig auf, denn diese war die einzige Stelle, wo man ohne Permit[1] nach China einreisen konnte.
Wir fuhren dann am 25.3.1939 mittels Schiff von Genua nach Shanghai/China. Noch vor meiner Auswanderung musste ich 10.000 RM Kapitalfluchtsteuer[2], 6.000 RM für die Judenbuße[3] abgeben. (…) Schon als wir uns um die Auswanderung bemühten, wurden wir von den Behörden darauf aufmerksam gemacht, dass wir keine Gegenstände aus unserer Wohnung veräußern durften. Einen Tag vor unserer Auswanderung kam ein Beamter zu uns in die Wohnung, wir mussten die Wohnung mit verlassen und das andere alles stehen und liegen lassen. Der Beamte nahm die Schlüssel mit und wir waren gezwungen, noch einige Tage bei Bekannten zu schlafen. Wir durften nur jeder zwei Koffer mit den nötigsten Wäschestücken mitnehmen.
Ferner mussten wir auch die gesamten Gold- und Silberschmuckstücke abgeben, die der gleiche Beamte mitnahm, der die Wohnungsschlüssel wegholte.
Zu den Verfolgungen durch die Nazis möchte ich noch bemerken, wir hatten im Januar 1938 Reisepässe beantragt und erhielten diese auch am 6.1.1938 ausgestellt. In diese waren die Vornamen »Sara« und »Israel« aber zu dieser Zeit noch nicht eingetragen, sondern erst als wir unsere Auswanderungsgenehmigung einholten, wurden diese eingetragen und die Reisepässe in ihrer Gültigkeit um ein Jahr gekürzt.

Quelle: BStU, Bd. 46, Bl. 188–201.

1 Genehmigung.
2 Gemeint ist die Reichsfluchtsteuer.
3 Gemeint ist die Judenvermögensabgabe.

25a

Reisepass von Max Silbermann aus Leipzig, ausgestellt am 6.1.1938

Quelle: BArch, DP 3, Nr. 961, Ber. XVII/30.

26

Rotstein, Siegmund, geb. 30. November 1925 in Chemnitz.
»Jude«.
1933: Schüler, Chemnitz.
Befragung am 7. Mai 1963, Karl-Marx-Stadt, Bezirk Karl-Marx-Stadt.
Tätigkeit und Wohnort 1963: Ein- und Verkäufer, Karl-Marx-Stadt.

Wie bereits erwähnt, war ich 1933 erst 8 Jahre alt und Schüler der Lessing-Schule in Chemnitz. Während die Repressalien gegen mich in den Jahren 1936/37 begannen, so waren meine Eltern bereits ab 1933 diesen Repressalien ausgesetzt. Ab 1936 bzw. 1937 durfte ich an Schulwanderungen, Schwimm-Unterricht und dgl. Veranstaltungen nicht mehr mit teilnehmen. 1938, ich besuchte damals die 6. Klasse, warf man mich aus der Schule. Die Begründung des Direktors war, dass ich als jüdisches Kind aufgrund eines Gesetzes keine Schule mehr besuchen durfte. Ebenso erging es meinen Geschwistern, die damals bis auf eine Schwester alle noch schulpflichtig waren. Einige Monate später wurde eine jüdische Schule in der Brühl-Schule, Mühlenstraße, gegründet. Das Lehr-

personal bestand ausschließlich aus jüdischen Bürgern. Diese Schule bestand nur kurze Zeit, dann wurde sie von der Gestapo geschlossen. Wir mussten damals innerhalb kurzer Zeit die Schule ausräumen. Zu dieser Zeit nahm sich ein jüdischer Lehrer das Leben, um weiteren Repressalien zu entgehen. Wieder einige Wochen später bekamen wir auf der Zöllner Straße erneut einen Raum zur Verfügung. Wir mussten dort alle zusammen in einem Raum unterrichtet werden, d.h. von der 1. bis zur 8. Klasse. Diese Schule verließ ich nach kurzer Zeit wieder und wurde in ein Vorbereitungslager für Auswanderer geschickt. Dieses Lager befand sich in Havelberg in der Mark.[1] Damals war ich 14 Jahre alt. Die Ankunft in Havelberg werde ich nie vergessen. Von Seiten der Lagerverwaltung hatte man vergessen, mich vom Bahnhof abzuholen. Ich hatte ziemlich schweres Gepäck (1 Koffer und 1 Rucksack) bei mir und kannte mich in der Gegend nicht aus. Aufgrund der erlittenen Schmach aus den Jahren vorher war ich dermaßen eingeschüchtert, dass ich niemand nach dem Weg zu dem Lager fragen wollte. Bemerken möchte ich hierbei noch, dass die Dunkelheit herein brach und ich erstmals von zu Hause weg war. Ich fasste mir dann doch Mut und fragte eine alte Frau nach dem Weg. Diese nahm mich mit in ihre Wohnung, um ihren Sohn zu beauftragen, mir den Weg zu zeigen.

Nachdem dieser jedoch merkte, dass ich ein jüdisches Kind war, beschimpfte er mich und warf mich aus der Wohnung.

Als ich dann in diesem Ort nochmals nach dem Weg fragte, wollte die Befragte erst wissen, was ich dafür ausgeben würde. Als ich ihr höflichst antwortete, dass ich kein Geld hätte, beschimpfte sie mich mit den Worten: »Scher Dich fort Du Judenlümmel.« Unter großem Mühsal fand ich dann den Weg und somit das Lager doch noch. Von diesem Lager aus wurde ich nach einigen Wochen in ein jüdisches Jugendhaus nach Hamburg geschickt. Von Hamburg aus sollte ich dann auswandern, doch die Gestapo verhinderte dies, indem sie mich als staatenlosen Jude von Hamburg auswies. Ich wurde nach Ahrensdorf in ein landwirtschaftliches Lager[2] geschickt. Dort verblieb ich wiederum einige Wochen, bis die Nazis dieses Gut übernahmen. Darauf hin musste ich nach Berlin in ein Auffangheim. In Berlin mussten wir alle möglichen Zwangsarbeiten z.T. in den Rennställen der Faschisten verrichten.[3]

Quelle: BStU, Bd. 32, Bl. 191–199.

1 Ort 6 km nördlich Berlin-Spandau. Bis 1938 diente das Hachschara-Lager Havelberg als Umschulungslager. Es war eines von zahlreichen Standorten, die vor 1938 eingerichtet worden waren, um jüdischen Jugendlichen und erwerbslosen Erwachsenen eine landwirtschaftliche Ausbildung zu ermöglichen und sie somit für die Emigration vorzubereiten. Nach dem Pogrom vom November 1938 wurden die Insassen für Zwangsarbeiten in der Land- und Forstwirtschaft, beim Straßenbau oder in der Industrie verpflichtet. Am 17.5.1939 befanden sich im Lager Havelberg 56 Juden. Am 31.7.1941 wurde das Lager aufgelöst, die Insassen kamen nach Neuendorf bei Fürstenwalde/Spree.
2 Es handelt sich hier um das Landwerk Ahrensdorf bei Trebbin, etwa 30 km südlich von Berlin. 1936 hatte die Reichsvertretung der Juden in Deutschland, Abteilung Berufsbildung und Berufsumschichtung, das »Jagdidyll Berdotaris« nebst dazugehörigem Landgut gepachtet, um es als Lehr- und Ausbildungsgut zu nutzen und jüdische Jugendliche auf ihre Ausreise nach Palästina vorzubereiten. 1939 befanden sich unge-

fähr 54 Juden im Lager. Vgl. Siegmund Rotstein aus Chemnitz. Hachschara war etwas ganz Neues für mich. In: Ruth und Herbert Fiedler: Hachschara. Vorbereitung auf Palästina. Schicksalswege. Schriftenreihe des Centrum Judaicum, Hermann Simon (Hrsg.), Bd. 3, Berlin 2004, S. 242–244.

3   Siegmund Rotstein wurde am 14.2.1945 von Leipzig aus in einem Transport, der aus Frankfurt/Main kam, nach Theresienstadt deportiert. Vgl. Theresienstädter Gedenkbuch. Die Opfer der Judentransporte aus Deutschland nach Theresienstadt 1942–1945, hrsg. vom Institut Theresienstädter Initiative, Praha (Tschechien) 2000, S. 380.
Sein Vater starb nach Angaben des Zeugen wahrscheinlich im Warschauer Ghetto. Seine Mutter, zum Judentum konvertiert, wurde wieder Christin, um den Sohn zu retten. Seit 1966 war Siegmund Rotstein Vorsitzender der Jüdischen Gemeinde Karl-Marx-Stadt, 1969–1988 Vizepräsident, 1988–1990 Präsident des Verbandes der Jüdischen Gemeinden in der DDR. Vgl. Siegmund Rotstein: Die Jüdische Gemeinde Chemnitz/Karl-Marx-Stadt. Der steinige Weg des Neubeginns nach 1945. In: Jürgen Nitsche, Ruth Röcher (Hrsg.): Juden in Chemnitz. Die Geschichte der Gemeinde und ihrer Mitglieder, Dresden 2002, S. 161–168.

27

F., Mally, geb. 29. November 1909 in Neu-Sandez[1].
»Jüdin«, »Mischehe«.
1933: Lehrerin, jüdische Schule, Auguststraße, Berlin.
Befragung am 4. Mai 1963, Berlin.
Tätigkeit und Wohnort 1963: Rentnerin, Berlin–Lichtenberg.

Im Zusammenhang mit der Verfolgung gegen mich, musste ich emigrieren und ich ging mit meinem damals 2jährigen Jungen in die Sowjetunion, von wo ich erst 1955 zurückkehrte, während mein Junge nach Beendigung seines Studiums 1957 gleichfalls zurückkehrte. Meinen Eltern gelang es, nachdem die Repressalien nicht mehr auszuhalten waren, im Jahre 1937 nach Palästina zu emigrieren und unter den schwierigen Lebensbedingungen starb mein Vater kurze Zeit darauf.
Das Geschäft meines ältesten Bruders wurde bereits im Frühjahr 1933 zertrümmert und er selbst unmenschlich misshandelt. Ihm gelang es noch im Anschluss gleichfalls nach Palästina zu emigrieren, wo er heute noch lebt. Mein zweiter Bruder war von der Hochschule diffamiert und entlassen worden. Er emigrierte 1937 nach Palästina.
Nach meiner Schwester wurde bereits im Frühjahr 1933 gefahndet, sie verlor ihre Arbeit, bei meinen Eltern erfolgten Hausdurchsuchungen und sie konnte sich der Festnahme durch die Flucht nach Paris, im Mai 1933, entziehen.
Nach 2jähriger Illegalität in einem Keller in Paris, die durch einen Stellungsbefehl für ein Sammelkonzentrationslager ausgelöst wurde, gelang ihr die Flucht (…) nach Palästina.

Quelle: BStU, Bd. 32, Bl. 269–272.

1   Stadt 70 km südöstlich Krakau in der österreichischen Provinz Galizien. Heute Nowy Sacz, Polen.

28

Cohn, Erich, geb. 20. Juli 1909 in Berlin.
»Jüdische Konfession«.
1933: Medizinstudent, Friedrich-Wilhelms-Universität[1], Berlin.
Befragung am 9. Mai 1963, Berlin.
Tätigkeit und Wohnort 1963: Facharzt für Orthopädie, Praxis, Berlin.

Als ich mich s. Zt. 1933 im Sekretariat der Universität zum achten Semester anmeldete, wurde mir ein gedruckter bzw. mit Schreibmaschine gefertigter Zettel vorgelegt, auf welchem stand, dass die Fortsetzung des Studiums durch Juden verboten ist. Es waren dann Ausnahmebestimmungen angegeben, wie z. B. Erlaubnis zum Weiterstudium für Kinder aus Mischehen, oder Kindern, wo der Vater Weltkriegsteilnehmer war. Es wurde mir jedoch erklärt, dass ich das achte Semester wohl besuchen kann, weil mein Vater Teilnehmer am ersten Weltkrieg war, dass ich jedoch zum Examen nicht zugelassen werde. Ich wandte mich dann ans Ausland, mit dem Ziel, mein dreijähriges Studium im Ausland fortzusetzen und beenden zu können. Als befriedigende Auskunft erhielt ich Antwort aus Italien, auch in der Hinsicht, dass meine bisher sieben in Deutschland absolvierten Semester dort anerkannt werden. Dieses bewog mich, nach Italien zu gehen, auch schon deshalb, weil die Ausreise dahin nicht teuer war. Wir waren keine reichen Leute zu Hause. Ich konnte in Italien mein Studium mit Examen abschließen. Auf Grund der damals bestehenden sogenannten »Achse«[2] war es dann Menschen mit jüdischer Konfession nicht mehr gestattet, zu arbeiten.[3] Deshalb verdiente ich meinen Lebensunterhalt mit sogenannter »Schwarzarbeit« in meinem Beruf. 1940 wurde ich dann durch die italienische Polizei festgenommen, ging durch Gefängnis und Lager und kam Ende 1943 in die Hände der deutschen Gestapo und wurde 1944 in das KZ-Lager Auschwitz mit der Häftlings-Nummer 173 412 eingewiesen.[4] Hier war ich den bekannten Repressalien ausgesetzt. Im Januar 1945 wurde ich dann in einem Walde bei Gleiwitz mit anderen Häftlingen befreit.

Quelle: BStU, Bd. 36, Bl. 236–239.

1 Die am 16.8.1809 auf Initiative Wilhelm von Humboldt gegründete Berliner Universität (Alma Mater Berolinensis) führte von 1828 bis 1946 den Namen Friedrich-Wilhelms-Universität, zu Ehren ihres Gründers, des preußischen Königs Friedrich Wilhelm III.
2 Im November 1936 hatte der führende italienische Politiker und Diktator Benito Mussolini das deutsch-italienische Verhältnis als Achse zwischen Berlin und Rom bezeichnet. Die Beziehungen zwischen beiden Staaten gründeten sich auf eine Übereinstimmung der jeweiligen Interessensphären im Mittelmeerraum bzw. in Osteuropa. 1939 wurde der sogenannte Stahlpakt geschlossen, ein deutsch-italienischer Freundschafts- und Bündnispakt. Er beinhaltete gegenseitige diplomatische und militärische Unterstützung auch im Falle eines Angriffskrieges sowie eine Zusammenarbeit auf rüstungswirtschaftlichem und militärischem Gebiet.
3 Schon im Oktober 1938 hatte das faschistische Regime in Italien begonnen, einheimische und ausländische Juden zu verfolgen.
4 Die Deportation der Juden in Italien begann im Oktober 1943.

29

S., Erna, geb. 19. Juni 1912 in Wien.
»Jüdin«.
1933: Verkäuferin, Wien.
Befragung am 6. Mai 1963, Erfurt, Bezirk Erfurt.
Tätigkeit und Wohnort 1963: Hausfrau, Erfurt.

Mit dem Einmarsch der faschistischen Truppen in Österreich setzte zugleich eine ungeheure Diffamierung und Verfolgung der rassisch und politisch verfolgten Bürger ein.
Ich bin ab sofort aus meiner Arbeitsstelle herausgeworfen worden. Mein Vater hat für sein Geschäft keine Aufträge mehr erhalten, weil er Jude war. Mein Bruder Berthold, welcher Elektriker war, wurde ebenfalls arbeitslos. Alle Juden durften ab diesem Zeitpunkt an keinem kulturellen Leben teilnehmen. Kinos, öffentliche Veranstaltungen, der Aufenthalt in Parkanlagen und auf Plätzen war uns verboten. Sogar von der Böschung des Donau-Kanals wurde ich vertrieben. Nach der Besetzung der Faschisten in Österreich hatten ich und meine Familie Tag und Nacht keine Ruhe vor den Nazis. Wiederholt bin ich mit anderen jüdischen Bürgern auf die Straße getrieben worden und musste dort mit einer Bürste antifaschistische Losungen entfernen. Dabei wurden wir angepöbelt, bespuckt und beschimpft mit den Worten »Judensau«. Die Verfolgung der Faschisten steckt mir heute noch in den Gliedern, dass ich aufschrecke, wenn es an unsere Wohnungstür klopft.
Mein Bruder Leopold, jetzt Lionel, ist 1938 von den Nazis im Park zusammengeschlagen worden. Wenn bei dieser Schlägerei nicht eine andere Person eingegriffen hätte, wäre mein Bruder nicht mit dem Leben davongekommen.
Für meine beiden Eltern und meine Brüder trifft die gleiche Diffamierung durch die Nazis zu, wie ich sie bereits geschildert habe.
Auf Grund der vorgeschilderten Zustände habe ich im August 1938 meine Heimatstadt Wien verlassen und bin nach der Schweiz gegangen. Meine 3 Brüder folgten mir wenige Wochen später. Meine Eltern sind in Wien zurückgeblieben. Sie haben erst etwas später Österreich verlassen. In der Schweiz habe ich von August bis Oktober 1938 in Degersheim mich aufgehalten. Eine Arbeit habe ich dort ebenfalls nicht erhalten, weil ich Emigrantin war. Etwa 100 Emigranten waren wochenlang in einem Fabrik-Saal auf Strohsäcken untergebracht. Im Oktober 1938 bin ich nach England emigriert und habe dort als Köchin in Whitley[1] gearbeitet.
1947 bin ich mit meinem Ehemann, Wilhelm S., in die DDR gekommen.
Mein Bruder Leopold, der ebenfalls in die Schweiz emigriert war, hatte dort unangemeldet als Anstreicher 3 oder 4 Tage gearbeitet, um meine in Wien zurückgebliebenen Eltern finanziell zu unterstützen. Durch die geleistete Arbeit ist mein Bruder von der Schweizer Polizeibehörde zum Verlassen des Landes an die italienische Grenze gebracht worden. Obwohl 2 Kriminalisten meinen Bruder zur Bewachung begleiteten, ist es ihm gelungen, nach Frankreich zu flüchten. Dort wurde mein Bruder bei Kriegsausbruch interniert. Kurz vor der Übernahme des Internierungslagers durch die deutschen

Truppen gelang es ihm noch einmal mit 18 österreichischen Bürgern zu fliehen. Mit englischen Soldaten ist er nach England gegangen, wo er noch heute wohnhaft ist.

Mein Bruder Emil F. und Berthold F. haben nach jahrelanger Arbeitslosigkeit in der Schweiz Arbeitsgenehmigungen erhalten und sind heute dort in ihrem Beruf beschäftigt. Mein Vater Mechel F. erhielt als Jude keine Arbeitsaufträge. Damit war ihm die Existenz genommen und für uns begann ein schweres, hartes fast unerträgliches Leben.

Mein Vater erzählte mir später, ich war zu diesem Zeitpunkt bereits schon in England, dass er durch gute Freunde vor der Verhaftung gewarnt wurde. Er konnte sich rechtzeitig im Keller verstecken. Kurz darauf ist es ihm gelungen, nach einem zweiten Versuch nach der Schweiz zu kommen. In der Schweiz durfte mein Vater nicht bleiben, weil wir dort als Emigranten unerwünscht waren. Im Frühjahr 1939 ist mein Vater nach London emigriert, wo er im August 1944 verstorben ist.

Meine Mutter Jetty war, nachdem wir bereits alle Österreich verlassen hatten, allein von unserer Familie den Diffamierungs- und Verfolgungsmaßnahmen ausgesetzt. Meine Mutter erzählte mir, dass sie im Jahre 1938 oder 1939 aus der Wohnung von der SS herausgeworfen worden sei. Sämtliche Möbel und das Inventar wurden beschlagnahmt.

Im Frühjahr 1939 ist meine Mutter allein nach Belgien emigriert. Dort wohnte meine Mutter in Brüssel, Anderley[2], mit mehreren Familien unseres Glaubens zusammen. Meine Mutter erzählte mir, dass eines Nachts die SS-Leute auch dort eine Razzia nach uns durchführten. Sie schlugen heftig an die Tür, dass es keiner wagte, sie zu öffnen. Meine Mutter öffnete dann doch die Tür. Sofort wurde auf sie geschossen und sie fiel vor Schreck die Treppen herunter. Sie war bewusstlos und wurde von der SS liegengelassen, weil sie glaubten, sie sei tot. Alle übrigen jüdischen Hausbewohner wurden von der SS abtransportiert und verschleppt.

Quelle: BStU, Bd. 32, Bl. 90–95.

1   Ort etwa 40 km östlich von London.
2   Gemeint ist hier offensichtlich Anderlecht, ein südwestlicher Vorort von Brüssel.

30

J., Gabriele, geb. 15. Februar 1930 in Leipzig.
Vater »jüdischer Abstammung«.
1933: Kind, Leipzig.
Befragung am 10. Mai 1963, Leipzig, Bezirk Leipzig.
Tätigkeit und Wohnort 1963: Mitarbeiterin an der Karl-Marx-Universität in Leipzig.

Am 28.10.1938, daran kann ich mich noch genau erinnern, erschienen früh zwei uniformierte Polizisten in unserer Wohnung, die uns ein Schreiben des Ausländeramtes vorlegten, aus welchem ersichtlich war, dass wir das sogenannte »Reichsgebiet« sofort zu verlassen hätten. Wir durften nur das notwendigste mitnehmen und mussten innerhalb von 20 Minuten die Wohnung in Begleitung der Polizisten verlassen. Zuerst wurden wir in das Präsidium in der damaligen Wächterstraße gebracht. Dort wurden wir zu Trupps zusammengestellt und mit Omnibussen zum Hauptbahnhof gebracht. Gemeinsam mit den Eltern kam ich in einen Waggon. Kurz vor Abfahrt des Zuges war es einem deutschen uns wohlgesinnten Bekannten gelungen, meine Mutter und mich aus diesem Waggon herauszuholen. Mein Vater kam mit diesem Transport nach Polen.
Wir suchten unsere Wohnung wieder auf, mussten aber dort noch im gleichen Jahr, da wir angeblich ein »jüdischer« Haushalt waren, verschwinden. Von welcher Stelle uns das mitgeteilt wurde, kann ich heute nicht mehr sagen. Wir zogen zu meiner Großmutter nach Möckern[1]. Im April 1939 wurde meiner Mutter durch schriftlichen Bescheid des Ausländeramtes mitgeteilt, dass wir Deutschland innerhalb von 14 Tagen zu verlassen hätten. Begründung dieser Maßnahme war, dass meine Mutter polnische Staatsangehörige war und mit einem Juden verheiratet war. Wir konnten offiziell nach Polen ausreisen und meiner Mutter wurde gestattet, den Hausrat mitzuführen.
In Polen trafen wir mit meinem Vater zusammen. Bis zum Einzug der Faschisten lebten wir unbehelligt in Stanislau[2]. Dann begannen die ersten Zwangsmaßnahmen gegen uns.

Quelle: BStU, Bd. 35, Bl. 60–66.

1 Stadtteil im Norden Leipzigs.
2 Stanislau war 1921–1939 polnisch. Im Ergebnis der Realisierung des Zusatzprotokolls zum Nichtangriffsvertrag zwischen Deutschland und der Sowjetunion vom 23.8.1939 ging die Stadt an die Sowjetunion. Heute Iwano-Frankiwsk, Gebietshauptstadt in der West-Ukraine.

30a

Schreiben des Polizeipräsidenten zu Leipzig, Ausländeramt, an Jacob J. und Familie vom 28.10.1938, betr. Verbot des Aufenthaltes im Reichsgebiet und Ausweisung der Familie

Ausfertigung.

Der Polizeipräsident zu Leipzig
- Ausländeramt -
A.R.Allg.

Leipzig, den 28.Oktober 1938.

Herrn
Frau Jacob J. und Familie
[Adresse] Nr. 75

Auf Grund der §§ 1, 5 Ziff. 1a und § 13 der Ausländerpolizeiverordnung vom 22.8.1938 verbiete ich Ihnen hiermit den weiteren Aufenthalt im Reichsgebiet.

Sie haben das Reichsgebiet sofort zu verlassen. Ich verbiete Ihnen, ohne Erlaubnis wieder dahin zurückzukehren.

Gegen meine Verfügung steht Ihnen innerhalb 2 Wochen nach Empfang das Recht der Beschwerde zu, die schriftlich bei mir einzureichen wäre.

Der etwaigen Einlegung der Beschwerde versage ich die aufschiebende Wirkung.

Ich weise Sie nochmals darauf hin, daß Sie Bestrafung mit Gefängnis bis zu einem Jahr und mit Geldstrafe oder mit einer dieser Strafen zu gewärtigen haben, wenn Sie ohne Erlaubnis in das Reichsgebiet zurückkehren.

Ausgefertigt: Leipzig, den 28.10.1938.

Pol.Insp.

Quelle: BArch, DP 3, Nr. 948, Ber. VI/11.

31

S., Felix, geb. 11. November 1921 in Leipzig.
1933: Schüler, Leipzig.
»Mischling«, Vater »Jude«.
Befragung am 22. Mai 1963, Leipzig, Bezirk Leipzig.
Tätigkeit und Wohnort 1963: Leipzig.

Am 28. Oktober 1938, früh gegen 7.30, Uhr erschien in unserer Wohnung ein Polizist in Uniform und erklärte anhand eines Zettels, den er bei sich hatte, dass unsere Familie innerhalb von 24 Stunden das Gebiet des Deutschen Reiches zu verlassen hätte. Seine Mitteilung verband er mit der Aufforderung, ihm sofort zu seiner Dienststelle zu folgen. Natürlich waren wir alle sehr entsetzt und aufgeregt. Bis auf die Gegenstände, die wir in der Hand tragen konnten, mussten wir alles stehen und liegen lassen. Er brachte uns zum Revier in die damalige Beaumontstrasse. Hier stellten wir fest, dass sich außer uns noch zahlreiche andere jüdische Familien polnischer Nationalität hatten einfinden müssen. Nichtjüdische Polen waren nicht dabei. Bald schon mussten wir auf Überfallkommandowagen der Polizei steigen und man brachte uns unter polizeilicher Bewachung zum Leipziger Hauptbahnhof. Dort nahmen uns Angehörige der SS, welche schwarze Uniformen trugen, in Empfang. Das Gebrülle ging nun los. Sie schrieen umher und jagten uns in einen bereitstehenden Zug. Es war ein Personenzug 3. Klasse, bei dem jeder Wagen mit einer gelben Flagge, etwa 20 mal 30 cm groß, gekennzeichnet war. Ob man die Wagen dann abgeschlossen hat, weiß ich heute nicht mehr. Schließlich ging die Fahrt los. Es war noch Vormittag. Die Fahrt dauerte bis gegen Mitternacht und endete am Grenzbahnhof Beuthen[1]. Hier wurden wir unter ständigem Gebrülle der SS-Banditen aus dem Zug gejagt. Wir mussten ein Stück zu Fuß laufen. Die SS flankierte uns und prügelte blindlings in die Leute hinein. Eine Frau hatte ihr Kleinkind aus dem Arm verloren, es war ihr in eine Art Straßengraben gefallen. Als sie es schnell aufheben wollte, hinderte sie ein SS-Bandit mit Gewalt daran. Kein Zweifel, dass das Kind seiner Zeit ertrunken ist. Es war stockdunkel und niemand durfte es retten. Alles hastete in panischer Angst weiter. Plötzlich waren wir auf einer Wiese und wir merkten, dass unsere Bewachung nicht mehr da war. Wir befanden uns offenbar im Niemandsland. Wir sahen in der Ferne in zwei entgegengesetzten Richtungen Licht. Aus Furcht, den SS-Banditen wieder in die Arme und damit wahrscheinlich in den sicheren Tod zu laufen, getrauten wir uns in dieser Dunkelheit zunächst nicht von dieser Wiese herunter. Bis gegen 5.00 Uhr, als der Tag wieder anbrach, warteten und froren wir. Dann begaben wir uns zu dem polnischen Posten. Als diese dann nach Rücksprache mit Warschau die Erlaubnis hatten, uns in ihr Land zu lassen, gingen wir nach drüben. Später konnte dann von uns jeder dorthin fahren, wo er hin wollte bzw. wo er Angehörige hatte. Die Reise wurde von der jüdischen Gemeinde Kattowice[2] bezahlt. Unsere Familie siedelte sich in Częstochowa[3] an. Wir hatten nur ein Zimmer für fünf Personen. Beim Einmarsch der Naziwehrmacht in Polen verloren wir dann wieder alles.

Quelle: BArch, DP 3, Nr. 959, Ber. 21.

1 Beuthen, heute Bytom, Stadt 10 km nordwestlich von Kattowice.
2 Hauptstadt der polnischen Woiwodschaft Schlesien rund 70 km nordwestlich von Kraków im Oberschlesischen Steinkohlebecken.
3 Częstochowa ist eine Großstadt in der Woiwodschaft Schlesien rund 100 km nordwestlich von Kraków.

32

Merkel, Samuel, geb. 6. Februar 1890 in Leipzig.
»Jude«. »Meine Ehefrau war nicht jüdischen Blutes. Sie hatte aber im Jahre 1925 den jüdischen Glauben angenommen.«
1933: Handelsvertreter, Firma Ader, Gerberstraße Nr. 2, Leipzig.
Befragung am 10. Mai 1963, Leipzig, Bezirk Leipzig.
Tätigkeit und Wohnort 1963: Rentner, Leipzig.[1]

Am 28.10.1938 frühmorgens gegen 6.30 Uhr erschien dann bei mir in der Wohnung ein Polizist, es war der Polizist, welcher für unser Revier in der Tauchaerstr. zuständig war und ein mir unbekannter SS-Mann. Auch den Polizisten kenne ich nicht mit Namen. Ohne jede Begründung forderte mich der SS-Mann auf, mich anzuziehen und mitzukommen. Meine Frau wurde dazu nicht aufgefordert. Sie kam aber mit mir mit, weil sie mit mir verheiratet war. Sie wollte mich nicht mitlassen allein. Es ging innerhalb einiger Minuten los. Wir konnten nur die ganz nötigsten Dinge mitnehmen. Durch diese beiden Personen wurden wir zur Wache in der Marienstr. gebracht. Dort sah ich nun auch noch andere jüdische Bürger aus unserem Viertel erscheinen bzw. wurden sie dort vorgeführt.
Innerhalb einer halben Stunde wurden wir dort auf Lastautos verladen und zum Hauptbahnhof transportiert. Die Begründung dazu war nur »Ihr seid Juden«. Eine andere Begründung wurde uns nicht gegeben. Wo es hingehen sollte, wurde nicht gesagt.
Im Hauptbahnhof wurden wir durch ein Polizeispalier geführt und in einen Personenzug eingeladen. Dort wurden dann auch noch von anders jüdische Bürger gebracht. Der Zug fuhr dann unter SS Bewachung ab. Ohne jeden Grund wurden wir dort mit Peitschen und anderen Schlaginstrumenten geschlagen. Den SS-Männern ging es beim Einsteigen in den Zug nicht schnell genug und da schlugen sie einfach los. Ich habe Schläge abbekommen in die Körperseite.
Der Zug wurde dann bis nach Beuthen an die polnische Grenze gefahren.
Dort mussten wir dann aussteigen. Unter SS-Bewachung wurden wir dann bis zur Grenze regelrecht getrieben mit Schlägen und Beschimpfungen. Insbesondere bekamen hier die älteren Personen Schläge ab, welche nicht mehr so schnell laufen konnten.
An der Grenze wurden wir dann ins Niemandsland getrieben. Nach Verhandlungen mit den polnischen Grenzern wurden wir dann dort aufgenommen und ich machte mit meiner Frau nach Kraków.

Quelle: BStU, Bd. 46, Bl. 11, 13–22.

1   Gestorben am 11.11.1968. Vgl. Archiv der Israelitischen Religionsgemeinde zu Leipzig.

33

Süßermann, Moses, geb. 4. Januar 1895 in Wien.
»Jüdische Abstammung«.
1933: Schriftsetzer, Spamersche Buchdruckerei, Leipzig C 1, Täubchenweg.
Befragung am 9. Mai 1963, Leipzig, Bezirk Leipzig.
Tätigkeit und Wohnort 1963: Rentner, Leipzig.

Im Jahre 1938, am 28. Oktober gegen 7.00 Uhr, erschienen in unserer Wohnung in Leipzig C 1, Waldstraße 2 IV, zwei uniformierte Polizisten. Diese sagten wörtlich zu uns: »Packen Sie das notwendigste an Papieren zusammen und kommen sie gleich mit.« Innerhalb einer viertel Stunde war das erledigt und ich bin zusammen mit meiner Frau und den Polizisten mitgegangen. Meine Tochter war schon zur Arbeit. Wir wurden nach einer höheren Schule, »Höhere israelitische Schule«, in der Gustav-Adolf-Straße gebracht. Dort wurden alle jüdischen Bewohner gesammelt. Auch meine Tochter Ruth wurde dorthin gebracht. Noch am gleichen Tage vormittags wurden wir alle, es können an die 200 Personen gewesen sein, mittels großer, geschlossener Wagen der Polizei nach dem Hauptbahnhof Leipzig gefahren und dort in schon bereitgestellte Personenwagen geladen. Diese wurden abgeschlossen und dazu kam je ein Polizist als Bewachung. Am gleichen Tage gegen Mitternacht erst hielten wir auf einem mir damals unbekannten Bahnhofe an. Jetzt weiß ich, dass er damals direkt an der polnischen Grenze lag und vermutlich Zbinczin heißt.
Wir erhielten keine Verpflegung, nur kurz vor der Abfahrt aus Leipzig wurde uns durch die israelitische Gemeinde etwas Brot gebracht.
Nachdem wir ausgeladen wurden, mussten wir mehrmals durch ein Spalier von schwarzuniformierten Menschen laufen. Diese waren mit Ruten und Peitschen bewaffnet und schlugen auf uns ein. Das wenige, was wir an Hab und Gut noch mitgehabt haben, das verloren wir dabei, so dass sich Koffer und Köfferchen und andere Behältnisse dort ansammelten, was liegen geblieben ist. Wir wurden dann über das Niemandsland nach Polen geschickt.
Nachdem wir vorerst dort ein notdürftiges Unterkommen fanden und verpflegt worden sind, wurden wir dann so nach und nach auf die verschiedensten Ortschaften in Polen verteilt. Diejenigen, die Angehörige oder Bekannte in Polen hatten, kamen dahin. Ich fand mit meiner Frau und Tochter eine Wohnung in Krakau. Ich fand dann nach geraumer Zeit wieder Arbeit als Schriftsetzer, meine Frau verdiente sich damals durch schneidern etwas dazu.
Mit dem Einmarsch der Faschisten in Polen begann für uns wiederum eine furchtbare Zeit. (…)

Was aus meiner Frau und aus meiner Tochter geworden ist, das weiß ich heute noch nicht, sie weilen auf jeden Fall nicht mehr am Leben.

Quelle: BStU, Bd. 39, Bl. 31–38.

34

S., Wolfgang, geb. 10. Juli 1924 in Leipzig.
»Mischling«.
1933: Schüler, 17. Volksschule, Karl-Vogel-Strasse, Leipzig.
Befragung am 17. Mai 1963, Leipzig, Bezirk Leipzig.
Tätigkeit und Wohnort 1963: Techniker, Leipzig.

Am 28. Oktober 1938, gegen 5.00 Uhr, klingelte es an unserer Wohnungstür in Leipzig O 5, Trinitatisstr. 2. Mein Vater öffnete sie und zwei Polizisten standen vor der Tür. Sie forderten meinen Vater und meine Mutter sowie mich auf, uns anzuziehen und zum Polizei-Revier, Cichoriusst. in Leipzig O 5, mitzukommen. Auf die Frage meiner Eltern was los sei, gaben die Polizisten zur Antwort, sie wüssten es selbst nicht und haben nur den Auftrag uns zuzuführen. Im Polizei-Revier waren schon mehrere jüdische Familien und mit der Zeit kamen noch mehr dazu. Mein Vater und die anderen jüdischen Bürger bekamen von den Polizisten einen Vordruck, auf dem stand, dass unsere Familie sofort das deutsche Reichsgebiet zu verlassen hat. Es war uns verboten, aus dem Polizei-Revier zu gehen oder gar unsere Wohnung nochmals aufzusuchen. Von den Möbeln und den Einrichtungsgegenständen in unserer Wohnung und im Geschäft meines Vaters, haben wir nichts wieder gesehen. Gegen 10.00 Uhr kam ein Omnibus, er hatte die Aufschrift KdF-Gesellschaftsfahrt, vorgefahren und wir mussten einsteigen. Der Omnibus fuhr an einigen anderen Polizei-Revieren vorbei und andere jüdische Bürger mussten zusteigen. Am Hauptbahnhof, an der Ladestraße des Dresdner Güterbahnhofes, nahmen uns die SS, SA und die Polizei in Empfang und führten uns zu einem bereitgestellten Zug. Hier mussten jeweils acht Personen in einem Abteil Platz nehmen und das Abteil wurde verschlossen. Mit dem Zug, der unter SS- und Polizeibewachung stand, wurden wir an die polnische Grenze, Kreis Beuthen, transportiert. Auf der Durchfahrt der Bahnhöfe in Dresden und Breslau, wo der Zug jeweils einige Minuten Aufenthalt hatte, waren die Bahnhöfe abgesperrt und kein Mensch zu sehen. Unmittelbar an einem Grenzbahnhof, an der damaligen deutsch-polnischen Grenze, mussten wir aussteigen, wurden von der dortigen SS übernommen und in Gruppen eingeteilt. Die SS trieb uns in das Niemandsland zur polnischen Grenze und sie selbst gingen wieder zurück. Die polnischen Grenzer gaben Warnschüsse ab. Wir warfen uns zu Boden und ein jüdischer Bürger, der die polnische Sprache beherrschte, nahm Verbindung mit den Grenzposten auf. Bis sich alles geklärt hatte, mussten wir im Niemandsland verbleiben. Am Morgen ließ man uns auf polnischen Boden, brachte uns in das nächste Dorf und von dort aus nach Kattowitz. Hier wurden unsere Papiere überprüft, soweit noch deutsches Geld vorhanden war, erfolgte der Umtausch in polnisches Geld. Wir wurden von den polnischen Behörden aufgefordert, weiter in das Innere Polens zu fahren, um aus dem Grenzgebiet zu kommen. Mir ist bekannt, dass an diesem Tage im Kreis Beuthen, ca. 3.000 Personen über die Grenze getrieben wurden. Mein Vater wurde in Lwow (Lemberg)[1] geboren und wir fuhren dorthin. Beim faschistischen Überfall auf Polen kamen die deutschen Truppen bis an die westliche Stadtgrenze von Lwow. Auf Grund eines Abkommens mit der Sowjetunion[2] zogen sich die faschistischen Truppen wieder zurück und die Sowjetarmee zog in Lwow ein. Wir wurden 1940 sowjetische Bürger.*

Quelle: BStU, Bd. 46, Bl. 43–49.

1 Heute Lwiw, Stadt in der West-Ukraine.
2 Nichtangriffsvertrag vom 23.8.1939.

4. Terrorisiert, beraubt, vertrieben
   November 1938 bis September 1939

Die Abschiebung seiner aus Polen stammenden Familie, hatte bei dem 17-jährigen Herschel Grynszpan, der 1936 aus Deutschland emigriert war, Verzweiflung ausgelöst. Er schoss am 7. November 1938 in Paris auf den Legationssekretär Ernst Eduard vom Rath, einen Diplomaten an der deutschen Botschaft in Frankreich. Rath verstarb am 9. November. Hitler erreichte die Nachricht während der Traditionsfeier von Parteiführern, die am Tag des 1923 in München gescheiterten Hitler-Ludendorff-Putsches stattfand. Sofort hatte die NS-Propaganda das Attentat als »Komplott des internationalen Judentums« hingestellt. Der »Führer« wies an, die Tat unverzüglich zu rächen. Reichsminister für Volksaufklärung und Propaganda Joseph Goebbels hielt noch im Kreise der Versammelten eine Hetzrede. Danach begaben sich SA- und weitere NSDAP-Funktionäre an Telefone und Funkgeräte, um einen Pogrom gegen die in Deutschland lebenden Juden auszulösen. In den ersten Stunden des 10. November brannten reichsweit 281 Synagogen. Über 7.000 Geschäfte und Warenhäuser jüdischer Besitzer wurden demoliert und verwüstet, Hunderte Wohnungen vernichtet. Die Anzahl der in dieser Nacht zu Tode gekommenen Juden wurde nie genau ermittelt, in internen Berichten der Täter wird sie mit mehr als 90 angegeben. Das dürfte nur eine annähernde Zahl sein. (35, 36) Die Polizei verhaftete ungefähr 20.000 jüdische Bürger, vorwiegend begüterte und wohlhabende Juden und verbrachte sie in Gefängnisse und dann weiter in die Konzentrationslager Buchenwald[1], Sachsenhausen[2] und Dachau[3]. (37, 37a, 37b, 37c, 37d, 38, 39, 40) Das Ereignis ging in die Geschichte als »Kristallnacht« oder als »Reichskristallnacht« ein.

Was auf den Pogrom folgte, brachte für die Juden in Deutschland einen weiteren tiefen Einschnitt in ihr Dasein. An die gewalttätigen Aktionen der NSDAP, der SA und SS schlossen sich die verordneten Schikanen der Staatsbürokratie an. Es begann die offene Ausraubung der Juden und die Offensive gegen deren Lebensgrundlagen. Nun wurde ihnen die materielle Basis genommen und zerstört, was sie unter den unausweichlichen Zwang zur Auswanderung setzen sollte. Neben der Ausschaltung der Juden aus der Wirtschaft begann der Staat, sich nun gleichzeitig des Vermögens aller jüdischen Menschen zu bemächtigen, mit der Begründung, dass die feige Haltung des Judentums gegenüber dem deutschen Volk und Reich, die auch vor feigen Mordtaten nicht zurückschrecke, entschiedene Abwehr und harte Sühne erfordere. Noch am 12. November 1938 legte eine Verordnung fest, dass die Juden als Vergeltungsmaßnahme eine Milliarde RM an das Deutsche Reich zu zahlen hätten.[4] Das hieß, dass jeder Vermögenspflichtige 20 Prozent seines Vermögens an den Staat zu entrichten hatte. Die Judenvermögensabgabe, so der amtliche Begriff, war in vier Raten zu zahlen, die erste war am 15. Dezember 1938, die letzte am 15. August 1939 fällig. Mit der Einziehung der »Sühneleistungen« wurden die

Finanzämter beauftragt. (41, 41a, 41b) War es den Betroffenen nicht möglich, das Geld für die Vermögensabgabe aufzubringen, mussten sie ihre Schmuck- und Kunstgegenstände, Wertpapiere oder sogar ihre Grundstücke verkaufen und das oft unter Wert. (42, 42a) Generell waren die jüdischen Bürger beauflagt, alle in ihrem Besitz befindlichen Edelmetalle und Wertsachen an Pfandleihanstalten zu veräußern. (43, 43a)

Die Inhaber der kleinen und mittleren Geschäfte wurden außerdem mit der »Verordnung zur Wiederherstellung des Straßenbildes bei jüdischen Gewerbebetrieben« verpflichtet, die Kosten für Aufräumungs- und Instandsetzungsarbeiten zu tragen, was für viele unmöglich war, denn die Versicherungsansprüche, die sie geltend machen konnten, wurden zu Gunsten des Reiches beschlagnahmt.[5] Für zahlreiche Geschäfte und Betriebe bedeutete dies das Ende ihrer Existenz. Sie wurden liquidiert oder von »Ariern« übernommen. Jüdische Angestellte verloren, manche zum zweiten Mal, ihre Arbeitsplätze. (44) Selbst wer noch eine Existenzchance zu haben glaubte, sah sich aufgefordert, sein Geschäft zu schließen oder es für einen Spottpreis an »Arier« zu verkaufen. (45) Schon am 12. November 1938 war in der »I. Verordnung zur Ausschaltung der Juden aus der deutschen Wirtschaft« festgelegt worden, dass Juden jeglicher Betrieb von Einzelhandelsgeschäften und anderen Geschäften ab dem 1. Januar 1939 zu untersagen wäre. Somit mussten Geschäfte geschlossen und das Gewerbe eingezogen werden. (46, 47, 48) Eine Verordnung vom 23. November 1938 über die Ausschaltung der Juden aus dem deutschen Wirtschaftsleben bestimmte dann für die Mehrheit der jüdischen Einzelhandelsgeschäfte, Versandgeschäfte und Bestellkontore deren Auflösung oder »Arisierung«.[6] (49, 49a, 49b)

Die Politik, Deutschland »judenfrei« zu machen, scheute vor keiner Erpressung zurück. Den in die Konzentrationslager verschleppten Juden wurde die Entlassung in Aussicht gestellt, wenn sie glaubhaft ihre Absicht bekundeten, sich von ihrem Eigentum zu trennen und es an »Arier« zu veräußern. Dazu durften sie aus dem Lager Anweisungen geben und entsprechende bürokratische Schritte einleiten. Andere kamen frei, sobald sie Ausreisepapiere oder eine Bestätigung für die Absicht zur Ausreise vorwiesen. (50, 51) Eine Entlassung aus der KZ-Haft konnten auch diejenigen erwirken, die in »Mischehe« lebten. (52, 52a)

Unter diesem mehrfachen Druck stieg die Zahl der Auswandernden erheblich an. Ihr favorisiertes Fluchtziel war anfangs Großbritannien. Doch erhielten die Asylsuchenden, bevorzugt die nach der »Kristallnacht« Inhaftierten, Einreisegenehmigungen oft nur, wenn sie sich verpflichteten, das Inselreich nur als Durchreisestation zu nutzen. Großbritannien nahm zwischen Januar und Anfang September 1939 ungefähr 20.000 Flüchtlinge auf. Weitere Transitländer waren die Niederlande, Dänemark und Schweden, Frankreich und Belgien.

Immer noch aber bremsten Auflagen den Strom der Flüchtenden. Insgesamt zielten sie darauf, die Besitztümer der Vertriebenen restlos in Staatshand zu bringen. Dazu dienten mit der Reichfluchtsteuer und den Zahlungen der Vermögensabgabe Sicherungsanordnungen, erlassen von den Devisenstellen bei den Oberfinanzpräsidenten, auf deren Basis die Auswanderer bis zum letzten Moment ihres Aufenthalts in Deutschland faktisch ausgeraubt wurden. Das Gesetz über die Devisenbewirtschaftung vom 12. Dezember 1938[7] und seine Verordnung vom 22. Dezember 1938[8] regelten konkret, was die ausreisewilligen Juden an Hab und Gut mitnehmen durften und was nicht. (53, 53a) Als letzte Instanz vor dem Verlassen Deutschlands hatten Juden eine Kontrolle zu passieren, wo ihnen alles abgenommen wurde, was sie nicht mit sich führen durften. Die Mitnahme von Gegenständen aus Gold, Silber und Platin sowie Edelsteinen und Perlen war grundsätzlich untersagt, wovon lediglich Trauringe, im Gebrauch befindliche silberne Armband- und Taschenuhren sowie gebrauchtes Tafelsilber in beschränktem Umfang ausgenommen waren. (54, 54a, 54b)

Besonders drängten die Machthaber auf die Auswanderung jüdischer Kinder und Heranwachsender. Bald nach dem Pogrom hatte sich die britische Regierung bereit erklärt, Kinder und Jugendliche im Alter von 14 bis 17 Jahren aufzunehmen. Die in Großbritannien gegründete Organisation »Movement for the Care of Children from Germany« konnte zwischen November und Dezember 1938 etwa 1.500 Kinder aufnehmen und in Pflegefamilien unterbringen. Die Reichsvertretung, die sich seit 1939 Reichsvereinigung nannte, sowie private Initiativen verhalfen weiteren Tausenden Kindern zur Flucht nach Großbritannien. (55) Der Krieg setzte diesen Aktionen bald ein Ende, der letzte Kindertransport erfolgte im Mai 1940. Insgesamt hatten mehr als 10.000 jüdische Kinder und Jugendliche Hitlerdeutschland verlassen, was ihre Rettung bedeutete.[9]

Bis Mitte des Jahres 1939 hatte sich das tägliche Leben der Juden in Deutschland weiter drastisch verschlechtert. Die keinen Weg ins Ausland hatten finden oder sich zur Flucht nicht hatten entschließen können, mussten als Arbeitslose, vermittelt durch spezielle Arbeitsämter für Juden, unqualifizierte und unterbezahlte Tätigkeiten annehmen. Juden wurde verboten, Theater, Kinos und Konzerte zu besuchen. Jüdische Kinder wurden aus öffentlichen Schulen gewiesen, Studenten aus den Hochschulen. Führerscheine und Zulassungspapiere von Juden wurden eingezogen und die Autos zwangsverkauft. Hebammen, Zahnärzte und Tierärzte traf das Berufsverbot. (56) Verlage und Buchhandlungen mussten liquidiert werden. Juden war nicht gestattet, Schlaf- und Speisewagen der Eisenbahn zu benutzen.[10] Wohnten sie bei »arischen« Vermietern, verloren sie den Mieterschutz und wurden aus ihren Wohnungen verdrängt. (57) Die im Reich verbliebenen Juden sahen sich Schikanen ohne Ende ausgesetzt.

Die 10. Verordnung zum Reichsbürgergesetz vom 4. Juli 1939[11] schrieb vor, dass sich die Juden zwangsweise in einer neu gegründeten »Reichsvereinigung der Juden in Deutschland« zu organisieren hatten. Deren Tätigkeit richtete sich, ausschließlich auf eigene Mittel gestützt, auf die Aufrechterhaltung der jüdischen Schulen, die Wohlfahrtspflege und die Förderung der jüdischen Auswanderung.

1 Das KZ Buchenwald befand sich am Rande der Stadt Weimar/Thüringen auf dem Ettersberg. Es bestand seit Juli 1937. Infolge des Novemberpogroms kamen 9.828 Juden in das KZ. Das Lager wurde am 11.4.1945 von amerikanischen Truppen befreit.
2 Das KZ Sachsenhausen, 33 km von Berlin entfernt und nördlich der Hauptstadt gelegen, wurde im Juli 1936 eingerichtet. Nach dem Novemberpogrom wurden ungefähr 6.000 Juden in das KZ eingeliefert. Sowjetische und polnische Truppen befreiten am 22.4.1945 das Lager.
3 Das KZ Dachau bei München wurde im März 1933 eröffnet. Infolge des Novemberpogroms wurden ungefähr 10.000 Juden nach Dachau verschleppt. Das Lager wurde am 29.4.1945 von Truppen der amerikanischen Armee befreit.
4 RGBl. 1938 I, S. 1579.
5 Vgl. RGBl. 1938 I, S. 1581.
6 RGBl. 1938 I, S. 1642.
7 Vgl. RGBl. 1938 I, S. 1734–1748.
8 Vgl. RGBl. 1938 I, S. 1851–1890.
9 Vgl. Gudrun Maierhof, Chana Schütz, Hermann Simon: Aus Kindern wurden Briefe. Die Rettung jüdischer Kinder aus Nazi-Deutschland. Begleitband zur gleichnamigen Ausstellung der Stiftung Neue Synagoge Berlin – Centrum Judaicum, 29.9.2004 – 31.1.2005, Berlin 2004.
10 Vgl. Alfred Gottwald, Diana Schulle: »Juden ist die Benutzung von Speisewagen untersagt«. Die antijüdische Politik des Reichsverkehrsministeriums zwischen 1933 und 1945. Schriftenreihe des Centrum Judaicum, Hermann Simon (Hrsg.), Bd. 6, Berlin 2007, S. 51ff.
11 Vgl. RGBl. 1938 I, S. 1097f.

35

G., Majer, geb. 21. März 1899 in Lelow, Kr. Wloszczowa/Polen.
»Jude«.
1933: Inhaber Schneiderei mit Geschäft für Konfektion und Stoffe,
Reichenstraße 29, Bautzen/Sachsen.
Befragung am 7. Mai 1963, Leipzig, Bezirk Leipzig.
Tätigkeit und Wohnort 1963: Keine Angabe, Leipzig.

Zur Kristallnacht im November 1938 wurden auch meine 6 Wohnungsfenster in der 2. Etage mit Steinen von der SA und SS zertrümmert und anschließend die Wohnung und Verkaufsräume gestürmt sowie demoliert. Dabei wurden dann verschiedene Bücher, Stoffe und andere Gegenstände durch die Fenster auf die Strasse geworfen, wo man diese verbrannte. Alle jüdischen Bürger von Bautzen wurden dann aus den Wohnungen geholt und auf dem Markt zusammengetrieben. Danach wurden wir durch die Straßen geführt, wobei die SA, SS und Hitlerjugend schrie »Juda verrecke«

und anderes. Man hatte uns dann an die Spree in der Altstadt getrieben mit der Absicht, uns dort hineinzujagen. Da sich aber diese Elemente untereinander nicht einig waren, kam es nicht dazu. Sie trieben uns dann zurück zum Marktplatz, wo wir Kniebeugen vorführen mussten. Bei all diesen Gelegenheiten wurden wir von diesen Elementen angeschrieen und angespuckt. In den Nachmittagsstunden wurde dann dieser Umzug aufgelöst und wir durften nach Hause gehen. Einige Stunden danach fing man erneut an, jüdische Männer aus den Wohnungen zu holen, um sie in Polizeigewahrsam zu nehmen. Mein Schwager und ich konnten uns durch die Flucht auf das Land dem ersten Zugriff entziehen.

Quelle: BStU, Bd. 36, Bl. 165–172.

36

Looser, Wilhelm, geb. 22. August 1910 in Polajewo/Posen.
»Jude«, »Mischehe«.
1933: Kaufmann, Firma Salomon Goldschmidt, Textilkaufhaus[1], Eberswalde.
Befragung am 9. Mai 1963, Eberswalde, Bezirk Frankfurt/Oder.
Tätigkeit und Wohnort 1963: Kaufmann, Eberswalde.

Ich möchte hierzu sagen, dass ich zur Zeit der »Kristallnacht« mit meiner Frau zusammen die Synagogen-Verwaltung in Eberswalde[2] hatte. Am Morgen der »Kristallnacht« wurde ich durch die Gestapo von Eberswalde verhaftet, da ich angeblich der Brandstifter dieser Synagoge gewesen sein soll. Einen Tag war ich in Eberswalde in Haft und wurde dann für cirka 4 Wochen zur Gestapo nach Potsdam gebracht. Nachdem ich in meinen laufenden Vernehmungen meine Unschuld zu diesem Brand bewiesen hatte, wurde ich ohne jegliche schriftliche Unterlagen entlassen. Ich musste mich nach jeder Entlassung aus der Haft verpflichten, niemandem etwas darüber zu sagen, wo ich war.
Der Brand der Synagoge wurde wie überall in Deutschland durch die SA und SS gelegt. Ich kann aber nicht sagen, wer im einzelnen die Täter in Eberswalde waren.

Quelle: BStU, Bd. 31, Bl. 101–107.

1 Das Kaufhaus Salomon Goldschmidt befand sich in der Innenstadt, Kreuzstraße, Ecke Kirchstraße.
2 Die Eberswalder Synagoge stand in der Bismarckstraße. Der Dachstuhl und die gesamte Inneneinrichtung waren niedergebrannt. Die Gemeinde hatte ehemals 270 Mitglieder. Weitere Informationen über das Schicksal der Familie Looser und über die Geschichte der Gemeinde vgl. Ludwig Arendt: Zur Geschichte der Eberswalder Synagogen-Gemeinde. Begleitheft zur Sonderausstellung im Stadt- und Kreismuseum »Schicksale jüdischer Bürger aus Eberswalde«, 1993.

37

Vaternacht, David, geb. 23. August 1886 in Krakau/Polen.
»Jude«, »Mischehe«.
1933: Selbständiger Uhrmacher und Optiker, Besitzer Geschäft, Diesdorferstrasse, Ecke Annastrasse, Magdeburg.
Befragung am 12. Mai 1963, Magdeburg, Bezirk Magdeburg.
Tätigkeit und Wohnort 1963: Rentner, Magdeburg.

Ich war selbständig als Uhrmacher und Optiker. 1938 während der Kristallnacht hörte ich das Geschrei der Nazis auf der Straße und deren Randalieren und versteckte mich deshalb auf dem Boden. Als ich auf dem Boden war, hörte ich, dass meine Korridortür zerschlagen wurde. Ich ging nach unten und wurde dort von einem Naziamtswalter und zwei SA-Leuten empfangen mit den Worten: »Jetzt kommt das Vögelchen«. Diese SA-Leute sagten zu mir, dass sie mich zu meiner eigenen Sicherheit mitnehmen wollen. Ich musste mich anziehen und wurde in das zuständige Polizeirevier gebracht. Auf dem Weg dorthin, sagte der Amtswalter zu mir: »Ihnen wird nichts geschehen, ich gebe mein Ehrenwort«. Als ich auf dem Revier war, hörte ich, wie der Revierleiter zu einem Polizisten sagte: »Den Uhrmacher kann man bedauern, bei dem haben sie das ganze Geschäft zerschlagen«. Nachdem ich eine zeitlang im Revier war, sagte der Revierleiter zu einen seiner Polizisten: »Bringen sie den Mann nach Hause«.

Als ich auf dem Heimweg war, kamen die SA-Leute, welche schon bei mir in der Wohnung waren und sagten zu dem Polizisten: »Bringen sie das Vöglein wieder zum Revier zurück«. Ich wurde nun wieder zum Revier gebracht und konnte erst morgens etwa gegen 6.00 Uhr nach Hause. Am anderen Tag etwa um 14.30 Uhr wurde ich dann wieder von zu Hause abgeholt und zum Polizeirevier gebracht. Auf dem Polizeirevier wurden mir die 500,– RM, welche ich bei mir hatte, abgenommen und ich kam zum Polizeipräsidium Magdeburg, wo bereits ca. 80 andere Bürger anwesend waren. Auf dem Polizeipräsidium waren auch ein gewisser Fischer und Sommer von der Gestapo anwesend. Unsere Namen wurden aufgerufen und wir wurden dann auf Lastwagen verladen und unter Bewachung zum Magdeburger Hauptbahnhof gefahren. Auf dem Magdeburger-Hauptbahnhof mussten wir uns mit dem Gesicht zur Wand aufstellen und wurden von Polizei und einem Polizei-Offizier mit aufgepflanztem Bajonett bewacht. Als ich dort stand, kam ein Angehöriger der Wachmannschaft und sagte zu mir: »Näher mit dem Gesicht zur Wand, sonst steche ich mit dem Bajonett zu«. Wir wurden dann in Waggons verladen, auch hierbei wurden wir ebenfalls bedroht und kamen nach Weimar und von dort nach Buchenwald.

Quelle: BStU, Bd. 44, Bl. 11–16.

37a

Uhrengeschäft Vaternacht, Innenausstattung (Foto)

Quelle: BArch, DP 3, Nr. 957, Ber. XV/3.

37b

Uhrengeschäft Vaternacht, Fensterauslage (Foto)

Quelle: BArch, DP 3, Nr. 957, Ber. XV/3.

37c

Menschenansammlung vor dem demolierten Uhrengeschäft Vaternacht nach der »Kristallnacht« (Foto)

Quelle: BArch, DP 3, Nr. 957, Ber. XV/3.

37d

Uhrengeschäft Vaternacht nach der »Kristallnacht« (Foto)

Quelle: BArch, DP 3, Nr. 957, Ber. XV/3.

38

Meinzer, Alfred, geb. 10. Januar 1888 in Barmen/Rheinland.
»Jude«, »Mischehe«.
1933: Seit 1922 Besitzer Textilwarengeschäft, Wettiner Straße 19, Aue.
Befragung am 7. Mai 1963, Aue, Bezirk Karl-Marx-Stadt.
Tätigkeit und Wohnort 1963: Rentner, Aue.

Am Tage nach der berüchtigten Kristallnacht, nämlich am 10.11.1938, erfolgte die Zerstörung meines Geschäftes durch Nazianhänger. Ich befand mich im Geschäft. Gegen 9.00 Uhr vormittags erschienen etwa 12–15 Personen. Sie drangen in die Geschäftsräume ein. Die Schaufensterscheiben wurden zerschlagen, ebenso die gesamte Ladeneinrichtung. Geschäftsware wurde auf die Straßen geworfen, ein Teil wurde im Geschäft auf den Boden geworfen. Die an dem Überfall beteiligten Elemente trampelten auf der Ware herum. Die im Büro befindliche Ware wurde mit Wasser unbrauchbar gemacht.
Ich selbst flüchtete sofort, als der Überfall einsetzte, und versteckte mich in einer Toilette im Obergeschoss des gleichen Gebäudes. Dort wurde ich jedoch entdeckt. Ich wurde mit Füßen getreten und erbarmungslos mit Fäusten geschlagen. Man stieß mich die Treppe hinunter. Ich wurde in ein abgestelltes Personenauto gezerrt und zum Polizeirevier gebracht. Während der Fahrt zur Polizei wurde ich weiter misshandelt. Der damalige Angehörige der Nazipartei, Felber, schlug mir dabei im Auto mein Nasenbein entzwei. Felber beging, wie ich später erfuhr, wenige Wochen später Selbstmord. Bei der Polizei wurden diese Misshandlungen nicht fortgesetzt. Ich musste dort längere Zeit warten. Ein Polizist suchte dann mit mir einen Arzt auf, der mich behandelte. Danach wurde ich zum Revier zurückgebracht. Einen Tag später erfolgte meine Überführung nach Zwickau. Wenn ich mich noch recht erinnere, war es das Gefängnis »Osterstein«[1]. Dort verblieb ich nicht länger als zwei Tage und wurde in das Konzentrationslager Buchenwald eingeliefert.

Quelle: BStU, Bd. 32, Bl. 34–41.

1 1775 als Zucht- und Arbeitshaus in Zwickau gegründet, diente das Schloss Osterstein auch während der Zeit des Nationalsozialismus als Gefängnis.

39

G., Hermann, geb. 30. Januar 1913 in Wien.
»Jude«.
1933: Fein- und Elektromechaniker, Wien.
Befragung am 9. Mai 1963, Karl-Marx-Stadt, Bezirk Karl-Marx-Stadt.
Tätigkeit und Wohnort 1963: Angestellter, Industriezweig Wismut, Karl-Marx-Stadt.

Wie schon zum Ausdruck gebracht, setzte im November 1938 eine Großaktion gegen alle jüdischen Bürger in Österreich wie auch in Deutschland ein. Ich wurde von dieser Aktion ebenfalls betroffen. Sämtliche jüdischen Bürger wurden zusammengetrieben, in Autobusse verladen und nach dem Wiener Westbahnhof gebracht. Hier setzten die ersten Mißhandlungen ein. Mir ist noch wie heute in Erinnerung, dass beim Besteigen der Waggons von den flankierenden SS-Leuten mittels Gewehrkolben auf uns eingeschlagen wurde. Um dieser Schikane zu entgehen, versuchte ich, den Waggon von der anderen Seite aus zu erreichen. Ein Häftling wollte mir dies nachtun. Er kam jedoch ins Stürzen, wodurch er mich und einen vor dem Waggon stehenden SS-Mann zu Boden riss. Dieser Vorfall wurde als ein Angriff auf die bewachende SS-Mannschaft angesehen. Es erfolgten unverzüglich Mißhandlungen schlimmster Art. Wir wurden in dem Waggon zusammengedrängt und man schlug wahllos auf uns ein. Auf Grund dieser Strafexkursion waren 2 Tote und mehrere Schwerverletzte zu beklagen. Unser Transport ging in das KZ Dachau. Während des Fußmarsches in das Lager selbst waren wir ständigen Beschimpfungen und Mißhandlungen ausgesetzt. Wir beherrschten die deutschen Kommandos nur schlecht. Dies führte dazu, dass die Wachmannschaft ihren Unwillen darüber in Form von Schlägen und anderen Mißhandlungen an uns ausließ. lch selbst erhielt während dieses Marsches mit dem Bajonett einen Stich in den Rücken. Als ich mich daraufhin umwandte, bekam ich noch Schläge in das Gesicht, so dass mir sämtliche Zähne ausgeschlagen wurden. Im Lager begrüßte uns der SS-Obersturmführer Grünewald mit den Worten »Alles erschießen!«. Im KZ Dachau war ich bis September 1939. Von dort aus kam ich mit weiteren 1.500 jüdischen Häftlingen nach dem KZ Buchenwald. Den Weg vom Güterbahnhof Weimar nach dem Ettersberg mussten wir Häftlinge ohne Rücksicht auf das Alter im Laufschritt zurücklegen. Wer nicht mehr konnte, wurde brutal zusammengeschlagen. Während meiner Haftzeit im KZ Buchenwald wurden u.a. Versuchszwecke an mir durchgeführt. Ich war 12 Wochen in dieser Versuchsanstalt, die von dem Obersturmführer Dr. Ding[1] geleitet wurde. In dieser Versuchsanstalt bekamen wir zum Zwecke der Auffrischung der körperlichen Konstitution doppelte Essenrationen und wurden vor Beginn der Versuche von allen Seiten nackt fotografiert. Man spritzte Seren angeblich gegen Fleckfieber. Die Ergebnisse waren für das Forschungsinstitut in Krakau bestimmt. Diese an mir durchgeführten Versuche, riefen bei mir eine schwerwiegende Phlegmone[2] hervor. lch leide noch heute an Hautekzemen, die wiederholte stationäre Behandlungen erforderlich machen.
Von April 1942 bis zur Befreiung im April 1945 war ich, wie schon angeführt, in den KZ Groß-Rosen[3] und Auschwitz.

Quelle: BStU, Bd. 32, Bl. 148–156.

1   Dr. med. Erwin-Oskar Ding-Schuler (1912–1945) war erster Lagerarzt des KZ Buchenwald. Zusätzlich zu seinen Aufgaben bei der Selektion übernahm er 1943 die Leitung der Abteilung für Fleckfieber und Virusforschung beim Hygiene-Institut der Waffen-SS in Weimar. Insgesamt 1.000 KZ-Häftlinge wurden unter Ding-Schuler Opfer von medizinischen Experimenten.
2   Eitrige Zellgewebsentzündung.

3   KZ Groß-Rosen, 60 km südwestlich von Breslau. Anfangs ein Außenlager des KZ Sachsenhausen, ab 1.5.1941 selbständiges KZ. Am 13.2.1945 erreichte die Rote Armee das verlassene Lager.

40

Mech, Roman, geb. 15. März 1894 in Warschau.
»Jude«.
1933: Fuhrunternehmer, Trebnitz, Bezirk Breslau.
Befragung am 7. Mai 1963, Erfurt, Bezirk Erfurt.
Tätigkeit und Wohnort 1963: Arbeitsstelle Synagogengemeinde Erfurt, jüdischer Friedhof, Erfurt.

In der Kristallnacht am 9.11.1938 wurde ich von zwei SS-Leuten ohne Angabe und Gründe und ohne Haftbefehl verhaftet. Ich kam nach Trebnitz in das Gefängnis, wo sich bereits zwölf jüdische Bürger befanden. Am nächsten Morgen, es war an einem Freitag, wurden wir von Trebnitz in das Polizeipräsidium nach Breslau gebracht. Mit mehreren Tausenden anderen jüdischen Bürgern wurden wir im Hof des Polizeipräsidiums von der SS festgehalten, ohne dass wir etwas zu essen bekamen. Gegen 20 Uhr wurden wir von der Gestapo zum Güterbahnhof nach Brockau transportiert. Wir wurden in Viehwagen verladen und jeder Wagen wurde von zwei SS-Leuten bewacht. Am nächsten Tag kamen wir in Weimar an. Beim Ausladen mussten wir uns in der Unterführung zu Hunderten mit dem Gesicht an die Wand stellen. Dabei wurden wir wahllos geschlagen. Anschließend wurden wir unter dauernden Schlägen durch die SS auf LKW gebracht und nach dem KZ Buchenwald transportiert.
Dort waren am Toreingang beiderseitig mehrere SS-Bestien postiert, die laufend auf uns einschlugen. Danach wurden uns die Haare geschoren. Am nächsten Tag wurden wir einzeln registriert, wobei wir als »Judenschweine« usw. bezeichnet wurden. Im KZ Buchenwald war ich bis zum Jahre 1940. Während dieser Zeit musste ich in dem Steinbruch arbeiten und wurde dabei beim geringsten Versehen mißhandelt.
Ein Beispiel hierfür möchte ich nur anführen: Kurz vor meiner Entlassung bekam ich von meiner Ehefrau ein Paket mit Kleidungsstücken. Die Ansage hierüber habe ich im Lautsprecher überhört. Als ich von einem Glaubensgenossen während der Arbeit davon unterrichtet wurde, meldete ich mich beim Nachmittagsappell beim Scharführer, wobei ich mich entschuldigte, dass ich die Ansage überhört habe. Dieser versetzte mir sofort einen Kinnhaken und trat mich mit dem Stiefelabsatz in den Magen. Ich bin aufgrund dessen zusammengebrochen, worauf die SS-Bestie schrie: »Du Schwein, wenn Du nicht aufstehst, kommst Du auf den Prügelbock«.
Nach meiner Entlassung aus dem KZ Buchenwald musste ich bei der Stadt Trebnitz als Straßenkehrer und anschließend in einer Zementfabrik arbeiten. Ich wurde von der Gestapo wöchentlich kontrolliert und durfte mit keinem anderen Bürger sprechen.

Quelle: BStU, Bd. 32, Bl. 148–156.

41

Cohn, Gertrud, geb. 18. Juni 1896 in Berlin.
Ehemann »Jude«.
1933: Ehemann Besitzer Goldwarengeschäft, Jakobstraße 50, Magdeburg.
Befragung am 10. Mai 1963, Magdeburg, Bezirk Magdeburg.
Tätigkeit und Wohnort 1963: Ohne Angabe, Magdeburg.

Dieses Geschäft war seit 1903 in Familienbesitz. Der Gesamtwert des Geschäfts, einschließlich Grundstückswert, betrug ca. 175.400 Reichsmark. (…)
Wie ich schon angab, begann im Jahre 1933 sofort nach der Machtübernahme der Faschisten der Boykott des Geschäftes meines Mannes. Wir mussten unser Geschäft als jüdisches Unternehmen kennzeichnen und außerdem sorgte die Propaganda der Faschisten dafür, dass Käufer vom Einkauf in unserem Geschäft abgehalten wurden. (…)
Als im Jahre 1938 die jüdischen Bürger mit der Sühnemaßnahme[1] belegt wurden, musste mein Mann einen Betrag in Höhe von 23.200 Reichsmark in vier Raten a 5.800 R-Mark zahlen. 1939 erhielten wir einen neuen Bescheid über 5.800 Reichsmark, so dass mein Mann insgesamt Reichsmark 30.000 bezahlen musste.[2] Im gleichen Jahre wurden unsere Bankguthaben gesperrt und vom Finanzamt eine Sicherungsanordnung erlassen. Damit war unser Vermögen nicht mehr zugänglich und uns wurde lediglich gestattet, im Monat 200 Reichsmark vom Konto abzuheben. Damit konnten wir auch nicht mehr über unser Grundstück verfügen.

Quelle: BStU, Bd. 33, Bl. 75, 127–129.

1   Judenvermögensabgabe.
2   Diese Angaben wurden durch die Zeugin nicht dokumentarisch belegt. Als Beispiel sollen daher die nachfolgenden persönlichen Dokumente dienen, die sich auf das Protokoll des Zeugen Eberhard Günther (Dok. 19) beziehen.

41a

Bescheid über die Judenvermögensabgabe des Finanzamtes Zerbst an Ida Freudenberg, Schwiegermutter des Eberhard Günther, vom 15.2.1939 (s. Dok. 19).

Finanzamt _Zerbst_
St.-Nr. _1264_

Zerbst, 15.2.39. 193_9_.

Bescheid über die Judenvermögensabgabe

Auf Grund der Durchführungsverordnung über die Sühneleistung der Juden vom 21. November 1938 (Reichsgesetzbl. I S. 1638) wird die von Ihnen zu entrichtende Abgabe festgesetzt auf

_23 800.— RM_

Die Abgabe beträgt 20 vom Hundert des von Ihnen auf Grund der Verordnung über die Anmeldung des Vermögens von Juden vom 26. April 1938 (Reichsgesetzbl. I S. 414) angemeldeten Vermögens (unter Berücksichtigung angezeigter Veränderungen).

Die Abgabe ist zu entrichten in vier Teilbeträgen von je

_5950.— RM_

Der erste Teilbetrag ist bis zum 15. Dezember 1938,
die weiteren Teilbeträge sind bis zum 15. Februar,
15. Mai und
15. August 1939

unter Bezeichnung als Judenvermögensabgabe und unter Angabe der oben vermerkten St.-Nr. zu leisten.

Wird eine Zahlung nicht rechtzeitig entrichtet, so ist mit Ablauf des Fälligkeitstags ein Säumniszuschlag in Höhe von zwei vom Hundert des rückständigen Betrags verwirkt. Nach Ablauf der Zahlungsfrist werden rückständige Beträge ohne vorhergehende Mahnung eingezogen und erforderlichenfalls beigetrieben. Die Zwangsvollstreckungskosten fallen dem Zahlungspflichtigen zur Last.

Quelle: BArch, DP 3, Nr. 949, Ber. VII/6.

41b

Bescheid über die Judenvermögensabgabe des Finanzamtes Zerbst an Ida Freudenberg, Schwiegermutter des Eberhard Günther, vom 13.11.1939 (s. Dok. 19).

Berichtigt gemäß § 92 Abs. 3 Reichsabgabenordnung

Finanzamt Zerbst
St.-Nr. 1/264

Zerbst, 13.11.39

Bescheid über einen weiteren Teilbetrag an Judenvermögensabgabe

Durch die Zweite Durchführungsverordnung über die Sühneleistung der Juden vom 19. Oktober 1939 (Reichsgesetzbl. I S. 2059) ist die Judenvermögensabgabe von 20 v. H. auf 25 v. H. des abgabepflichtigen Vermögens erhöht worden. Der von Ihnen danach zu entrichtende weitere Teilbetrag an Judenvermögensabgabe berechnet sich auf

5950 R.M.

Dieser Betrag ist bis zum 15. November 1939 unter Bezeichnung als Judenvermögensabgabe und unter Angabe der oben vermerkten St.-Nr. zu leisten.

Wird die Zahlung nicht rechtzeitig entrichtet, so ist mit Ablauf des Fälligkeitstags ein Säumniszuschlag in Höhe von zwei vom Hundert des rückständigen Betrags verwirkt. Nach Ablauf der Zahlungsfrist wird der rückständige Betrag ohne vorherige Mahnung eingezogen und erforderlichenfalls beigetrieben. Die Zwangsvollstreckungskosten fallen dem Zahlungspflichtigen zur Last.

Frau Ida Freudenberg
in Zerbst
Brüderstraße 46

Quelle: BArch, DP 3, Nr. 949, Ber. VII/6.

42

V., Bernhard, geb. 12. März 1904 in Berlin.
»Geltungsjude«, »Mischehe«.
1933: Auslandsexpedient, Fa. Simon Dzialoszynski, Hausvogteiplatz 6–7, Berlin.
Befragung am 24. Mai 1963, Berlin-Biesdorf.
Tätigkeit und Wohnort 1963: Rentner, Berlin-Biesdorf.

Ich hatte ein Haus in Berlin-Biesdorf, Königstr. 126, ein Zweifamilienhaus. Im Juni 1938 drangen unter Anleitung des Ortsgruppenführers Bausdorf Nazis in mein Grundstück ein und beschmierten den Gehweg mit roter Farbe und dem Wort »Jude« und dem Davidstern. Ich war zu dieser Zeit nicht zu Hause. Andere jüdische Bürger, die angetroffen wurden, mussten selbst die Worte an ihre Häuser und Grundstücke malen und man schlug ihnen anschließend den Farbpinsel ins Gesicht. Mir wurde angedroht, dass die Versicherung die Hypothek kündigen will. Ich verkaufte auf Grund der ständig steigenden Repressalien und wegen der geforderten Vermögensabgabe wegen des Mordes an Rath in Paris in Höhe von 1.400 RM mein Haus unter Wert.

Quelle: BStU, Bd. 40, Bl. 126–131.

42a

Mitteilung des Haus- und Grundbesitzer-Vereins Biesdorf-Nord e.V. an Bernhard V. vom 4.12.1938, betr. Ausschluss aus dem Verein.

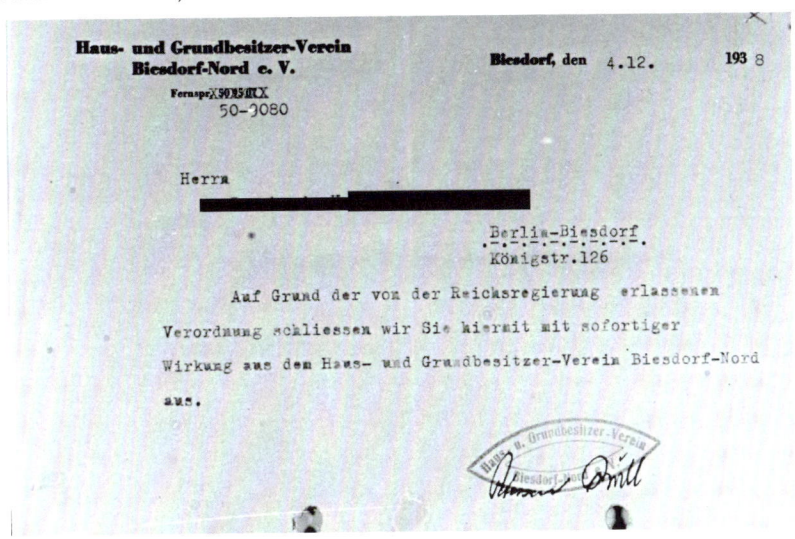

Quelle: BArch, DP 3, Nr. 953, Ber. XI/23.

43

Rosenthal, Heinrich, geb. 8. Januar 1886 in Budsin, Kr. Kolmar/Posen.
»Jude«.
1933: Erwerbslos.
Befragung am 7. Mai 1963, Leipzig, Bezirk Leipzig.
Tätigkeit und Wohnort 1963: Rentner, Leipzig.

Während der Zeit des Faschismus waren wir als Juden verschiedenen Repressalien ausgesetzt. Zwei Mal wurde ich ohne Grund von der Gestapo abgeholt und in Konzentrationslager gebracht. Dies war im ersten Fall im Jahre 1938 und das zweite Mal im Jahre 1945.[1]
Ich selbst hatte kein Geschäft vor der Nazizeit, aber mein Bruder Isidor Rosenthal, der ebenfalls in Leipzig wohnhaft war, hatte eine Mehlgroßhandlung. Er sowie seine Frau und Tochter sind in Konzentrationslagern umgekommen.[2]

Quelle: BStU, Bd. 45, Bl. 67–72.

1 Im Februar 1945 wurde Heinrich Rosenthal nach Theresienstadt deportiert.
2 Der Zeuge Heinrich Rosenthal übergab dem Staatsanwalt ein Dokument des ermordeten Bruders Isidor Rosenthal. Nach Eintragungen im Gedenkbuch, Bd. III, S. 2876, wurde Isidor Rosenthal, geb. 20.1.1875, am 20.9.1942 nach Theresienstadt deportiert, wo er am 28.5.1943 verstarb.

43a

Schreiben des Leihhauses der Stadt Leipzig an Isidor Rosenthal vom 30.3.1939, betr. Bestätigung des Verkaufes von Gegenständen aus Edelmetall

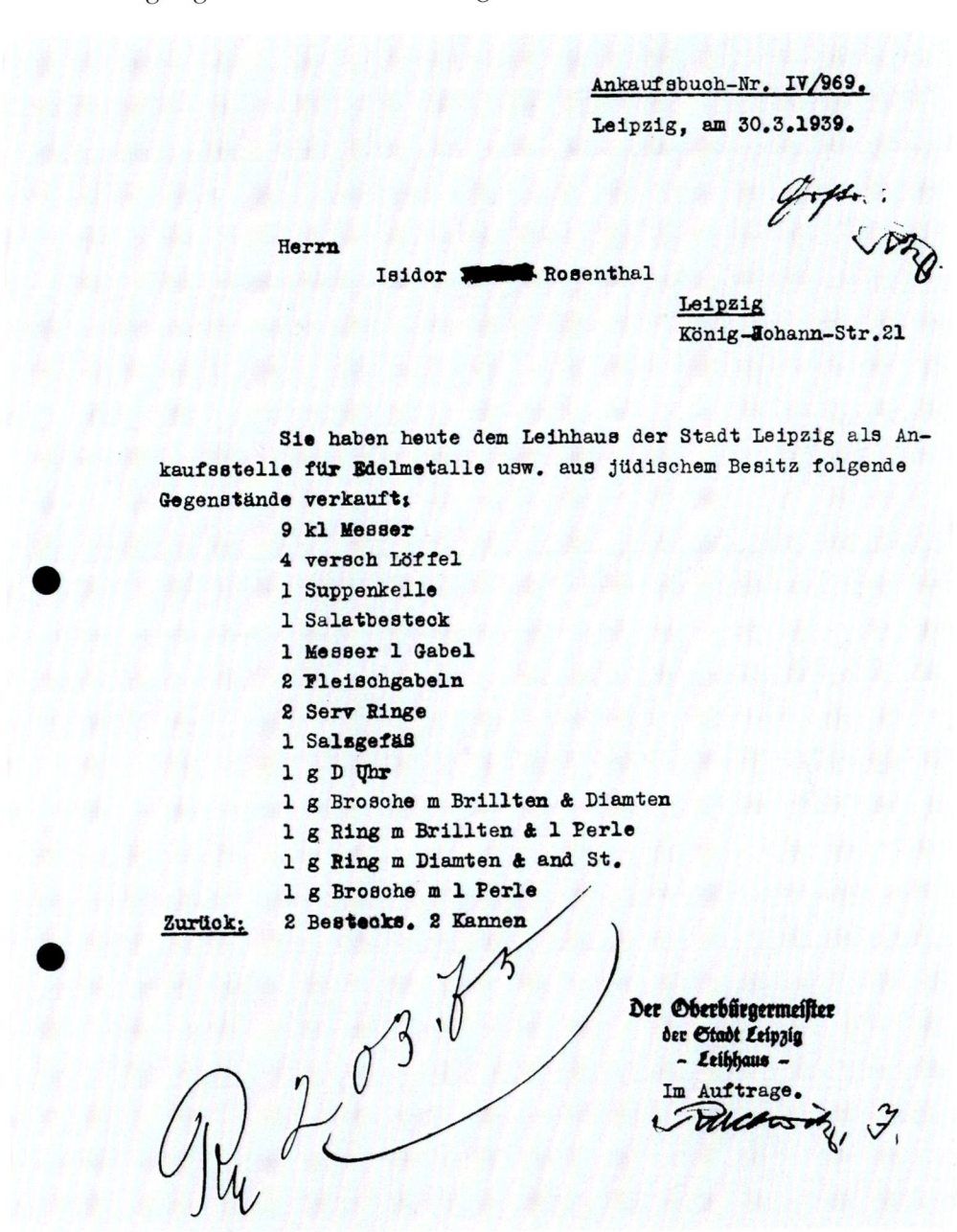

Ankaufsbuch-Nr. IV/969.

Leipzig, am 30.3.1939.

Herrn
Isidor ▓▓▓ Rosenthal
Leipzig
König-Johann-Str. 21

Sie haben heute dem Leihhaus der Stadt Leipzig als Ankaufsstelle für Edelmetalle usw. aus jüdischem Besitz folgende Gegenstände verkauft:

9 kl Messer
4 versch Löffel
1 Suppenkelle
1 Salatbesteck
1 Messer 1 Gabel
2 Fleischgabeln
2 Serv Ringe
1 Salzgefäß
1 g D Uhr
1 g Brosche m Brillten & Diamten
1 g Ring m Brillten & 1 Perle
1 g Ring m Diamten & and St.
1 g Brosche m 1 Perle

Zurück: 2 Bestecks. 2 Kannen

Der Oberbürgermeister
der Stadt Leipzig
- Leihhaus -
Im Auftrage.

Quelle: BArch, DP 3, Nr. 958, Ber. XVI/8.

44

C., Toni, geb. 26. Juni 1917 in Berlin.
»Jüdin«.
1933: Lehrling Schneiderin, Fa. Zweigenhaft, Prenzlauer Berg, Berlin.
Befragung am 6. Mai 1963, Berlin.
Tätigkeit und Wohnort 1963: Schneiderin, Berlin.

Von 1936 bis zur Kristallnacht 1938 arbeitete ich bei der Konfektionsfirma Leo Freund. Ich hatte es dort sehr gut. Ich möchte bemerken, dass sich diese Firma in der Kronenstr. am Hausvogteiplatz befand. In dieser Gegend befanden sich sehr viele derartige Betriebe. Diese Betriebe waren fast ausschließlich in Händen von Juden. In der Kristallnacht am 9. November 1938 wüteten SA- und SS-Angehörige in der dortigen Gegend. Diese war abgesperrt. Stoffe und Materialien wurden aus den Fenstern auf die Straße geworfen, auch Schneiderbürsten und anderes Material. An diesem Tage ging alles drunter und drüber und es war offen bekannt, dass auch jüdische Menschen mißhandelt wurden. Ich selbst habe dann nachmittags meinen Betrieb verlassen müssen. Damit war auch mein Arbeitsverhältnis beendet. Diese Betriebe wurden zu 90 Prozent geschlossen. Ich wurde dann durch einen Zwischenmeister der Fa. Freund, Herrn Niemerßein, Greifswalder Straße[1], wegen Unterbringung in Arbeit angesprochen und er beschäftigte mich bis zu meiner Ausweisung nach Polen, ohne mich jedoch anzumelden, da dies für ihn verboten war.

Quelle: BStU, Bd. 30, Bl. 127–131.

1   Die Greifswalder Straße ist eine vom historischen Stadtzentrum nach Nordosten führende radiale Ausfallstraße im Bezirk Prenzlauer Berg, seit der Bezirksfusion 2001 Bezirk Pankow.

45

Bernstein, Max, geb. 17. November 1887 in Berlin.
»Jude«, »Mischehe«.
1933: Besitzer Geschäft Möbel- und Geldschranktransporte,
Kommandantenstraße 71, Berlin.
Befragung am 7. Mai 1963, Berlin.
Tätigkeit und Wohnort 1963: Rentner, Berlin.[1]

Die gegen uns einsetzenden Repressalien begannen damit, dass verschiedene Kunden mein Geschäft wieder verließen, als sie hörten, ich sei Jude. Die eigentlichen Maßnahmen begannen mit der sogenannten Kristallnacht. In der Nacht – es war der 9.11.38 – wurden in meinem Geschäft in der Kommandantenstr. 71 im Bezirk Mitte, die Schei-

ben eingeworfen, die ganzen Geschäftsunterlagen, Schreibmaschinen, Stühle usw. lagen auf der Straße. Die Geschäftsräume waren vollkommen verwüstet; das Mobiliar teilweise umgekippt. Mir wurde von der Polizei noch ein Termin gesetzt, bis zu welchem ich das Geschäft auflösen musste. Für die ganzen Möbel, die noch geblieben waren, erhielt ich dann nur einen Bruchteil von dem eigentlichen Wert von einem Nazi, der alles kaufte.
Ich meldete mich auf dem seinerzeit geschaffenen Sonderarbeitsamt[2] für die jüdische Bevölkerung in der Fontanepromenade und erhielt hier die verschiedensten Arbeiten zugewiesen, die ich dann in der Folgezeit ausführen musste, wie z.B. Abriss, Spedition, Gartenarbeiten usw.

Quelle: BStU, Bd. 31, Bl. 83–88.

1   Gestorben am 14.3.1969. Vgl. CJA, Friedhof Weißensee Beisetzungsregister.
2   Die »Zentrale Dienststelle für Juden« war am 1.12.1938 eingerichtet worden. Sie befand sich in Berlin, Fontanepromenade 15 und regelte alle Versicherungs- und Vermittlungsangelegenheiten arbeitsloser Juden. Ab 1939 diente die Stelle zur Organisation des geschlossenen Arbeitseinsatzes der erwerbslosen Juden in Berlin.

46

Loszczynski, Harry, geb. 22. Oktober 1904 in Berlin.
»Jude«, »Mischehe«.
1933: Besitzer Tabakwarengeschäft, Tauroggenerstraße 2,
Berlin-Charlottenburg.
Befragung am 21. Mai 1963, Berlin-Weißensee.
Tätigkeit und Wohnort 1963: Bühnenpförtner im Friedrichstadt-Palast, Berlin, Berlin-Hohenschönhausen.[1]

Bereits ab etwa 1935/1936 hatte ich unter den Boykottmaßnahmen und den Beschimpfungen an meinen Schaufenstern zu leiden. In der Kristallnacht im Jahre 1938 habe ich dann aus meiner angrenzenden Wohnung wahrgenommen, dass mein Geschäft demoliert wurde. So wurde die Jalousie beschädigt, die Schaufensterscheibe eingeschlagen, die Automaten abgerissen und ein Teil meiner Tabakwaren wurde dabei ebenfalls geräubert. Mir selbst war es mit meiner Ehefrau möglich gewesen, durch den hinteren Ausgang das Haus zu verlassen. Wir begaben uns anschließend zur zuständigen Polizeiwache, wo ich mitteilte, dass mein Geschäft demoliert wird, obwohl meine Ehefrau arischer Abstammung ist. Mir wurde jedoch lakonisch erklärt, dass ich am anderen Morgen nochmals vorsprechen könnte, denn dann würden noch viele andere jüdische Bürger kommen. Ich hatte dann auch nochmals die Wache aufgesucht, doch wiederum nichts erreicht. Im Laufe des Tages erschien lediglich der Revierleiter Höhne, der mir die Auflage gab, innerhalb von 24 Stunden die Scheiben neu einsetzen zu las-

sen. Meiner Ehefrau gab er weiter zu verstehen, sich von mir scheiden zu lassen, dann würde es besser für beide Teile sein und ich würde eine entsprechende Arbeit bekommen. Mein Geschäft durfte ich dann nicht mehr eröffnen. Etwa im Januar 1939 erhielt ich dann vom Gewerbeamt den amtlichen Bescheid, dass mein Geschäft geschlossen bleibt und mir das Gewerbe entzogen wird. In der Zwischenzeit hatte ich meinen mir noch verbliebenen Warenbestand verschleudert, um überhaupt meinen Lebensunterhalt bestreiten zu können.

Quelle: BStU, Bd. 40, Bl. 142–147.

1   Gestorben am 25.7.1971. Vgl. CJA, Friedhof Weißensee Beisetzungsregister.

47

Garzke, Elise, geb. 5. Juni 1896 in Schwedt/Oder.
»Im Jahre 1921 heiratete ich meinen ersten Ehemann,
Richard Adolf Israelowicz. Kurz vor unserer Eheschließung nahm ich den jüdischen Glauben an.«
1933: Gemeinsam mit Ehemann Besitzerin Bettfederngeschäft, Brunnenstraße 58, Berlin.
Befragung am 10. Mai 1963, Neuenhagen, Bezirk Frankfurt/Oder.
Tätigkeit und Wohnort 1963: Rentnerin, Neuenhagen.[1]

In der berüchtigten Kristallnacht im Jahre 1938 wurde ich durch das Geräusch zersplitternder Fensterscheiben geweckt. Entgegen dem Anraten meines Mannes zog ich mich an und begab mich auf die Straße. Hier konnte ich sehen, wie eine entfesselte Meute die jüdischen Geschäfte, darunter auch unser Bettfederngeschäft, völlig zertrümmerte. Die Federn wurden zum Teil über die Straße gestreut, die Kissen zerschnitten und Steppdecken, Daunendecken entweder zertrampelt oder entwendet. Durch die Vernichtung unseres Geschäftes in der Kristallnacht wurde uns die Existenzgrundlage und durch die Entscheidung des Bezirksamtes Wedding das Gewerbe entzogen.

Quelle: BStU, Bd. 31, Bl. 161–167.

1   Gestorben am 8.7.1982. Vgl. CJA, Friedhof Weißensee Beisetzungsregister.

48

Wattmann, Willy, geb. 26. März 1892 in Moskau.
»Jude«, »Mischehe«.
1933: Selbständiger Geschäftsmann der Kürschnerei, Ritterstraße 48,[1] Leipzig.
Befragung am 13. Mai 1963, Leipzig, Bezirk Leipzig.
Tätigkeit und Wohnort 1963: Selbständiger Kürschner, Leipzig.

Ich beschäftigte zu dieser Zeit etwa zehn Angestellte. Gleich nach der sogenannten Machtübernahme wurden die jüdischen Rauchwarenhändler und Kürschner lahm gelegt und ein Teil der jüdischen Geschäftsleute setzte sich nach dem Ausland ab. In der Zeit 1934/35 musste ich meine Räume in der Ritterstr. aufgeben und zog nach dem Brühl 45[2]. Der Geschäftsrückgang war zu dieser Zeit so stark, dass ich nur noch drei Leute beschäftigen konnte. 1938 wurde ich enteignet, mein Geld auf der Bank gesperrt und der Gewerbeschein eingezogen. Mein Geschäft wurde einer »Arischen Firma«, die ihren Sitz in der Berliner Str. hatte, übergeben. Diese Firma benutzte auch meine Gewerberäume. Ich selbst wurde dienstverpflichtet bei der Firma Nauk in Leipzig C 1, Brühl, konnte aber auf Grund meiner Fachkenntnisse in meinem Beruf weiter arbeiten. Dort war ich, bis die Firma 1943 ausgebombt wurde. Nach dieser Zeit wurde ich verpflichtet, bei der Rauchwarenfirma Petzold in Leipzig-Schönau zu arbeiten.

Quelle: BStU, Bd. 35, Bl. 142–148.

1 Die Straße befand sich im Zentrum von Leipzig.
2 Der Brühl ist eine der ältesten Straßen Leipzigs und befindet sich in der nördlichen Altstadt. Seit der zweiten Hälfte des 19. Jahrhunderts begründeten zahlreiche Rauchwarenhändler durch ihre Niederlassung am Brühl den Ruf Leipzigs als Zentrum des Pelzhandels. In den 1920er Jahren wurde ein Drittel aller Pelze der Weltproduktion am Brühl verkauft. Von 1933 bis 1941 wurden sämtliche jüdischen Pelzhandels-Firmen am Brühl liquidiert.

49

S., Theodor, geb. 17. Juni 1902 in Hof.
»Jude«, »Mischehe«.
1933: Seit 1927 Einkäufer und Abteilungsleiter, Fa. Hermann Tietz, Berlin.
Befragung am 11. Mai 1963, Leipzig, Bezirk Leipzig.
Tätigkeit und Wohnort 1963: Rentner, Leipzig.

Auf Grund der »Arisierung« des Betriebes wurde mir gekündigt. Ich besitze noch ein Zeugnis dieses Betriebes, wo dieser meinen Austritt mit der Umstellung des Betriebes[1] begründet. Meine anschließende Tätigkeit bei der jüdischen Firma »Ury, Gebrüder« Leipzig wurde mir im Jahre 1938 wieder aufgrund der Verordnung vom 23.11.1938

über die Ausschaltung der Juden aus dem deutschen Wirtschaftsleben gekündigt. Ein Zeugnis vom 4.1.39 mit dieser Begründung ist vorhanden.
Im November 1938 erfolgte meine erste Verhaftung von der Gestapo Leipzig und Überführung nach dem KZ Buchenwald.
Auf Grund der damaligen gesetzlichen Bestimmungen galt meine Ehe als Mischehe.
Die Entlassung aus dem KZ Buchenwald, Ende 1938, erfolgte, da meine Frau einen Auswanderungsantrag eingereicht hatte. Während meines Aufenthaltes in Buchenwald wurde mir die Wohnung gekündigt und wir waren gezwungen, in Untermiete zu ziehen, wodurch wir gezwungen wurden, unsere gesamte Einrichtung zu Unterpreisen zu verkaufen. (…) Anfang des Jahres 1945 wurde ich nach dem KZ Theresienstadt deportiert, wo ich bis zur Befreiung festgehalten wurde.

Quelle: BStU, Bd. 46, Bl. 179–187.

1 Hermann Tietz & Co. war 1882 als Garn-, Knopf-, Posamentier-, Weiß- und Wollwarengeschäft Groß- und Einzelhandel Hermann Tietz in Gera, Thüringen, gegründet worden. Ende des 19. Jahrhunderts besaß die Firma bereits 11 Filialen in Gera, Weimar, Karlsruhe, München, Strasbourg und Hamburg. Zu Beginn des 20. Jahrhunderts expandierte sie auch in Berlin. Drei imposante Warenhäuser wurden im Zentrum der Stadt errichtet. Das erste 1900 in der Leipziger Strasse, das zweite 1905 am Alexanderplatz und das dritte 1911 in der Frankfurter Allee. Die nach dem Machtantritt der Faschisten einsetzenden Boykottmaßnahmen trieben die Firma Ende Juni 1933 an den Rand des Bankrotts. Die Banken verweigerten weitere Kredite und forderten entweder die Liquidierung oder eine komplette Umgestaltung der Gesellschaft. Ende 1933 fand sich ein Bankenkonsortium, das 11 Millionen Mark bereitstellte und über eine Hertie Kaufhaus-Beteiligungs-GmbH 60 Prozent der Beteiligung am Unternehmen übernahm. An die Spitze stellten sie »Arier«. Um den jüdischen Namen Tietz zu tilgen, wurde der Firma der Name Hertie übertragen.
Vgl. Nils Busch-Petersen: Oscar Tietz. Von Birnbaum/Provinz Posen zum Warenhauskönig von Berlin. Jüdische Miniaturen, Hermann Simon (Hrsg.), Bd. 13, Berlin 2004.

49a

Arbeitszeugnis für Theodor S., ausgestellt am 31.12.1933 durch die Firma Hermann Tietz, Berlin

Hermann Tietz & Co.
Berlin O 27
Andreasstrasse 46

Zeugnis

Herr Theodor S▇▇▇ war vom 1.April 1927 - 31. Dezember 1933 als Einkäufer und Abteilungsleiter am Herrenartikel- und Schirmlager in unserem Hause tätig.

Wir bestätigen Herrn S▇▇ gern, dass er ein tüchtiger Einkäufer ist, die weitgehendsten Branchenkenntnisse besitzt und es versteht, mit der Kundschaft und dem ihm unterstellten Personal in der richtigen Weise umzugehen.

Herr S▇▇ war stets fleissig, gewissenhaft und umsichtig und hat die Abteilungen mit gutem Erfolg geleitet, sodass er durchaus als erste Kraft anzusprechen ist und wir ihn auf das Beste weiterempfehlen können.

Der Austritt erfolgt wegen Umstellung des Betriebes.

Berlin, den 31.Dezember 1933.   per HERMANN TIETZ & Co.

Quelle: BArch, DP 3, Nr. 961, Ber. XVII/29.

49b

Arbeitszeugnis für Theodor S., ausgestellt am 4.1.1939 durch die Firma Ury Gebrüder A.-G., Leipzig

Ury

GEBRÜDER AG. in Abwicklung. Fernruf: Sammelnummer 70941 Postscheck-Konto Leipzig 51492
Vorstand: Moritz Ury, Julius Ury, Salomon Herz — Aufsichtsratsvorsitzender: Justizrat Leopold Brieger

Zeichen.......... LEIPZIG, den ...4.1.39......
Königsplatz 15/16

Z e u g n i s.

Herr Theodor S▇▇▇▇▇▇▇▇▇▇, war vom 1.12.33 bis 9.11.38 als Einkäufer und Abteilungsleiter in unserem Hause für die Abteilungen: Herren-Artikel, Herren Wäsche, Krawatten, Mützen-Hüte und Schirme tätig.

Infolge der Abwicklung unserer Firma, auf Grund der Verordnung vom 23.11.38 zur Ausschaltung der Juden aus dem deutschen Wirtschaftsleben, endete das Angestellten-Verhältnis am 31.12.38.

Die ihm unterstellten Abteilungen hat Herr S▇▇▇ gewissenhaft und mit grosser Umsicht geleitet. Er war ein branchkundiger Einkäufer, und hat alle anfallenden Arbeiten zur Zufriedenheit erledigt.

Das Verhalten des Herrn S▇▇▇▇ in unserem Hause war untadelhaft.

Ury Gebrüder A.-G.
in Abwicklung

Quelle: BArch, DP 3, Nr. 961, Ber. XVII/29.

50

Grünstein, Elly, geb. 24. März 1886 in Mühlheim/Ruhr.
»Jüdin«.
1933: Gemeinsam mit Ehemann Besitzer Textilwarengeschäft, Erfurt.
Befragung am 13. Mai 1963, Magdeburg, Bezirk Magdeburg.
Tätigkeit und Wohnort 1963: Rentnerin, Magdeburg-Stadtfeld.

Meine Tochter emigrierte bereits im Jahre 1927 oder 1928 nach Luxemburg und verheiratete sich dann nach Frankreich. Mein ältester Sohn emigrierte im Jahre 1934 über Luxemburg nach Palästina (Israel).
Der jüngste Sohn, welcher ebenfalls Deutschland verlassen hatte, folgte Ende 1936 dem Aufruf der Kommunistischen Partei und beteiligte sich am Freiheitskampf in Spanien. Anschließend ging er wieder in die Emigration. Zunächst war er in Frankreich, dann in Nordafrika und zuletzt in der Sowjetunion aufenthältlich.
In der Kristallnacht wurde mein Ehemann abgeholt und von der Gestapo nach Buchenwald verschleppt. Aufgrund dessen, dass ich sofort die Möglichkeit verschaffte, auszuwandern, habe ich bei der Gestapo erreicht, dass mein Mann nach ca. zehn Tagen wieder freigelassen wurde. Wir gingen daraufhin über Luxemburg in die Emigration nach Palästina (Israel) und zwar am 5. 1. 1939.
Aus Israel kehrten wir dann im Jahre 1949 zurück und hielten uns zunächst ein Jahr in Frankreich auf. 1950 kamen wir dann in die Deutsche Demokratische Republik, wo wir zunächst in Berlin unseren Aufenthalt nahmen. Seit Mai 1951 hielten wir uns in Magdeburg auf.

Quelle: BStU, Bd. 39, Bl. 75–78, 84.

51

B., Gerda, geb. 2. September 1907 in Gunsleben.
»Mischehe«, Ehemann »Jude«.
1933: Sekretärin bei Ehemann, der Geschäftsführer und Pressechef, Zirkus Dominik Althoff, Köln.
Befragung am 9. Mai 1963, Magdeburg, Bezirk Magdeburg.
Tätigkeit und Wohnort 1963: Rentnerin, Magdeburg.

Mein Ehemann kam dann, (...), beim Zirkus Althoff[1] unter. Bereits im Jahre 1933 wirkte dann die faschistische Arbeitsfront in Köln oder Bonn auf Herrn Althoff ein, meinen Mann zu entlassen. Schließlich wurde Herrn Althoff gedroht, ihm die Lizenz für sein Unternehmen zu entziehen, wenn er weiterhin einen Juden beschäftigen würde. Es blieb Herrn Althoff weiter nichts übrig, als meinen Mann zu entlassen. Mein Mann nahm dann Arbeit bei verschiedenen kleinen Familienunternehmen auf. Überall wurde er nach kurzer Zeit – als Jude – wieder entlassen. (...)

Einen Tag nach der »Kristallnacht« 1938 wurde mein Mann nachts während der Schicht am Arbeitsplatz verhaftet. Auch einer seiner Brüder und sein Neffe wurden im gleichen Betrieb verhaftet. Wie mir später durch die Jüdische Gemeinde bekannt wurde, waren meine Verwandten und mein Mann in das KZ Buchenwald gebracht worden. Ich bin gleich nach der Verhaftung meines Mannes nach Erledigung der Formalitäten nach Schweden gereist, wo ich bereits zwei Tage nach der Verhaftung meines Mannes in Göteborg Verbindung mit der Artisten-Agentur aufnahm. Mit Unterstützung dieser Agentur setzte ich mich mit der Pariser Artisten-Agentur Blonde & Reiffers, damals Rue Trevise 15, in Verbindung. Es gelang mir, von den französischen Zirkusunternehmen Amar und Hougk Scheinarbeitsverträge für die Verhafteten zu erhalten, die mir nach Göteborg übersandt wurden. Mit diesen Unterlagen fuhr ich sofort nach Magdeburg zurück. Ich setzte mich mit dem Polizeipräsidium in Verbindung und es gelang mir, unter Vorlage der aus Frankreich erhaltenen Papiere die Pässe der Verhafteten zu bekommen. Ich erhielt die Weisung, dafür zu sorgen, dass die Personen innerhalb von 48 Stunden ausreisen. Mein Mann kam dann auch nach Hause, da die Polizei nach Rücksprache mit der Jüdischen Gemeinde irgendwie seine Freilassung erwirkt hatte. Mein Mann hat mir nicht erklärt, wohin ihn die Nazis geschleppt hatten. Er bat mich, ihn nicht danach zu fragen. Mein Mann ist dann mit seinem Bruder Alfons und dessen Familie auf Grund der Scheinarbeitsverträge nach Paris gereist. Ich blieb mit meinem Sohn in Magdeburg, hatte aber die Absicht, meinem Mann schnellstens zu folgen.
Im Sommer 1939 habe ich mich dann um die Ausreise nach Frankreich bemüht. Von den deutschen Dienststellen wurde ich aufgefordert, erst einmal das französische Einreisevisum zu besorgen. Trotz persönlicher Vorsprache beim französischen Generalkonsul in Leipzig war es mir nicht möglich, das Einreisevisum zu erhalten. Es wurde mir mit der Begründung, dass diplomatische Spannungen vorhanden seien, verweigert.
Bei Kriegsausbruch wurden die deutschen Juden in Frankreich interniert. Ich habe aus dem Lager Lagrasse, Dep. Aude[2], im Frühjahr 1942 über das Internationale Deutsche Rote Kreuz letztmalig eine schriftliche Nachricht von meinem Ehemann erhalten. (…) Da ich von meinem Mann keine Nachricht mehr erhielt, schrieb ich am 7. September 1942 an das Auswärtige Amt in Berlin SW, Kronenstr. 10, und bat um Auskunft über den Aufenthalt meines Mannes. Da ich keine Antwort erhielt, bin ich dann Ende September oder Anfang Oktober 1942 nach Berlin zum Auswärtigen Amt gefahren. Dort wurde mir erklärt, dass man für solche Sachen nicht zuständig ist. Wörtlich sagte mir der Beamte: »Wenn Sie Mut haben, dann gehen Sie zum Reichs-Sicherheits-Hauptamt in die Prinz-Albrecht-Straße«. Ich war mir klar, dass ich mich durch einen Besuch dieser SS-Dienststelle in Gefahr brachte. Trotzdem suchte ich das Gebäude auf. In der Wache musste ich den Zweck meines Besuches angeben, dann habe ich mehrere Stunden gewartet. Schließlich führte man mich in ein großes Zimmer im I. oder II. Stock des Gebäudes. Ein Zivilist verhandelte mit mir. Nachdem er von mir erfahren hatte, dass ich Auskunft über den Verbleib meines Ehemannes, eines jüdischen Bürgers, haben wollte, antwortete mir dieser Zivilist, dass keine deutsche Frau solche

Fragen stellen würde. Er sagte mir noch: »Der Jude ist Staatsfeind Nr. 1«. Weiterhin machte mir der Zivilist in barschem Tone klar, dass es für mich nur eine Schlussfolgerung gäbe, nämlich die Scheidung von meinem Mann. Er sagte mir noch, dass ich bald selbst von der Richtigkeit der Scheidung überzeugt sein werde. (…)
Von meinem Ehemann habe ich kein Lebenszeichen mehr erhalten. Durch meine Nachforschungen erfuhr ich die Adresse eines belgischen Bürgers, mit dem ich mich in Verbindung setzte. Dieser Belgier, Herr Sucher, Bezysz Torenhajm, wohnhaft in Antwerpen, Geschäftsmann, teilte mir in einem Brief am 23. Februar 1946 mit, dass mein Mann nicht mehr am Leben ist. Beide waren in den Außenlagern Ottmuth[3] und Blechhammer[4] des KZ Auschwitz zusammen. Am 21. Januar 1945 wurden sie mit etwa 5.000 Mann unter SS-Bewachung in Marsch gesetzt. Mein Schwager Fritz war ebenfalls dabei. Mein Mann ist bis Groß-Rosen gekommen, dort wurde er ermordet.

Quelle: BStU, Bd. 33, Bl. 203–212.

1. Althoff ist eine weltbekannte Zirkusdynastie. Ihre Entstehung reicht bis in das Jahr 1660 zurück. Dominik Althoff (1892-1974).
2. Lagrasse, Ort im Département Aude, rund 120 km südöstlich Toulouse.
3. Heute Ortsteil der Stadt Krapkowice – deutsch Krappitz -, Woiwodschaft Opole, Polen. Krapkowice war das oberschlesische Industrierevier der Leder-, Papier-, und Zementindustrie. Während der Zeit des Nationalsozialismus befand sich in Ottmuth vom 16.7.1940 bis zum Juni 1944 ein Zwangsarbeitslager für Juden. Die Inhaftierten wurden in der Schuhfabrik und bei kleineren örtlichen Unternehmen sowie zum Bau der Reichsautobahn eingesetzt.
4. Blechhammer– heute Blachownia Slaska –, Ort in Oberschlesien rund 30 km nordwestlich von Gleiwitz, war vom 1.4.1944–21.1.1945 Außenlager des KZ Auschwitz. Die Zwangsarbeit erfolgte in den Oberschlesischen Hydrierwerken.

52

Heilbrunn, Georg, geb. 13. Dezember 1886 in Berlin.
»Jude«, »Mischehe«.
1933: Mitinhaber Mützenfabrik, Berlin. Mitglied der Loge Bnei-Briss[1].
Befragung am 21. Mai 1963, Berlin.
Tätigkeit und Wohnort 1963: Rentner, Berlin.[2]

Im Zuge der Kristallnacht wurde ich am 9. oder 10. November 1938 aus meinem Betrieb von der Gestapo in das Polizeipräsidium verschleppt. Schon in den späten Nachmittagsstunden war ich mit meinen Leidensgenossen in das berüchtigte KZ Sachsenhausen eingeliefert. Erst nach ca. 5 Wochen, genauer gesagt, am 14. Dezember 1938, wurde ich, da ich in sogenannter Mischehe lebte, nach Hause entlassen.

Quelle: BStU, Bd. 38, Bl. 9–14.

1 B'nai B'rith (Hebräisch »Söhne des Bundes«) ist eine jüdische Organisation, die sich laut Selbstbeschreibung der Toleranz, der Humanität und Wohlfahrt sowie der Aufklärung über das Judentum und der Erziehung innerhalb des Judentums widmet. Sie wurde am 13.8.1843 gegründet.
2 Gestorben am 10.2.1971. Vgl. CJA, Friedhof Weißensee Beisetzungsregister.

52a

Entlassungsschein der Kommandantur des Konzentrationslagers Sachsenhausen für Georg Heilbrunn, ausgestellt am 14.12.1938

Kommandantur des Staatl. Konzentrationslagers Sachsenhausen

Oranienburg, den 14. XII. 1938 19...

Entlassungsschein

Der Jude Georg Heilbrunn geb. am 13. 12. 86

in Berlin war in der Zeit

vom 11. 11. 38 bis 14. XII. 1938 in einem Konzentrationslager untergebracht.

Die Entlassung erfolgte am: 14. XII. 1938

Seine Führung war: ./§

Auflage: sofort
Sie haben sich ~~bis nach Wiederaufnahme xxxx Arbeit~~
bei der Ortspolizeibehörde Ihres Wohnortes ~~und sofort~~
~~bei~~
zu melden.

(Stempel Kommandantur Konz.-Lager Sachsenhausen)

Der Lagerkommandant:

SS-Oberführer.

Druck: Möller, Oranienburg

[Z 215]

Quelle: BArch, DP 3, Nr. 951, Ber. IX/3.

53

Eisen, Walter, geb. 29. April 1896 in Nikolaiken/Sensburg.
»Jude«.
1933: Privatgelehrter, Leipzig.
Befragung am 13. Mai 1963, Leipzig, Bezirk Leipzig.
Tätigkeit und Wohnort 1963: Freischaffender Mitarbeiter der
Universitätsbibliothek, Leipzig.

Nach zwei Monaten wurde ich aus Sachsenhausen entlassen. Durch meine Ehefrau, nach meiner Rückkehr erfuhr ich es von ihr, waren in der Zwischenzeit Emigrationspapiere besorgt worden und die Gestapo hatte deshalb verfügt, dass ich entlassen wurde. Die Emigration zog sich dann noch bis Juli 1939 hin. (…)
Da mir erlaubt wurde, meine sämtlichen Gegenstände mit in die Emigration zu nehmen, erschien vorher ein Zollangestellter und überwachte das Fertigmachen unseres Gepäcks.[1] Es wurde auf alles unerhört hoher Zoll gelegt, der nur für jüdische Emigranten zutraf. Ich konnte dann ungehindert mit meiner Frau nach England reisen. Unser hochverzolltes Gepäck, darunter verstehe ich Möbel und gesamte Wohnungseinrichtung, ist niemals in England angekommen. Ich lebte bis 1946 in London.

Quelle: BStU, Bd. 35, Bl. 31–37.

1   Juden war es gestattet, ihre persönliche Habe einschließlich Hausrat mitzunehmen. Dazu wurden sie verpflichtet, vorher eine Genehmigung bei den entsprechenden Stellen einzuholen und ein Verzeichnis der zur Ausfuhr bestimmten Gegenstände vorzulegen (RGBl. 1938 I, S. 1734 ff.).

53a

Schreiben des Oberfinanzpräsidenten Leipzig, Devisenstelle, an die Eheleute Dr. Walter und Margarete Eisen vom 27.1.1939, betr. Bestätigung einer vorläufigen Sicherungsanordnung

Der Oberfinanzpräsident Leipzig
- Devisenstelle -
Sachgebiet XVI/3 - Nb.
Akte B Si./ 101/39
Bei Antwort ist Geschäftszeichen, Tag und
Gegenstand dieses Schreibens stets anzugeben.

Leipzig C 1, 27. Januar 1939.
Adolf-Hitler-Str. 12 I - Fernsprecher 84141 W1.
Sprechstunden: 8 bis 13 Uhr,
Sonnabend 8 bis 12 Uhr.
Mittwoch keine Sprechstunde.

Mit Postzustellungsurkunde!

Bestätigung einer vorläufigen Sicherungsanordnung
gemäß § 59 Dev.-Ges. vom 12. Dez.1938.

Nach den mir zugegangenen Mitteilungen beabsichtigen Sie, Ihren Wohnsitz demnächst ins Ausland zu verlegen.

Um zu verhindern, daß Vermögenswerte unter Verletzung oder Umgehung der bestehenden Vorschriften der Devisenbewirtschaftung entzogen werden, bestätige ich die von der Zollfahndungsstelle Leipzig unter dem 10. Januar 1939 -2096/38 C 1- erlassene vorläufige Sicherungsanordnung auf Grund von § 59 Dev.-Ges. in vollem Umfange und ordne an:

1.) Die Eheleute Dr. phil. Walter Israel E i s e n und Margarete geb. Hüter, wohnhaft in Leipzig C 1, Emilienstrasse 13, dürfen über ihr gesamtes Vermögen ganz oder teilweise nur mit meiner Genehmigung verfügen, die ihnen zustehenden Forderungen nur mit meiner Genehmigung einziehen oder in sonstiger Weise nur mit meiner Genehmigung hierüber verfügen.

2.) Die Betroffenen dürfen insbesondere über ihre im Depot bei der Dresdner Bank in Leipzig, Martin-Luther-Ring 21, ruhenden Wertpapiere nur mit meiner Genehmigung verfügen.

3.) Die Betroffenen dürfen ohne meine besondere Genehmigung von ihrem Konto Nr. D 8310 bei der Dresdner Bank, Filiale Leipzig, gegen Vorlage

./.

Eheleute
Dr. phil. Walter Israel E i s e n,
und Frau Margarete geb. Hüter,
  Leipzig C 1,
    Emilienstr.13.

der entsprechenden Zahlungsaufforderungen Steuern und andere öffentliche Abgaben an die zuständigen Behörden überweisen. Im übrigen bedarf es zur Verfügung über dieses Konto nach wie vor meiner Genehmigung.

Die Eheleute E i s e n haben die Kosten dieser Anordnung als Gesamtschuldner zu tragen.

Gegen diese Sicherungsanordnung ist das Rechtsmittel der Beschwerde zulässig, die bei mir einzulegen ist, aber keine aufschiebende Wirkung hat.

Ich weise darauf hin, daß Zuwiderhandlungen gegen diese Anordnung streng bestraft werden.

Im Auftrage

Quelle: BArch, DP 3, Nr. 948, Ber. VI/6.

54

Pikarski, Nathan, geb. 2. Januar 1889 in Liebstadt, Kr. Mohrungen.
»Jude«.
1933: Selbständiger Auktionator, Elbing/Ostpreußen.
Befragung am 7. Mai 1963, Klein-Machnow, Bezirk Potsdam.
Tätigkeit und Wohnort 1963: Rentner, Klein-Machnow.[1]

Im September 1935 wurde ich zur Zwangsarbeit verpflichtet. Ich arbeitete bis Oktober 1938 in Ostpreußen in der Landwirtschaft und auf der Autobahn. In der Kristallnacht 1938 wurde ich verhaftet und blieb in Elbing bis Mai 1939 in Haft. Zu dieser Zeit wurden wir vor die Wahl gestellt, entweder Deutschland zu verlassen oder in Haft zu bleiben. Meine Ehefrau, die auch Jüdin war, hatte inzwischen erfahren, dass es noch eine Möglichkeit gab, Deutschland zu verlassen und das war die Emigration nach Shanghai. In Stuttgart gelang es ihr, Schiffskarten zu erhalten und am 9. Mai 1939 verließen wir Deutschland. Ich blieb mit meiner Ehefrau bis August 1947 in der Emigration, in Shanghai waren etwa 16.000[2] jüdische Bürger als Emigranten.

Quelle: BStU, Bd. 41, Bl. 104–108.

1 Gestorben am 6.11.1966. Vgl. CJA, 4.1, Nr. 1390.
2 Tatsächlich flohen zwischen 1938 und 1941 ungefähr 18.000 Juden aus Deutschland und Mitteleuropa nach Shanghai. Vgl. Georg Armbrüster, Michael Kohlstruck, Sonja Mühlberger (Hrsg.): Exil Shanghai 1938-1947. Jüdisches Leben in der Emigration, Berlin 2000.
Steve Hochstadt: Shanghai Geschichten: Die jüdische Flucht nach China, Berlin 2007.

54a

Schreiben des Oberfinanzpräsidenten Ostpreußen, Devisenstelle, an Nathan Pikarski vom 10.3.1939, betr. Ausfuhr von Gegenständen (Durchschrift)

Der Oberfinanzpräsident
Ostpreußen
(Devisenstelle)
O 1729 – I 2709/2 Sch.

Bei weiteren Eingaben in dieser Angelegenheit ist die Angabe obiger Geschäftsnummer **unbedingt** erforderlich.

Königsberg (Pr), den 10.März 1939
Diensträume: Französische Straße 12/13a
Fernsprechsammelnummer: 33833 und 33834
Briefanschrift: Königsberg (Pr) 2, Postschließfach 629/630
Sprechstunden: Werktags außer Mittwoch und Sonnabend von 8¾–12¼ Uhr

Durchschrift

Als Anlage übersende ich nach Vorprüfung durch die Zollfahndungsstelle ein zwecks Auswanderung nach Shanghai eingereichtes Verzeichnis von Umzugsgut des Nathan Israel Pikarski, Elbing, Fleischerstr.15, mit dem Bemerken, dass gegen die Ausfuhr devisenrechtliche Bedenken nicht bestehen; sofern nachstehendes beachtet worden ist:

Die Mitnahme von Gegenständen aus Gold, Silber und Platin sowie von Edelsteinen und Perlen ist ausgeschlossen. Die vorerwähnten Gegenstände unterliegen der Ablieferungspflicht und sind an die eingerichteten öffentlichen Ankaufsstellen gegen Entschädigung abzuliefern. Öffentliche Ankaufsstellen, die für die Entgegennahme in Frage kommen, sind alle öffentlichen von Gemeinden oder Gemeindeverbänden betriebenen Pfandleihanstalten. Solche Pfandleihanstalten befinden sich in Ostpreussen in Königsberg, Elbing und Tilsit.

Von der Ablieferungspflicht ist eine Ausnahme nur für folgende Gegenstände zugelassen.

Herrn
Israel Nathan Pikarski
in Elbing/Ostpr.
-.-.-.-.-
Fleischerstr.15

I. für die eigenen Trauringe und die eines verstorbenen Ehegatten.
II. für silberne Armband u. Taschenuhren, soweit sie im persönlichen Gebrauch sind;
III. für gebrauchtes Tafelsilber und zwar für je zwei vierteilige Essbestecke bestehend aus Messer, Gabel, Löffel und kleinem Löffel je Person.
IV. darüber hinaus für Gegenstände aus Silber bis zum Gewicht von 40 g je Stück und einem Gesamtgewicht bis zu 200 g je Person.

Falls

9. 1938

> Falls von der unter Ziffer III gegebenen Möglich-
> keit zur Ausfuhr von je zwei vierteiligen Essbestecken
> je Person kein Gebrauch gemacht wird, darf dafür eine
> Mitnahme anderer Silbersachen als Ersatz nicht erfolgen.
>
> I.A.
> gez. W e i s s
>
> An das Hauptzollamt in Elbing/Ostpr.
> - - - - - - - - - - - - - - - - - -
> Durchschrift übersende ich zur Kenntnisnahme.
>
> I.A.
> gez. W e i s s
>
> Beglaubigt:
> [Unterschrift]
> Büroangestellter

Quelle: BArch, DP 3, Nr. 954, Ber. XII/17.

54b

Beleg über die Ablieferung von Wertgegenständen durch Maria Pikarski an das städtische Leihamt Elbing vom 29.3.1939

> Beleg Nr.
> Ankaufbuch Seite
> Kassenbuch Nr.
>
> Von Frau Maria Pikarski-Elbing, Fleischerstr. 15
> wurden an das städtisches Leihamt Elbing abgeliefert:
> 1 Ring mit Perle 333 gold., 2 Anhänger 585 gold
> 1 Damenuhr 585 mit Zugband 585, 1 silb. Beutel
>
> Gesamtwert   43,50 Rm
>
> Städtisches Leihamt Elbing.
> [Unterschrift]
> Rendant.
>
> 43,50 Rm in Buchstaben: Dreiundvierzig 50/100 Reichsm
> erhalten zu haben bescheinigt.
> Elbing, den 29. März 1939.
>
> Unterschrift.

Quelle: BArch, DP 3, Nr. 954, Ber. XII/17.

55

Levy, Richard, geb. 4. Februar 1894 in Bad-Sülze/Mecklenburg-Vorpommern.
»Jude«, »Mischehe«.
1933: Besitzer Textilwarengeschäft, Tessin.
Befragung am 21. Mai 1963, Rostock, Bezirk Rostock.
Tätigkeit und Wohnort 1963: Geschäftsführer, Prokurist, Rostock.

Meine Tochter Ruth, welche im Februar 1932 geboren wurde, ist gegenwärtig in Liverpool/England wohnhaft. Sie ist dort mit einem Arzt verheiratet. Nach der Kristallnacht wurde uns Juden angeraten, den Nachweis zu erbringen, dass wir auswandern wollen. Meiner Frau war es gelungen, durch viele Umwege über das amerikanische Konsulat eine Bestätigung zur Auswanderung nach Amerika zu erhalten. Mit dieser Maßnahme waren wir der Ansicht, weiteren Verfolgungen zu entgehen. Von der Behörde in Rostock wurde meiner Frau mitgeteilt, dass wir wegen der Auswanderung bis auf Abruf warten sollen. In diesem Zusammenhang stand die Frage der Unterbringung der Kinder und sie sollten nach Möglichkeit arischen Familien vorübergehend anvertraut werden. Uns wurde gesagt, dass wir die Kinder zu einem späteren Zeitpunkt wieder holen könnten. Durch die Vermittlung eines Pfarrers Grüber[1] aus Berlin kam meine Tochter am 4.7.1939 zu einer englischen Familie. Meine Tochter war zu diesem Zeitpunkt der Auswanderung 7 Jahre alt. Meine Ehefrau hatte im Jahre 1957 Gelegenheit, sie in Hamburg zu besuchen.

Quelle: BStU, Bd. 45, Bl. 44–54.

[1] Heinrich Ernst Karl Grüber (1891–1975), evangelischer Theologe, Vertreter der Bekennenden Kirche, einer oppositionellen Bewegung gegen die Kirchenpolitik des NS-Staates. 1940–1943 war er in den Konzentrationslagern Sachsenhausen und Dachau inhaftiert. Vgl. »Büro Pfarrer Grüber«, Evangelische Hilfsstelle für ehemals Rasseverfolgte: Geschichte und Wirken heute, hrsg. von der Evangelischen Hilfsstelle für ehemalige Rasseverfolgte, Berlin 1988.

56

Isenthal, Georg, geb. 14. Oktober 1892 in Halle/Sa.
»Jude«, »Mischehe«.
1933: Zahnarzt, Berlin.
Befragung am 9. Mai 1963, Berlin.
Tätigkeit und Wohnort 1963: Zahnarzt, Berlin.[1]

Wie ich bereits einleitend zum Ausdruck brachte, setzten die von den Nazis inszenierten Maßnahmen schon kurze Zeit nach der faschistischen Machtübername mir gegen-

über ein.² Der erste Höhepunkt ist nach meiner Erinnerung der Boykottsonntag am 1.4.33 gewesen, wo auch die Straßen mit antijüdischen Parolen beschmiert wurden und wo man damit versuchte, die Bevölkerung gegen uns aufzuhetzen. Hierzu möchte ich jedoch feststellen, daß es den Nazis zunächst nicht gelang, mir wirtschaftlichen Schaden zuzufügen, da ich einen großen Kreis von Stammpatienten besaß, welche mir auch in der Folgezeit zunächst nicht untreu wurden. Obwohl sich Posten vor meiner Praxis aufhielten, kamen meine Patienten trotzdem zu mir, und wenn sie sich bei Dunkelheit ins Haus schleichen mussten.

Da ich in einer sogenannten Mischehe lebte, wurden wir im August 1938 zum Polizeirevier Greifswalder Straße, Ecke Dimitroffstraße³ bestellt, wo uns nahegelegt wurde, auszuwandern. Hieraus ist jedoch in der Folgezeit nichts geworden. Im September 1938 mußte ich meine Wohnung in der Grellstraße 66 aufgeben und eine minderwertigere in der Grellstraße 17 beziehen. Hierdurch entstanden mir erhebliche Schwierigkeiten für die weitere Ausübung meiner Zahnarztpraxis. Ende Januar 1939 wurde mir dann die weitere Ausübung meines Berufs verboten. Dieses Verbot wurde mir nicht etwa schriftlich gegeben, sondern es erfolgte lediglich eine Veröffentlichung in einer Zeitung, die damals von der jüdischen Gemeinde herausgegeben wurde.

Ab Juni 1940 wurde ich zur Zwangsarbeit eingesetzt. Zunächst hatte ich das Glück, für die Dauer von ca. 2 1/2 Jahren in einem artverwandten Beruf als Zahntechniker arbeiten zu können. Dann verlor ich jedoch diese Beschäftigung und musste als Gleisbauarbeiter und später bis Kriegsende als Arbeiter bei der Fliegerschädenbeseitigung mein Dasein fristen.

Quelle: BStU, Bd. 42, Bl. 10–40.

1   Gestorben am 20.6.1968. Vgl. CJA, Friedhof Weißensee Beisetzungsregister.
2   Vgl. Michael Köhn: Zahnärzte 1933–1945. Berufsverbot - Emigration – Verfolgung, Berlin 1994.
3   Bis 1950 und seit 1995 Danziger Straße in Berlin-Pankow, Ortsteil Prenzlauer Berg.

57

K., Ida, geb. 24. Juli 1900 in Leipzig.
»Jüdin«, »Mischehe«.
1933: Hausfrau, Leipzig.
Befragung am 9. Mai 1963, Leipzig, Bezirk Leipzig.
Tätigkeit und Wohnort 1963: Rentnerin, Leipzig.

Unsere Ehe wurde im Jahre 1938 geschieden. Das Sorge- und Erziehungsrecht wurde mir erst zugesprochen. (…)
Vor 1933 habe ich nicht gearbeitet. Erst durch die Scheidung war ich gezwungen, eine Arbeit aufzunehmen. Da ich im Jahre 1938 keine Arbeit in einem arischen Geschäft

erhielt und gezwungen war, für meinen und der Kinder Unterhalt zu sorgen, nahm ich eine Stelle in der Küche des Jüdischen Altenheims auf.

Ich musste die Arbeit aber im Jahre 1940 aufgeben, da meine Kinder von der allgemeinen Schule entlassen worden waren, da sie durch meine Tätigkeit in einem jüdischen Institut eine jüdische Schule besuchen sollten. (...)

Anfang 1938 musste ich aus meiner Wohnung Leipzig O 5, Ebermeyerstr. 6[1] zwangsmäßig ausziehen und erhielt 2 Zimmer in Leipzig C 1, Uferstr. 10[2] bei einer jüdischen Familie zugewiesen. Diese musste aber dann auch die Wohnung räumen und es zog ein alter Nazi, ein gewisser Bräutigam ein. Dieser verbot uns, das elektrische Licht und Gas zu benutzen. Dieser Bräutigam suchte eine Gestapodienststelle auf, die in Leipzig C 1, Harkortstraße[3] untergebracht war und forderte dort, dass ich mit meinen Kindern aus seiner Wohnung herausgesetzt werde. Da ich kein passendes Zimmer sofort erhalten konnte, musste ich in die Notbaracken in die Dautestraße[4] ziehen.

Quelle: BStU, Bd. 35, Bl. 123–128.

1   Ebermayerstraße, seit 1963 Reinhold-Krüger-Straße in Leipzig- Reudnitz.
2   Nördlich des Zentrums.
3   Südlich des Zentrums.
4   Dauthestraße in Leipzig, Reudnitz-Thonberg.

5. Schwindende Lebensbasis
   September 1939 bis Juni 1941

Am 1. September 1939 überfiel Hitlerdeutschland Polen und entfesselte den Zweiten Weltkrieg. Das militärisch unterlegene Nachbarland, von seinen Verbündeten ohne wirksame Unterstützung gelassen, wurde rasch erobert. Das war der Beginn eines Feldzuges, dessen Initiatoren die Weltherrschaft im Visier hatten. Polen wurde zerstückelt. Die westlichen Provinzen Polens wurden den neugebildeten Reichsgauen »Wartheland« mit dem Zentrum Posen und »Danzig Westpreußen« zugeschlagen und dem Deutschen Reich einverleibt. Andere Teile des Landes kamen zu den alten Regierungsbezirken Schlesiens bzw. Ostpreußens. Aus den zentralen und südlichen Landesteilen bildeten die Eroberer das »Generalgouvernement« mit etwa 12 Millionen Einwohnern, die in den Distrikten Krakau, Warschau, Radom und Lublin lebten. Die Okkupationsverwaltung dieses Territoriums wurde in Krakau etabliert. Hans Frank[1], von Hitler am 26. Oktober 1939 als Generalgouverneur eingesetzt, war für dieses Gebiet zuständig. Die östlichen Teile des Landes hatten, entsprechend einer geheimen Übereinkunft mit dem Deutschen Reich, sowjetische Truppen besetzt. Sie wurden der UdSSR einverleibt. Die in ihnen lebenden Polen und darunter vor allem die 1.157.000 Juden waren so zwar den Verfolgungen der deutschen Besatzer bis zum 22. Juni 1941 entgangen, doch litten nicht wenige von ihnen unter der Willkür sowjetischer Organe.
Unter den Lügen der deutschen Machthaber, mit denen sie ihre Kriegs- und Eroberungsabsichten zu verbergen trachteten, spielte die These vom »internationalen Judentum« als dem Hauptschuldigen die zentrale Rolle. Gleichzeitig steigerten die deutsch-faschistischen Rassisten ihre Hetze gegen die »slawischen Untermenschen«, die den Plan der Germanisierung Polens rechtfertigen sollte. Die Eindringlinge beuteten die Reichtümer des Landes aus, machten aus seinen Bewohnern Zwangsarbeiter, suchten die nationale Kultur des Landes zu vernichten und betrieben die Ausrottung der Intelligenz, von der sie vor allem Widerstand fürchteten. Die Zielgruppe der Eroberer schlechthin aber bildeten von Anbeginn die polnischen Juden, die in den Vorkriegsgrenzen 3,3 Millionen Menschen und etwa 10 Prozent der Gesamtbevölkerung ausmachten. Allein in Warschau lebten 400.000 Juden. Schon während des Vordringens ins Landesinnere wurden bei den Kämpfen unbeteiligte Juden misshandelt und getötet, Verbrechen verübt von Angehörigen der Wehrmacht und der Sonderformationen der SS. (58, 59, 60) Des Widerstands verdächtige Personen wurden nach dem Vorbild im Reich verhaftet und in Konzentrationslager verschleppt. (61) Augenblicklich begann die Kennzeichnung der polnischen Juden. Nach einer Verordnung, die Hans Frank herausgab und die am 23. November 1939 in Kraft trat, hatten alle Juden vom 12. Lebensjahr an eine weiße Armbinde mit einem blauen Davidstern anzulegen. Im okkupierten Teil Polens mussten sich die Juden auf Brust und Rücken einen 10 Zentimeter großen gelben Stern markieren.

Ab dem 1. Dezember 1939 begann die Vertreibung der jüdischen Bevölkerung aus den zum Reich geschlagenen Gebieten in das Generalgouvernement. Damit wuchs die jüdische Bevölkerung in diesem Teil des eroberten Landes, die zu Beginn des Krieges 1,4 Millionen betragen hatte, um weitere 1 Million an. Zugleich setzte im Generalgouvernement eine Umsiedlungswelle ein, deren Ziel und Opfer wiederum Juden in Städten und Gebieten waren, die zuerst »judenfrei« gemacht werden sollten. Das galt vor allem für Krakau. Wo sie in größeren Städten nicht vertrieben werden konnten, wurden die Juden von der übrigen Bevölkerung getrennt und in gesonderten Vierteln konzentriert. Das erste dieser Ghettos entstand im April 1940 in Łódź, danach folgte deren Errichtung in Warschau im Oktober 1940, in Krakau im März 1941 und in Lublin im April 1941. Bis Ende 1941 gab es über 200 solcher Ghettos. In ihnen wurden Menschen auf engstem Raum zusammengepfercht, so im Warschauer Ghetto 500.000 auf 4,5 Quadratkilometern, umgeben von meterhohen Mauern und streng bewacht und kontrolliert von deutscher Polizei und polnischen Hilfskräften. Die innere Verwaltung der Ghettos wurde Juden- und Ältestenräten übertragen. Die Versorgung der Ghetto-Insassen mit Lebensmitteln, Kleidung, Heizmaterial war ebenso katastrophal wie die hygienischen Bedingungen. Tausende starben an Hunger und an den Folgen von Krankheiten und Seuchen. Andere wurden durch die Ausbeutung geschwächt und so durch Arbeit vernichtet, die sie innerhalb wie außerhalb des Ghettos verrichten mussten. (62)

Mit dem Kriegsbeginn verschlechterten sich die Bedingungen für die im Reich lebenden Juden noch einmal drastisch. Sie wurden als Teil der angeblich am Kriege Schuldigen diffamiert und traktiert. In einer Kette von Maßnahmen wurden ihre Lebensbedingungen weiter reduziert und ihre physischen und psychischen Leiden vermehrt. Sie hatten ihre Rundfunkgeräte abzuliefern, die Fernsprechanschlüsse wurden ihnen gekündigt. Sie erhielten keine Kleiderkarten und Bezugsscheine für Textilien. Ihre Lebensmittelkarten wurden mit dem Aufdruck »J« für Jude versehen. Das bedeutete, dass Juden nur in bestimmten Läden einkaufen konnten und zudem ihre Lebensmittelzuteilungen permanent beschränkt wurden. Hinweisschilder und Aushänge an öffentlichen Plätzen, Parkbänken, öffentlichen Verkehrsmitteln, Gebäuden zeigten an, ob sie von Juden betreten bzw. benutzt werden durften. (63, 63a) Sog. Mischlinge 1. Grades und Ehemänner von Jüdinnen wurden in der Wehrmacht nicht mehr geduldet und erhielten ihren Entlassungs- oder Ausschließungsschein. (64, 64a)

Zugleich wurden die angeblich nichtsnutzigen und parasitären Juden als nützliche Arbeitskräfte entdeckt. Zumal der Krieg gegen Polen und die Staaten Nord- und Westeuropas, deren Okkupation sowie die militärische Vorbereitung des Überfalls auf die Sowjetunion die Rekrutierung einer immer größeren Zahl von Soldaten erforderlich machte und sich so die Zahl der Arbeiter in Industrie und Landwirtschaft verringerte. Mit Kriegsgefangenen, Zwangsarbeitern aus den okkupierten Gebieten nahmen auch deutsche Juden die verwaisten Arbeitsplätze ein, wobei bestimmt wurde, dass sie gruppenweise und getrennt von den übrigen Arbeitern eingesetzt werden sollten. (65, 66, 67, 68)

Der Beginn des Krieges traf viele Juden bei Vorbereitungen für ihre Flucht aus Deutschland. Die Möglichkeit, den Verfolgungen zu entkommen, verschlechterte sich jedoch mit jedem Kriegszug der Wehrmacht und deren Erfolgen. Im Sommer 1940 waren Norwegen, Dänemark, Belgien, die Niederlande, Luxemburg und Frankreich besetzt oder besiegt. Zwar war die Forderung der Machthaber, die Juden sollten Deutschland verlassen, noch nicht aufgehoben, doch die Auswanderungsmöglichkeiten hatten sich auf ein Minimum reduziert.

1 Hans Frank (1900–1946), Jurist und Politiker, hatte sich schon im Oktober 1923 der NSDAP angeschlossen und nahm im November 1923 am Hitlerputsch teil. 1933/34 bekleidete er das Amt des bayrischen Justizministers. Das Internationale Militärtribunal in Nürnberg erklärte Frank am 1.10.1946 für schuldig. Er wurde am 16.10.1946 hingerichtet.

58

T., Sara, geb. 4. Dezember 1927 in Częstochowa/Polen.
»Jüdin«.
1933: Kind.
Befragung am 9. Mai 1963, Königs Wusterhausen, Bezirk Potsdam.
Tätigkeit und Wohnort 1963: Bibliothekarin, VEB Kabelwerk Oberspree, Berlin. Zeuthen, Bezirk Potsdam.

Nachdem unsere Stadt[1] *am 2.9.1939 von den Deutschen besetzt wurde, setzten am 4.9. die Verfolgungen gegen die Bevölkerung, insbesondere gegen die Juden ein. Ich war damals 12 Jahre alt, kann mich aber heute noch sehr gut an die damaligen Ereignisse erinnern, da sich diese tief in mein Gedächtnis eingeprägt haben. Am 4. September vormittags fuhren Lautsprecherwagen durch die Stadt und forderten die Bevölkerung auf, wieder ihrer Arbeit nachzugehen. Nachdem das geschehen war, setzte etwa gegen 12.00 Uhr schlagartig eine Aktion gegen die Bevölkerung ein. In unsere Wohnung drangen uniformierte Deutsche mit Karabinern ein und trieben meine Tante, meinen Cousin und mich, wir befanden uns zu diesem Zeitpunkt in der Wohnung, auf die Straße. Wir wurden dann auf einen in der Nähe liegenden Schulhof getrieben. Hier befanden sich schon viele Menschen und es waren mehrere Maschinengewehre aufgestellt. Kurze Zeit, nachdem wir den Platz erreicht hatten, sah ich, dass unser Haus brannte. Ich habe dann gesehen, dass kleine Kinder, die beim Zusammentreiben der Bevölkerung zurückblieben, von Deutschen in Wehrmachtsuniform lebend in die Flammen geworfen wurden. Wie viel Kinder es waren, kann ich nicht mehr sagen, es waren aber mehrere. Sie waren etwa, nach meiner Ansicht, 2 Jahre alt. Ob es sich dabei um jüdische Kinder handelte, kann ich nicht sagen. Auf dem Schulhof wurden jedenfalls nicht nur Juden, sondern auch Polen* zusammengetrieben. Nach einiger Zeit wurden auf dem Schulhof die Männer an eine Seite und die Frauen und Kinder an die andere Seite getrieben. Ich habe dann gesehen, dass die Männer in kleinen Gruppen, etwa 15 Personen, von den Deutschen weggetrieben wurden. Kurz danach hörte ich dann aus unmittelbarer Nähe Schüsse. Ich sah dann, dass die Weggetriebenen von anderen Männern tot und zum Teil auch verletzt, zurückgebracht wurden. Sie wurden dann, auch die Verletzten, in einen auf dem Schulhof befindlichen Schützengraben geworfen. Unter Aufsicht der Deutschen wurde der Graben dann zugeschaufelt. Ich selbst habe gesehen, dass sich die Erde danach noch bewegte, da ja nicht alle tot waren. Zusammen mit den anderen Frauen und Kindern musste ich bis gegen 18.00 Uhr mit erhobenen Händen, ohne uns zu rühren, auf dem Platz stehen. Einige Minuten vor 18.00 Uhr hieß es, dass wir nach Hause könnten, bis 18.00 Uhr aber die Straße räumen müssten. Als dann alle vom Platz liefen und ein großes Gedränge entstand, schossen die deutschen in die Menge. Ich habe gesehen, dass danach viele Menschen tot oder verletzt liegen blieben. Darunter befand sich auch ein Nachbar von uns. Den Namen kann ich nicht mehr angeben.*

Quelle: BStU, Bd. 43, Bl. 133–142.

1   Częstochowa, deutsch Tschenstochau.

59

W., Mordechaj, geb. 26. Juni 1922 in Częstochowa/Polen.
»Jude«.
1933: Schüler, Częstochowa.
Befragung am 13. Mai 1963, Königs Wusterhausen, Bezirk Potsdam.
Tätigkeit und Wohnort 1963: Arbeiter VEB Kabelwerk Oberspree, Berlin.
Zeuthen, Bezirk Potsdam.

Ich habe bis September 1939 bei meinen Eltern, die in Częstochowa eine Gaststätte hatten, gelebt. Wir waren zu Hause sechs Kinder. Zum Zeitpunkt des Überfalls der Faschisten auf Polen war ich siebzehn Jahre alt. Ich stand zu dieser Zeit in der Täschnerlehre. Am 1. September 1939 verließ unsere ganze Familie Częstochowa, da wir eine Bombardierung der Stadt durch die Hitlerwehrmacht befürchteten. Wir kamen in die etwa 25 km entfernte kleine Stadt Zarki¹, die am Sonnabend, dem 2.9.1939 von den Hitlertruppen besetzt wurde. Bereits am 3.9.1939 setzten Verfolgungsmaßnahmen gegen die jüdische Bevölkerung ein. Wir wurden von faschistischer Gendarmerie in der Synagoge der Stadt zusammengetrieben und mussten hier ohne Essen und Trinken bis zum 4.9.1939 zubringen. Bei der Freilassung wurden wir in übler Weise beschimpft. Es wurde hier gesagt, die Juden hätten den Krieg gewollt, wir wären schmutzig und Spekulanten. In den Nachmittagstunden des 4.9.1939 setzte schlagartig eine Verfolgungsaktion der Faschisten gegen die Bevölkerung der Stadt ein. Menschen, die sich auf der Straße zeigten, wurden beschossen und die Nazis drangen in die Wohnungen ein und schossen auch hier auf Menschen. Dieses dauerte etwa 2-3 Stunden. In den nächsten Tagen begann dann die Zwangsarbeit für die jüdische Bevölkerung. Ich selbst musste in der Landwirtschaft arbeiten, ein Bruder von mir wurde in ein Arbeitslager bei Krakau verschleppt. Es wurde dann auch der jüdischen Bevölkerung das Vermögen weggenommen. Die faschistische Gendarmerie fuhr mit Wagen durch die Stadt und plünderte insbesondere jüdische Geschäfte. Vermögende Juden wurden abgeholt, eingesperrt und nur freigelassen, nachdem sie ihr ganzes Vermögen angegeben und ausgeliefert hatten. Unsere Familie musste in Zarki mit acht Personen in einem Zimmer wohnen. Wir stellten deshalb beim Judenrat den Antrag, wieder nach Częstochowa zurückkehren zu dürfen. Wir mussten uns in jeder Angelegenheit stets an den Judenrat wenden.

Quelle: BStU, Bd. 36, Bl. 60–66.

1 Ort etwa 20 km südöstlich Częstochowa.

60

P., Moszko, geb. 1. August 1911 in Sokolow/Polen.
»Jude«.
1933: Tischler, Wengrow.
Befragung am 7. Mai 1963, Eberswalde, Bezirk Frankfurt/Oder.
Tätigkeit und Wohnort 1963: Rentner, Eberswalde.

Die Maßnahmen gegen die jüdische Bevölkerung von Wengrow[1] begann vom ersten Tag an der Besetzung durch das deutsche Militär. Am Anfang war es aber nicht so drastisch. Danach gingen die Deutschen dazu über, die jüdische Bevölkerung zu erniedrigenden Arbeiten heranzuziehen. So wurde ich persönlich gezwungen, die Straßen zu kehren, die Toiletten in der Polizei sauber zu machen und im Schlachthof Kartoffeln zu schälen. Das geschah ohne Bezahlung und ohne Zuteilung von Essen. Die Arbeiten hatten überhaupt keinen Sinn. Gleich in den ersten Tagen der Besetzung wurden die jüdischen Läden geplündert und geschlossen. Der eingesetzte Landrat von Wengrow gab eine Verordnung heraus, in der es wörtlich hieß: »Es sind sämtliche jüdische Geschäfte zu schließen. Die Warenbestände werden durch die örtlichen Polizeiorgane sicher gestellt. Jeder Handel mit Lebensmitteln und auch der Zwischenhandel ist untersagt. Verstöße ziehen strengste Bestrafung nach sich.«
Mit diesen Maßnahmen brach eine regelrechte Hungersnot aus, die ich allerdings nicht miterlebte, weil ich inzwischen in die Sowjetunion geflüchtet bin. Ich selbst habe im September 1939 miterlebt, wie der Rabbiner Morgenstern gezwungen worden war, mit den bloßen Händen den Pferdekot von der Straße aufzulesen. Immer, wenn er sich bückte, wurde er von den Soldaten mit dem Seitengewehr oder Stilett – wie man in Polen sagt – gestochen. Er ist nach zwei Tagen daran gestorben. Ich selbst habe den Rabbiner Morgenstern im Krankenbett gesehen. Er war ohne Bewusstsein.

Quelle: BStU, Bd. 31, Bl. 95–100.

1   Wengrow, polnisch Węgrów, liegt etwa 70 km östlich von Warschau.

61

Kowalski, Franz, geb. 10. Oktober 1914 in Leslau/Posen.
»Jude«.
1933: Schneidergeselle im Geschäft des Vaters, Thorn/Westpreußen.
Befragung am 15. Mai 1963, Nordhausen, Bezirk Erfurt.
Tätigkeit und Wohnort 1963: Selbständiger Schneidermeister, Uthleben, Kr. Nordhausen.

Ich war seinerzeit in der sozialistischen Arbeiterjugend und bekleidete die Funktion des Vorsitzenden im Stadtmaßstab. Im Jahre 1932 wurde ich Mitglied der Sozialistischen Partei Polens und war bis zuletzt im Parteivorstand. Ich war ferner führend in der Betreuung der jüdischen Jugend auf religiösem Gebiet.
Meine gesellschaftlich aktive Arbeit wurde mir dann auch bald nach dem Einmarsch der faschistischen Truppen im Zusammenhang mit meiner jüdischen Abstammung zum Verhängnis.
Ich wurde als erster unserer Familie am 9.9.1939 durch die faschistische Feldgendarmerie verhaftet und ins Gefängnis in Thorn[1] eingeliefert. Ohne Verhör wurde ich nach Berlin-Alexanderplatz[2] und von dort mit Schutzhaftbefehl nach Sachsenhausen ins KZ transportiert. Wir wurden dabei sogar dem Richter vorgeführt, der uns den Schutzhaftbefehl verlas.
Im KZ habe ich alle Erniedrigungen und Beschimpfungen, Misshandlungen und Schikanen an mir selbst und anderen jüdischen Bürgern miterlebt.

Quelle: BStU, Bd. 39, Bl. 120–125.

1   Heute Toruń, Polen.
2   Polizeipräsidium am Alexanderplatz in Berlin.

62

Rosenzweig, Hermann, geb. 14. April 1905 in Zgierz, Kr. Łódż.
»Jude«.
1939: Mitinhaber Textil-Großhandel, Łódż, Polen.
Befragung am 10. Mai 1963, Ludwigslust, Bezirk Schwerin.
Tätigkeit und Wohnort 1963: Leiter einer privaten Kohlenhandlung mit staatlicher Beteiligung, Ludwigslust.

Hermann Rosenzweig
Quelle: BArch, Bild 183-B0711-0005-034/
Eva Brüggmann

Beim Einmarsch der faschistischen Truppen wurde uns der Betrieb einfach abgenommen und ca. 14 Tage danach wurden wir auch aus der Wohnung gewiesen. Im November 1939 wurde in Łodź ein Ghetto[1] errichtet. (…)
Zu den Verhältnissen im Ghetto möchte ich folgendes sagen. Als Ghetto wurde ein Stadtteil von Łodź, etwa so groß wie die Kreisstadt Wismar, ausgewählt. In dieses Stadtviertel wurden ca. 300.000 jüdische Bürger gepfercht. Man kann sagen, dass etwa 3 Familien auf eine Zwei-Zimmer-Wohnung kamen. Das Ghetto war mit Stacheldraht umstellt und wurde durch Militär bewacht. Außerdem brachte man Warntafeln nach außen hin an, auf denen etwa wörtlich zu lesen stand: »Vorsicht! Seuchengefahr! Zutritt strengstens verboten«. Innerhalb des Ghettos war in einem ehemaligen Pfarrhaus am Kirchenplatz eine Abteilung der faschistischen Kriminalpolizei untergebracht. Diese Abteilung hatte unter anderem die Aufgabe, mit Hilfe von Spitzeln und gekauften Elementen Juden mit Vermögen herauszufinden. Auf diesem Wege wollte man den jüdischen Bewohnern des Ghettos auch die letzte Habe, die sie noch hatten mitnehmen können, entreißen. Bei der Kriminalpolizei wurden viele Menschen zu Tode gemartert. Es gehörte zur Methode, jüdische Bürger so lange zu misshandeln, bis sie irgend etwas zugaben, was man von ihnen wissen wollte. Es kam auch nicht selten vor, dass bewaffnete Gruppen, die nach meinem Ermessen aus Angehörigen der Gestapo bestanden, Leute aus dem Ghetto zur Arbeit zusammentrieben. Die Leute wurden dann abends wieder zurück gebracht. Ich selbst wurde dreimal zu der Kriminalpolizei vorgeladen und dort brutal und bestialisch so lange mit Stöcken geschlagen, bis ich besinnungslos zusammenbrach. Mein Körper war nach einer derartigen Misshandlung vollkommen wund und zerschlagen und aufgrund der unmöglichen sanitären Verhältnisse im Ghetto und des Fehlens einer ärztlichen Betreuung eiterten die mir beigebrachten Wunden sehr stark. (…)
1943 wurde durch den sogenannten Judenältesten im Ghetto bekannt gegeben, infolge einer Anweisung der deutschen Behörden, dass sämtliche Kleinkinder abzuliefern wären. Das geschah in der Regel wie folgt: Gestapo erschien auf dem Hof, pfiff und alles

musste heraustreten. Danach suchte die Gestapo die Räume ab, ob sich noch jemand versteckt hatte. Ich hatte von einer solchen Aktion bereits erfahren und legte mein ca. 3-jähriges Kind in eine große Reisetasche und brachte es so in ein anderes Viertel des Ghettos zu einem Bekannten. Nach der Aktion holte ich es dann zurück.

Bei der Vernehmung bei der Kriminalpolizei hatte man mich gefragt, ob ich Kinder hätte. Um mein Kind aber zu retten, hatte ich dieses abgestritten. Bei einer anderen Gelegenheit erfuhr aber der betreffende Kriminalbeamte, dass ich doch ein Kind hatte und er ließ sich die Gelegenheit nicht entgehen, mich wegen Anlügen eines deutschen Beamten mit 20 Stockschlägen zu bestrafen. Ich musste dabei laut die Schläge zählen. (…)

1944 begann nach und nach die Räumung des Ghettos in Łódź, die etwa im Sommer beendet wurde. Ich wurde mit einem Transport in Güterwagen gepfercht, wo etwa 80 – 100 Menschen in einen Güterwagen gezwängt wurden. So kam ich nach Auschwitz.

Der Empfang in Auschwitz war derart unmenschlich und schrecklich, dass ich heute ungern daran zurückdenke. Das Erste, was wir hörten, waren die Worte der SS: »Kommt raus, ihr Schweine!« Sodann wurde uns befohlen, sämtliches Gepäck in den Güterwagen liegen zu lassen. Der Lagerleiter stand mit einigen Angehörigen der SS vor dem Lager und hatte einen Stock in der Hand. Von Zeit zu Zeit wies er mit dem Stock auf alte Frauen, Greise und auf Frauen mit Kindern bzw. auf besonders Gebrechliche. Die so aussortierten kamen wie ich später erfuhr, sofort in die Gaskammern. Außer dieser Maßnahme wurden sofort die Frauen von den Männern getrennt, die Kinder blieben zunächst bei den Frauen. Auf diese Weise wurde ich von meiner Frau und meinem Kind getrennt. Ich habe sie nie wieder gesehen. Meine Frau hieß Adele geb. Krüger und war am 17.10.1917 geboren. Mein Sohn hieß Jacob und war 3 Jahre alt. Mit meiner Familie wurden auch noch meine Brüder Julian, Saly und Josef mit ihren Familien und meine Schwestern Brunislawa, Estera und Lola in das KZ Auschwitz eingeliefert. Sie sind dort alle umgekommen. Meine Mutter ist bereits im Jahre 1941 im Ghetto von Łódź verstorben.

Quelle: BStU, Bd. 31, Bl. 196–204, Bd. 48, Bl. 191–199.

1   Nach der Übersiedlung der in Łódź lebenden Juden in den Norden der Stadt, wurde im April 1940 dort das Ghetto gebildet. Im Ghetto lebten im Juni 1940 ungefähr 157.000 Menschen auf einer Fläche von vier Quadratkilometern. Ab 1942 erfolgten Deportationen der Insassen in die Vernichtungslager. Im August 1944 wurde das Lager aufgelöst.

63

Hirschfeld, Albert, geb. 1. September 1876 in Staßfurt/Calbe.
»Jude«, «Mischehe».
1933: Selbständiger Kaufmann, Besitzer Geschäft, Brühl 46/48, Leipzig.
Befragung am 16. Mai 1963, Leipzig, Bezirk Leipzig.
Tätigkeit und Wohnort 1963: Rentner, Leipzig.

Die Diffamierungsmaßnahmen begannen 1939, wo man mir mein Geschäft wegnahm. Mein Konto bei der Dresdner Bank wurde für mich gesperrt und der Abwickler Puls, er ist verstorben, nahm mir die Schlüssel weg. Puls hob von meinem Konto Geld ab, ich bekam davon keinen Pfennig. Als ich ihn fragte, wovon soll denn meine Familie leben, gab er zur Antwort, da müssen sie eben mal sehen, wo sie etwas herbekommen.[1]

Quelle: BStU, Bd. 45, Bl. 183–189.

1 Albert Hirschfeld wurde danach zur Zwangsarbeit eingesetzt. Am 14.2.1945 erfolgte seine Deportation in dem Transport Frankfurt/Main-Leipzig nach Theresienstadt. Vgl. Theresienstädter Gedenkbuch, S. 640.

63a

Bekanntmachung der Israelitischen Religionsgemeinde Leipzig vom 21.6.1940, betr. das Betreten von Parkanlagen

Israelitische Religionsgemeinde.

Bekanntmachung

betreffend Betreten von Parkanlagen
An alle J u d e n, die es angeht!

I. Juden ist das Betreten städtischer Parkanlagen und Waldungen verboten.

II. Juden ist auch die Benutzung der Bänke in den Anlagen des Ringes (Hauptbahnhofsvorplatz, Trödlinring, Richard-Wagner-Platz, Fleischerplatz, Dittrichring, Martin-Luther-Ring, Rossplatz, Schillerstr., Augustusplatz, Georgiring, Goethestr.), auf dem Nordplatz und anderen Schmuckplätzen untersagt.

III. Erlaubt bleibt lediglich die Benutzung des eigens für Juden geschaffenen und kenntlich gemachten Platzes, der zwischen Leibniz- und Zöllnerweg - links unweit der Einmündung der Leibnizstr. in das Rosental - liegt.

IV. Diese Anordnung gilt für die Juden, die unter das Gesetz über Mietverhältnisse mit Juden fallen und demgemäß Lebensmittelkarten mit dem "J"-Aufdruck erhalten. Auf Ausländer findet sie also keine Anwendung.

V. Nichtbeachten dieser Anordnung wird in geeigneter Weise geahndet.

Leipzig, am 21. Juni 1940
Im Auftrag
ges. Furch
Rechtsrat

Quelle: BArch, DP 3, Nr. 958, Ber. XVI/26.

64

M., Gerhard, geb. 15. November 1917 in Magdeburg.
»Mischling 1. Grades«.
Befragung am 7. Mai 1963, Magdeburg, Bezirk Magdeburg.
Tätigkeit und Wohnort 1963: Dekorateur, Magdeburg.

Wie bereits schon angegeben, wurde ich als Nichtarier aus der damaligen Wehrmacht ausgestoßen.[1] Nach meiner Entlassung bekam ich die ganze Unmenschlichkeit des Faschismus zu spüren. Ich wurde zur Gestapo vorgeladen und wurde hier wüst beschimpft, wie Judenlümmel usw. Es wurde mir dann ein Schreiben vorgelegt, in dem enthalten war, dass ich meine Verlobung mit meiner Braut zu lösen habe. Um meine Braut nicht zu gefährden, habe ich dieses Schreiben unterzeichnet. Die Zusammenkünfte mit meiner Braut mussten jetzt heimlich erfolgen. Trotzdem wurde ich bei der Gestapo denunziert und ich wurde wieder vorgeladen. Auch jetzt wurde ich wüst beschimpft. Nach der Entlassung von der Wehrmacht hatte ich die Absicht, wieder bei der Firma H. Wolff zu arbeiten, wo ich vorher beschäftigt war. Die Faschisten erklärten jedoch, dass sie bestimmen, wo ich arbeite und ich erhielt eine schlechtere Arbeit zugewiesen.[2]

Quelle: BStU, Bd. 34, Bl. 104–108.

1   Eine Verordnung über die Musterung und Aushebung vom 7.3.1939 sah vor, dass dienstpflichtige Juden im Sinne des Paragraph 5 der Ersten Verordnung zum Reichsbürgergesetz vom 14.11.1935 von der Erfüllung der Wehrpflicht und der Arbeitsdienstpflicht auszuschließen seien. Der »Ausschließungsschein« solle mit dem Vermerk »Jude« gekennzeichnet werden. (RGBl. 1939 I, S. 425ff.). S. dazu auch den Ausschließungsschein des Zeugen Hans H. vom 21.7.1939 (BArch, DP 3, Nr. 954, Ber. XII/23, hier nicht abgedruckt). Laut einer Bestimmung des OKW vom 8.4.1940 wurde auf Befehl Hitlers die »Behandlung jüdischer Mischlinge in der Wehrmacht« festgelegt. So wären »50%ige jüdische Mischlinge« oder Männer, die mit »50%igen jüdischen Mischlingen oder Jüdinnen« verheiratet seien je nach Lebensalter der Ersatzreserve II und in die Landwehr II zu überschreiben, jedoch mit dem jeweiligen Zusatz »n. z. v« (nicht zu verwenden). Im Punkt 2 des Dokumentes wird festgelegt, dass »25%ige Mischlinge« und Wehrmachtsangehörige, die mit »25%igen Mischlingen« verheiratet seien, in der Wehrmacht verbleiben könnten. Ab dem Frühjahr 1942 wurde Hitlers Forderung, dass ohne Ausnahme, alle »Mischlinge« aus der Wehrmacht zu entlassen seien, im Herbst 1942 durchgesetzt.
2   Der Zeuge M. wurde am 20.4.1944 zur Zwangsarbeit nach Frankreich verschleppt. Dort arbeitete er für die Organisation Todt bei Cravant in einem Steinbruch.

64a

Entlassungsschein aus der Wehrmacht für den Obergefreiten Gerhard M., ausgestellt am 25.8.1942

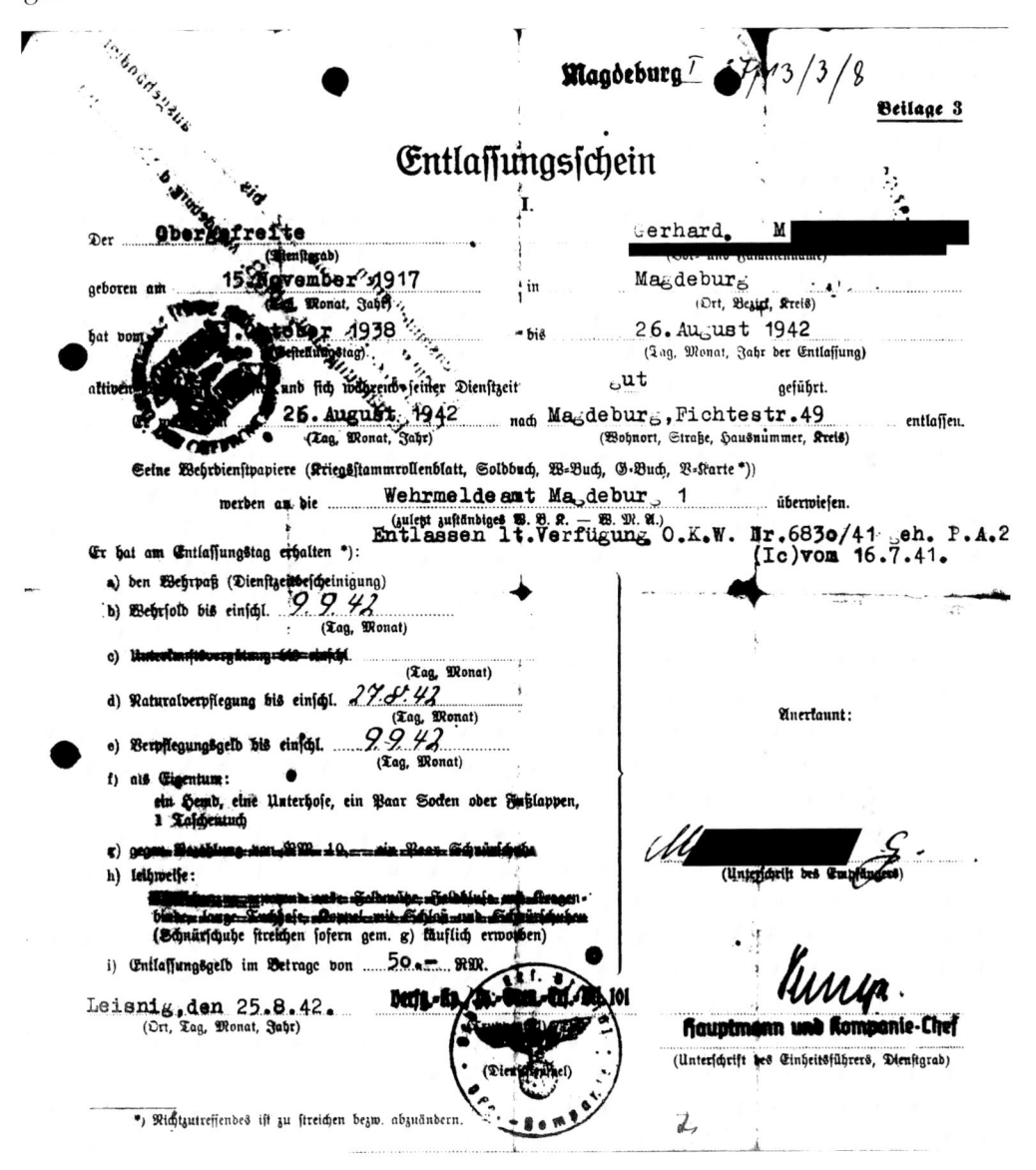

Quelle: BArch, DP 3, Nr. 947, Ber. V/16.

65

Kuhn, Walter, geb. 3. Mai 1897 in Kattowitz-Josefsdorf.
»Jude«.
1933: Besitzer Wäschehandel, Usedomstraße 7, Berlin.
Befragung am 13. Mai 1963, Berlin.
Tätigkeit und Wohnort 1963: Rentner, Berlin.[1]

Ich arbeitete als Tiefbauer, Straßenbauarbeiter und Lagerarbeiter. Auch als Gleisarbeiter musste ich arbeiten. Ich arbeitete in sogenannten »Judenkolonnen« oder »Judenabteilungen«. In diesen Abteilungen arbeiteten auch Polen, Russen und Menschen aus anderen Ländern. Am 27.1.1941 wurde ich zu der Firma Siemens & Halske zwangsverpflichtet, wo ich in der Zweigstelle Berlin-Wedding, Lynarstraße, arbeitete.

Quelle: BStU, Bd. 42, Bl. 53–57.

1   Gestorben am 28.9.1973. Vgl. CJA, Friedhof Weißensee Beisetzungsregister.

66

L., Ludwig, geb. 29. Oktober 1909 in Budow/Pommern.
»Jude«.
1933: Verkäufer, Seidenlager, Fa. Lindemann & Co., Potsdam.
Befragung am 9. Mai 1963, Gardelegen, Bezirk Magdeburg.
Tätigkeit und Wohnort 1963: Kaufmann, Kaufhaus Wollbrandt, Gardelegen.

Ich selbst musste nach der »Kristallnacht« im Dezember 1938 meine Stellung aufgeben, da Juden auf Anordnung der Staatsorgane nicht mehr beschäftigt werden durften. Auch sämtliche jüdische Firmen wurden bekanntlich an diesem Tage aufgelöst. Ich war dann mehr als ein Jahr arbeitslos und wurde im Mai 1940 vom Arbeitsamt Berlin - Fontanepromenade, zum Zwangsarbeitseinsatz vermittelt. Ich arbeitete zuerst bei einer Steinsetzfirma Nowack & Schwarz, Falkensee, im Gelände der AEG in Hennigsdorf. Im Januar 1941 kam ich dann zu Siemens & Halske nach Berlin-Jungfernheide, wo ich an hydraulischen und Öldruckpressen sehr stark gesundheitsschädigende Arbeiten verrichten musste. Bei dieser Firma war ich bis zu meiner Verhaftung Ende Februar 1943.[1]

Quelle: BStU, Bd. 43, Bl. 143–151.

1   Der Zeuge Ludwig L. wurde am 4.3.1943 nach Auschwitz deportiert. Vgl. Alfred Gottwald, Diana Schulle: Die »Judendeportationen« aus dem Deutschen Reich 1941-1945, Wiesbaden 2005, S. 457.

Danach wurde Ludwig L., laut seiner Aussage, zur Zwangsarbeit in das zuerst durch das KZ Buchenwald verwaltete Außenlager Dora verschleppt. Nach den Luftangriffen auf die Heeresversuchsanstalt Peenemünde am 18.8.1943 wurde die Raketenproduktion (V2) verlagert. Ende August 1943 trafen die ersten Häftlinge im Außenlager Dora des KZ Buchenwald ein, das im Südharz, bei der Stadt Nordhausen lag. Die Häftlinge mussten in einem unterirdischen Stollensystem unter unmenschlichen Bedingungen arbeiten (Frühjahr 1944 ungefähr 15.000 Häftlinge). Im Oktober 1944 wurde das Außenlager Dora zum selbständigen Lagerkomplex »Mittelbau«. Zuletzt schuftete Ludwig L. in dem zum KZ Mittelbau gehörenden Außenlager in Rottleberode, 10 km östlich von Nordhausen gelegen, das am 13.3.1944 gegründet worden war und durchschnittlich ungefähr 1.000 Häftlinge zählte. Am 5.4.1945 erfolgte die Auflösung des Lagers. Die Gefangenen kamen mit einem Transport bis vor Mieste, im Kreis Gardelegen, ca. 10 km von Gardelagen entfernt. Danach wurden sie nach Gardelegen getrieben, wo die Mehrzahl von ihnen in einer Scheune verbrannt wurde. Nur 25 Häftlinge, unter ihnen Ludwig L., überlebten das Massaker und amerikanische Truppen befreiten sie. Die »Mahn- und Gedenkstätte Isenschnibber Feldscheune«, 2 km nordöstlich von Gardelegen, erinnert an die 1.016 ermordeten Häftlinge.

67

K., Charlotte, geb. 23. Februar 1908 in Berlin.
»Jüdin«, »Mischehe«.
1933: Hausfrau, Berlin
Befragung am 7. Mai 1963, Oranienburg, Bezirk Potsdam.
Tätigkeit und Wohnort 1963: Hausfrau, Oranienburg.

Von 1933 bis 1936 war ich ohne berufliche Tätigkeit, d.h. ohne einen festen und legalen Arbeitsvertrag. Obwohl ich immer wieder versuchte, in ein Arbeitsverhältnis zu kommen, war mir das nicht möglich, weil ich jüdischer Abstammung war und bin. So sagte mir ein leitender Angestellter der größten Berliner Postkartenfabrik, als ich 1934 etwa bei ihm anfragte, ob ich in diesem Betrieb Arbeit bekommen könnte: »Sind sie Jude?« Als ich die Frage bejahte, »Juden werden nicht eingestellt. Das ist verboten«. (…)
Ich wurde kurz nach Ausbruch des Krieges 1939 durch eine Angestellte des allgemeinen Arbeitsnachweises in Berlin, Sonnenallee, mündlich angewiesen, mich unverzüglich bei der neugegründeten Stelle zu melden. Auf dieser Stelle wurde mir gesagt, dass ich ab sofort Arbeit bei dem Siemens-Elmo-Werk in Berlin aufzunehmen habe und weil ich Jude bin, es nicht in meinem Ermessen stehe, wo ich arbeite. In diesem Werk arbeitete ich zusammen mit ca. 200 anderen jüdischen Menschen am Fließband. Von dieser Zeit an wurde das Leben für mich noch unerträglicher.
Obwohl ich wie jeder sogenannte »arische« Arbeiter von 7.00 bis 17.00 Uhr und genau so schwere, manchmal noch schwerere Arbeit verrichten musste, verdiente ich wöchentlich ca. 9,00 RM. Davon musste ich 3,00 RM für Fahrgeld (öffentliche Verkehrsmittel) bezahlen, so dass mir 6,00 RM verblieben. Ich und die anderen jüdischen Kollegen mussten uns die Arbeitskleidung selber kaufen, während die anderen

Arbeiter zumindest einen Teil der Berufskleidung vom Werk erhielten. Wir jüdischen Arbeiter durften das Werkgelände nur als Gruppe, d.h. als Schicht mit 200 jüdischen Arbeitern betreten und verlassen. Als ich einmal 5 Minuten zu spät kam, musste ich 2 1/2 Stunden vor dem Tor warten, bis ich abgeholt wurde, weil es mir untersagt war, als jüdischer Mensch das Werk allein zu betreten. (…)
1940/41 wurde ich zur Zwangsarbeit auf den Stettiner Bahnhof in Berlin eingewiesen. Dort verdiente ich im Monat bei gleichen Arbeitsleistungen wie jeder andere Arbeiter 60 bis 70,00 RM monatlich, während die anderen Arbeiter sogenannter »arischer« Abstammung 190 bis 210 RM verdienten.

Quelle: BStU, Bd. 41, Bl. 115–122.

68

K., Erwin, geb. 1. März 1900 in Berlin.
»Jude«, »Mischehe«.
1933: Maschinenmeister im Steindruck, Fa. Georg Band, Pappelalle, Berlin.
Befragung am 7. Mai 1963, Oranienburg, Bezirk Potsdam.
Tätigkeit und Wohnort 1963: Rentner, Oranienburg

Von 1936 bis 1940 arbeitete ich als Tiefbauarbeiter bei der Firma Gottfried Puhlmann, Berlin-Zehlendorf, Straßen- und Kabelbau. 1940 dann, als es durch ein Gesetz des Reichsinnenministeriums verboten wurde, jüdische Bürger als Einzelarbeiter in Betrieben zu beschäftigen, wurde ich von dem jüdischen Arbeitsnachweis, d.h. von jener Stelle des Arbeitsamtes, bei der wir jüdische Bürger gesondert registriert waren, zu Daimler-Benz, Berlin-Marienfelde, zur Zwangarbeit verpflichtet. Ich und die anderen jüdischen Arbeiter durften dort nur in Gruppen von mindestens 20 Mann das Werk betreten und verlassen. Uns war untersagt, mit sogenannten »arischen« Bürgern zu sprechen, trotz schwerster Arbeiten wie Kohlenschippen u. a. erhielten wir nur die Grundkarte für den Lebensmittelbezug.

Quelle: BStU, Bd. 41, Bl. 146–155.

6. In der Phase der »Endlösung« Juni 1941 bis 1945

Am 22. Juni 1941 überfiel das faschistische Deutschland die Sowjetunion. Die deutsche Wehrmacht drang innerhalb weniger Tage Hunderte Kilometer in das Land ein. Der Krieg wurde zum Kampf gegen den »jüdisch-bolschewistischen Feind« deklariert, dessen Überfall Deutschland nur zuvorgekommen sei. Vier sogenannte Einsatzgruppen, mobile Einheiten der Sicherheitspolizei und des Sicherheitsdienstes, ungefähr 3.000 Mann stark, folgten der Wehrmacht. Ihr Auftrag lautete, Funktionäre des Staates und der Kommunistischen Partei und alle Juden, Sinti und Roma auszurotten.
In den Gebieten, die die Okkupanten in ihren Besitz brachten, lebten 1941 ungefähr 4 Millionen Juden, von denen sich nur ein Teil ostwärts retten konnte und andere in der Roten Armee gegen die Eindringlinge kämpften. Sofort nach der Besetzung begannen Kommandos der Einsatzgruppen mit Massenerschießungen von Juden. Die Mehrzahl der Juden wurde jedoch zunächst nach dem Vorbild der Praxis im eroberten Polen in Ghettos gepfercht. Die größten entstanden in Minsk, Riga, Vilnius und Kaunas. Deren arbeitsfähige Insassen wurden häufig zur Zwangsarbeit eingesetzt. Doch bald begannen die Mörder, die Ghettos zu entleeren und deren Insassen zu ermorden, teils an Ort und Stelle, zumeist in nahegelegenen Wäldern und anderen Orten außerhalb der Städte. (69, 70, 71)
Während dieses Morden auf sowjetischem Boden unvorstellbare Ausmaße annahm, erreichte die Diskriminierung der Juden im Reich eine neue Stufe. Seit dem 15. September 1941 mussten alle deutschen Juden, die das sechste Lebensjahr vollendet hatten, wie im eroberten Polen praktiziert, in der Öffentlichkeit an ihrer Kleidung einen gelben Stern mit der Inschrift »Jude« sichtbar tragen.[1] (72, 72a) In »Mischehe« lebende Juden waren davon ausgenommen. Von da an mieden Juden die deutschen Straßen, sofern sie nicht lebenswichtige Besorgungen zu erledigen hatten und auch dabei bevorzugten sie die Dunkelheit. Sodann wurden Juden weitere Verbote diktiert. Sie brauchten für die Benutzung öffentlicher Verkehrsmittel Erlaubnisscheine, mit denen sie sich auszuweisen hatten. Auch wurde ihnen untersagt, Haustiere zu halten. (73, 73a, 73b, 74, 74a)
In der zweiten Hälfte des Jahres 1941 reiften neue Überlegungen, wie man sich der Millionen Juden im Reich und in den besetzten Gebieten entledigen könnte, die den Machthabern als Feinde, Störenfriede und nutzlose Esser galten. Der 1940 entwickelte Plan, Millionen jüdischer Menschen auf die französische Kolonialinsel Madagaskar zu deportieren und sie dort in einer Art riesigem Konzentrationslager ihrem Schicksal zu überlassen, hatte sich als Illusion erwiesen. Zunächst wurden im Oktober 1941 Auswanderungen, noch gab es ein Schlupfloch durch Spanien nach Portugal oder von den Mittelmeerhäfen des unbesetzten Südens Frankreichs, von Juden generell verboten. Von nun an

sollte kein Jude im besetzten Europa den Mördern entkommen. Als Zwischenstationen dahin wurden Ghettos im Osten bestimmt. Von Wien fuhr der erste Deportationszug am 15. Oktober 1941 nach Łódź/Litzmannstadt, der zweite folgte drei Tage später von Berlin mit dem gleichen Ziel. Das war der Beginn einer Transportwelle aus dem gesamten Reichsgebiet.

Am 20. Januar 1942 trafen sich Staatssekretäre mehrerer Reichsministerien mit SS-Generalen und -Offizieren unter dem Vorsitz von Reinhard Heydrich[2] in Berlin in einer Villa Am Großen Wannsee 56–58 zu einer Besprechung über die »Endlösung der Judenfrage«, jener Mordaktion, deren Opfer alle Juden im Reich, den besetzten Gebieten und nach dem gedachten Endsieg auch die Juden in weiteren europäischen Ländern - insgesamt geschätzte 11 Millionen Juden - werden sollten. Die Versammelten berieten und vereinbarten ihr weiteres Vorgehen. Die Festlegungen der sogenannten Wannsee-Konferenz wurden getroffen, als schon klar war, dass der Kriegsplan der Wehrmacht für das Jahr 1941, der den Sieg im Osten vorgesehen hatte, gescheitert war.

Davon unbeeindruckt wurden die Deportationen der jüdischen Bevölkerung aus den deutschen Städten fortgesetzt. Die Juden hatten sich an Sammelpunkten einzufinden oder wurden unter Bewachung zu ihnen gebracht, registriert, ihr Gepäck durchsucht, dessen Umfang und Inhalt vorgeschrieben worden war, und hatten die Fahrtkosten für ihren als Umsiedlung getarnten Transport zu entrichten. (75, 75a) Danach bestiegen sie Züge der Reichbahn in die jeweils etwa 1.000 Männer, Frauen und Kinder verfrachtet wurden. Die Fahrt dauerte Tage und die Menschen litten Hunger, Durst und unter katastrophalen hygienischen Bedingungen. Zielorte waren anfangs Ghettos im Osten, deren vorherige Bewohner schon getötet worden waren, die einen durch Erschießungskommandos, andere, seit 1942, in den Gaskammern der Vernichtungsstätten Treblinka, Sobibór, Belzéc oder Majdanek. Allein zwischen dem 22. Juli und dem 12. September 1942 erfolgte der Transport von 310.000 Einwohnern des Warschauer Ghettos nach Treblinka und Belzéc.

Die Mehrzahl der Transporte hatte das Vernichtungslager Auschwitz-Birkenau zum Ziel, das im Oktober 1941 errichtet worden war. Dort wurden mehr als eine Million Menschen umgebracht, davon über 500.000 ungarische Juden, von denen die meisten in den Gaskammern erstickten, andere an Hunger und Seuchen starben oder von den Wachmannschaften getötet wurden. Wer von den Herangeschleppten als arbeitstauglich galt, wurde nach Auschwitz III-Monowitz oder in eines der 60 Außenlager gebracht und – unter anderem in Betrieben der IG-Farben AG und von Krupp – ausgebeutet, bis seine Kräfte versiegten. Der 1944 eingetretene Arbeitskräftemangel veranlasste die SS, Häftlinge aus anderen Konzentrationslagern nach Auschwitz zu verlegen. (76, 76a, 77, 78, 79, 80, 80a, 81)

Zu einer Station auf dem Wege nach Auschwitz wurde für viele seiner Insassen das Ghetto-KZ Theresienstadt, zuerst bestimmt zum Konzentrationslager für tschechische Juden und seit Mai 1942 als »Altersghetto« für Juden aus dem

Reich sowie aus Dänemark, den Niederlanden, aus Ungarn, Danzig und Österreich. In die einstige Festungsstadt wurden Juden verschleppt, die über 65 Jahre alt, gebrechlich, Kriegsteilnehmer des Ersten Weltkrieges oder »Mischlinge« waren, bis Kriegsende ungefähr 140.000 Menschen. Noch Arbeitsfähige wurden zur Aufrechterhaltung des Funktionierens des Lebens im Ghetto eingesetzt, mit Transporten in dem vom Ghetto verwaltete Außenlager oder in andere Konzentrationslager verschleppt, wo sie brutal in der Rüstungsindustrie ausgebeutet wurden. (82, 83, 83a, 83b, 83c)

Ende 1942 waren die Deportationen der Juden in Deutschland nahezu beendet. Im Reich lebten Juden nur noch illegal oder wenn sie als Partner von »Mischehen« sowie »Mischlinge 1. Grades« eingestuft und von den Deportationen nicht erfasst worden waren. Sie, besorgt um ihre verschleppten Angehörigen, konnten nur auf das Ende der faschistischen Herrschaft setzen. (84, 84a, 85, 85a, 85b) Daran ließen sich an der Jahreswende 1942/1943 Hoffnungen knüpfen. Die Wehrmacht verlor die Stalingrader Schlacht. Eine Kriegswende zeichnete sich ab. Wütend und tödlich schlug das Regime gegen alle, die den Durchhalteparolen nicht folgten und am Endsieg Zweifel äußerten. (86) Den Machthabern war ihre Niederlage Antrieb zur Organisierung des »Totalen Krieges« und weiterer Maßnahmen gegen die in ihrer Gewalt befindlichen und noch nicht verschleppten oder gefangengesetzten Juden. Unverändert verfolgten sie das Ziel, ganz Europa »judenfrei« zu machen.

Am 27. Februar 1943 erfolgte reichsweit eine Verhaftungswelle, die in die Geschichte der Verfolgungen als »Fabrik-Aktion« einging. An diesem Tage ergriff die Gestapo Juden an ihren Arbeitsplätzen in Betrieben oder in Behörden, verhaftete sie auf offener Straße oder in ihren Wohnungen und verbrachte sie an Sammelpunkte (Synagogen, Kasernen, andere großräumige Gebäude und Baracken). Dort wurden sie erneut registriert und ihr Status entsprechend der von den Judenfeinden vorgenommenen Kategorisierung vermerkt. Darauf erfolgte eine Selektion. (87) Juden in »Mischehen« konnten sofort oder nach einigen Tagen die Sammellager verlassen, hatten sich auf für sie bestimmten Arbeitsämtern zu melden und wurden zu kriegswichtiger Arbeit oder niedriger Tätigkeit zwangsverpflichtet. (88) Juden, die den Schutz der »Mischehe« nicht mehr besaßen oder dem Abtransport entgangen waren, wurden umgehend deportiert.

Nur in Berlin war die Razzia nicht nach dem Plan der Gestapo verlaufen.[3] Die in der Reichshauptstadt ergriffenen Juden wurden in Lager und Einrichtungen verbracht, die vordem schon als Ausgangsplätze für Deportationen gedient hatten, u.a. die Synagoge in der Levetzowstraße, das jüdische Altersheim in der Großen Hamburger Straße (89, 89a, 90), die Hermann Göring-Kaserne in Reinickendorf, heute Julius-Leber-Kaserne (91), ein Reitstall einer Kaserne in der Rathenowstraße, Moabit, das Konzerthaus »Clou«, das jüdische Altersheim in der Gerlachstraße und das Verwaltungsgebäude der ehemaligen jüdischen Gemeinde in der Rosenstraße 2–4. (92, 92a) Vor dem Sammellager in der

Rosenstraße, im Stadtzentrum, versammelten sich jedoch nichtjüdische Ehefrauen der Inhaftierten unerschrocken, um gegen die Internierung ihrer Ehemänner zu protestieren. Dass sie freigelassen wurden, entsprach dem vorgefassten differenzierten Plan, der sich auf die Deportation der einen und die Umschichtung der anderen an Arbeitsplätze richtete, die als besonders dringend zu besetzen angesehen wurden.

Nur ein Teil der von der Deportation nicht erfassten Juden lebte noch bei seinen Familien an den bisherigen Wohnstätten oder in »Judenhäusern«, in die sie hatten umziehen müssen. Mit dem sich unausgesetzt verschärfenden Mangel an Arbeitskräften wurden die letzten verbliebenen jüdischen Männer an Arbeitsorte zwangsverwiesen, in denen sie ihr Leben in primitiven Lagern zubringen mussten. Der Bedarf an Zwangsarbeitern wuchs zusätzlich mit den Zerstörungen infolge des Luftkrieges und des Plans, die Produktion unter die Erde zu verlagern. Zu Bauprojekten dieses Typs, deren Ausführung teils Sache der Organisation Todt war, wurden nicht nur Juden aus dem Reich herangeholt, die als »Mischlinge« galten oder in »Mischehen« lebten, sondern auch Deportierte in das als »judenfrei« deklarierte Reich zurückgeschafft oder in die eroberten Gebiete beordert, wo sie einer räuberischen und tödlichen Ausbeutung ihrer Arbeitskraft, der »Vernichtung durch Arbeit« unterworfen wurden. (93, 93a, 93b, 94, 95, 95a, 95b, 96)

Zu Beginn des sechsten Kriegsjahres kämpften alliierte Truppen im Westen des Reiches, im Osten stieß die Rote Armee Richtung Berlin vor. Warschau war am 17. Januar und 10 Tage später das KZ Auschwitz befreit worden. Doch die bürokratische Maschinerie der Judenmörder lief weiter. Im Januar 1945 ordnete das Reichssicherheitshauptamt an, binnen eines Monats nun auch alle in »Mischehen« lebenden Juden sowie »Mischlinge« nach Theresienstadt zu deportieren, was in den Kennkarten der Betroffenen bürokratisch mit dem Vermerk »evakuiert« eingetragen wurde. (97, 97a) Wo der Apparat der Verfolger noch funktionstüchtig war, geschah das unter unmenschlichen Bedingungen und oft waren sie die letzten aus ihren jüdischen Familien, die noch am Leben waren. (98, 99) Nicht alle zusammengestellten Transporte gelangten jedoch noch bis zu ihrem Bestimmungsort. (100) Wer am Ziel eintraf, geriet in chaotische und katastrophale Zustände, unausgesetzt vermehrt durch die eintreffenden Transporte erschöpfter und vom Tode gekennzeichneter Menschen, die auf Todesfahrten und Todesmärschen von einem zum anderen Lager gehetzt wurden. (101, 101a) Das Töten und Morden dauerte buchstäblich bis in die letzten Minuten, da die deutschen Faschisten noch Herren ihrer Gefangenen waren. Theresienstadt wurde am 8. Mai 1945 befreit, an dem Tage, an dem Militärs des deutschen Oberkommandos die bedingungslose Kapitulation unterzeichneten. Zehntausende Menschen, bis dahin vom Tode bedroht, waren frei und dem Leben zurück gegeben. Millionen europäischer Juden waren ermordet worden. Wie viel jüdische Männer, Frauen und Kinder die faschistische Herrschaft überlebt haben, ist nicht zu sagen.

1. RGBl. 1941 I, S. 547.
2. Reinhard Heydrich (1904–1942). Auf den Chef des Reichssicherheitshauptamts und Stellvertretenden Reichsprotektor von Böhmen und Mähren wurde am 27.5.1942 in Prag ein Attentat verübt. Er verstarb an den Folgen seiner Verletzungen. Danach setzte eine Terrorwelle gegen die tschechische Bevölkerung ein. Die männlichen Einwohner des Dorfes Lidice bei Kladno wurden ermordet, die Frauen und Kinder verschleppten die Faschisten in Konzentrationslager.
3. Beate Meyer hat anhand der überlieferten Protokolle sehr detailliert diese Aktion untersucht und ausgewertet. Darum werden hier nur einige Auszüge, die zu dieser Thematik Auskunft geben, abgedruckt.

69

Bernics, Gertrud, geb. 27. Januar 1897 in Frankfurt/Main.
»Vor Hochzeit Annahme der mosaischen Konfession«.
1933: Schneiderin.
Befragung am 11. Mai 1963, Nordhausen, Bezirk Erfurt.
Tätigkeit und Wohnort 1963: Rentnerin, Nordhausen.

Ich berichte[1] aus eigenem Erleben in Libau[2], einem der damaligen von den Faschisten besetzten Ostgebiete.
Als in Lettland 1940 die sowjetische Besatzungsmacht einzog[3] trat mein Mann in die KPdSU ein und wurde Kandidat der Partei. Er wurde als Hauptbuchhalter im Staatl. Handel eingesetzt und dann nach kurzer Zeit als Hauptbuchhalter im Spez.torg[4], einer Dienststelle beim NKWD.
Im Juni 1941 wurde Libau von den Hitlertruppen besetzt.
Sämtliche Juden, die einigermaßen anständige Wohnungen hatten, mussten diese auf Befehl der SS und des Gebietskommissars räumen. Wer konnte, zog mit anderen Familien zusammen, deren Wohnungen nicht unter die Beschlagnahme fielen. Die anderen Familien bekamen ein großes altes Gebäude zugewiesen. Sie durften nur das Allernotwendigste mit sich nehmen und wohnten da zusammengepfercht. In jedem Zimmer eine Familie. Zum Kochen eine Küche von ungefähr 3,5 qm. Auch die Schwiegereltern aus 1. Ehe waren in dieses Haus gepfercht. Ich habe sie täglich besucht. Es war grauenhaft. Hier hausten diese armen Menschen bis zum Dezember 1941. Am 11.12.1941 begann das schrecklichste Morden, von dem man sich keinen Begriff machen kann. Es hieß, alle Juden kommen jetzt zusammen in ein Ghetto. Es wurde befohlen, das Gepäck fertig zu machen und zu warten, bis sie geholt wurden. In der Stadt Libau hatte man fast ganz außerhalb ein Viertel abgezäunt, Wachbuden aufgestellt mit Soldaten. In den Schlafräumen waren die Pritschen übereinander, wie im KZ-Lager. Ich war morgens noch bei meinen Schwiegereltern. Wir trösteten uns gegenseitig und verabredeten, wenn diese Zeit vorüber ist und alle wieder aus dem Ghetto nach Hause können, dann werden wir zusammenleben. Ich werde mit meiner Tochter arbeiten und wir werden leben. Dass es so schrecklich kam, wie es kam, konnte man nicht glauben. Alle packten, was sie konn-

ten. Nachts hatte man von den Mehlvorräten noch Brot gebacken und gekocht, damit im Ghetto gleich etwas zu essen da ist. Ich kann den kleinen dreijährigen Enkel der Familie Kabacznik nicht vergessen! Wie er seine Spielsachen zusammensuchte und alles so liebevoll in ein kleines Köfferchen einpackte und aufpasste, dass ja nichts zurückbleibt. Plötzlich sah ich einen Mann durch die Zimmer gehen, den ich nicht kannte. Ich versprach meinen Schwiegereltern, abends noch einmal zu kommen und ging weg, weil ich Angst bekam. Doch als ich abends hinging, war das ganze Haus leer. Meine Freundin Julia Rabinowitz, die noch längere Zeit am Leben blieb und mich öfters heimlich besuchte, erzählte mir dann, dass man das Haus noch denselben Tag geräumt hätte. Mein Schwiegervater habe, als die SS ihn aufgefordert habe, mitzukommen, gesagt, dass er nicht gehen kann. Daraufhin habe man ihn zur Treppe geführt und ihm gesagt, er werde mit einem Wagen abgeholt. Man habe ihn mit dem Gewehrkolben auf den Kopf geschlagen und ihn die Treppe herunter geworfen. Man hatte ihn mit einem Wagen geholt, aber tot. Alle, die an diesem Tage von der SS geholt worden waren, kamen ins Gefängnis. In den Morgenstunden des nächsten Tages fuhren Plattenwagen durch die Seestraße, mit Leichen übereinander geworfen. Es waren die Leichen von jüdischen Bürgern, die ahnten, was ihnen bevorstand, und durch Selbstmord ihrem Leben ein Ende machten. So ging es am 11., 12. und 13. Dezember 1941. Züge von jüdischen Menschen schleppten sich mit ihrem Gepäck, von SS begleitet, auf dem Rücken meistens einen großen Bettbezug und an der Hand die Kinder. So schleppten sie sich zum Gefängnis. Und aus dem Gefängnis rollten Lastwagen vollgestopft mit jüdischen Menschen zum Kriegshafen. Dort hatte, wie ich später erfuhr, die SS die Gruben ausheben lassen, in die die Opfer nach dem Erschießen hineinstürzten. Ich glaube, es war am 12. Dezember, als ich in der Handwerkskammer wegen meiner Arbeitserlaubnis war. Da hörte ich, wie einer dem Vorsitzenden Jakobsohn erzählte, dass an diesem Tage 700 Personen im Kriegshafen erschossen worden sind. Er erzählte, dass nicht alle tot gewesen seien und dass die Kommandos Handgranaten in die Gruben geworfen hätten, damit alle tot wären. Die Explosion der Handgranaten haben wir tatsächlich in der Stadt gehört. (…)

Libau hatte ca. 3.000 jüdische Bürger. Wie ich aus einem Artikel im »Neuen Deutschland«[5] vom 29.1.1956 las, kamen von diesen 2.350 als Opfer der Faschisten ums Leben. Bei diesem Artikel erschien auch ein Foto, auf dem 4 Frauen waren, die ich kannte. (…) Meine Tochter hatte während der sowjetischen Besatzung Libaus gleich nach ihrem Abitur eine Stelle als Statistikerin bei der Stadtverwaltung Libaus. Im Herbst sollte sie auf die Universität nach Riga zum Studium gehen. Gleich nach dem Einmarsch der faschistischen Armee bekam sie schriftlich ihre fristlose Entlassung mitgeteilt.

Quelle: BStU, Bd. 32, Bl. 70–78.

1   Auszug zitiert nach einer Niederschrift der Zeugin, datiert vom 8.5.1963, die dem Protokoll als Anlage beigefügt ist.
2   Heute Liepaja – lettische Stadt an der Ostsee.
3   Aufnahme Lettlands in die UdSSR, August 1940.
4   Spez.torg – Spezialhandel.
4   Tageszeitung, »Organ des Zentralkomitees der Sozialistischen Einheitspartei Deutsch-

lands«. Am 29.1.1956 war im ND ein Artikel unter der Überschrift »So ließ Bräutigam Frauen zur Hinrichtung treiben«, erschienen. Dr. jur. Otto Bräutigam (1895–1992), bis 1941 Diplomat im Reichsaußenministerium, 1941–1944 Politische Abteilung im Reichsministerium für die besetzten Ostgebiete, 1947–1953 Berater amerikanischer Behörden für Sowjetfragen. Anschließend wieder leitender Beamter im Bundesaußenministerium, Chefexperte für Osteuropa, zuletzt Generalkonsul der BRD in Hongkong. Pensionierung 1960. Großes Bundesverdienstkreuz.

70

Sabalski, Margarete, geb. 20. November 1899 in Stettin.
»Jüdin«.
1933: Hausfrau, Stettin.
Befragung am 12. Mai 1963, Berlin-Pankow.
Tätigkeit und Wohnort 1963: Rentnerin, Berlin-Pankow.[1]

Sofort mit dem Einmarsch der faschistischen Armee in Vilna[2] wurde die jüdische Bevölkerung gezwungen, eine Armbinde mit dem sogenannten »Judenstern« zu tragen. Unsere bis dahin völlig uneingeschränkte persönliche Freiheit[3] fand dadurch ihr Ende, dass 85.000 jüdische Bürger[4] in Vilna gezwungen wurden, in zwei als Ghetto eingerichtete kleine Stadtgebiete zu übersiedeln. Da Vilna nur recht kleine Häuser aufzuweisen hatte und dieses Ghetto nur wenige Straßenzüge umfasste, waren diese 85.000 Menschen auf das Unmenschlichste zusammengepfercht. Die jüdische Bevölkerung wurde dort von litauischen Soldaten bewacht und kontrolliert. Obwohl ein großer Teil der jüdischen Bevölkerung zum Arbeitseinsatz angehalten wurde und in Kasernen bzw. anderen Fabriken arbeiten musste, war die Frage der Verpflegung und Betreuung dieser Menschen in der ersten Zeit völlig ungenügend. Lediglich durch Tauschgeschäfte mit polnischen Bauern war es der jüdischen Bevölkerung möglich, einige Lebensmittel für den Lebensunterhalt zu erhalten. In dem Ghetto bestand eine jüdische Gemeinde, die es übernommen hatte, die dortigen Verhältnisse, soweit überhaupt möglich, etwas zu organisieren. In den ersten drei bis vier Monaten wurden die Mitglieder der jüdischen Gemeinde aufgesucht und veranlasst, Transporte jüdischer Bürger zusammenzustellen. Die Aufträge wurden den Mitgliedern der jüdischen Gemeinde persönlich von dem SS-Kommandanten Schwalmbach übergeben. Die Aufträge bestanden darin, kurzfristig, d.h. bis zum nächsten Tag oder bis zur nächsten Nacht, Hunderte bzw. Tausende jüdischer Bürger herauszusuchen und zu einem Transport zusammenzustellen. Wir wurden davon unterrichtet, dass diese Transporte in andere vorbereitete Ghetto gehen, da das Ghetto von Vilna infolge der hohen Zahl jüdischer Bürger überbelegt sei. Das wahre Schicksal dieser Transporte haben wir dann von einer jüdischen Bürgerin erfahren, die in einem Transport Vilna verlassen hatte und nach einigen Tagen in das Ghetto zurückkehrte. Sie berichtete uns folgendes: Ihr Transport wurde mit Lastkraftwagen in ein Waldgebiet in der Nähe von Vilna gefahren.[5] Dort hatten Bauern große Gräber ausgehoben und die jüdischen Bürger des

Transportes wurden zusammengetrieben und dann von der SS mit Maschinengewehren erschossen. In die vorbereiteten Massengräber wurden die Menschen übereinander geschichtet und mit ungelöschtem Kalk und einer dünnen Erdschicht bedeckt vergraben. Da bei den Massenerschießungen nicht alle jüdischen Bürger sofort tödlich getroffen waren und ein erheblicher Teil noch lebend in die Massengräber geworfen wurde, hat sich die Erde dieser Gräber tagelang noch bewegt. Die jüdische Bürgerin, die in das Ghetto zurückkehrte, war lediglich am Arm gestreift worden, als diese Maschinengewehrgarben in die Menschen gefeuert wurden. Da sie bei der Verscharrung der Opfer obenauf zu liegen gekommen war, gelang es ihr, die dünne Erdschicht, nachdem sich das Erschießungskommando entfernt hatte, aufzubuddeln und in der Umgebung und bei Bürgern Unterkunft und Betreuung zu finden. Da diese Bevölkerung jedoch befürchten musste, für die Beherbergung jüdischer Bürger selbst Repressalien erwarten zu müssen, blieb ihr keine andere Möglichkeit, als in das Vilnaer Ghetto zurückzukehren. Auf diese Art und Weise haben wir von dem Schicksal der sogenannten »Transporte« erfahren.

Quelle: BStU, Bd. 43, Bl. 12–24.

1   Gestorben am 20.8.1972. Vgl. CJA, Friedhof Weißensee Beisetzungsregister.
2   Margarete Sabalski war gemeinsam mit ihrem Ehemann, der in Stettin ein Geschäft für Herren-Schneider-Artikel besaß, aufgrund der Ausweisung polnischer Bürger Ende Oktober 1938 nach Vilna gekommen.
3   Vilna, heute Vilnius, befand sich seit September 1939 laut dem Nichtangriffsvertrag zwischen Deutschland und der Sowjetunion unter sowjetischer Besatzung. In West-Weißrussland, in Polnisch-Litauen, d.h. in den Provinzen Podolien, Nowogrodek und Vilna, lebten insgesamt 341.500 Juden.
4   Die Zahl 85.000 kann nicht belegt werden. Andere Quellen sprechen von anfänglich 40.000 und nach den Massenexekutionen von 20.000 Juden, die sich am Ende des Jahres 1941 in den beiden Ghettos von Vilna befanden.
5   An anderer Stelle des Berichtes wird der Ort dieses Ereignisses mit dem Namen »Ponari« bezeichnet. Gemeint ist offensichtlich Paneriai, ungefähr 8 km südwestlich von Vilna entfernt. Hier wurden nicht nur jüdische Menschen aus dem Distrikt Vilna, sondern ebenfalls Juden, die aus Deutschland und Österreich verschleppt worden waren, massenhaft ermordet.

71

Magaram, Harry, geb. 8. September 1922 in Bielefeld.
»Jude«.
1933: Schüler, Riga.
Befragung am 14. Juni 1963, Leipzig, Bezirk Leipzig.
Tätigkeit und Wohnort 1963: Diplomökonom, VEB Drehmaschinenwerk Leipzig.[1]

Nach dem Einmarsch der faschistischen Truppen im Jahre 1941 wurden wir, d.h. meine Eltern, meine drei Geschwister und ich, in das Ghetto von Riga umquartiert, da wir eine jüdische Familie waren und somit unter die bestehenden Sondergesetze fielen.[2] Damit fielen wir auch unter die gesamten Maßnahmen, die innerhalb des Ghettos Gültigkeit hatten. Meine Mutter und zwei Geschwister wurden im Oktober 1941 bei der ersten Ghettoaktion ermordet.[3] Mein Vater und mein Bruder sind im Jahre 1944/45 – genau kann ich dies nicht sagen – in Buchenwald umgekommen. In den Sommermonaten des Jahres 1943 kam ich aus dem Rigaer Ghetto, das aufgelöst wurde[4], in das KZ Kaiserwald[5], wo ich bis 1944 verblieb.[6] (…)

Ich erlebte die ganze Vernichtungsaktion im Rigaer Ghetto mit. Ich sah, wie insbesondere ältere Leute des Ghettos, die nicht gut auf den Beinen waren, schon in den Straßen niedergeschossen wurden. Ich sah bei den anschließenden Aufräumungsarbeiten im Altersheim des Rigaer Ghettos, zu denen wir nach der Aktion zwangsweise eingesetzt wurden, dass sämtliche Insassen des Heims an Ort und Stelle ermordet worden waren. Wir haben die Leichen herausgetragen und auf Pferdewagen gestapelt. Diese wurden dann in Massengräbern verscharrt. Ich war beteiligt am Aussortieren der Kleidungsstücke, die nach den Massenexekutionen im Ghetto eintrafen. Insbesondere sortierten wir die Pelzsachen aus, die dann nach Umarbeitung der Wehrmacht zur Verfügung gestellt wurden. Das sind die wesentlichen Aktionen, die mir noch in Erinnerung sind.

Quelle: BArch, DP 3, Nr. 959, Ber. 6.

1   Gestorben am 21.9.2004.
2   Das Ghetto Riga existierte seit August 1941. Bis Oktober 1941 waren ungefähr 30.000 lettische Juden dorthin »umgesiedelt« worden. Vgl: Wolfgang Scheffler: Das Schicksal der in die baltischen Staaten deportierten deutschen, österreichischen und tschechoslowakischen Juden 1941–1945. In: Wolfgang Scheffler, Diana Schulle (Bearb.): Buch der Erinnerung. Die ins Baltikum deportierten deutschen, österreichischen und tschechoslowakischen Juden (Book of Remembrance. The German, Austrian and Czechoslovakian Jews deported to the Baltic States), hrsg. vom Volksbund Deutsche Kriegsgräberfürsorge, dem Riga-Komitee der deutschen Städte, der Stiftung Neue Synagoge Berlin – Centrum Judaicum und der Gedenkstätte »Haus der Wannsee-Konferenz«, München 2003, S. 1–43.
3   Mit »Großaktionen« meint der Zeuge offenbar die erste Erschießungsaktion, die am 30.11.1941 stattfand, die zweite folgte am 8.12.1941. Insgesamt wurden dabei ungefähr 25.000 Ghettoinsassen umgebracht.
4   Nach der Ermordung der lettischen Juden belegten seit Dezember 1941 Juden, die mit den Deportationszügen aus dem Reich nach Riga transportiert worden waren, das Ghetto. Am 2.11.1943 wurde das Ghetto Riga geschlossen, dem waren weitere Mordaktionen vorausgegangen.
5   Arbeitsfähige Bewohner des Ghettos kamen in das KZ Kaiserwald, in der Nähe von Riga gelegen, das im Sommer 1943 errichtet worden war. Im Haupt- und seinen Außenlagern befanden sich 1944 ungefähr 11.000 jüdische Frauen und Männer.
6   Das KZ Kaiserwald wurde ab August 1944 »evakuiert«. Der Zeuge kam dann in die Konzentrationslager Stutthof bei Danzig und Buchenwald.

72

Rosenthal, Heinrich[1]

1 Im Dok. 43 finden sich Angaben zur Person des Zeugen und zu seiner Verfolgungsgeschichte.

72a

»Der gelbe Stern«, schwarzer Davidstern auf gelbem Stoff mit der Kennzeichnung »Jude«, zu tragen aufgrund der Polizeiverordnung vom 1.9.1941

Quelle: BArch, DP 3, Nr. 958, Ber. XVI/8.

73

Z., Detlef, geb. 25. August 1925 in Leipzig.
»Mischling«.
1933: Kind, Leipzig.
Befragung am 9. Mai 1963, Leipzig, Bezirk Leipzig.
Tätigkeit und Wohnort 1963: Kraftfahrer, Leipzig.[1]

Nach meiner Schulentlassung wurde ich gleich dienstverpflichtet. Diese Verpflichtung erfolgte durch eine besondere Stelle bzw. Abteilung des Arbeitsamtes. Meine Arbeitsstelle war die Firma Märkle und Kniesche in Taucha[2]. *Es war eine Rauchwarenfirma. Dort musste ich alle Hilfsarbeiten durchführen. Die Entlohnung erfolgte nach dem niedrigsten Tarif. Bis zum Jahr 1941 war ich an für sich noch keinen besonderen diffamierenden Maßnahmen ausgesetzt. Erst als ich 1941 verpflichtet wurde, den gelben sogenannten »Judenstern« zu tragen, setzten eine ganze Reihe weiterer Zwangsmaßnahmen ein. Dieser Stern war gut sichtbar auf der linken Seite zu tragen und durfte nicht verdeckt werden. So weit ich mich erinnere, erhielten wir diesen Stern gegen Bezahlung in unserer Gemeinde ausgehändigt. Nach dieser Sache mit dem Stern musste ich mich in der Harkortstr., dort war eine Judenstelle der sogenannten Reichsmessestadt, melden und erhielt eine Berechtigungsbescheinigung zur Benutzung der öffentl. Verkehrsmittel. Diese Bescheinigung, auf der durch zwei große »J« sichtbar war, dass ich Jude bin, berechtigte mich nur zum Benutzen bestimmter Straßenbahnlinien. Gleichzeitig war ich als Benutzer der Straßenbahn verpflichtet, nur in bestimmte Wagen einzusteigen. In diesen Wagen wurde mir auch noch vorgeschrieben, welche Plattform ich als »Jude« benutzen durfte. Da meine Arbeitsstelle außerhalb Leipzigs lag, bedurfte ich noch einer Sondergenehmigung zum Benutzen der Straßenbahn nach Taucha. Oft kam es vor, dass ich von deutschen Fahrgästen mit Steinen beschmissen wurde oder mich irgend einer anspuckte und »Juden raus« rief.*

Quelle: BStU, Bd. 39, Bl. 39–46.

1 Gestorben am 6.12.2003.
2 Ort etwa 10 km nordöstlich von Leipzig.

73a

Berechtigungsausweis für Detlef Z. zur Benutzung von Straßenbahn, Omnibus, Obus zwischen Wohnung und Arbeitsplatz, der Firma Märkle & Kniesche, ausgestellt am 28.10.1941

ungültig bis 31.12.42

Berechtigungsausweis Nr. 2146 Amt zur Benutzung von Straßenbahn, Omnibus, Obus.

Nach amtlicher Prüfung [...]

der Jude Detlef Israel Z. [...]

16 Jahre alt, [wohnha]ft in Leipzig, [...]

beschäftigt bei Firma Märkle & Kniesche

Arbeitsplatz Tau[cha,] Freiligrathstr. 6 und Leipzig-Wahren

berechtigt, zwischen Wohnung und Arbeitsplatz folgende öffentliche Verkehrsmittel der Reichsmessestadt Leipzig gegen Zahlung des tarifmäßigen Jahrpreises und unter Beachtung der auf der Rückseite ersichtlichen Bestimmungen zu benutzen.

Straßenbahnlinien 11, 23, 28   Obuslinien —

Autobuslinien —

Leipzig, den 28.10. 1941

Harkortstraße 1, I

Der Oberbürgermeister Reichsmessestadt Leipzig
— Judenstelle —
Im Auftrage

Quelle: BArch, DP 3, Nr. 952, Ber. X/7.

73b

Erlaubnis des Polizeipräsidenten in Leipzig für Detlef Z. zum Verlassen der Wohngemeinde Leipzig zum Arbeitsplatz in Taucha, der Firma Märkle & Kniesche, ausgestellt am 17.12.1942.

```
Der Polizeipräsident                Leipzig, den 17.12.42
   in Leipzig
Nr. IDB 177
II 72.20 a              Polizeiliche Erlaubnis.

Dem Juden - XXXXXXXX........Detlef.Adolf.Israel...............
                             (Vornamen, Rufnamen unterstreichen)
.....Z_____.............Schüler................
(Zuname, bei Frauen auch Mädchenname)     (Beruf)
geb. am ...25.8.1925....... in .....Leipzig-Leutzsch..........
wohnhaft in ,,Leipzig.C.1........,  XXXXXXXXX Färberstr.11.....
              (Gemeinde)                (Straße, Platz Nr.)
.....Deutsches Reich........., .....Kennkarte........... wird hier-
(Staatsangehörigkeit)           (amtl.Lichtbildausweis)
mit die polizeiliche Erlaubnis zum xxxxxligen ........./.....xxxxxxx,
wiederholten Verlassen seiner - xxxxxx Wohngemeinde .....Leipzig.........
............ über ................ nach ........Taucha............
- und zurück - am ............... vom .17.12.42.... bis ....30.6.43...
                                     (Datum)         (Zeitangabe)
erteilt.
Diese Erlaubnis berechtigt zur Benutzung von ......Straßenbahn.........
                                                (Verkehrsmittel)
soweit nicht eine Inanspruchnahme dieses -r- Verkehrsmittel -s- durch die
Verkehrsträger oder deren Aufsichtsbehörden ausgeschlossen oder eingeschränkt
ist.
Dieser Erlaubnisschein ist nur gültig in Verbindung mit einem amtlichen
Lichtbildausweis.
Die Erlaubnis ist nach Fristablauf oder nach Abschluß der Reise an das
Polizeipräsidium Leipzig, Abteilung II, Zimmer 218 abzugeben.
   Sie gilt nur während des Arbeitseinsatzes in Taucha bei der Firma Märkle
   & Kniesche - Rauchwaren-Zurichterei und Färberei - Leipzig
                                           I.A.
                                           [Unterschrift]
                                           Pol.-Inspektor

Nichtzutreffendes durchstreichen.
```

Quelle: BArch, DP 3, Nr. 952, Ber. X/7.

74

M., Hermann, geb. 2. August 1899 in Kolmar/Posen.
»Jude«, Ehefrau »Arierin«.
1933: Betreiber eines Weiss-, Woll- und Textilgeschäftes, Schererstraße 12, Berlin.
Befragung am 6. Mai 1963, Güterfelde, Bezirk Potsdam.
Tätigkeit und Wohnort 1963: Rentner, Güterfelde.

Da wir keine Kinder besitzen, hatten ich und meine Ehefrau unser Herz an einen kleinen Dackel gehängt. Schließlich kam eine Verordnung[1] heraus, wonach Juden und den mit ihnen zusammenwohnenden Personen das Halten von Haustieren verboten wurde. Wir mussten den Totenschein des Hundes vorlegen.

Quelle: BStU, Bd. 41, Bl. 98–103.

1   Laut einer Anordnung vom 15.5.1942 wird Juden das Halten von Haustieren verboten.

74a

Schreiben der Bezirksstelle Brandenburg-Pommern der Reichsvereinigung der Juden in Deutschland, Berlin, an Hermann M. in Stahnsdorf-Güterfelde vom 27.5.1942, betr. Verbot des Haltens von Haustieren

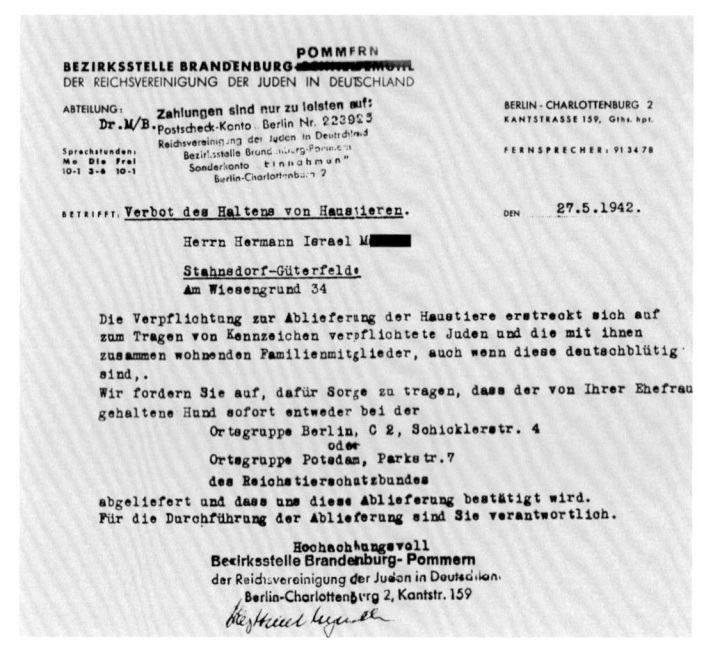

Quelle: BArch, DP 3, Nr. 954, Ber. XII/26.

75

Sonenstain, Maria, geb. 26. November 1895 in Löbau/Sachsen.
»Mischehe«, Ehemann »Jude«.
1933: Nicht berufstätig, Dresden.
Befragung am 14. Mai 1963, Kyritz, Bezirk Potsdam.
Tätigkeit und Wohnort 1963: Rentnerin, Kyritz.

Aus dieser Ehe sind 3 Jungen hervorgegangen. Alle 3 Kinder wurden im jüdischen Glauben erzogen.[1] *(…)*
Im Jahre 1935 hat mein Ehemann Deutschland verlassen und ging nach Rumänien zurück, weil er durch einen guten Bekannten erfahren hatte, dass er aufgrund seiner jüdischen Abstammung von faschistischen Dienststellen abgeholt werden sollte.[2] *(…)*
Durch die Israelitische Religionsgemeinde e.V. zu Dresden wurde meinen Söhnen Heinz und Walter mitgeteilt, dass sie mit dem Transport am 21.1.1942 wegkommen. Wohin dieser Transport ging, wurde meinen beiden Söhnen als auch mir nicht mitgeteilt. Am Morgen des 21.1.1942 erschien in meiner Wohnung ein Angestellter der Gestapo und beaufsichtigte die Vorbereitungen zum Abtransport durch meine beiden Söhne. Er nahm dann meine beiden Söhne mit zum Neustädter Bahnhof. Ich selbst war an diesem Tage auf Grund der Aufregung und der Angst, dass meine beiden Söhne abtransportiert wurden, sehr niedergeschlagen. Nachdem meine beiden Söhne von dem Angestellten der Gestapo abgeholt wurden, kam ein SS-Mann in Uniform zu mir in die Wohnung und forderte mich auf, mitzukommen. Mit einem PKW, in den ich einsteigen musste, fuhr er mit mir zum Neustädter Bahnhof, wo der Transport zur Abfahrt bereit stand. Mir wurde ein Schriftstück, das meinen minderjährigen Sohn betraf, zur Unterschrift vorgelegt. Ich kann nicht sagen, was ich unterschrieben habe, weil ich zu diesem Zeitpunkt viel zu aufgeregt war. Diesen Zettel habe ich dann meinem Sohn Walter persönlich noch übergeben. Ich habe auch meinen Sohn Heinz kurz vor dem Abtransport noch einmal gesehen. Seit diesem Zeitpunkt, nämlich dem 21. Januar 1942, habe ich meine beiden Söhne nicht mehr gesehen. Einen persönlichen Schriftverkehr mit meinen beiden Söhnen hatte ich seit diesem Zeitpunkt nicht mehr. Im August 1944 erhielt ich ein Schreiben der Schwägerin eines SS-Mannes (Name ist mir nicht mehr bekannt). Sie schrieb mir in diesem Brief, dass sie von ihrem Schwager, dem Unterscharführer der SS, beauftragt worden sei, mir das im Brief liegende Bildnis meines Sohnes zu übersenden. Es handelt sich um eine selbst gefertigte Zeichnung mit Bleistift. Auf der Rückseite dieser Zeichnung sandte mir mein Sohn einen Gruß. Ich habe dorthin sofort wieder zurückgeschrieben und darum gebeten, mir mitzuteilen, wo sich meine Söhne Heinz und Walter aufhalten. Auf diesen Brief schrieb mir dann nochmals der Unterscharführer der SS und teilte mir u.a. mit, dass mein Sohn Heinz im September 1944 wieder weggebracht worden sei; seit dieser Zeit habe ich nichts wieder von ihm gehört. Ich habe seitdem von meinen Söhnen auf meine weiteren Nachforschungen nichts mehr erfahren und muss annehmen, dass sie vernichtet worden sind.[3]

Quelle: BStU, Bd. 36, Bl. 102–108.

1 Dem Vernehmungsprotokoll ist nicht eindeutig zu entnehmen, ob aus der Ehe zwei oder drei Kinder hervorgegangen waren.
2 Die Ehe wurde 1940 in Rumänien geschieden.
3 Maria Sonenstain konnte 1963 nicht wissen, welchen Weg ihre beiden Söhne nach der Deportation nahmen. Erst im Gedenkbuch, Bd. IV, 2006, S. 3283, sind Heinrich (Heinz), geb. 21.9.1919 in Löbau und Walter, geb. 28.8.1921 in Löbau, als Sonenstajn vermerkt. Demnach wurden sie am 21.1.1942 ab Leipzig-Dresden nach Riga deportiert und von dort am 23.8.1944 nach Stutthof. Todesdatum und Todesort sind nicht ausgewiesen.

75a

Rundschreiben der Israelitischen Religionsgemeinde zu Dresden e.V. an alle Teilnehmer des Transportes vom 21.1.1942, betr. Entrichtung von geforderten Zahlungen

14/42 Israelitische Religionsgemeinde zu Dresden e.V.

Dresden, den 18. Januar 1942.
Zeughausstr.3.

An alle Teilnehmer des Transportes vom 21.1.1942.

Sie werden hierdurch aufgefordert, um weitere wichtige Bekanntmachungen entgegenzunehmen, am

M o n t a g , den 19.1.1942, nachmittag zwischen 17 und 19 Uhr

im Schulsaal der Jüdischen Schule, Zeughausstr.1,Hinterhaus, zu erscheinen.

Es ist mitzubringen:

Ausgefüllter Zahlungsauftrag über Zahlung von RM 50,- sowie der Spende und rückständigen Beiträge und Winterhilfszahlungen.

Von Ehepaaren und Familien genügt es, wenn ein erwachsenes Familienmitglied anwesend ist.

Hochachtungsvoll
Israelitische Religionsgemeinde
zu Dresden e.V.

Quelle: BArch, DP 3, Nr. 949, Ber. VII/18.

76

Hamann, Magdalena, geb. 22. August 1892 in Wriezen/Provinz Brandenburg.
»Jüdin«, »Mischehe«.
1933: Mitarbeit im Geschäft für Haushaltswaren des Ehemannes, Wilhelmstraße, Wriezen.
Befragung am 7. Mai 1963, Wriezen, Bezirk Frankfurt/Oder.
Tätigkeit und Wohnort 1963: Rentnerin, Wriezen.

Während es meiner Schwester Käthe und meinem Schwager Leo gelang, nach Jugoslawien auszuwandern, wurden Dora und Hermann Fellner mit einem LKW gemeinsam mit anderen Wriezener Juden nach Berlin transportiert. Sie durften nichts mitnehmen. In Berlin wurde ihnen eine Unterkunft bei anderen Juden zugewiesen. Sie versuchten mehrmals auszuwandern. Ihre Papiere hatten sie schon für eine Ausreise nach Argentinien zusammen. Diese Unterlagen, die aus dem Jahre 1941 stammen, habe ich noch in Besitz. Sie hatten schon die Schiffskarten, kamen dann aber nicht mit, weil das Schiff überfüllt war. Danach kam eine Verordnung oder ein Gesetz, das nur die Ausreise von Juden im Alter von über 40 Jahren erlaubte.[1] (…) Jedenfalls wurden meine Schwester Dora, ihr Mann und die Tochter 1942 nach Auschwitz transportiert. Das habe ich durch Bekannte erfahren.[2] Ich habe noch einen Brief von meiner Schwester Dora – es ist der letzte – aus dem man lesen kann, dass sie sich über ihr Schicksal im klaren waren. (…)

Ich habe lediglich noch den bereits genannten letzten Brief meines Schwagers und meiner Schwester bevor sie nach Auschwitz abtransportiert wurden. Er ist datiert vom 14.5. – es kann sich hierbei nur um 1942 handeln. Auch meine anderen Schwestern, die ich bereits nannte, sind in Auschwitz ums Leben gekommen.

Quelle: BStU, Bd. 31, Bl. 115–123.

1 Gemeint ist das Verbot der Auswanderung von Juden vom Januar 1942.
2 Nach Eintragungen im Gedenkbuch, Bd. I, 2006, S. 745, wurden Dora Fellner, geb. Abraham, geb. am 12.9.1895 in Wriezen, sowie Hermann Fellner, geb. am 22.6.1885 in Podzwicyniec, am 17.5.1943 von Berlin aus nach Auschwitz deportiert.

76a

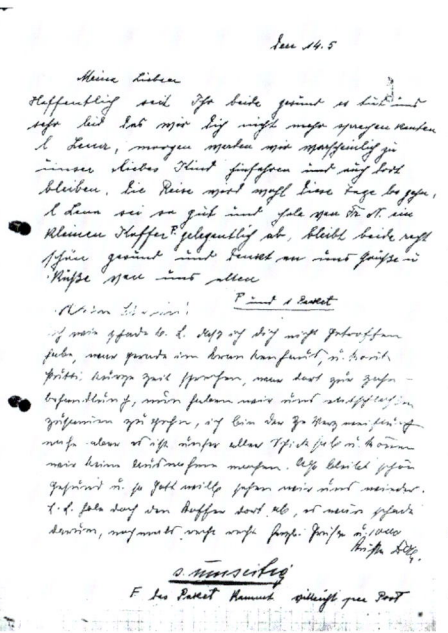

Brief von Dora Fellner an Magdalena (Lena) Hamann vom 14.5.1942, betr. befürchtete Deportation und Abholung des untergestellten Koffers

den 14.5.
Meine Lieben,
hoffentlich seid Ihr beide gesund und es tut mir sehr leid, dass wir Dich nicht mehr sprechen konnten. L. Lena, morgen werden wir wahrscheinlich zu unserem lieben Kind hinfahren und auch dort bleiben. Die Reise wird wohl dieser Tage losgehen. L. Lena, sei so gut und hole von Frau N. einen kleinen Koffer [F]. gelegentlich ab, bleibt beide recht schön gesund und denkt an uns. Grüße und Küße von uns allen.
[F] und 1 Paket.

Meine Lieben,
ach wie schade l. L., dass ich Dich nicht getroffen habe, war gerade im Krankenhaus und konnte Mutti kurze Zeit sprechen, war dort zur Zahnbehandlung, nun haben wir uns entschlossen, zusammen zu gehen, ich bin der Verzweiflung nahe, aber es ist unser aller Schicksal und können wir keine Ausnahme machen. Also bleibt schön gesund und so Gott will, sehen wir uns wieder. L. L. hole doch den Koffer dort ab, es wäre schade darum, nochmals sehr sehr herzliche Grüße u. 1000 Küsse Dorothea.
s. umseitig ᶠ *das Paket kommt vielleicht per Post.*

Quelle: BArch, DP 3, Nr. 944, Ber. II/25.

77

Rasch, Karl, geb. 12. Oktober 1891 in Breslau/Schlesien.
»Mischehe«, »Ehefrau Jüdin«.
1933: Hilfsarbeiter, Breslau.
Befragung am 10. Mai 1963, Erfurt, Bezirk Erfurt.
Tätigkeit und Wohnort 1963: Rentner, Erfurt.

Aus dieser Ehe gingen 2 Söhne hervor. (…) Als erster wurde im August 1942 mein Sohn Rudi von der Gestapo weggeholt und zwar vom Arbeitsplatz weg. Er wurde nach Auschwitz gebracht. Wir selbst bekamen keine Nachricht. Etwa 3 Wochen später bekam ich ein Schreiben vom KZ Auschwitz, in welchem mitgeteilt wurde, dass mein Sohn auf der Flucht erschossen worden sei. Im Februar 1943 wurde dann Werner geholt. Er war erst kurze Zeit in einem Lager in Breslau und zwar in der ehemaligen jüdischen Schule in der Gräbischnerstr. Dann wurde er ebenfalls nach Auschwitz gebracht. Im März 1943 ereilte dieses Schicksal meine Frau. Auch sie wurde weggeholt, ohne dass ich wusste wohin. Sie war einkaufen, als sie nach Hause kam, wurde sie von 2 Gestapoangehörigen festgenommen und weggeschleppt. Obwohl ich alles versuchte, mit ihr in Verbindung zu kommen, gelang mir dieses nicht. Auf der Gestapo wurde ich beschimpft und beleidigt, weil ich verlangte, mit meiner Frau zu sprechen. Sie selbst wurde als Verbrecherin beschimpft. Kurz vor Weihnachten 1943 wurde ich erneut zur Gestapo vorgeladen und mir mitgeteilt, dass meine Frau und Sohn Rudi tot seien. Als Todesursache wurde bei der Frau akuter Magen- und Darmkatarrh und beim Sohn Lungenentzündung angegeben. Beide sind im KZ Auschwitz umgekommen. Meine Frau war damals 45 Jahre alt, mein Sohn Rudi 21 Jahre und Werner 23 Jahre alt.[1]
Bei dieser Unterredung bei der Gestapo wurde mir u.a. erklärt, dass ich nun wieder Arier wäre und eine deutsche Frau heiraten könne, denn meine Frau, die Jüdin, sei ja nun tot. Da ich beleidigende Worte zur Erwiderung gebrauchte, drohte man mir mit Verhaftung.

Quelle: BStU, Bd. 33, Bl. 7–11.

1   1963 wusste der Zeuge Karl Rasch wenig über das Schicksal seiner Familie. Gegenwärtig kann belegt werden, dass sein Sohn Werner Rasch, geb. 15.11.1921 in Breslau, am 10.8.1942 in Auschwitz ermordet wurde. In den Sterbebüchern von Auschwitz, München, New Pridence, London, Paris 1995, Bd. 3, S. 986, ist er unter der Nummer des Sterbeeintrages 19715/1942 vermerkt.

78

M., Edith, geb. 27. Januar 1920 in Berlin.
»Jüdin«.
1933: Schülerin, Berlin.
Befragung am 13. Mai 1963, Leipzig, Bezirk Leipzig.
Tätigkeit und Wohnort 1963: Richterin Bezirksgericht, Leipzig.

Nachdem ich danach noch ein Jahr in dem jüdischen Betrieb Birenhaken & Sohn[1] in Berlin, Münzstraße, gearbeitet hatte, habe ich im Oktober 1938 Deutschland verlassen und bin zu Verwandten nach Holland gegangen. Ich habe mich dort in Amsterdam aufgehalten und war zuletzt als Hausmädchen im jüdischen Krankenhaus tätig. Im Zuge der Auflösung dieses Krankenhauses wurde ich im August 1943 in das Konzentrationslager Westerbork[2] eingeliefert und von dort kam ich Ende 1943 mit einem Transport Jugendlicher in das Konzentrationslager Theresienstadt, wo ich bis etwa November 1944 geblieben bin. Danach kam ich mit einem Frauentransport nach Auschwitz, der unter dem Vorwand zusammengestellt worden war, dass wir in ein innerhalb Deutschlands neu aufzubauendes Lager kommen, um die Männer zu versorgen, die dieses Lager aufbauen. In Auschwitz angekommen, mussten wir unsere Koffer mit den Bekleidungsstücken und den persönlichen Sachen im Zuge lassen und wir wurden in der damals üblichen Art, d.h. wie Vieh empfangen. Es erfolgte eine Aussonderung in arbeitsfähige und arbeitsunfähige Personen, die kleinen Kinder wurden von ihren Müttern, und die älteren, leidenden Frauen von ihren jüngeren Begleiterinnen getrennt. Anschließend wurden uns sämtliche Bekleidungsstücke, die wir trugen, und auch die kleinsten Andenken weggenommen. Wir mussten uns in Gegenwart junger SS-Männer nackt ausziehen und danach wurden uns sämtliche Haare (Kopfhaare sowie die Haare am Körper) abrasiert und wir bekamen einen alten Kleiderfetzen sowie ein Paar Holzlatschen. Unterwäsche erhielten wir nicht.
Von Auschwitz aus kam ich zusammen mit anderen Frauen nach Schlesiersee b. Glogau[3] zum Bau des sogenannten Ostwalls[4]. Dort mussten wir im Winter mit der Spitzhacke und Spaten arbeiten, was mit Rücksicht auf den hart gefrorenen Boden und die völlig unzulängliche Verpflegung mit außerordentlichen Strapazen verbunden gewesen ist. Ich selbst habe mir dabei mein Bein erfroren, so dass ich in eine Krankenhausbaracke eingeliefert werden musste. Von dort aus musste ich dann den Marsch in das Innere Deutschlands mit antreten, als die Rote Armee

näher kam. Sowohl beim Bau des sogenannten Ostwalls als auch auf dem Marsch habe ich erlebt, dass Frauen erschossen worden sind, wenn sie sich nur einmal kurz ausruhen wollten oder es wurden die Frauen, die nicht mehr weiter laufen konnten und von anderen gestützt werden mussten, auf einen Wagen geladen und danach erschossen. Während dieses Marsches ist mir die Flucht gelungen, während andere mir folgende Häftlinge entdeckt und sofort erschossen worden sind. In Weißwasser/OL.[5] wurde ich allerdings wieder aufgegriffen und verhaftet. Ich kam in das Barackenlager des Glasbetriebes »Bärenhütte«, das dem Lager Groß-Rosen angeschlossen war.[6] Infolge völliger Entkräftung konnte ich jedoch nicht arbeiten und musste zusammen mit einem anderen Mädchen zurückbleiben, als die übrigen Lagerinsassen in Marsch gesetzt wurden. Der Verwalter der Baracke, Josef Tudyka, jetzt in Weißwasser, (...), wohnhaft, hat mich dann gepflegt und mir dadurch das Leben gerettet. Mir ist bekannt geworden, dass der zuständige Arzt den Befehl hatte, das andere Mädchen und mich durch eine Spritze zu töten, ggf. sollte uns ein zurückbleibender Soldat erschießen. Dies haben beide nicht getan. Das Mädchen ist jedoch gestorben.

Meine sämtlichen nächsten Familienangehörigen sind in Lagern umgekommen. Ich habe im Juni 1939 in Holland eine Tochter geboren, die noch in Holland lebt. Diese ist nur dadurch gerettet worden, dass sie von ihrer Pflegemutter über eine bestehende illegale Organisation unangemeldet bis Kriegsende etwa alle drei bis vier Monate bei anderen Familien untergebracht werden konnte.

Quelle: BStU, Bd. 30, Bl. 226–229.

1   Es handelt sich um die Firma Birenhak & Sohn, Berufsbekleidung, Berlin, Münzstraße 3.
2   Westerbork war ein Durchgangslager für Juden in Holland (1.6.1942 – 12.4.1945). Es diente als Sammellager für jüdische Bürger, um sie anschließend von hier aus in die Konzentrationslager und andere Lager in Osteuropa zu deportieren.
3   Außenlager des KZ Groß-Rosen bei Schlesiersee (Ort Schlawa, der 1937 in Schlesiersee umbenannt wurde), 25 km nördlich von Glogau, heute Głogów, Ort südöstlich von Zielona Gora, Polen.
4   Edith M. wurde offensichtlich zu Arbeiten des Baues einer Stellung im Vorfeld der Oder-Warthe-Festungsfront eingesetzt. Die Bezeichnung als »Ostwall-Einsatz« war zu jener Zeit allgemein gebräuchlich. In Wirklichkeit handelt es sich bei dem Begriff »Ostwall« um den noch 1943 befohlenen Aufbau einer Verteidigungslinie an den Flüssen Dnjepr und Desna.
5   Weißwasser/OL. – Weißwasser/Oberlausitz.
6   Das Lager Weißwasser zählte zu den mehr als 60 Außenlagern des KZ Groß-Rosen.

79

Wittmann, Ella, geb. 11. April 1897 in Krakau.
»Jüdin«.
1933: Verkäuferin, Meuselwitz/Thüringen.
Befragung am 9. Mai 1963, Leipzig, Bezirk Leipzig.
Tätigkeit und Wohnort 1963: Rentnerin, Leipzig.

Während wir noch im »Ghetto« [Krakau – E.S.]¹ waren, erbauten die Deutschen bereits das Lager »Placzow«. Hier wurden wir nach einer gewissen Zeit umgelagert. Mit dem Einzug in das Lager »Placzow«² begann für mich die Zeit der Entbehrungen und Diffamierungen. Der Lagerkommandant Gött³ war ein großer Sadist. Durch diesen Unmenschen wurden wir gejagt und auf das gröbste beleidigt. Er war es, der der SS und dem SD immer einschärfte, die Juden müssten laufen. Im einzelnen kann man die Worte gar nicht mehr in den Mund nehmen. Es war unmenschlich, wir wurden als alles mögliche betitelt.

Da »Placzow« kein Krematorium besaß, wurden die Häftlinge, nachdem sie sich selbst ein Grab schaufelten, erschossen und eingescharrt. Später jedoch wurden Scheiterhaufen errichtet und die Erschossenen wurden verbrannt.

Da die Lagerverwaltung sich ihrer Sache nicht ganz sicher war, dass die eingescharrten Leichen später einmal gefunden werden könnten, wurde ein Arbeitskommando gegründet. Das Arbeitskommando wurde im Lager als Totenkommando bezeichnet. Ich selbst gehörte auch diesem Kommando an. Schaurig war diese Arbeit. Wir mussten die Leichen wieder ausgraben und der Kapo hatte die Aufgabe, die Köpfe der Verstorbenen nachzusehen und evtl. noch vorhandene Gebisse und Goldzähne zu entfernen. Die Skelette wurden dann auf Wagen geschaufelt und nach einem zu diesem Zwecke errichteten Scheiterhaufen gebracht. Dort wurden die Leichen anschließend verbrannt und man glaubte, damit alle Spuren der Grausamkeit verwischt zu haben. In »Placzow« wurde ich Zeuge, wie mehrmals Häftlinge gehängt wurden. Wir, die Häftlinge, mussten anschließend an den Gehängten vorbeimarschieren. (…)

Von »Placzow« kam ich nach Auschwitz. Und am 18. Januar 1945 nach Ravensbrück, von dort aus nach Malchow in Mecklenburg⁴ und am 2. April 1945 schließlich in die HASAG nach Leipzig.⁵ Am 11. April 1945 wurden wir auf die Straße getrieben und mussten täglich ca. 3 Kilometer zu Fuß marschieren. Nach 15tägigem Fußmarsch wurden wir am 26. April 1945 in Wermsdorf befreit.

Quelle: BStU, Bd. 35, Bl. 149–154.

1   Die Zeugin Wittmann war am 28.10.1938 nach Polen ausgewiesen worden.
    Das Ghetto Krakau wurde Anfang März 1941 eröffnet. Dort lebten ungefähr 18.000 jüdische Menschen. Bis zur Auflösung des Ghettos im März 1943 war die Mehrzahl seiner Insassen erschossen oder in die Vernichtungslager Bełcek und Auschwitz deportiert worden.
2   8.000 überlebende Bewohner des Ghettos wurden 1943 in das Lager Krakau-Płaszów, südöstlich von Krakau gelegen, überstellt.
3   SS-Untersturmführer Amon Leopold Göth kam im Februar 1943 von Lublin in das Ghetto Krakau und übernahm die Leitung des Lagers Krakau-Płaszów. Im September 1944 wurde Göth wegen Unterschlagung von Wertsachen der jüdischen Gefangenen auf Veranlassung des SS- und Polizeigerichtes Krakau verhaftet. Vor Einmarsch der Roten Armee im Januar 1945 war das Lager geräumt und die Insassen in andere Konzentrationslager deportiert worden.
4   Malchow, nordöstlich des Müritz-Sees in Mecklenburg gelegen, war ein Außenlager des Frauen-Konzentrationslagers Ravensbrück. Die »Fabrik Malchow GmbH zur Verwer-

tung Chemischer Erzeugnisse«, ein Zweigwerk der Dynamit Troisdorf AG, hatte die Häftlinge angefordert. 4.000 Frauen aus Polen, Ungarn, der Sowjetunion, Frankreich und der Tschechoslowakei arbeiteten in unterirdischen Werkstätten im Wald, stellten in Bunkern Munition her oder hoben Kabelschächte aus.
5   Kurz vor der Befreiung wurden am 2.4.1945 1.000 jüdische Frauen aus Malchow in das Außenlager Leipzig-Schönefeld des KZ Buchenwald überstellt. Es bestand seit Juni 1944. Die Häftlinge mussten hier Zwangsarbeit für die Hugo-Schneider Aktiengesellschaft (HASAG) verrichten. Wenige Tage vor Eintreffen der alliierten Truppen waren Tausende Häftlinge des Außenlagers auf den sog. Todesmarsch getrieben worden. In der Mahn- und Gedenkstätte Ravensbrück/Stiftung Brandenburgische Gedenkstätten kann anhand von überlieferten Dokumenten der Leidensweg von Ella Wittmann dokumentiert werden: MGR/SBG, RA-Nr. II/4-1-8.

80

Cerf, Ella, geb. 18. Dezember 1904 in Leipzig.
»Mischehe«, Ehemann »Jude«:
1933: Hausfrau, Leipzig.
Befragung am 16. Mai 1963, Leipzig, Bezirk Leipzig.
Tätigkeit und Wohnort 1963: Rentnerin, Leipzig.

Ich wollte im Jahre 1933 mit meinem verstorbenen Ehemann die Ehe schließen. Aus diesem Grunde bestellten wir unser Aufgebot auf dem Standesamt IV in Leipzig. Hier erhielten wir den Bescheid, dass wir aus völkischen Gründen nicht heiraten können. Dies wurde uns in einem Schreiben am 17. Oktober 1933 mitgeteilt. Aus diesem Grunde entschlossen wir uns, in Halle unser Glück zu versuchen. Hier wurde ich dann mit meinem Ehemann getraut.
Mein Ehemann war Rauchwarenhändler und ich war zu dieser Zeit Hausfrau. Im Jahre 1939 musste mein Ehemann das Geschäft aufgeben und arbeitete dann als Markthelfer. Er hat auch Zwangsarbeit verrichten müssen. So arbeitete mein Ehemann einmal auf dem Friedhof in Leipzig, hier musste er Laub zusammenfegen und erhielt dafür 10 Pfg. die Stunde. (…)
Er wurde bereits im November 1942 das 2. Mal verhaftet.[1] Hier kam er in das Arbeitslager nach Birkenau bei Auschwitz.[2]

Quelle: BStU, Bd. 46, Bl. 112–120.

1   In ihrer Aussage erwähnt die Zeugin, dass ihr Mann am 11.11.1938 schon einmal verhaftet worden war und in das KZ Buchenwald verschleppt wurde. Am 17.12.1938 erfolgte seine Entlassung.
2   Nach Eintragungen im Gedenkbuch, Bd. I, 2006, S. 468, wurde Werner Cerf von Berlin aus deportiert und kam am 18.2.1943 in Auschwitz um. In der Sterbeurkunde des Standesamtes II Auschwitz, ausgestellt am 24.3.1943, ist im Vornamen ein Tippfehler aufgetreten (s. 80a), er heißt Werner und nicht Werder.

80a

Sterbeurkunde für Werner Cerf, ausgestellt vom Standesamt II Auschwitz, Kreis Bielitz, am 24. 4. 1943

Quelle: BArch, DP 3, Nr. 961, Ber. XVII/18.

81

Hüttner, Johann, geb. 21. November 1913 in Berlin.
»Jude«.
1933: Ohne Angabe, Berlin.
Befragung am 29. Juni 1963, Berlin.
Tätigkeit und Wohnort 1963: Invalidenrentner, Berlin-Pankow.

Im März 1936 wurde ich von der Gestapo wegen antifaschistischer Betätigung inhaftiert und im Februar 1937 vom 2. Senat des Kammergerichts Berlin-Moabit zu 3 Jahren und 6 Monaten Zuchthaus verurteilt. Diese Strafe verbüßte ich im Zuchthaus Brandenburg-Görden¹ und zwar im sogenannten C-Flügel, der ausschließlich für jüdische Häftlinge bestimmt war. Dort befanden sich u.a. auch etwa 50 jüdische Bürger, die wegen sogenannter Rassenschande in Haft waren.
Nach Ablauf meiner Strafzeit wurde ich am 23. September 1939 in das Konzentrationslager Sachsenhausen überführt. Dort erhielt ich das Kennzeichen der politischen Juden (ein rotes und ein gelbes Dreieck zu einem David-Stern verbunden).
Vom 23. bis 27. September 1939 befand ich mich mit etwa 900 Juden polnischer Abstammung in eigens geschaffenen Isolierbaracken. Diese Baracken waren derart überfüllt, dass wir übereinander auf dem kahlen Boden lagen, keine Getränke erhielten und jegliche Luftzufuhr von der SS nahezu verhindert worden war. Auf diese bestiali-

Johann Hüttner; Quelle: BArch, Bild 183-B0711-0005-004/Zentralbild

*sche Art und Weise sollten diese Juden polnischer Abstammung systematisch vernichtet werden. Tatsächlich verstarb innerhalb weniger Tage ein großer Prozentsatz der in diesen Baracken untergebrachten Häftlinge. Am 27. September wurden plötzlich die Barackentüren geöffnet, es erschien der Lagerführer, der uns mitteilte, dass wir nunmehr aus diesen Isolierbaracken herauskönnten, da der Polenfeldzug beendet sei. (...)
Am 22. Oktober 1942 wurde ich mit ca. 500 anderen jüdischen Häftlingen von Sachsenhausen nach Auschwitz gebracht und erhielt dort die Nummer 70 291.
In Auschwitz arbeitete ich im Lager III in einem Betrieb, der der IG Farben unterstand. Ich bin Zeuge gewesen, als Häftlinge wegen geringfügiger Verletzungen (z. B. Nagelbettvereiterung) eine Todesspritze erhielten. In Erinnerung ist mir ein Klehr[2], der einen Sanitätsdienstgrad hatte und derartige Todesspritzen bei solchen Verletzungen verabreichte. Außerdem erinnere ich mich an den Rapportführer Rakkers[3], der ohne jeglichen Anlass Hinrichtungen von Häftlingen und besonders von Juden vornehmen ließ. Im Januar 1945 wurde ich von Auschwitz in das Lager Dora[4] gebracht und kam dann später nach Nordhausen[5]. Dort war ich als 32jähriger nicht mehr arbeitsfähig und konnte der Vernichtung nur dadurch entgehen, dass ich am 5.4. während eines Bombenangriffes flüchten konnte.*

Quelle: BStU, Bd. 48, Bl. 101–104.

1 Das Zuchthaus Brandenburg-Görden wurde zwischen 1927 und 1935 erbaut. Es befand sich im Stadtteil Görden der Stadt Brandenburg an der Havel. Während der Zeit des Nationalsozialismus wurden dort ungefähr 4.300 Menschen inhaftiert und ab 1940 1.722 Personen, die aus politischen Gründen verurteilt worden waren, hingerichtet. Die Rote Armee befreite am 27.4.1945 das Zuchthaus.
2 Hier handelt es sich um SS-Oberscharführer Josef Klehr (1904–1988). Ab 1939 gehörte er zu den Wachmannschaften in den Konzentrationslagern Buchenwald und Dachau, wo er als SS-Sanitätsgrad eingesetzt war, ab September 1941 im KZ Auschwitz. Klehr tötete eigenhändig Gefangene mit Phenolininjektionen ins Herz und war an Massentötungen durch Giftgas beteiligt. In einem Prozess, der von 1963-1965 in Frankfurt/Main stattfand, wurde er zu lebenslänglichem Zuchthaus plus 15 Jahre Zuchthaus verurteilt.
3 Bernhard Rakers, SS-Scharführer, geb. 1906. Anfangs Arbeitskommandoführer auf der Baustelle des Chemiewerkes der IG-Farben, dann Rapportführer (zuständig für die Appelle), zuletzt Lagerführer im Außenlager Gleiwitz II. In einem Prozess des Landgerichtes Osnabrück 1953 wurde er zu lebenslänglichem Zuchthaus verurteilt.
4 S. Aussage des Zeugen Ludwig L., Dok. 66.
5 1944 waren weitere KZ-Außenlager rund um Nordhausen eingerichtet worden.

82

Rosenberg, Paula, geb. 30. Dezember 1924 in Berlin.
»Jüdin«.
1933: Kind, Berlin.
Befragung am 14. Mai 1963, Berlin.
Tätigkeit und Wohnort 1963: Rentnerin, Berlin.

Im Mai 1942, als die Widerstandsgruppe Baum (Herbert) die antikommunistische Hetzausstellung Unter den Linden und auf dem Marx Engels-Platz in Brand steckte[1], wurde mein Vater als Repressalie der Nazis und da er als Freund der Sowjet-Union bekannt war, von der Gestapo aus unserer Wohnung geholt und in Lichterfelde in der SS-Kaserne[2] erschossen. Der damalige Chef meines Vaters, Herr Liersch, hatte es noch bei den Nazidienststellen geschafft, dass mein Vater entlassen werden sollte, jedoch war es zu dem Zeitpunkt schon zu spät, da die Ermordung meines Vaters 2 Tage vorher erfolgt war. Wenige Tage später wurden meine Mutter, mein Bruder und ich aus der Wohnung geholt.
Die Gestapo schleppte uns in das Sammellager Große Hamburger Straße und von da aus ging es dann später als sogenannte Sondervergünstigung nach Theresienstadt.[3] Wenige Tage später wurden die beiden ersten Transporte von deutschen jüdischen Bürgern, bei denen es sich um die Angehörigen der Ermordeten aus Lichterfelde handelte, auf dem Kasernenhof zusammengetrieben. Zynischerweise wurde uns von einem SS-Offizier die Ermordung unserer Väter, Brüder und Söhne in allen Details der Grausamkeit der Durchführung mitgeteilt. Kurz darauf wurden Männer von den Frauen und Mädchen getrennt. So verloren wir auch die Verbindung zu meinem Bruder, den ich nur noch einmal, weil ich Botendienste im Lager machte, sehen konnte. Er ist dann nach Auschwitz gekommen und seitdem haben wir von ihm nichts mehr gehört.

Ich wurde dann später zur Arbeit in der Tischlerei eingesetzt. Zur Täuschung der Schweizer Roten Kreuz Delegation wurde im Ghetto ein Kaffee für Häftlinge eingerichtet. Ich mußte dort als Serviererin im schwarzen Kleid mit weißer Schürze und Häubchen arbeiten.[4] Nach einigen Monaten wurde ich dann auf dem Bauhof als Bauarbeiterin beschäftigt. Wir erhielten als Entlohnung Ghettokronen[5], die wir im Ghetto in den von den Nazis eröffneten Läden in Zahlung geben konnten. So konnten wir u.a. die uns fortgenommenen Kleidungsstücke wieder kaufen. In Theresienstadt war ich mit meiner Mutter fast 2 Jahre. Dann wurden wir auf Transport geschickt. Erst als wir in Auschwitz ankamen, erhielten wir die traurige Gewissheit, dass wir uns in dem berüchtigten Vernichtungslager befanden.

Bei meinem Eintreffen im Lager wurde von der SS-Wachmannschaft eine Sortierung der Häftlinge durchgeführt. Nach links kamen die, die noch arbeiten sollten und auf die rechte Seite diejenigen, die in den Tod durch Vergasung getrieben wurden. Meine Mutter gehörte zu den Unglücklichen, die schon an diesem Tage durch Vergasung ermordet wurden. Im Lager Birkenau waren wir fortgesetzt Misshandlungen durch die SS-Wachmannschaften ausgesetzt. Auch wir Frauen mussten 48 Stunden auf dem Appellplatz stehen oder knien. Die Tortour wurde öfter mit uns durchgeführt.

Von Birkenau wurde ich nach einigen Monaten in das Zwangsarbeiterlager der SS Freiberg in Sachsen[6] geschickt. Dort waren wir gezwungen, in der Rüstungsindustrie (Flugzeugbau) zu arbeiten. Unsere Arbeitszeit betrug dort 14 Stunden täglich. Der Marsch zur Arbeit hin und zurück betrug 2 Stunden. Auch bei dieser schweren Arbeit waren wir fortgesetzt Misshandlungen der Waffen-SS ausgesetzt.

Während meines Aufenthaltes in Auschwitz wurden an mir operative Versuche durch verbrecherische Naziärzte ohne Narkose durchgeführt.

Vom Zwangsarbeitslager Freiberg in Sachsen kam ich in das berüchtigte Lager Mauthausen[7]. In diesem Lager verlebte ich die letzten Monate bis zur Befreiung.

Quelle: BStU, Bd. 41, Bl.186–191.

1 Herbert Baum (1912–1942) war ein deutsch-jüdischer Widerstandskämpfer gegen den Nationalsozialismus. Gemeinsam mit seiner Frau Marianne und seinen Freunden Martin und Sala Kochmann versammelte er ungefähr 100 Jugendliche aus der jüdischen Jugendbewegung, aus dem kommunistischen, sozialistischen und links-zionistischen Spektrum um sich. Bekannt geworden ist die Gruppe vor allem durch einen am 18.5.1942 auf die antikommunistische Propagandaausstellung »Das Sowjetparadies« im Berliner Lustgarten verübten Brandanschlag. Innerhalb weniger Tage wurde ein Großteil der Gruppe verhaftet. Über 20 Mitglieder wurden später zum Tode verurteilt. Baum selber starb in der Haft, es ist unklar, ob an den Folgen von Folter oder durch Freitod. Vgl. Wolfgang Scheffler: Der Brandanschlag im Berliner Lustgarten im Mai 1942 und seine Folgen. In: Hans J. Reichhardt (Hrsg.): Berlin in Geschichte und Gegenwart. Jahrbuch des Landesarchivs Berlin 1984, Berlin 1984, S. 91–118.

2 Kaserne der Leibstandarte der SS »Adolf Hitler« in Berlin-Lichterfelde, Unter den Eichen. Die Zeugin konnte damals nicht wissen, dass ihr Vater, Alfred Compart, geb. 15.10.1881, gemeinsam mit 250 »Geiseln« am 28.5.1942 im KZ Sachsenhausen erschossen worden war.

3　Die Mutter der Zeugin, Fanny Compart, geb. 2.12.1883, wurde am 19.6.1942 nach Theresienstadt und von dort am 4.10.1944 nach Auschwitz deportiert. Diesen Weg nahm anfangs auch Paula Compart. Der Bruder der Befragten, Kurt Compart, geb. 20.5.1914, wurde am 19.6.1942 nach Theresienstadt und am 1.10.1944 nach Auschwitz und danach in das KZ Dachau verschleppt, wo er am 23.2.1945 verstarb, s. Eintragungen im Gedenkbuch, Bd. I, 2006, S. 535.
4　Die Zeugin meint den Besuch einer Delegation des Internationalen Roten Kreuzes am 23.7.1944. Ihre Mitglieder besichtigten sechs Stunden das Ghetto Theresienstadt. In Vorbereitung des Ereignisses gaben die Faschisten dem Ghetto die Bezeichnung »Jüdische Siedlung«. Durch die Präsentation u.a. von Cafés und Läden, kulturellen Einrichtungen, das Aufstellen von Parkbänken und die Errichtung eines Urnenhains auf dem Friedhof sollten die Lebensbedingungen der Gefangenen kaschiert werden. Im August 1944 begann die Prager Wochenschau einen Propagandafilm unter dem demagogischen Titel: »Der Führer schenkt den Juden eine Stadt« zu drehen. Im September 1944 wurden die Dreharbeiten beendet.
5　S. Dok. 83 und 83c.
6　Freiberg war eines der größten weiblichen Außenlager des KZ-Flossenbürg. Es lag zwischen Chemnitz und Dresden. Die ersten Häftlinge, 250 polnische jüdische Frauen aus Auschwitz, trafen am 31.8.1944 in Freiberg ein. Ende Januar 1945 arbeiteten 996 Frauen in der Rüstungsindustrie, vor allem in einer Flugzeugfabrik.
7　Im KZ Mauthausen, Oberösterreich, in der Nähe von Linz, trafen im August 1938 die ersten Häftlinge aus dem KZ Dachau ein. Am 5.5.1945 befreiten Truppen der amerikanischen Armee das Lager.

83

Salzmann, Alfred, geb. 16. August 1902 in Berlin.
»Mischling«.
1933: Optikermeister, arbeitslos, Berlin.
Befragung am 9. März 1963[1], Berlin.
Tätigkeit und Wohnort 1963: Berlin-Buchholz.[2]

Am 24. Juni 1943 wurde ich erneut inhaftiert und von der Großen Hamburger Strasse in das Konzentrationslager Theresienstadt überführt. (…)
Im Konzentrationslager Theresienstadt war ich zeitweilig im Außenkommando Wulkow[3] tätig. Wir jüdischen Häftlinge hatten dort ein Ausweichlager des Reichssicherheitshauptamtes zu bauen. Bei den Bewachungsmannschaften war auch ein SS-Obersturmführer namens Tuschka.[4] Eine »Spezialität« der von ihm ausgeübten Grausamkeit bestand darin, dass er Häftlinge mit einer Eisenstange hinter die Ohren schlug und dadurch Missbildungen entstanden. Häftlinge wurden aus geringen Anlässen in Erdbunkern mehrere Tage ohne Essen gelassen oder zum Steine tragen eingesetzt. Die Faschisten begnügten sich jedoch nicht mit den im Konzentrationslager üblichen Misshandlungen von Häftlingen. Ein typisches Beispiel dafür ist die Bank der jüdischen Selbstverwaltung Theresienstadt. Ein Teil der jüdischen Insassen dieses Konzentrationslagers, war zur Arbeit eingesetzt. Der an und für sich schon geringe Verdienst die-

ser Häftlinge wurde dann nur zum Teil ausgezahlt und der überwiegende Teil kam auf das Sperrkonto der »Bank«.⁵ Es wurde auch kein Geld ausgezahlt, sondern nur sogenannte Quittungen über Zahlungsmittel⁶, die dann nur innerhalb des Konzentrationslagers Gültigkeit hatten.

Quelle: BStU, Bd. 40, Bl. 157–162.

1 Hier liegt sicherlich ein Schreibfehler vor. Es muss 9. Mai 1963 heißen.
2 Gestorben am 29.6.1973. Vgl. CJA, Friedhof Weißensee Beisetzungsregister.
3 Wulkow (Brandenburg) zählte vom 2.3.1944 – 3.2.1945 zu den etwa neun Außenlagern des KZ Theresienstadt.
4 Leiter des Außenlagers der aus Wien stammende SS-Sturmführer Franz Stuschka. Vgl. Christian Dirks: »Traurige Erlebnisse aus der Nazi-Hölle Deutschland«. Zum Schicksal der Familie Scheurenberg. In: Beate Meyer, Hermann Simon (Hrsg.): Juden in Berlin 1938-1945, Begleitband, S. 204–214.
5 S. Dok. 83b.
6 S. Dok. 83c.

83a

Erlaubnis des 15. Polizeireviers Berlin für Alfred Salzmann, ausgestellt am 27.3.1943, betr. Benutzung von Stadt-, Strassen- und U-Bahn

Quelle: BArch, DP 3, Nr. 953, Ber. XI/29.

83b

Spar-Karte der Bank der Jüdischen Selbstverwaltung Theresienstadt für Alfred Salzmann

Quelle: BArch, DP 3, Nr. 953, Ber. XI/29.

83c

Geldschein aus dem Ghetto-KZ Theresienstadt – Quittung über 100-Kronen

Quelle: BArch, DP 3, Nr. 953, Ber. XI/29.

84

K., Erika, geb. 7. Februar 1912 in Berlin.
»Jüdin«, »privilegierte Mischehe«.
1933: Lageristin, Berlin.
Befragung am 8. Mai 1963, Magdeburg, Bezirk Magdeburg.
Tätigkeit und Wohnort 1963: Rentnerin, Magdeburg.

Meine Mutter und meine Geschwister mit allen ihren Angehörigen wurden deportiert und ermordet. Ich lege dem Vernehmenden eine Photographie vor, die anlässlich der Hochzeit meiner Schwester angefertigt wurde und auf welcher außer mir etwa 30 bis 40 Personen (Greise, Männer, Frauen, Kinder) zu erkennen sind, die alle jüdischer Abstammung sind. Alle diese Personen wurden – außer mir – von den Faschisten aufgrund ihrer jüdischen Abstammung ermordet. (…)
Auf meinen Ehemann haben die Nazis einen ständigen Druck ausgeübt mit dem Ziel, ihn zu veranlassen, die Scheidung unserer Ehe einzuleiten. Mein Mann hat sich geweigert, einen solchen Schritt zu tun. Das führte dazu, dass ihm unmöglich gemacht wurde, in seinem Beruf (Buchdrucker) zu arbeiten. Weiterhin wurden ihm unter verschiedenen Vorwänden vielfach die Arbeitsverhältnisse gekündigt, sobald sich herausstellte, dass mein Mann noch immer nicht zu dem besagten Schritt bereit war. So hat er während der Nazizeit als Packer, Bote, Briefträger u.a. für relativ wenig Lohn arbeiten müssen und war zudem zahllosen Schikanen durch die Betriebsleitungen und auch Kollegen ausgesetzt. Hinzu trat die Sorge um meine Zukunft und der Kummer wegen der Deportation meiner Angehörigen. Das alles führte zu der Gemütserkrankung meines Ehemannes (…). Diese Gemütskrankheit meines Mannes wurde von den Nervenärzten offenbar fälschlicherweise auf »erbliche Anlage« zurückgeführt, obwohl in der Familie meines Gatten niemals derartige Krankheiten aufgetreten sind. Auf der Grundlage eines derartigen Gutachtens wurde mein Ehemann dann in der Nervenheilanstalt Haldensleben[1] sterilisiert. Zum Zeitpunkt der Sterilisation meines Mannes befand ich mich in der Schwangerschaft. Ich gebar später eine Tochter.

Quelle: BStU, Bd. 38, Bl. 105–111.

1 Die Landes-Heil- und Pflegeanstalt Haldensleben war 1930 gegründet worden und somit die jüngste deutsche psychiatrische Anstalt.

84a

Hochzeitsfoto, aufgenommen aus Anlass der Vermählung der Schwester von Erika K.

Quelle: BArch, DP 3, Nr. 951, Ber. IX/25.

85

Jungbluth, Jenny, geb. 19. Februar 1884 in Schloppe/
Kr. Deutsch-Krone/Westpreußen.
»Jüdin«, »Mischehe«.
1933: Hausfrau, Berlin.
Befragung am 6. Mai 1963, Eiche-Süd, Bezirk Frankfurt/Oder.
Tätigkeit und Wohnort 1963: Rentnerin, Eiche-Süd.[1]

Ich bin auf Anraten meines Mannes nicht einmal zur Hochzeit meiner Nichte Susi Horwitz am 21. August 1941 gegangen, weil mein Mann sagte, dass wir eventuell abgeholt werden.[2] (…)
Ich bin im Besitz einer Photographie, die zu dieser Hochzeit gemacht wurde. Ich stelle sie zur Verfügung. Es zeigt das Brautpaar, meine Schwestern, deren Kinder sowie wei-

tere Verwandte. Alle Personen, die auf dem Photo zu sehen sind, sind umgebracht worden. Sie verschwanden 1943 und kehrten nie zurück. Meiner Schätzung nach sind rund 50 Personen aus meiner Verwandtschaft umgekommen.[3]

Quelle: BStU, Bd. 30, Bl. 197–203.

1 Gestorben am 21.2.1965. Vgl. CJA, Friedhof Weißensee Beisetzungsregister.
2 Die Trauung erfolgte im Standesamt »Horst Wessel«, in Berlin Friedrichhain. Horst Wessel (1907–1930), seit 1926 Mitglied der NSDAP und Führer des SA-Sturms 5 in Berlin-Friedrichshain. Sein Tod - er wurde wegen persönlicher Streitigkeiten erschossen – diente dazu, ihn zum Märtyrer zu erheben.
3 Nach Eintragungen im Gedenkbuch, Bd. III, 2006, S. 2149, wurde Susanna Löwenbach ab Potsdam am 14.4.1942 nach Warschau deportiert. Welches Schicksal Kurt Löwenbach genommen hat, konnte nicht ermittelt werden.

85a

Heiratsurkunde des Kurt Löwenbach und der Susanna Horwitz, ausgestellt am 22.8.1941 vom Standesamt »Horst Wessel« Berlin

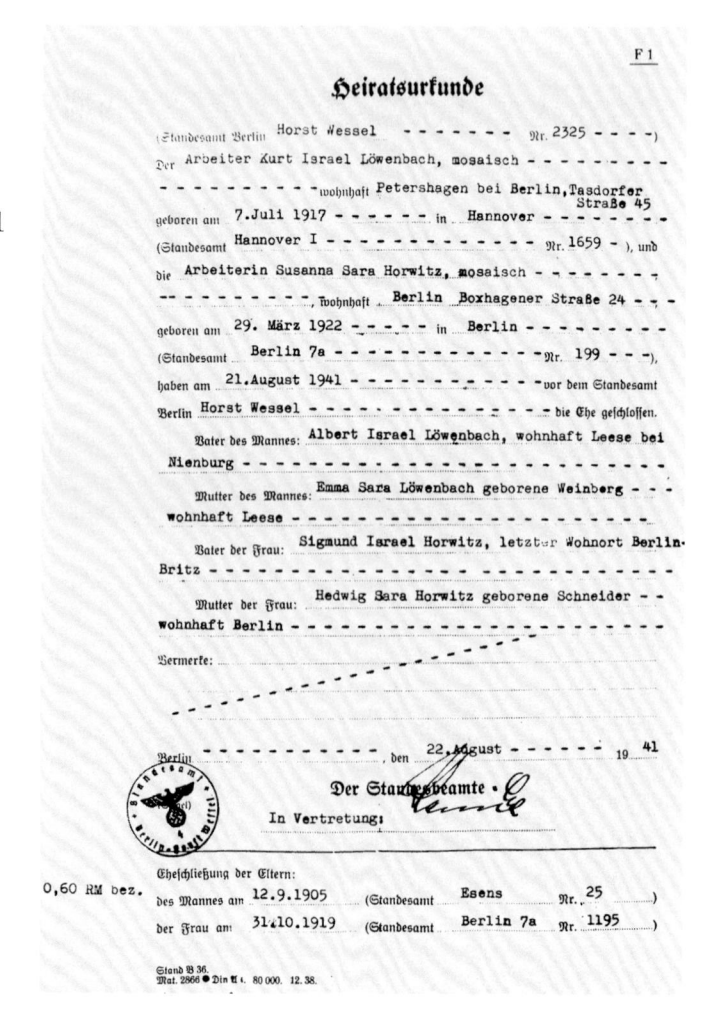

Quelle: BArch, DP 3, Nr. 943, Ber. I/32.

85b

Foto der Hochzeit von Susanna und Kurt Löwenbach, Berlin

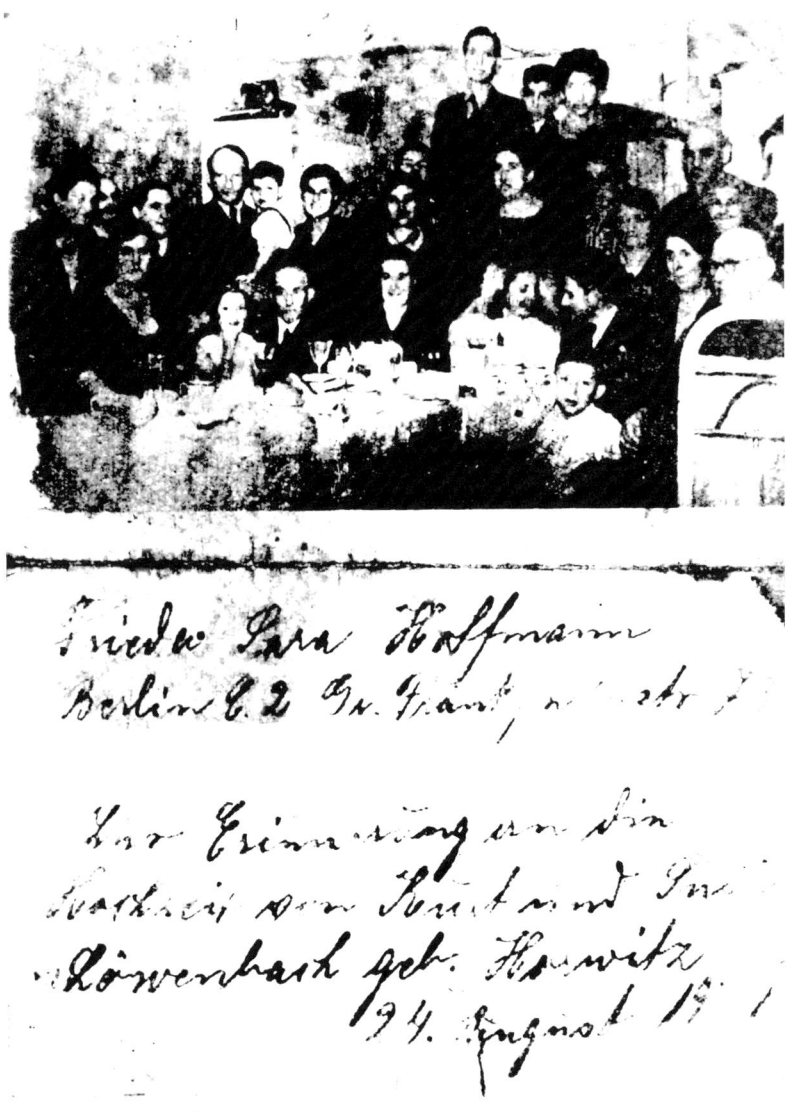

Frieda Sara Hoffmann
Berlin C 2 Gr. Frankfurterstr. 73
Zur Erinnerung an die
Hochzeit von Kurt und Susi
Löwenbach geb. Horwitz
24. August 1941

Quelle: BArch, DP 3, Nr. 943, Ber. I/32.

86

Frischmann, Elsa, geb. 21. Oktober 1894 in Dresden.
»Mischehe«, Ehemann »Jude«.
1933: Ohne Angabe, Dresden.
Befragung am 9. Mai 1963 in Dresden, Bezirk Dresden.
Tätigkeit und Wohnort 1963: Rentnerin, Dresden.

In der unmittelbaren Nähe meiner Wohnung in Dresden waren sowjetische Kriegsgefangene untergebracht. Da die selben sehr wenig zu essen bekamen, habe ich hin und wieder ihnen Lebensmittel zugesteckt. Des weiteren habe ich auch Zettel geschrieben und sie über die Lage des Krieges informiert. Nachdem 1943 Stalingrad durch die sowjetischen Truppen befreit wurde, und die Faschisten eine entscheidende Niederlage erlitten haben[1], habe ich auch einen Zettel an die sowjetischen Kriegsgefangenen geschrieben. Deutsche Bürger, die mit der Gestapo engstens zusammenarbeiteten, zeigten mich dann bei der Gestapo auch an. Den Zettel, den der sowjetische Gefangene über Stalingrad erhielt, hatte er gelesen und sofort verschlungen. Ich wurde dann am 1. Juni 1944 durch die Gestapo verhaftet und in das Polizeipräsidium Schießgasse eingeliefert. Auf dem Münchner Platz kam es dann zur Verhandlung gegen meine Person. Das faschistische Sondergericht verurteilte mich zu zweieinhalb Jahren Zuchthaus, weil ich sowjetischen Kriegsgefangenen Lebensmittel zur Verfügung gestellt hatte und angebliche Liebesbriefe meiner Tochter an die Gefangenen übermittelte. Die Gestapo erfuhr nie und ich habe das auch niemals bei der Verhandlung angegeben, dass auf diesen Zetteln, die ich übermittelte, die Kriegslage dargelegt wurde. Während meines Aufenthaltes auf der Schießgasse habe ich noch zweimal meine Tochter Ilse gesehen, die ebenfalls am 1.6.1944 durch die Gestapo verhaftet wurde. Von meinem Ehegatten, der am gleichen Tage verhaftet wurde, habe ich einmal eine Karte ins Zuchthaus Waldheim[2] bekommen, wo er mir mitteilte, dass er sich in Arbeitshaft in Radeberg bei Dresden befinde.
Nach meiner Verurteilung kam ich nach Waldheim und musste hier 14 Tage in Einzelhaft verbringen. Dann wurde ich zum Arbeitskommando, wo Tarnnetze geknüpft wurden, eingeteilt. Später wurde ich zu dem Arbeitskommando nach Hof (Bayern) zugeteilt, wo ich und die anderen Häftlinge in den Siemens-Schuckert-Werken für die Kriegsrüstung arbeiten mussten. Es handelte sich dabei um Einlegen von Bleiplatten für U-Boots- und Flugzeugausrüstungen. Hier mussten wir unter den primitivsten Arbeitsbedingungen, ob Sommer oder Winter, unter ständiger Antreiberei der Vorarbeiter diese Arbeit verrichten. Als Bewachung waren weibliche SS-Angehörige eingesetzt. Im April 1945 wurde Hof durch amerikanische Flugzeuge bombardiert, so dass unser Arbeitskommando zurück nach Waldheim, bestehend aus 36 weiblichen Häftlingen, transportiert wurde.
Am 14.4.1945, wir waren genau 14 Tage unterwegs, kamen wir wieder in Waldheim an. Bis zum 6.5.1945, wo mich und die anderen Mithäftlinge die sowjetischen Truppen in Waldheim befreiten, verrichtete ich keine Arbeit mehr. Innerhalb des

Zuchthauses Waldheim gab es zwei Kategorien von Bewachungskräften, einmal handelte es sich um ältere Frauen, die schon lange Zeit in diesem Zuchthaus als Aufseherinnen tätig waren, die nicht durch Schlagen und Repressalien uns gegenüber in Erscheinung traten. Die andere Kategorie waren jüngere SS-Bewachungskräfte (weiblich), die besonders durch ihre Mißhandlungen uns gegenüber, durch Schlagen und Treten auftraten.
Oft wurden wir gestoßen, damit wir hinfallen sollten. Einmal hatte ich versucht, eine ältere Mitgefangene vor den Mißhandlungen der SS-Bewachung zu schützen. Dafür wurde ich getreten, musste mich dann mit dem Gesicht an die Wand stellen und durfte mich eine halbe Stunde nicht bewegen, während die Mithäftlinge ihren Rundgang hatten.
Am 6.5.1945 wurde das Zuchthaus Waldheim durch die sowjetischen Truppen geöffnet und ich erhielt dann die Möglichkeit, mich auf den Weg nach Dresden zu begeben. Am 1. Pfingstfeiertag 1945 kehrte meine Tochter aus dem KZ Auschwitz-Birkenau zurück nach Dresden. (…) Durch Mithäftlinge meines Ehegatten, die ebenfalls im KZ Auschwitz waren, habe ich erfahren, dass mein Ehegatte durch die Faschisten umgebracht wurde.[3]

Quelle: BStU, Bd. 45, Bl. 19–27.

1 Gemeint ist die Schlacht um Stalingrad (Juli 1942 – Februar 1943).
2 Die Justizvollzugsanstalt Waldheim, 40 km von Chemnitz/Sachsen entfernt, wurde 1716 eröffnet. Während der Zeit des Nationalsozialismus waren die hier Inhaftierten vor allem wegen politischer Gründe verurteilt worden (Wehrkraftzersetzung, antifaschistischer Propaganda, Vorbereitung zum Hochverrat). Vom 26.4. bis 29.6.1950 fanden in der Strafanstalt die »Prozesse gegen Nazi- und Kriegsverbrecher in Waldheim" statt, in denen 3.324 Anklagen erhoben wurden. Nicht alle der in Waldheim gefällten Urteile waren gerechtfertigt. Vgl. Günther Wieland: Die Ahndung von NS-Verbrechen in Ostdeutschland 1945–1990. In: DDR-Justiz und NS-Verbrechen. Verfahrensregister und Dokumentenband, Amsterdam, München 2002, S. 13–94.
3 Nach Eintragungen im Gedenkbuch, Bd. I, 2006, S. 879, wurde Georg Frischmann, geb. 20.11.1896, am 25.1.1945 von Dresden aus in das KZ Mauthausen verschleppt, wo er am 7.2.1945 ermordet wurde.

87

Nachmann, Hans, geb. 7. Dezember 1884 in Cottbus.
»Jude«, »Mischehe«.
1933: Vertreter, Firma Schachmann - Kristall und Porzellan-, Berlin.
Befragung am 17. Mai 1963, Berlin.
Tätigkeit und Wohnort 1963: Masseur, Berlin-Karlshorst.

1943 bei der großen Aktion kam ich zur Nachtschicht. Am Tor wurden wir mit Handscheinwerfern ins Gesicht geleuchtet und es wurde uns zugebrüllt: »Juden ab in den Keller!«

Wir wurden dann abgeholt und kamen zur Großen Hamburger Str., wo eine sogenannte Sortierung zur getrennten Eingliederung von »Juden« und sogenannten »Versippten« erfolgte. An die volljüdischen Bürger wurden gelbe Zettel angeheftet und wir »Versippten« erhielten rote Zettel. Alle, die gelbe Zettel erhielten, kamen sofort auf Transport zum Umbringen.

Obwohl ich als sogenannter »Versippter« galt, erhielt ich einen gelben Zettel angeheftet. Durch Mithäftlinge erfuhr ich, dass das den unweigerlichen Tod bedeutet. Ich setzte alles auf eine Kappe und war gewillt, bis zum Letzten zu kämpfen, um den gelben Zettel loszuwerden und gegen einen roten einzutauschen. Ich ging noch einmal zu dem Tisch, wo ich registriert wurde und wo mir der gelbe Zettel angeheftet worden war. Ich sagte, dass ich doch Versippter sei und ich aus Versehen einen gelben Zettel bekommen habe. Ich wurde angebrüllt: »Halt die Schnauze, es gibt keinen Umtausch!« Ich wandte mich daraufhin an einen anderen und mir gelang es mit Mühe und Not, dann doch noch den gelben gegen einen roten Zettel umzutauschen. Dadurch entging ich dem Vernichtungstransport.

Wir mussten dann antreten und marschierten im großen Block unter SS-Bewachung zur Rosenstr., wo wir vom Scharführer Schneider[1] empfangen wurden. Die Räume waren derart überbelegt, dass nicht einmal die Möglichkeit zum Schlafen war. 2 Tage blieben wir ohne Essen. Am Sonnabend war die Einlieferung erfolgt und erst in der Nacht vom Montag zum Dienstag gab es morgens die erste Sauerkohlsuppe. Ich verblieb etwa 5 Wochen dort, dann kam ich wieder in Zwangsarbeit.

Ich hatte in der Krummhübler Str. schon damals meine jetzige Wohnung, die aus 2 Zimmern besteht. Mit meiner Frau stand mir nur 1 Zimmer zu und ich musste eins an jüdische Leidensgefährten vermieten. Anfangs hatte ich ein Ehepaar, das auch in Zwangsarbeit war. Beide wurden von der Arbeitsstelle abgeholt und kamen gar nicht mehr in die Wohnung. Ich habe sie nie mehr wiedergesehen. Dann kam zu mir Herr Klein, er war «Jude» und »arisch verheiratet». Von Beruf war er Kellner. Seine Frau war 1943 gestorben, er wurde aus seiner Wohnung geworfen und lebte kurze Zeit bei mir in Untermiete. Er wurde von seiner Arbeitsstelle abgeholt und kam in Begleitung des Abholers noch einmal in die Wohnung, weil er seine Sachen zur Abholung mitnehmen musste. Wir hatten freundschaftlich verkehrt. Meine Frau war gerade nicht anwesend und er sagte mir, dass er ihr gern noch einmal auf Wiedersehen gesagt hätte. Ich antwortete, dass er noch einen Augenblick warten möge, da meine Frau gleich wieder kommen musste. Von dem Abholer wurde ich angebrüllt: »Halten sie die Schnauze, sonst kommen sie gleich mit!«. Klein wurde umgebracht.

Quelle: BStU, Bd. 34, Bl. 183–187.

1 Bei den Vernehmungsprotokollen der Zeugen Johanna Gehrke, s. Dok. 87, und Charlotte Salomon, s. BArch, DP 3, Nr. 956, Ber. XIV/1, liegen Entlassungsscheine aus dem Sammellager Rosenstraße bei, die die Unterschrift Schneiders tragen. Vgl. Gernot Joachim: Frauenprotest in der Rosenstraße Berlin 1943. Berichte, Dokumente, Hintergründe, Berlin 2002, S. 33, 66.

88

Kass, Esther, geb. 23. Juli 1903 in Kairo.
»Jüdin«, »Mischehe«.
1933: Kinopianistin, Berlin.
Befragung am 20. Mai 1963, Berlin-Weißensee.
Tätigkeit und Wohnort 1963: Sachbearbeiterin, VEB Stern-Radio Berlin-Weißensee.[1]

Ich war als Kinopianistin tätig und war dem Musikerverbund angeschlossen. Im Jahre 1933 musste ich bei der Reichsmusikkammer erscheinen, wo mir zur Kenntnis gegeben wurde, dass ich meiner jüdischen Abstammung wegen aus dem Musikerverband ausgeschlossen wurde. Ich war dadurch zur Aufgabe meiner freiberuflichen Tätigkeit gezwungen. Da ich legal nicht mehr arbeiten konnte, blieb mir keine andere Wahl, als illegal tätig zu werden. lch war dann auch in Cafes als Pianistin illegal tätig. In Ausübung dieser Tätigkeit wurde ich zweimal vom Kontrolleur des Reichsmusikverbandes geschnappt. Im ersten Falle im Jahre 1936, wo ich sofort aufhören musste, im zweiten Fall im Jahre l937/38, wo ich im Anschluss an die Kontrolle nach Wendenschloß[2] zur Polizei überstellt wurde. Hier wurde ich nochmals eindringlich verwarnt, wurde dann aber entlassen.
Im Jahre 1943 musste ich einer Aufforderung nachkommen, mich in der Sammelstelle Gr. Hamburgerstraße zu melden. Hier wurde ich einer kurzen Befragung unterzogen und registriert. Etwa im gleichen Jahre wurde ich beim Abholen meiner Lebensmittelkarte von der Kartenstelle aus zur Gr. Hamburgerstraße direkt überstellt, wurde aber auch diesmal – weil ich in einer Mischehe lebte – entlassen.
Aufgrund der vorherigen Registrierung erhielt ich im Jahre 1943 eine Vorladung und wurde darin aufgefordert, beim jüdischen Arbeitsamt zu erscheinen. Ich wurde dort nochmals erfasst und dann zur Arbeit zwangsverpflichtet. So musste ich bei der Fa. Kielhorn[3] als Schneiderin Fliegerhandschuhe und Hauben nähen. In diesem Betrieb wurde dann später eine Fabrikaktion durchgeführt, bei der alle volljüdischen Arbeiter mitgenommen wurden. Von ihnen kehrte dann keiner mehr zurück.

Quelle: BStU, Bd. 46, Bl. 151–156.

1 Gestorben am 13. 6. 1977. Vgl. CJA, Friedhof Weißensee Beisetzungsregister.
2 Wendenschloß liegt im Südosten von Berlin, in Köpenick. In diesem Ortsteil fanden ebenfalls Misshandlungen während der Köpenicker Blutwoche statt. S. Aussage des Zeugen Lothar Baer, Dok. 5.
3 Die Schneiderei Albert Kielhorn befand sich in der Weißenburger Straße 22 am Wohnort von Albert Kielhorn, seit 1943 in der Schillingstraße 16.

89

Gehrke, Johanna, geb. 3. März 1885 in Berlin.
»Jüdin«, »Mischehe«.
1933: Hausfrau, Berlin.
Befragung am 15. Mai 1963, Berlin.
Tätigkeit und Wohnort 1963: Rentnerin, Berlin.[1]

Im November 1942 wurde ich verhaftet und in das Sammellager, Große Hamburger Str., gebracht. Ich war für einen Transport nach Auschwitz vorgesehen. Mein Ehemann konnte mich auf Grund seiner arischen Abstammung wieder frei bekommen. Anfang Februar 1943 wurde ich erneut verhaftet. Auch in diesem Fall konnte mein Ehemann meine Freilassung erreichen. Danach wurde ich zur Zwangsarbeit bei der Firma Böttcher, Gr. Frankfurter Str. 107 verpflichtet. Bis zum 8.3.45 war ich dort beschäftigt. (…)
Im Jahre 1942 versuchten wir meinen Sohn, Walter Gehrke, arisch einstufen zu lassen. Einen dementsprechenden Antrag hatten wir, das heißt, mein Ehemann, beim Reichsinnenministerium eingereicht. Dieser Antrag war abgelehnt worden. Mein Sohn war danach mehrfach inhaftiert und war auch für den Abtransport nach Auschwitz vorgesehen. Durch die Bemühungen meines Ehemannes gelang es, ihn davor zu bewahren.[2]

Quelle: BStU, Bd. 33, Bl. 155–159.

1   Gestorben am 5.2.1966. Vgl. CJA, Friedhof Weißensee Beisetzungsregister.
2   Die Zeugin berichtete während ihrer Vernehmung nicht darüber, wie es der Ehemann geschafft hatte, sie und den Sohn vor der Deportation zu retten.

89a

Entlassungsschein aus dem Lager Große Hamburger Str. 26 für Walter Gehrke, ausgestellt am 18.12.1942

Quelle: BArch, DP 3, Nr. 946, 960, Ber. IV/28.

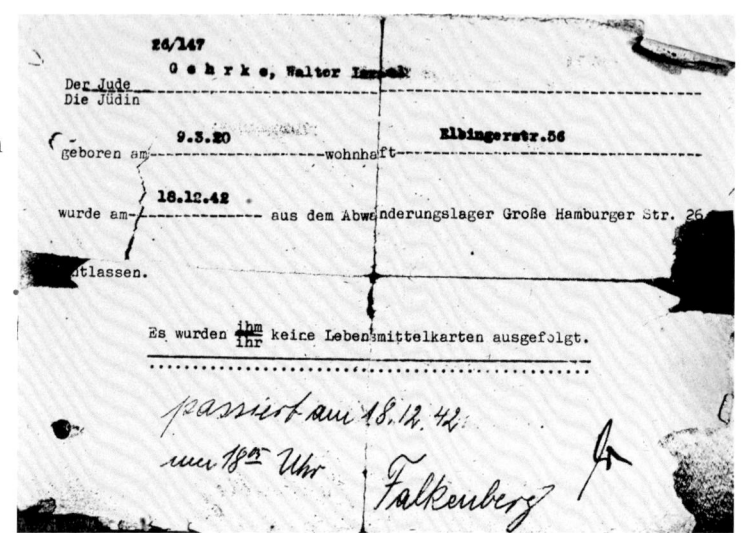

90

Hermuth, Lea, geb. 16. Juni 1895 in Posen.
»Jüdin«, »Mischehe«.
1933: Hausfrau, Berlin.
Befragung am 27. Mai 1963, Berlin.
Tätigkeit und Wohnort 1963: Rentnerin, Berlin.[1]

Im Jahre 1943 wurde ich in das Sammellager in der Großen Hamburger Straße gebracht. Ich verblieb dort ca. 10 Tage, ehe ich wieder auf Widerruf entlassen wurde. In diesem Lager wurden wir wie Vieh behandelt. Man schikanierte uns, indem wir in einem kleinen Raum zu fünfzig Personen festgehalten wurden, ohne dass im Zimmer die Fenster geöffnet werden durften.
Nach meiner Entlassung in der Großen Hamburger Straße wurde ich zur Zwangsarbeit verpflichtet. Ich musste Kartoffeln schälen und zwar in der Fontanepromenade, gleich neben dem jüdischen Arbeitsamt. Diese Arbeit musste ich bis zur Befreiung verrichten. Ich erhielt dafür ein Spottgeld.

Quelle: BStU, Bd. 47, Bl. 3–5.

1   Gestorben am 31.1.1973. Vgl. CJA, Friedhof Weißensee Beisetzungsregister.

91

Bendit, Willy, geb. 26. Dezember 1902 in Berlin.
»Jude«, »Mischehe«.
1933: Lagerverwalter, Zigarettenfabrik Abdulla, Berlin-Johannisthal.
Befragung am 13. Mai 1963, Berlin-Weißensee.
Tätigkeit und Wohnort 1963: Wachmann, Berlin-Hohenschönhausen.[1]

Ab 1.1.1939 wurde ich dann zur Arbeit zwangsverpflichtet. Ich musste im Straßenbau sowie auch im Streckenbau bei der Reichsbahn – Bautrupp 9 – schwere körperliche Arbeiten verrichten. Danach war ich dann zu den Waffen- und Munitionswerken in Borsigwalde[2] zwangsverpflichtet worden. Hier wurde am 27.2.43 in diesem Betrieb die größte »Judenaktion«[3] durchgeführt. Es wurden an diesem Tage ca. 1000 jüdische Arbeiter abgeholt und zur »Hermann-Göring-Kaserne« und von dort nach Auschwitz abtransportiert. Unter diesen Personen befand sich auch meine Tante und deren Tochter, von denen ich seitdem nie mehr etwas gehört habe. Mir selbst war es mit 2 jüdischen Arbeitern möglich gewesen, aus dem Betrieb zu flüchten. Einer von uns wurde auf der Flucht erschossen, während ich mit dem Sohn von dem jüdischen Arzt Dr. Schweriner durchkommen konnte.
Nach meiner Flucht hatte ich dann zunächst etwa 8 Wochen illegal gelebt, doch da ich ohne jegliche Mittel war, suchte ich unter Angabe irgendwelcher Vorwände den

Arbeitsnachweis auf und wurde ab 1.6.43 zu Katastropheneinsätzen zwangsverpflichtet. Vorwiegend wurde ich mit weiteren jüdischen Arbeitern sowie polnischen und sowjetischen Zivilgefangenen in Schöneberg und Friedenau eingesetzt. Eingesetzt wurden wir überall dort, wo die Feuerwehr und die technische Nothilfe einen Einsatz ablehnten. Unter ständiger Lebensgefahr und teilweise unter SA-Bewachung in Zivil mussten wir dabei die schwierigsten Arbeiten ausführen.

Quelle: BStU, Bd. 42, Bl. 119–125.

1 Gestorben am 19.1.1987. Vgl. CJA, Friedhof Weißensee Beisetzungsregister.
2 In den Deutschen Waffen- und Munitionswerken in Borsigwalde bei Wittenau (Berlin) wurden sowohl deutsche als auch ausländische Zwangsarbeiter ausgebeutet.
3 Im Rahmen der Fabrik-Aktion.

92

Cohn, Dagobert, geb. 23. September 1902 in Berlin.
»Jude«, »Mischehe«.
1933: Bügler, Berlin.
Befragung am 6. Mai 1963, Berlin.
Tätigkeit und Wohnort 1963: Bauführer, VEB Tiefbau, Berlin.[1]

Von 1942 bis 1943 wurde ich ebenfalls vom jüdischen Arbeitsnachweis zwangsverpflichtet und durch SS abgeholt. Kurze Zeit war ich dann im Sammellager in der Synagoge Berlin C 2, Rosenstr.[2]
In einem Raum von ca. 30 m² waren ca. 60 jüdische Bürger zusammen gepfercht. Nach meiner Entlassung am 6.3.1943 durch die SS wurde ich zur Fa. Wählisch[3] als Abbruchhilfsarbeiter für Fliegerschädenbeseitigung vermittelt.
Dort wurden wir lfd. als Judenschweine bezeichnet und wurden teilweise auch in den Hintern getreten.

Quelle: BStU, Bd. 30, Bl. 119–123.

1 Gestorben am 7.5.1975. Vgl. CJA, Friedhof Weißensee Beisetzungsregister.
2 Das Sammellager befand sich in einem Verwaltungsgebäude der Berliner Jüdischen Gemeinde in der Rosenstraße 2-4.
3 Der Sitz der Firma Richard Wählisch, Tiefbau/Abbrüche/Transporte, war 1943 in Berlin-Plötzensee, Saatwinkler Damm 65/67.

92a

Entlassungsschein aus dem »Sammellager« Rosenstrasse 2–4 für Dagobert Cohn, ausgestellt am 6.3.1943

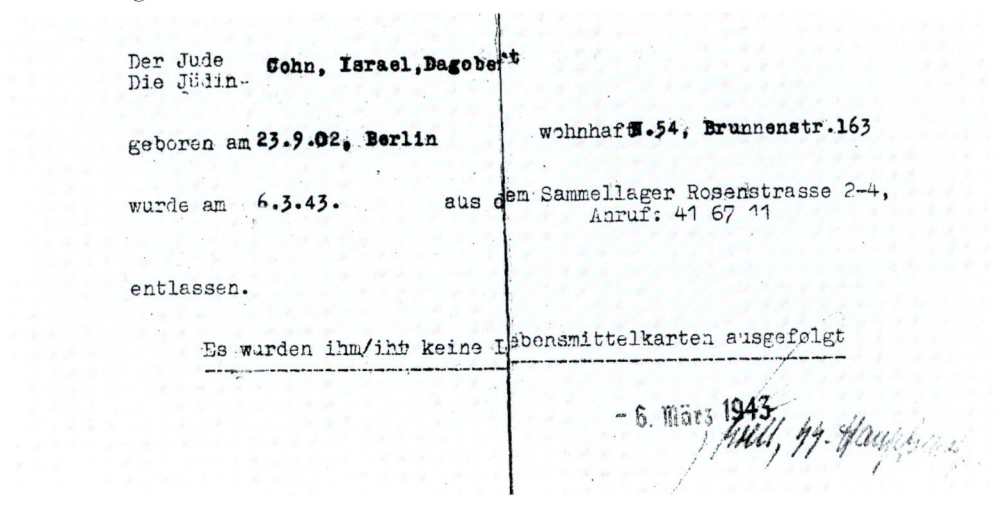

```
Der Jude      Cohn, Israel, Dagobert
Die Jüdin-

geboren am 23.9.02, Berlin        wohnhaft N.54, Brunnenstr.163

wurde am  6.3.43.     aus dem Sammellager Rosenstrasse 2-4,
                                   Anruf: 41 67 11

entlassen.

      Es wurden ihm/ihr keine Lebensmittelkarten ausgefolgt

                                       - 6. März 1943
```

Quelle: BArch, DP 3, Nr. 943, Ber. I/18.

93

R., Günter[1], geb. 14. Juni 1926 in Halberstadt.
»Mischling 1. Grades«.
1933: Schüler, Halberstadt.
Befragung am 20. Mai 1963, Leipzig, Bezirk Leipzig.
Tätigkeit und Wohnort 1963: Lehrer, Hochschule für Binnenhandel, Leipzig.

Man hatte uns sogenannte Mischlinge mit Zigeunern, Berufsverbrechern und Homosexuellen gemeinsam transportiert. In einer SS-Kaserne in Paris erfuhren wir, dass man uns für Hilfsarbeiten bei der OT vorgesehen hatte und dass diese Aktion unter dem Namen »Aktion Haase« lief. Wir kamen dann nach Carvant zum Höhlenbau für Flugzeugindustrie.[2] Wir mussten täglich 16 Stunden außerordentlich schwer arbeiten. Entlohnung war etwa 35 Mark pro Woche. Durch die Invasion der Westalliierten[3] musste das Lager verlegt werden. In dem dadurch entstandenen Durcheinander gelang es mir, dass ich wegen Krankheit aus der OT entlassen wurde. Ich war einen Monat zu Hause und wurde dann von der Gestapo in Magdeburg, Außenstelle Halberstadt, erneut vorgeladen. Ich wurde wieder zur OT verpflichtet. Man ließ mich wissen, dass man den Verdacht hatte, dass ich meiner Entlassung von der OT selbst etwas nachgeholfen hatte und verband dies mit der Drohung, wenn ich nicht umgehend wieder zur OT ginge, käme ich nach Auschwitz. Wolf sagte seiner Zeit wörtlich zu mir: »Da kommst Du nicht wieder!« Ich machte dann auf dem Flugplatz Burg bei Magdeburg[4] Betonierarbeiten. Dies ging bis Dezember 44. Anschließend kam ich auf den Feldflugplatz Sachau bei Gardelegen[5]. Wir wohnten in einer mit Stacheldraht eingezäunten Holzbaracke. Als sich am 12.4.45 die Amerikaner näherten, löste sich der Flugplatz personalmäßig auf und wir flüchteten. Ich begab mich nach Halberstadt zu meinen Eltern.

Quelle: BStU, Bd. 32, Bl. 236–239.

1 Der Vorname auf dem Dokument muss Günter heißen.
2 Gemäß Festlegung des Amtes Bau-OT waren für unterirdische Anlagen Tarnbezeichnungen zu nutzen. Schachtanlagen wurden mit Tiernamen codiert. Es ist daher wahrscheinlich, dass es sich hier um die »Aktion Hase« handelte.
  Nicht geklärt werden konnte, ob es sich um das Cravant ca. 150 km südöstlich von Paris oder aber um das Cravant 100 km südwestlich von Paris handelt.
3 Gemeint ist offensichtlich die Landung westalliierter Truppen in Europa. Sie begann am 6.6.1944 in der Normandie.
4 Der Flugplatz befindet sich ca. 3 km südlich des Zentrums von Burg.
5 Der Ort befand sich 10 km südwestlich Gardelegen.

93a

Verpflichtungsbescheid für Günter R. vom 17.10.1944, betr. OT-Einsatz auf dem Fliegerhorst in Burg

Quelle: BArch, DP 3, Nr. 961, Ber. XVII/4.

93b

Merkblatt, betr. Status und Verhaltensweisen im Zusammenhang mit der Dienstverpflichtung des Günter R.

Zur Beachtung!

1. Vom Tage der Dienstverpflichtung ab sind Sie aus Ihrem bisherigen Beschäftigungsverhältnis beurlaubt. Eine Kündigung Ihres Dienstverhältnisses und gegebenenfalls Ihrer Dienst- oder Werkwohnung ist während der Beurlaubung unzulässig. Bezüge, die Ihnen aus Ihrem bisherigen Beschäftigungsverhältnis zustehen, werden spätestens bei Beginn der Beurlaubung ausgezahlt. Der Anspruch auf Bezüge aus dem neuen Beschäftigungsverhältnis entsteht bereits mit dem Tage, an dem die Dienstleistung beginnt, jedoch nur dann, wenn Sie sich zu dem festgesetzten Zeitpunkt zum Dienstantritt melden. Nach Ablauf der Dienstleistung kehren Sie auf Ihren alten Arbeitsplatz zurück.

2. Der Verpflichtungsbescheid ist unverzüglich nach Erhalt dem bisherigen Betriebsführer, bei Dienstantritt dem neuen Betriebsführer vorzulegen.

3. Die Nichtbefolgung oder Verletzung der Ihnen auferlegten Verpflichtungen werden mit Gefängnis oder Geldstrafe, letztere in unbegrenzter Höhe, oder mit einer dieser Strafen bestraft (Zweite Verordnung zur Durchführung des Vierjahresplanes vom 5. November 1936 — RGBl. I S. 936 —). Einsprüche und Beschwerden gegen den Verpflichtungsbescheid, ferner Gesuche um Zurückstellung oder Befreiung von der Dienstpflicht haben keine aufschiebende Wirkung.

4. Weitere Auskünfte erteilt das Arbeitsamt.

Quelle: BArch, DP 3, Nr. 961, Ber. XVII/4.

94

M., Hans, geb. 26. März 1920 in Schwerin.
»Halbjude«.
1933: Schüler, Schwerin.
Befragung am 9. Mai 1963, Schwerin, Bezirk Schwerin.
Tätigkeit und Wohnort 1963: Heizungsmonteur, Schwerin.

Da ich als Halbjude nicht in die Wehrmacht eingezogen wurde, versuchte man auf andere Art und Weise meiner habhaft zu werden. Ich erhielt vom Arbeitsamt eine Vorladung und nach einer Untersuchung musste ich mich am 11.4.1944 in Schwerin auf dem Bahnhof einfinden. Dort wurde mir und einem ehemaligen Häftling eine Fahrkarte III. Klasse ausgehändigt mit dem Auftrag, dass wir uns in Rostock beim Arbeitsamt zu melden hätten. Von dort aus wurden wir nach Berlin überführt, wo die Hauptsammelstelle war. Von Berlin aus ging es weiter nach Paris in eine Kaserne. Dort erhielten wir graues Drillichzeug mit einer schmalen Armbinde, auf der Organisation Todt geschrieben stand.[1] Es gab weiterhin etwas Unterwäsche und ein Paar Holzschuhe. Wir wurden dann in der Gegend von Tour/Le Mans im Lager Le Lude[2] untergebracht. Dort waren insgesamt 300 Lagerinsassen. Der gesamte Transport dorthin erfolgte unter Bewachung von freiwilligen italienischen SS-Verbänden. Wir mussten in einem Berg Unterbringungsmöglichkeiten für V-Geschosse schaffen. Als dann die Front näher kam, wurden wir zurückverlegt nach Chateau du Loir. Dort hatten wir Katastropheneinsätze an Bahnanlagen. Auf Grund des Herannahens der Front wurden uns im August 1944 Bescheinigungen ausgestellt, dass wir über die Grenze nach Deutschland zurückkehren durften. Wir erhielten den Auftrag, uns in Trier zu sammeln. Ich hielt mich nicht an diese Weisung, sondern besorgte mir ein Fahrrad, fuhr damit bis nach Luxemburg und von dort aus über Koblenz auf dem Bahnwege nach Schwerin. In Schwerin meldete ich mich bei einer Dienststelle der Organisation Todt im Arsenal am Pfaffenteich mit dem Antrag auf Umverpflichtung nach Schwerin. (…)
Infolge einer neuen Aktion musste ich mich am 24.11.1944 in Parchim stellen. Außer mir mussten noch weitere 23 Personen aus Mecklenburg dort anreisen, es handelte sich dabei um sogenannte Halbjuden und jüdische Versippte. Bei dieser Gelegenheit war der Gestapomann Lange wieder anwesend. Wir wurden in der Folge von einem Angestellten des Schweriner Arbeitsamtes, den ich namentlich nicht nennen kann, und zwei Polizisten in blauer Uniform zum Bahnhof Parchim gebracht, wo wir in einem Viehwagen ohne Stroh eingesperrt wurden. Von dort aus erfolgte der Transport nach Staßfurt, wo wir in einem Stollen mit der Bezeichnung Schacht 6 und 7 400 bzw. 460 Meter unter Tage Ausbauten für mehrere Rüstungsbetriebe vornehmen mussten. Hauptsächlich ging es um die Unterbringung des Kugellagerwerkes Fichtel & Sachs in dem unterirdischen Stollen. Die Unterbringung erfolgte zuerst in dem Lager Rothenförde[3] und Wolmirsleben[4]. In diesen Lagern war die Verpflegung äußerst schlecht, insbesondere in dem erstgenannten und in dem ersten Lager waren auch die

Unterkünfte verlaust. Am 11.4.1945 wurde das Lager von den Amerikanern befreit und ich konnte nach Schwerin zurückkehren.

Quelle: BStU, Bd. 44, Bl. 125–136.

1 Die Zugehörigkeit zur Organisation Todt sollte laut Bestimmung des Jahres 1939 durch Tragen einer einheitlichen erdbraunen Uniform demonstriert werden. Später wurden zusätzlich Armbinden sowie Dienst- und Verwendungsabzeichen eingeführt. Im Verlaufe des Krieges machte sich allerdings ein Mangel an Uniformen bemerkbar, so dass die einheitliche Einkleidung aller OT-Angehörigen nicht möglich war.
2 Le Lude ist eine Stadt im französischen Departement Sarthe, Arrondissement La Flèche, etwa 20 km westlich Chateau du Loir gelegen.
3 Heute Ortsteil der Stadt Staßfurt, ca. 30 km südlich Magdeburg.
4 Stadt etwa 15 km nördlich Magdeburg.

95

Bachmann, Fritz, geb. 16. Mai 1924 in Leipzig.
»Meine Mutter ist jüdischer Abstammung während mein Vater Arier ist«.
1933: Schüler.
Befragung am 20. Mai 1963, Leipzig, Bezirk Leipzig.
Tätigkeit und Wohnort 1963: Ingenieur, VVB Furniere und Platten, Leipzig.[1]

Anfang November 1944 erhielt ich dann vom Arbeitsamt Leipzig ein Schreiben, in dem ich aufgefordert wurde, am 8.11.1944 am Stellplatz Volksschule Zillerstrasse zu erscheinen und Arbeitskleidung, festes Schuhwerk sowie Wolldecken und Verpflegung mitzubringen. Was im einzelnen in diesem Schreiben gestanden hat, kann ich heute nicht mehr angeben, es muss aber darin auf irgendeine gesetzliche Bestimmung Bezug genommen worden sein; das dem Schreiben beiliegende Merkblatt sowie den Originalbriefumschlag habe ich noch im Besitze. Was mit uns geschehen sollte, ist uns nicht gesagt worden und hat auch nicht in dem Schreiben gestanden. Wir nahmen zunächst an, dass wir innerhalb des Kreises Leipzig zur Arbeit eingesetzt werden. Die selbe Aufforderung hat auch mein Vater erhalten. Als wir jedoch auf diesem Stellplatz den Hinweis erhielten, dass die in Leipzig wohnenden Männer noch einmal nach Hause gehen können, jedoch am selben Tag um 19.00 Uhr auf dem Hauptbahnhof sein müssen, war uns klar, dass es außerhalb Leipzig geht. Wir sind dann nach Osterode/Harz transportiert worden und dort von einem Angehörigen der Gestapo empfangen, der uns eröffnete, dass wir dort in ein Lager kommen und wir uns der Lagerdisziplin zu unterwerfen haben. Wir bekamen schon den ersten »guten Eindruck«, als dieser Gestapo-Angehörige zu einem in der ersten Reihe stehenden Mann ging und diesem seine Zigarette aus dem Mund schlug, der Schlag war derart stark geführt, dass dem Mann sofort die Nase zu bluten begann. Das Lager bestand jedoch noch gar nicht, es war lediglich eine rohe Baracke ohne jede Einrichtung vorhanden. Wir bekamen zum

Schlafen nur etwas Stroh. Wir wurden zu schwersten körperlichen Arbeiten im Steinbruch und Gleisbau eingesetzt, unsere Arbeitszeit betrug 12–14 Stunden täglich, wir hatten nur einen arbeitsfreien Sonntag im Monat. Die Verpflegung war völlig ungenügend, jedoch ist mir bekannt, dass die dort verpflichteten Zivilarbeiter die selben Rationen wie die Lagerinsassen erhalten haben. Ich selbst wurde als Schweißer eingesetzt und erhielt aus diesem Grunde noch eine Zulage zu meiner Verpflegung, die von dem Betrieb zur Verfügung gestellt worden ist, bei dem ich gearbeitet habe.[2] Dies wurde aus dem Grunde gemacht, da Schweißer Mangelberuf im Lager war. Neue Bekleidungsstücke haben wir im Lager nicht erhalten. Als meine Schuhe völlig durchgelaufen waren, musste ich mir lange Zeit Papiereinlagen machen, um nicht mit den Füßen auf dem Fußboden zu laufen, dies war im Winter. Erst durch Fürsprache des Betriebes, bei dem ich als Schweißer tätig war, erhielt ich ein paar andere Schuhe. Im Lager waren die sanitären Verhältnisse außerordentlich schlecht. Als ich an einem fieberhaften Durchfall erkrankte, wurde ich in eine sogenannte Krankenstube eingewiesen. Von dort betrug die Entfernung bis zur Abortanlage 300–400 m, so dass ich trotz Fieber Tag und Nacht im Hemd bekleidet im Winter dorthin laufen musste. Während meiner Krankheit musste von uns die Baracke geräumt werden, weil Auschwitzer Häftlinge eintrafen und wir wurden in einen Tanzsaal innerhalb des Ortes verlegt. Als ich gesund war, musste ich auf einem Strohsack auf der Erde schlafen, da alle Betten belegt waren. Wir sind dann auf Veranlassung des OT-Leiters, Regierungsbaurat Hauschild, nach Leipzig entlassen worden, als sich die amerikanischen Truppen dem Ort bis auf fünf km genähert hatten. Vorher waren jedoch die Auschwitzer Häftlinge und auch die später hinzugekommenen sowjetischen Kriegsgefangenen sowie ca. 400 tschechische Halbjuden ostwärts abtransportiert worden. Mein Vater ist gemeinsam mit mir Anfang April 1945 nach Leipzig zurückgekehrt. Meine Mutter ist Ende 1944 oder Anfang 1945, der genaue Zeitpunkt ist mir nicht mehr erinnerlich, in das Konzentrationslager Theresienstadt gekommen.[3]

Quelle: BStU, Bd. 46, Bl. 67–72.

1 Gestorben am 22. 12. 1987.
2 Fritz Bachmann arbeitete für die »Großdeutsche Schachtbau- u. Tiefbohrgesellschaft m.b.H.«, Osterode/Harz.
3 Die Mutter, Hertha Bachmann, wurde am 14. 2. 1945 mit dem Transport aus Frankfurt/Main von Leipzig aus nach Theresienstadt deportiert. Vgl. Theresienstädter Gedenkbuch, S. 635. Anfang Juni 1945 kehrte sie nach Leipzig zurück.
Gedankt sei Ralf Bachmann, Bruder von Fritz Bachmann, für das Gespräch mit der Autorin am 28.4.2008.
Vgl. Ralf Bachmann: Ich bin der Herr. Und wer bist du? Ein deutsches Journalistenleben, Berlin 1995. Ders.: Die Bornsteins, eine deutsch-jüdische Familiengeschichte, Beucha 2006.

95a

Marschbefehl der OT-Einsatzgruppe IV in Osterode/Harz für Fritz Bachmann vom 4.4.1945

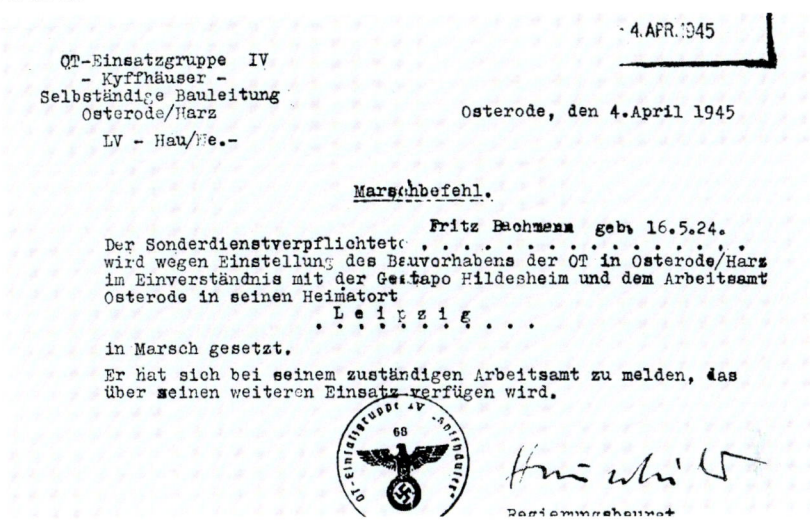

```
OT-Einsatzgruppe IV                                    - 4.APR.1945
   - Kyffhäuser -
Selbständige Bauleitung
    Osterode/Harz                    Osterode, den 4.April 1945
    LV - Hau/Me.-

                        Marschbefehl.
                              Fritz Bachmann geb. 16.5.24.
         Der Sonderdienstverpflichtete
         wird wegen Einstellung des Bauvorhabens der OT in Osterode/Harz
         im Einverständnis mit der Gestapo Hildesheim und dem Arbeitsamt
         Osterode in seinen Heimatort
                        L e i p z i g
         in Marsch gesetzt.
         Er hat sich bei seinem zuständigen Arbeitsamt zu melden, das
         über seinen weiteren Einsatz verfügen wird.

                                              Regierungsbaurat
```

Quelle: BArch, DP 3, Nr. 961, Ber. XVII/8.

95b

Reisebescheinigung der OT-Einsatzgruppe IV in Osterode/Harz für Fritz Bachmann vom 4.4.1945

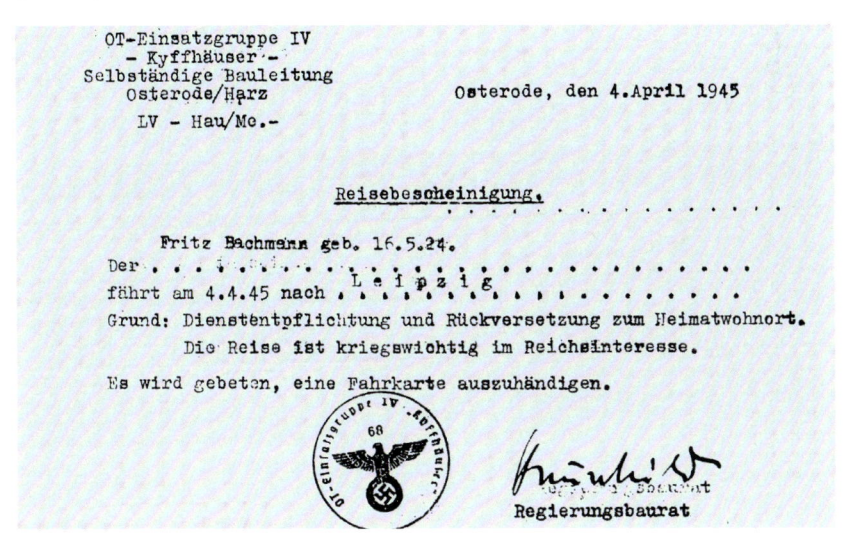

```
OT-Einsatzgruppe IV
   - Kyffhäuser -
Selbständige Bauleitung
    Osterode/Harz                    Osterode, den 4.April 1945
    LV - Hau/Me.-

                        Reisebescheinigung.

                        Fritz Bachmann geb. 16.5.24.
         Der .................................................
                                L e i p z i g
         fährt am 4.4.45 nach ................................
         Grund: Dienstentpflichtung und Rückversetzung zum Heimatwohnort.
               Die Reise ist kriegswichtig im Reichsinteresse.
         Es wird gebeten, eine Fahrkarte auszuhändigen.

                                              Regierungsbaurat
```

Quelle: BArch, DP 3, Nr. 961, Ber. XVII/8.

96

H., Karl, geb. 6. März 1913 in Frankfurt/Main.
»Mischling 1. Grades«, »Mischehe«.
1933: Lagerhalter, Kaufhaus, Magdeburg.
Befragung am 10. Mai 1963, Tangerhütte, Bezirk Magdeburg.
Tätigkeit und Wohnort 1963: Vorstandsvorsitzender, Konsum-Genossenschaft Stadt Tangerhütte, Angern, Bezirk Magdeburg.

Im Januar 1944 verstärkte sich der Bombenangriff auf Magdeburg. Meine Familie fiel nicht mit unter den Personenkreis, der für eine Evakuierung in Frage kam. Durch persönliche Bekannte ist es mir aber gelungen, in Angern, Kreis Tangerhütte, wo ich jetzt auch noch wohnhaft bin, ein Zimmer zu bekommen, damit ich mit meiner Frau und meinen zwei Kindern notdürftig unterkommen konnte. Kurze Zeit danach, es war am 26.4.1944, wurde ich dann erfasst und ins Arbeitslager verschleppt. Ich bekam damals vom Arbeitsamt Magdeburg über die Polizei die Aufforderung, mich im Sammellager Magdeburg, Olvenstedter Chaussee, zu melden. Dort fanden sich alle Bürger jüdischer Abstammung ein, auch andere politisch Verfolgte und es waren auch bei diesem Personenkreis Schwerverbrecher dabei. Mit Waggons wurden wir dann nach Frankreich in das Lager Longwy[1] gebracht. Der Transport wurde bewacht von den bewaffneten Kräften der Organisation Todt. Die ganze Verschleppung wurde meines Erachtens von der Organisation Todt im wesentlichen durchgeführt. Bei der Fahrt mit den Güterwaggons nach Frankreich war der Zug so gestaffelt, dass an der Spitze des Zuges bewaffnete Einheiten der faschistischen Wehrmacht waren, dann 5 Waggons mit Bürgern aus meinen Kreisen und dahinter einige Waggons mit Bomben. Das hatte auch zur Folge, dass wir in Reims[2] auf dem Güterbahnhof bombardiert wurden, wo viele Bürger ihr Leben lassen mussten, weil man ihnen einfach keinen Schutz geboten hat und wir nicht aus dem Waggon raus durften und der ganze Transport als Wehrmachtstransport gekennzeichnet war. Ungefähr die Hälfte der verschleppten Bürger ist dabei umgekommen. In Longwy mussten wir im Bergbau arbeiten. Das Lager war unter den primitivsten Verhältnissen aufgebaut. Im Lager gab es das sogenannte Schlagrecht. Jeder von der Organisation Todt, der uns bewachte, hatte das Recht, uns zu prügeln. Es gab sehr schlechte Verpflegung, mangelhafte Bekleidung usw. Die Zustände waren so, wie es in solchen Lagern typisch war. Es gab in der kurzen Zeit, wo ich dort war, sehr viele Krankheiten. Von der ärztlichen Betreuung war kaum die Rede. Die Zusammensetzung des Lagers war aus Bürgern der verschiedensten Nationen, wie z. B. Deutschland, Polen, Griechenland, Jugoslawien und sehr viele sowjetische Bürger. Auch waren in diesem Lager Kinder, die ebenfalls mit im Bergbau arbeiten mussten, ebenfalls wurden Frauen davon nicht verschont. Außerdem befand sich im selben Territorium noch ein Konzentrationslager.[3] Wir waren diesem Lager nicht angegliedert. Durch die Invasion im Jahre 1944[4] haben sich dann die Bewachungskräfte abgesetzt. Dadurch kam ich aus dem Lager raus und konnte mich bis nach Angern, meinem Wohnort, durchschlagen. Ich war etwa nur 4 Wochen zu Hause, dann wurde ich erneut inhaftiert durch die Polizei aus

Angern. Ich kam in das »jüdische Mischlingslager« nach Salzwedel⁵. Wir mussten dort Bauarbeiten durchführen. In diesem Lager in Salzwedel wurden wir von der Gestapo bewacht. Unterbringung, Arbeitsbedingungen, Pflege usw. waren genauso primitiv, wie ich sie in Frankreich im Lager erleben musste. Auch in diesem Lager gab es die verschiedensten Repressalien.

Quelle: BStU, Bd. 34, Bl. 123–130.

1 Französischer Ort an der Grenze zu Luxemburg.
2 Französische Stadt 100 km nordwestlich Paris.
3 Außenlager des KZ Natzweiler-Struthof.
4 Gemeint ist die Landung der angloamerikanischen Truppen am 6.6.1944 in der Normandie.
5 Außenlager des KZ Neuengamme.

97

Rosenthal, Heinrich[1]

1 Im Dok. 43 finden sich Angaben zur Person des Zeugen und zu seiner Verfolgungsgeschichte.

97a

Kennkarte des Heinrich Rosenthal in Leipzig

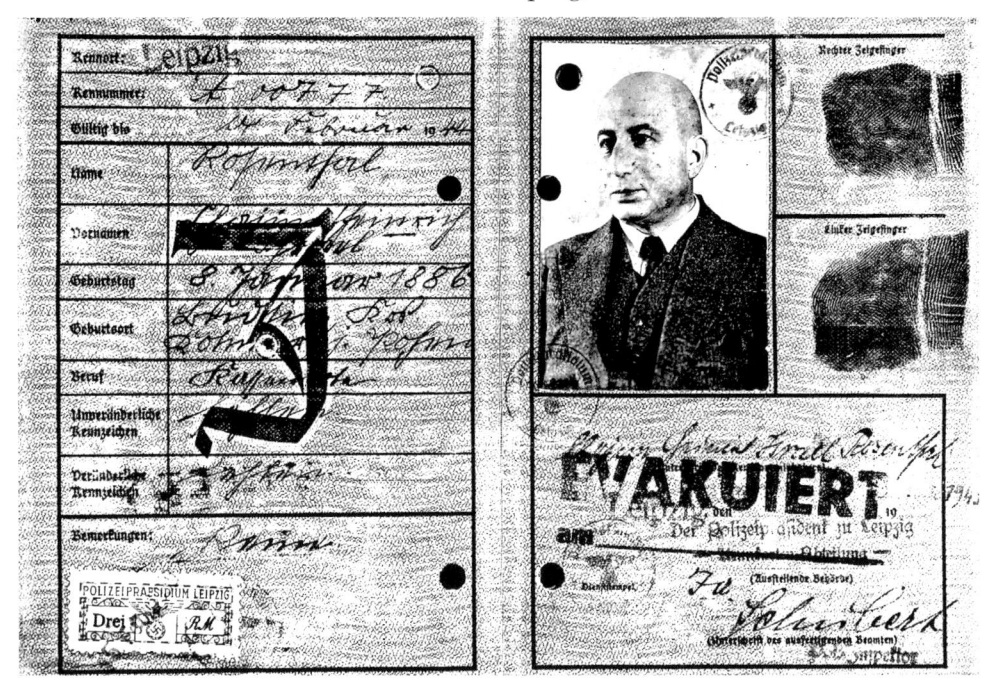

Quelle: BArch, DP 3, Nr. 958, Ber. XVI/8.

98

Sternheim, Bruno, geb. 2. September 1879 in Berlin.
»Jude«, »Mischehe«.
1933: Selbständiger Elektroingenieur, Chemnitz.
Befragung am 7. Mai 1963, Karl-Marx-Stadt, Bezirk Karl-Marx-Stadt.
Tätigkeit und Wohnort 1963: Rentner, Karl-Marx-Stadt.

Um nach dieser Zeit [»Kristallnacht« – E.S.] weiter leben zu können, habe ich mir auf eigene Initiative Arbeit gesucht und fing am 2.1.1939 bei der Fa. Robert Krause in Chemnitz als Lagerarbeiter an. Bei dieser Firma arbeitete ich bis zum 18.1.1941. Ab 20.1.1941 wurde ich dann auf Anweisung der Geheimen Staatspolizei zur Spinnerei Witt in Chemnitz zwangsverpflichtet. Hier war ich als Maschinenarbeiter bis zum 13.5.1944 tätig. Auf mein Ersuchen, mich doch in meinem Beruf zu beschäftigen, wurde ich nach der Beleuchtungskörperfabrik Barthel[1] in Chemnitz überwiesen, wo ich jedoch auch nicht in meinem Beruf eingesetzt wurde, sondern als Heizer bis zum 23.2.1945 tätig sein musste. Soweit ich mich noch erinnern kann, wurde mir am 12.2.1945 bei der Fa. Barthel mit noch anderen 35 jüdischen Bürgern mitgeteilt, dass wir uns am nächsten Tag (13.2.1945) mit Gepäck und 7,50 RM Bargeld in der Staatslehranstalt Chemnitz einzufinden haben. Wir sollten angeblich zu Schanzarbeiten in Mährisch-Ostrau[2] eingesetzt werden. Nach Zusammenstellung des Transportes wurden wir dann nach Theresienstadt verschleppt. Im Lager Theresienstadt war ich vom 13.2. bis zum 9.6.1945. Ich war dort als Platzmeister tätig.

Quelle: BStU, Bd. 32, Bl. 123–129.

1 Ursprünglich LESO Leopold & Sonnenschein Beleuchtungskörperfabrik Chemnitz, Ahornstraße 43.
2 Heute Ostrava – Stadt in Tschechien.

99

Margraf, Frieda, geb. 8. März 1898 in Leipzig.
»Jüdin«, »Mischehe«.
1933: Seit 1934 selbständige Friseuse, Leipzig.
Befragt am 6. Mai 1963, Leipzig, Bezirk Leipzig.
Tätigkeit und Wohnort 1963: Rentnerin, Leipzig.[1]

Am 8. Februar 1945 zeigte mir mein Mann, als ich von der Arbeit kam, den »blauen Brief«. Mir war dieser Brief schon bekannt geworden von anderen Bürgern jüdischer Abstammung. Ich war bis dahin ja immer noch der Annahme, keinen zu erhalten, aufgrund meiner Ehe mit einem »arischen« Manne. In diesem »blauen Brief« wurde ich

aufgefordert, am 12. Februar 1945 in der Schule Hillerstraße zu erscheinen. Ich sollte von dort zu einem Arbeitseinsatz nach Theresienstadt gebracht werden. (…)
Als ich mich nun in der Schule in der Hillerstraße eingefunden hatte, wohin mich mein Mann begleitete, durfte ich nicht mehr heraus. Mein Mann musste sich auch sofort von mir verabschieden. Am zweiten Tag danach wurden wir in Viehwagen abtransportiert. Wir waren etwa 50 Menschen in einem Waggon, darunter Männer, Frauen und Kinder.
Fünf Tage und fünf Nächte waren wir unterwegs und eingeschlossen. Unter welchen Bedingungen dieser Transport vor sich ging, das kann ich gar nicht so wiedergeben. Wir wurden in diesen fünf Tagen nicht verpflegt; wir erhielten kein Wasser und konnten nicht einmal ordnungsgemäß unsere Notdurft verrichten. Wir hatten 50,– RM für Verpflegung auszugeben gehabt, die wir aber nicht mehr gesehen haben. Für den ersten Tag in der Schule mussten wir für drei Mahlzeiten 5,– RM abgeben. Als wir dann nach dem fünften Tage in Theresienstadt angelangt waren, erlitt ich noch im Waggon einen Nervenzusammenbruch und ich wurde deswegen aus dem Waggon herausgehoben. Wir haben während der ganzen Dauer des Transports gestanden, weil auf dem Boden nur Platz für die Kranken war. (…)
Meine Geschwister, drei Brüder und drei Schwestern, die als Volljude galten, waren weit größeren Ausmaßes an Schikanen ausgesetzt als ich. Da war der Hans Lastmann, der ein Weißwarengeschäft in der Nürnberger Straße in Leipzig besaß.[2] Er war noch Geschäftsinhaber und musste aber oft Wände abscheuern (Plakate entfernen usw.) sowie Straße kehren. 1936 wurde dann sein Geschäft geschlossen. Von da an musste er dann täglich diese oben angeführten Arbeiten verrichten bei einer Entlohnung von 10 Pfennigen pro Stunde. Diese Schikanen waren Anlass, dass er mit seiner Frau und zwei Kindern nach Paris emigrierte. 1942 aber wurden sie auch von dort in das KZ-Lager Auschwitz gebracht, wo alle vier umgebracht worden sind.
Ein zweiter Bruder, Albert Lastmann, kam 1944 nach Jugoslawien in ein Lager, von dem er ebenfalls nicht wieder zurückkehrte.
Sein Sohn Ingbert Lastmann, 18 Jahre alt, wurde ebenfalls im Jahre 1944 abgeholt und nach Buchenwald gebracht. Vierzehn Tage danach konnte seine Mutter, Margot Lastmann, die Urne mit der Asche ihres Sohnes vom Hauptbahnhof Leipzig abholen. Als Todesursache wurde auf dem Schreiben - Herzschlag – angegeben. Das habe ich selbst gelesen. Diese Margot ist aber wieder verheiratet und lebt in Westdeutschland. Die Anschrift ist mir nicht bekannt.
Der dritte Bruder, Phillip Lastmann, war auch verheiratet und hatte zwei Kinder. Er lebte in Cottbus, besaß dort ein Grundstück und unterhielt eine Reparaturwerkstatt für Elektroartikel. Auch er musste das Geschäft aufgeben. Er emigrierte ebenfalls nach Paris im Jahre 1934. Diese gesamte Familie konnte in Paris noch vor ihrer Verschleppung in die Pyrenäen entkommen. Dort fand sie bis Kriegsschluss in einem Kloster Aufnahme, was ihre Rettung bedeutete.
Eine Schwester namens Dora Gewürzmann, geb. Lastmann, war im jüdischen Krankenhaus in Leipzig beschäftigt. Im Jahre 1942 wurde sie dort weggeholt, einschließlich der gesamten Belegschaft. Von diesem Transport fehlt jegliche Spur. Ihr

Mann konnte nach England kommen. (…) Auch von ihm haben wir nichts mehr erfahren.
Die Tochter Ruth Lastmann befand sich zu diesem Zeitpunkt in Berlin in Stellung und besaß eine Tochter, dreijährig, welche von Berlin aus mittels Transport verschleppt wurden. Auch von ihnen fehlt jegliche Spur.
Meine andere Schwester, Nora Lastmann, damals noch unverheiratet, emigrierte 1943 nach Paris, wo sie untergetaucht war und nach Kriegsschluss wieder nach Berlin kam. Dort hat sie sich 1946 verheiratet und lebt heute noch in Westberlin.
Meine dritte Schwester, Ida Jablon, geb. Lastmann, welche seit 1921 verheiratet in Paris lebt, wurde 1942 mit Ehemann abgeholt und in das KZ nach Auschwitz gebracht. Sie konnten beide dieses Lager überleben und wohnen heute noch in Paris, d.h. der Mann ist an den Folgen des Lageraufenthaltes an einem schweren Herzleiden verstorben.

Quelle: BStU, Bd. 34, Bl. 22–32.

1   Gestorben am 23.6.1965.
2   Das Geschäft befand sich in der Nürnberger Straße 9.

100

Seyffert, Frieda, geb. 9. Januar 1888 in Oranienburg.
»Jüdin«, »Mischehe«.
1933: Hausfrau, Dresden.
Befragung am 6. Mai 1963, Dresden, Bezirk Dresden.
Tätigkeit und Wohnort 1963: Rentnerin, Dresden.

1942 wurde ich dienstverpflichtet, wo ich dann in dem Betrieb Kartonagenfabrik Bauer Dresden, Neue Gasse, arbeiten musste.
Allein die Tatsache meiner Bezahlung, ich erhielt in der Stunde 48 Pfg., zeigt, wie man mich und meinesgleichen, die ebenfalls dort beschäftigt waren, behandelte. Der Betriebsleiter Bauer war ein SS-Mann. Meiner Schätzung nach waren ca. 50-60 Personen, die jüdischer Abstammung waren, dort beschäftigt. Eines Tages erzählte mir eine Arbeitskollegin, die nicht Jüdin war, dass der Betriebsleiter Bauer ihr gegenüber geäußert habe: »Ein Wort von Frau Seyffert zu Ihnen und fünf Minuten später ist sie abgeholt.«
Am 13. Februar 1945 wurde ich aus diesem Betrieb entlassen und erhielt gleichzeitig schriftlich durch die Gestapo zugestellt, dass ich mich am 16. Februar 1945 zum Abtransport, uns sagte man, die Arbeitsstelle wird verlegt, einzufinden habe.[1] Diesen Bescheid zum Abtransport erhielten alle im Betrieb beschäftigten Jüdinnen und »Mischlinge«. Durch die Bombardierung der Stadt Dresden am 13. Februar[2] 1945 und der danach folgenden großen Katastrophe unter der Bevölkerung wurde auch die

Dienststelle der Gestapo hinter dem Hauptbahnhof mit vernichtet. Dadurch war es mir möglich, dass ich am 16. Februar 1945 nicht zum Abtransport gehen brauchte. Mein Ehemann hatte am 16. Februar 1945 persönlich sich davon überzeugt, dass am angegebenen Stellplatz sich keine jüdischen Bürger eingefunden hatten.

Quelle: BStU, Bd. 45, Bl. 1–9.

1 Vgl. Abdruck einer Deportationsaufforderung für den 16.2.1945 durch den Vertrauensmann der Reichsvereinigung der Juden in Deutschland für den Bezirk Dresden. In: Norbert Haase, Stefi Jersch-Wenzel, Hermann Simon (Hrsg.): Die Erinnerung hat ein Gesicht. Fotografien und Dokumente zur nationalsozialistischen Judenverfolgung in Dresden 1933–1945, Leipzig 1998, S. 180.
2 In der Nacht vom 13. auf den 14.2.1945 bombardierten alliierte Luftstreitkräfte Dresden. Dabei wurde die Innenstadt fast völlig zerstört. Über 30.000 Menschen fanden bei den Angriffen den Tod. Vgl. Victor Klemperer: Ich will Zeugnis ablegen bis zum letzten. Tagebücher 1942–1945, hrsg. von Walter Nowojski unter Mitarbeit von Hadwig Klemperer, Berlin 1996, S. 657–672.

101

Lorenz, Karolina, geb. 29. März 1905 in Lemberg.
»Jüdin«, »Mischehe«.
1933: Arbeitslos, Leipzig.
Befragung am 9. Mai 1963, Leipzig, Bezirk Leipzig.
Tätigkeit und Wohnort 1963: Keine Angabe, Leipzig.[1]

Ich bekam dann von der Gestapo am 8. oder 9.2.1945 eine Vorladung, wo man mir mitteilte, dass ich mich in der Schule in Leipzig O 5, Zillerstraße, zwecks Abtransport zum Arbeitseinsatz nach Theresienstadt einfinden müsste. Dieser Transport ging dann am 14.2.1945 vom Güterbahnhof ab, wo man uns mit ca. 20–30 Personen in Viehwaggons nach Theresienstadt brachte. Wir waren 4 Tage unterwegs.[2] Bei der Aufnahme erklärte man uns, dass wir nun mit den Nazis nichts mehr zu tun hätten. Ich wurde dort als Spalterin für Glimmer eingesetzt. Tagsüber erhielten wir 3 Scheiben Brot, etwas Suppe und dann noch etwas zum Mittag. Ich jedenfalls konnte z.B. diese Suppe auch beim größten Hunger nicht essen. In diesem Lager ging sehr schlimm der Typhus umher und es wehte auch die gelbe Flagge[3] von der Festung. Der Typhus brach zu dem Zeitpunkt aus, als von anderen Konzentrationslagern Transporte bei uns eingingen. Als ich mir diese Menschen dann angesehen habe, stellte ich fest, dass diese nur noch aus Haut und Knochen bestanden. So wie diese Menschen ausgesehen haben, hätte ich auch meinen Vater nicht erkannt. Im Mai 1945 wurden wir dann von der Roten Armee befreit.
Mein Ehemann wurde im September 1944 von seiner Arbeitsstelle Fa. Pittler in Leipzig–Wahren[4] entlassen, da er mit mir verheiratet war und wurde dem Arbeitsamt

anderweitig zur Verfügung gestellt. Er kam dann nach dem Zwangsarbeiterlager Osterode⁵ im Harz, wo er bis März 1945 tätig war. Dort musste er schwere körperliche Arbeiten im Steinbruch verrichten. Auch war er dort im Gleisbau tätig. Auf Grund eines Magengeschwürs wurde er vorzeitig entlassen.

Quelle: BStU, Bd. 39, Bl. 19–25.

1 Gestorben am 9.11.1978.
2 Karoline Lorenz wurde dem Transport angeschlossen, der am 14.2.1945 Frankfurt/Main verließ und über Leipzig nach Theresienstadt fuhr, wo er am 18.2. ankam. Vgl. Alfred Gottwald, Diana Schulle: Die »Judendeportationen«, S. 467. Vgl. auch Theresienstädter Gedenkbuch, S. 643.
3 Gemeint ist hier eine gelbe Fahne, die sog. Pestfahne, die auf die Ausbreitung einer Epidemie hinweisen sollte.
4 Die Werkzeugmaschinenfabrik AG Pittler befand sich in der Mühlenstraße 26.
5 Dabei handelte es sich offenbar um eines der zahlreichen OT-Lager in dieser Region.

101a

Brief von Kurt Lorenz aus Leipzig an Karolina Lorenz in das Ghetto-KZ Theresienstadt vom 10.3.1945

Leipzig, den 10. III. 45
Mein Liebstes!
Noch immer bin ich ohne Nachricht über Eure Ankunft am Bestimmungsort. Wahrscheinlich deshalb, weil die Post für mich erst nach Osterode geht. Ich bin nun wieder in Leipzig und arbeite z.Zt. wieder an meinem alten Arbeitsplatz. Gesundheitlich geht es mir gut und auch die Luftangriffe der letzten Zeit waren nicht zu schlimm. Bei uns und allen Verwandten ist alles in Ordnung.
Mein Leben hier besteht aus Denken an Dich und Warten auf Dich. Mein Herz sagt mir, dass Du tapfer bist und ich bin es deshalb auch. Alle Verwandten und Bekannten sorgen sehr lieb für mich, Du brauchst Dir also um mein Ergehen keine Sorge zu machen. Ich hoffe, dass dieser Brief, den ich auf Anraten des hiesigen jüd.

Vertrauensmannes auf gut Glück absende, in Deine Hände gelangt und Dir ein bissel Glück und Freude vermittelt. Es ist durchaus möglich, dass die Verkehrsverhältnisse den Postempfang zum Teil lange verzögern. Aber auch dann wird unser gegenseitiges dauerndes Gedenken immer Zeit und Raum überbrücken.
Bleib gesund und tapfer, meine Lin, ich bin immer bei Dir! Ich spüre zu jeder Stunde Deine Kraft und Deine Liebe.
Auf Wiedersehen und viele herzliche Grüße und Küsse
Dein Kurt.
Am Montag, zu Deinem Geburtstag, sind meine innigsten Glück- und Segenswünsche bei Dir und ich werde diesen Tag begehen, als wärest Du zu Hause. Glück auf!

Quelle: BArch, DP 3, Nr. 952, Ber. X/4.

7. Widerstand, Selbsthilfe, Solidarität

6 Millionen jüdischer Frauen, Männer und Kinder wurden während der Herrschaft der Nationalsozialisten innerhalb des Deutschen Reiches in seinen Grenzen von 1937 und im Kriege auf besetzten Territorien ermordet. Die Dimension des Verbrechens erschwert es, exakt festzustellen, wie viele Menschen schon während der Deportationen umkamen, in Ghettos verhungerten, durch Giftgas ermordet, von Spezialeinheiten erschossen wurden oder als Zwangsarbeiter oder durch Selbstmord zu Tode kamen. Die Forschungen, die darauf gerichtet sind, den Opfern ihre Identität zurückzugeben und ihre Leidenswege, aber auch ihre Gegenwehr nachzuzeichnen, sind auch nach über fünf Jahrzehnten nicht abgeschlossen. Nur ein verschwindender Prozentsatz der an den Verbrechen Beteiligten wurde nach dem Krieg in juristischen Verfahren zur Verantwortung gezogen. Die Deutschen, ob Nachbarn, Arbeitskollegen oder Familienmitglieder, die zusahen, wie die jüdischen Menschen schikaniert und verfolgt wurden, mussten sich, als der Mord an den Juden Schritt für Schritt aufgedeckt wurde, fragen lassen, welchen Platz sie im Verlauf der Ereignisse eingenommen, was sie gewusst und wie sie sich während der Naziherrschaft verhalten hatten. Die Skala ihrer Handlungsweisen reicht von Diskriminierung und Denunziation der Juden bis zu selbstloser Hilfe und Solidarität. Die Aussagen der Opfer, gesprochen in Zeugenständen von Gerichtssälen und niedergeschrieben in vielen Leidensberichten, erzählen vom Leben der Verfolgten, von Demütigungen im Alltag, dramatischen Ereignissen in Familien, vom Kampf um das Überleben, von rettender Hilfe, erwiesen durch Angehörige und Freunde, aber auch von fremden Menschen.
Schon bald nach dem Januar 1933 spürten die Juden an ihren Arbeitsplätzen, dass sich Kollegen dem Regime anpassten und auch die Angst um sich griff, als unfolgsam zu gelten. In den neuen Umständen begann sich das Arbeitsklima zu verändern. (102) Besonders jüdische Kinder und Jugendliche in Schulen litten im Kreis ihrer Mitschüler sowie Spielgefährten unter der sich ausbreitenden Judenfeindschaft. (103, 104) »Arische« Ärzte waren nicht bereit, jüdische Patienten uneingeschränkt medizinisch zu versorgen. (105) Infame Beleidigungen von Frauen und Männern, die in »Mischehen« lebten, drängten Ehepartner oft zu dem Entschluss, Deutschland zu verlassen. Nicht immer ließ sie dieser Schritt fortan unbehelligt leben, die politischen Entwicklungen holten sie ein. (106) Andere Ehen brachen auseinander, weil Partner unfähig waren, dem Druck standzuhalten. Aus Scheidungen folgten mitunter Zerwürfnisse mit Denunziationen an die Gestapo. (107) Es waren vor allem die von den nationalsozialistischen und den deutschnationalen Regierungsmitgliedern einträchtig verabschiedeten Staatsgesetze, die Unheil über die in »Mischehen« lebenden Männer und Frauen brachten. Zu ihnen gehörten auch die Bestimmungen, die es ermöglichten, Menschen unter den verschiedensten Vorwänden unfruchtbar zu

machen oder sie, wozu im Juli/August 1939 Hitler die Auflassung gab, zu töten. (108, 109, 109a)

Für viele Juden, denen es gelungen war, ihren Verfolgern zu entkommen, bedeutete die Flucht ins Ausland nicht das dauernde Leben an einem rettenden Ufer. Die Eroberungszüge der Wehrmacht machten den Schutz im eben gewonnenen Asyl zunichte. (110)

Solange es dafür Chancen gegeben hatte, bemühten sich den Faschisten ins Ausland Entkommene, Zurückgebliebene nachzuholen. (111) Seit 1941 gab es nur noch eine Möglichkeit, sich den Deportationen zu entziehen, die Flucht in die später sog. Illegalität. Das gelang nur, wenn solidarische Freunde, Bekannte oder Nachbarn die Gesuchten warnten oder versteckten. (112, 113, 114, 114a) Juden halfen sich auch untereinander und retteten so Angehörige. Alle Helfer gefährdeten sich selbst an Leib und Leben. Für niemanden galt das mehr als für jene KZ-Insassen, die Mitgefangene, mehrfach Kinder, vor dem Tod bewahrten. (115) Einen Schutz vor dem Transport in die Lager und damit dem Tod bot oftmals der Bestand der »Mischehen« und mithin die Treue und Widerstandsfähigkeit des »arischen« Partners. (116, 116a, 117, 118)

Eine infame Methode der Verfolgungen bestand in der erpresserischen Anwerbung jüdischer Bürger, die durch ihre Zusammenarbeit mit der Gestapo eine Chance gefunden glaubten, ihr Überleben zu sichern. Diese getarnten Fahnder, auch als »Greifer« bezeichnet, spürten Verborgene auf und verrieten deren Verstecke.[1] (119) Vor allem fehlte es jedoch nicht an »arischen« Denunzianten, die der Gestapo Dienste leisteten, angetrieben von Geltungsbedürfnis, Habgier oder Hass. Manche wurden später ermittelt und bestraft. (120) Mitunter jedoch gelang es Juden, sich die Käuflichkeit von Beamten zu Nutze zu machen und so ihr Leben zu retten. (121)

In der dramatischen Phase der Deportationen hingen die Chancen der Bedrohten, den Häschern zu entkommen, von vielen Bedingungen und Faktoren ab, vor allem schon von ihrer jeweiligen Ausgangssituation, ihrer physischen und psychischen Widerstandsfähigkeit, ihrer Findigkeit und Reaktionsschnelligkeit, ihrer Fähigkeit oder dem Glücksumstand, eine falsche Identität zu erlangen, dem zufälligen Zusammentreffen mit Menschen, die ihnen ein wenig weiterhalfen. (122, 123, 124, 124a, 125, 125a, 125b, 125c) Im Deutschen Reich gelang es einer nicht genau bestimmbaren Zahl, geschätzt ungefähr 10.000 bis 12.000 Juden, unterzutauchen. Bis zum Ende des Krieges konnte sich aber nur weniger als die Hälfte von ihnen in der Illegalität behaupten. In Berlin lebten etwa 7.000 versteckt. Davon überlebten, wiederum schätzungsweise, 1.500. (126, 127, 128, 129)

---

1 Vgl. Christian Dirks: »Greifer«. In: Juden in Berlin 1938–1945, Begleitband, S. 188.

102

Hallerstede, Siegfried, geb. 26. Februar 1896 in Posen-Jersitz.
»Mischehe«, Ehefrau »Jüdin«.
1933: Besitzer Tabakwarenverkaufsstelle, Berlin.
Befragung am 9. Mai 1963, Haldensleben, Bezirk Magdeburg.
Tätigkeit und Wohnort 1963: Rentner, Haldensleben.

Die ersten Diffamierungsmaßnahmen gegen meine Ehefrau und meine Person setzten ungefähr ein Jahr nach der Machtübernahme durch die Nazis ein. Ich kann mich zum Beispiel daran erinnern, dass meine Ehefrau von mir unbekannten Personen auf der Straße als »Judensau« und ich selber als »Judenknecht« beschimpft wurde. (…)
Meine Ehefrau arbeitete von 1930 bis 1934 in der Großbuchbinderei Langenscheid. Der Geschäftsführer der Großbuchbinderei, Herr Wilhelm Glasow, gehörte bis 1933 der SPD an. Meine Ehefrau und ich bemerkten jedoch, dass sich Herr Glasow nach 1933 umstellte und Naziansichten vertrat. Meine Ehefrau und ich verkehrten mit Herrn Glasow bis 1933 sogar sehr freundschaftlich, er war mein Trauzeuge und wir besuchten uns gegenseitig. Nach 1933 zog er sich jedoch von uns zurück.
1934 war er zu einem nationalsozialistischen Betriebsführer-Lehrgang. Nach seiner Rückkehr wurde seine veränderte Einstellung besonders deutlich. Eine Ursache dafür kann auch darin liegen, dass die Großbuchbinderei geschäftliche Beziehungen mit Nazidruckereien und Verlagen hatte, so dass er auch einem geschäftlichen Druck ausgesetzt war. Meine Ehefrau bemerkte dann, dass Herr Glasow sowie der Vertreter der Großbuchbinderei, sein Name ist mir leider nicht mehr bekannt, sich wiederholt abfällig über die Juden äußerten. Meine Ehefrau kam auch ständig mit den Vertretern der Nazifirmen in Berührung, denn sie war die Sekretärin vom Geschäftsführer. Es war äußerlich zu vermuten, dass meine Ehefrau Jüdin war und sie war dadurch ständig Sticheleien der Vertreter der Nazifirma ausgesetzt. Meine Frau war sehr empfindsam in diesem Punkt und zog es deshalb vor, 1934 aus der Großbuchbinderei auszuscheiden.

Quelle: BStU, Bd. 34, Bl. 75–87.

103

R., Günter[1]

Ich besuchte die (nichtjüdische) Volksschule in Halberstadt von 1933 bis 1941. Besonders in der Zeit von 1935 bis 1938 wurde ich von meinen Mitschülern laufend beschimpft und tätlich angegriffen. Da diese Schüler in der Regel auch in unmittelbarer Nähe unserer Wohnung wohnten, war ich auch außerhalb des Unterrichts und außerhalb der Schule fortgesetzten Verfolgungen ausgesetzt. Man bewarf mich mit

Steinen oder unternahm regelrechte Überfälle auf der Straße oder auf Höfen oder Spielplätzen. Dies wurde zwar von Schülern ausgeführt, dahinter stand jedoch der Sportlehrer unserer Schule namens Schulz. Dieser Mann war langjähriger SS-Mann seit 33 oder vorher. Er hatte sich zur Aufgabe gemacht, immer und überall den anderen Jungen gegenüber den »Beweis anzutreten«, dass Juden minderwertiger sind. Er wollte dies stets an mir beweisen. Beim Schwimmunterricht stieß er mich einfach ins Wasser oder ließ mich auf dem Boden im Trockenen sogenannte »Trockenübungen« machen, bis ich mir die Knie blutig gewetzt hatte. Bei irgendwelchen Ballspielen wurde es meist so organisiert, dass ich alle gegen mich hatte. Bei den Kampfspielen musste ich immer den »Feind« darstellen. Einmal passierte mir im Unterricht, dass ein Lehrer veranlasste, dass die Mitschüler im Unterricht, ganz offiziell an meinem Kopf »Schädelmessungen« vornahmen, um rassische Besonderheiten feststellen zu können.

Quelle: BStU, Bd. 32, Bl. 236–239.

1 Im Dok. 93 finden sich Angaben zur Person des Zeugen und zu seiner Verfolgungsgeschichte.

104

S., Margarete, geb. 8. März 1909 in Uelleben/Thüringen.
»Mischehe«, Ehemann »Jude«.
1933: Hausfrau, Viersen/Rheinland.
Befragung am 9. Mai 1963, Gotha, Bezirk Erfurt.
Tätigkeit und Wohnort 1963: Küchenhilfe, Ingenieurschule für
Eisenbahnwesen, Gotha.

Mir wurde auch 1943 auf der Gestapodienststelle eröffnet, ich solle mich von meinem Mann scheiden lassen, dann würden gegen mich und die Kinder keine Repressalien eingeleitet. Ich lehnte dies ab. In unserem Hause wohnte auch ein SA-Mann, der sowie seine Familie uns laufend drangsalierten. Unsere Kinder wurden ohne Anlass blutig geschlagen, auch ich wurde von diesem SA-Mann einmal so heftig geschlagen, dass ich zu Fall kam. Aus einem dieser Anlässe meldete er es der Gestapo. Daraufhin musste ich nach dort, wo mir eröffnet wurde – falls ich mir das nicht gefallen ließe, käme ich dorthin, wo die anderen Juden bereits waren -. Am meisten litt darunter unser jüngster Sohn Heinz (…), der im Haus und auf der Straße mit den gemeinsten Schimpfworten (bezogen auf seine Abstammung) gerufen und auch sehr viel geschlagen wurde.

Quelle: BStU, Bd. 33, Bl. 121–126.

105

H., Iren, geb. 1. August 1904 in Baja/Ungarn.
»Jüdin«, »Mischehe«.
1933: Hausfrau, Dresden.
Befragung am 10. Mai 1963, Dresden, Bezirk Dresden.
Tätigkeit und Wohnung 1963: Rentnerin, Dresden.

1941 wurde mir durch die Gestapo Zwangsarbeit auferlegt und ich musste in der »Judenbaracke« Reinigungs- und Aufräumungsarbeiten durchführen. Bei dieser Baracke handelte es sich um ein Gebäude, wo die jüdischen Familien, die später auf die Transporte in die KZ gingen, zusammengepfercht wurden. Ihr gesamtes Hab und Gut mussten sie in dieser Baracke zurücklassen und wurden dann unter Aufsicht der Gestapo auf Transport gebracht.[1] Mit mir mussten noch mehrere Personen jüdischer Herkunft diese Arbeit unter Aufsicht der Gestapo verrichten, wobei wir immer kontrolliert wurden, dass wir von dem zurückgelassenen Hab und Gut der auf Transport geschickten jüdischen Familien nichts weggenommen haben. Nachdem die volljüdischen Familien aus Dresden abtransportiert waren, wurde ich wie auch noch andere Personen jüdischer Herkunft auf andere Arbeitsstellen verteilt. 1941, ich befand mich mit dem Fahrrad auf dem Wege von meiner Wohnung in Pieschen nach der Bürgerwiese, um die Lebensmittelkarten abzuholen. Auf diesem Wege stürzte ich mit dem Rade und brach mir das linke Bein. Ich wurde daraufhin in das Krankenhaus Friedrichstadt eingeliefert. Nachdem das Kranken- wie auch Arztpersonal erfahren hatten, dass ich jüdischer Herkunft bin, ließ man mich stundenlang liegen und behandelte mein Bein nicht. Ich hatte sehr große Schmerzen, denn es war ein komplizierter Beinbruch. Später röntge man meinen Fuß und hat ohne Narkose eine Operation am Fuß vorgenommen. Durch die sehr großen Schmerzen, die ich dabei hatte, habe ich natürlich geschrieen. Der Arzt gab mir daraufhin zur Antwort: »Wenn Du Deinen Mund nicht hältst, hacke ich Dir die Beine ab«. Ich kam nicht, wie jeder andere Kranke, in ein Krankenzimmer, sondern ich wurde in das Sterbezimmer gelegt. 14 Tage lang musste ich hier zubringen und mit erleben, wie die Menschen starben. Durch meinen Mann wurden dann die Voraussetzungen geschaffen, dass ich vorzeitig nach Hause gebracht werden konnte. Vom Krankenhaus wurde mir gesagt, dass ich zur Abnahme meines Gipsverbandes mich an den Dr. Bögel wenden solle. Nachdem der Zeitpunkt zur Abnahme des Gipsverbandes herangekommen war, habe ich auch den Dr. Bögel aufgesucht. Dieser lehnte es jedoch ab, mir den Gipsverband abzunehmen, da er angeblich keine Gipsschere habe.
Mein Sohn, der damals 12 Jahre alt war, hat mir geholfen, mit kochendheißem Wasser und Spachtel, wobei ich große Schmerzen hatte, diesen Gipsverband abzunehmen. Nach 1945 war dieser Dr. Bögel bei mir und wollte von mir eine schriftliche Bescheinigung, dass er sich mir gegenüber immer anständig benommen hätte. Ich habe ihm daraufhin meine Meinung gesagt.

Quelle: BStU, Bd. 43, Bl. 73–87.

1   In der Baracke lagerten offensichtlich Gegenstände und Bekleidung, die die zur Deportation versammelten Juden zurücklassen mussten. Nur zugelassenes Gepäck durfte mitgeführt werden.

106

Frucht, Elly, geb. 7. September 1898 in Leipzig.
»Mischehe«, Ehemann »Jude«.
1933: Pelznäherin im Geschäft ihres Verlobten, Leipzig.
Befragung am 7. August 1963[1], Leipzig, Bezirk Leipzig.
Tätigkeit und Wohnort 1963: Rentnerin, Leipzig.

Es war am 17. Juli 1935, als eine Bekannte von uns, die gleichfalls einen jüdischen Mann als Verlobten hatte, in unser Geschäft kam und uns auf einen Artikel in einer Tageszeitung aufmerksam machte, in welchem eine längere Liste von Frauennamen abgedruckt war, die Verbindung mit Juden hatten. Man diskriminierte diese Frauen. Mein Name stand nicht mit darin. An den folgenden drei Tagen musste ich dann erleben, dass mir Unbekannte jeweils eine Ausgabe des damals »Stürmer« heimlich in den Briefkasten gesteckt hatten. Den Exemplaren waren handgeschriebene Hetzzettel beigefügt, auf denen stand: »Rebekka, geh' mit Deinem Juden nach Palästina« – »Judensau« – »Judenschickse« und ähnliches. Dies war schließlich am 20. Juli 1935 für mich ein Grund, schweren Herzens meine Heimat zu verlassen. Freunde brachten mich nach der Tschechoslowakei. Ich lebte von da an 2½ Jahre in Karlovy Vary. Zum Jahreswechsel 1936/37 war mein Mann mir nachgefolgt. Da die Henlein-Bewegung[2] uns auch dort wieder Schwierigkeiten machte, gingen wir Ende 1937 über die Schweiz nach Frankreich. Wir siedelten uns in Paris an. 1938 ließen wir uns dort trauen. Schon in der Tschechoslowakei war ich, um meinen Mann moralisch zu unterstützen, zum jüdischen Glauben übergetreten. 1940 kamen die deutschen Truppen nach Paris. Wir flüchteten in das zunächst noch unbesetzte Gebiet Frankreichs. Wir wollten nach Spanien, man ließ uns nicht herein. Wir wohnten in Orloron in Südfrankreich[3]. Am 18.10.1940 wurden wir dann von französischen Behörden in ein Internierungslager gesperrt. 1943 im Oktober schaffte man meinen Mann gefesselt in das Judenlager »Israel« nach Pas de Calais. Dort musste er den gelben Judenstern mit dem französischen Wort »Juif« tragen. Im September 1944 floh mein Mann aus dem Lager und begab sich in das vom Amerikaner eroberte Paris. Im März 1945 entließen die Franzosen auch mich. Ich begab mich nach Paris zu meinem Mann. An einem Leberleiden, das mein Mann sich in dem französischen Judenlager zugezogen hatte, ist er mir dann am 20. März 1956 in Paris verstorben.
1957 zog ich wieder in meine Heimat, nach Leipzig. Seit dem bin ich hier.

Quelle: BStU, Bd. 35, Bl. 50–55.

1   Die Vernehmung von Elly Frucht fand nicht am 7. August 1963, sondern am 7. Mai 1963 statt. S. dazu auch den Vermerk zum Protokoll, erstellt durch den vernehmenden Staatsanwalt.
2   Konrad Henlein (1898-1945) gründete 1933 die Sudetendeutsche Heimatfront, die sich ab 1935 Sudetendeutsche Partei nannte. Im September 1938 wurde Henlein Reichskommissar für die sudetendeutschen Gebiete und ab 1.5.1939 Reichsstatthalter und Gauleiter des Sudetenlandes.
3   Gemeint ist hier offensichtlich Oloron-Sainte-Marie, eine Stadt in Südfrankreich, etwa 40 km von der französisch-spanischen Grenze entfernt.

107

Stieger, Eidel-Fayga, geb. 10. Mai 1891 in Orsorkow/Polen.
»Jüdin«, »Mischehe«.
1933: Vertreterin, Köln.
Befragung am 10. Mai 1963, Magdeburg, Bezirk Magdeburg.
Tätigkeit und Wohnort 1963: Rentnerin, Magdeburg.

Im Jahre 1940 wurde mein Mann Soldat. Er wurde dadurch meinem persönlichen Einfluss entzogen und unterlag in verstärktem Maße den Einflüsterungen seiner Familie. Diese Leute waren nicht damit einverstanden, dass mein Mann sich von mir bisher nicht getrennt hatte. (…)
Unter dem Einfluss der Familie und den Eindrücken der Entwicklung des Krieges in den ersten Monaten, hatte sich mein Mann in seiner Einstellung verändert.
Als Soldat reichte er dann 1941 die Scheidung ein. Da ich mich für die sogenannten gesetzlichen Bestimmungen in Rassenfragen der Faschisten besonders interessiert hatte, wusste ich, dass ich durch eine eventuelle Scheidung in große Gefahr gekommen wäre. Aus diesem Grunde kämpfte ich mit Unterstützung eines jüdischen Rechtsanwaltes gegen die Scheidung an. Ich erinnere mich in diesem Zusammenhang, dass der jüdische Rechtsanwalt in einem Kohlenkeller wohnen musste. Auf Grund meines Verhaltens wurde die Scheidungsklage meines Mannes abgelehnt. Ich hatte vor Gericht Briefe meines Mannes vorgelegt, die er mir als Soldat geschrieben hatte und die voller Zärtlichkeiten waren. Schließlich ging es nicht nur um meine Person, sondern auch um die Sicherheit der Kinder. Ich habe meinem Mann diesen Standpunkt auch schriftlich dargelegt.
Im Jahre 1943 wurde ich in Köln total ausgebombt. Nur Kleinigkeiten meiner Habe konnten gerettet werden. Ich kam in ein Notquartier in einer Schule am Stadtrand. Wenige Tage nach dem Luftangriff tauchte dort mein Mann auf und unterrichtete die Faschisten davon, dass ich Jüdin bin. Bis zu diesem Zeitpunkt war ich in dem Wirrwarr nicht als Jüdin erkannt worden. Ich sollte sofort dieses Quartier verlassen. Ein Funktionär der NSDAP, der das ganze beobachtet hatte, wandte sich vertraulich

an mich und sagte mir, dass er mich sofort mit meinen Kindern evakuieren wird. Ich bin dann auch sofort nach Schlesien evakuiert worden. Auf meinen Papieren war nicht vermerkt worden, dass ich Jüdin und meine Kinder Mischlinge waren. Ich kam auf dem Bahnhof Bober bei Hirschberg[1], in der Nähe von Schildau, unter. Der Bahnhofsvorsteher in Bober, bei dem ich wohnte, war ein großer Nazi, sein Sohn war bei der SS. Nach zwei bis drei Monaten erhielt ich einen Brief aus Köln. Frau Keim, eine Nachbarin, hatte meine Federbetten aufbewahrt. Sie war in der Zwischenzeit beschuldigt worden, diese Sachen geplündert zu haben. Ich bin nach Köln gefahren und habe den Sachverhalt berichtigt. Mein Ehemann, der sich noch in Köln aufhielt, erhielt von meiner Anwesenheit Kenntnis. Er zeigte Frau Keim an, dass sie Juden beherbergen würde. Ich war inzwischen nach Schlesien zurückgefahren. Durch die Vernehmung von Frau Keim in Verbindung mit der Anzeige meines Mannes wurde der Gestapo meine Adresse in Schlesien bekannt. Ich wurde nach Köln vorgeladen, bin aber nicht gefahren. (…)
Dann erfolgte erneut eine Anzeige meines Mannes gegen mich wegen einer antifaschistischen Äußerung, die ich nach dem Luftangriff in Köln gegenüber meiner Schwiegermutter getan hatte.
Mein Mann missbrauchte auch die Unerfahrenheit und die Angst meiner Tochter und ließ sie bei der Gestapo in Magdeburg gegen mich aussagen. Ich wurde im Februar 1943 durch die Gestapo in Bober verhaftet. Meine Kinder kamen zu ihrem Vater nach Magdeburg. Ich war erst 6 Wochen lang bei der Gestapo in Hirschberg und wurde dann in U-Haft gebracht. Im Mai 1943 wurde ich ohne Gerichtsverhandlung von Hirschberg aus in das KZ Auschwitz deportiert. Im KZ hatte ich die Häftlingsnummer 79431, die ich noch heute auf dem linken Unterarm tätowiert trage.

Quelle: BStU, Bd. 38, Bl. 63–69.

1 Hirschberg an der Bober, Stadt in Schlesien rund 60 km südöstlich von Görlitz. Heute Jelenia Góra.

108

Nabel, Franz, geb. 27. Oktober 1889 in Berlin.
»Mischehe«, Ehefrau »Jüdin«.
1933: Elektriker, Zinkhüttenwerke Oberspree, Berlin-Oberschöneweide.
Befragung am 11. Mai 1963, Berlin-Treptow.
Tätigkeit und Wohnort 1963: Rentner, Berlin-Treptow.

Mein Sohn hatte es besonders schwer. Er besuchte die Volksschule in der Wattstraße in Berlin-Oberschöneweide von 1930 ab. Bis zu seinem 13. Lebensjahr kam er immer mit dem Unterrichtsstoff mit, er wurde auch immer versetzt. Bis (…) zum Jahre 1937. In der Zeit davor wurde er, ohne dass die Lehrer etwas dagegen unternahmen, von den

Mitschülern beschimpft, meist mit dem Wort »Judenbengel«, und wurde auch sehr oft geschlagen. Ich möchte sagen, dass mein Sohn völlig normal war, lediglich war er leicht zu verletzen, sehr sensibel. Meine Frau holte dann auch meinen Jungen ab und zu von der Schule ab. Auch sie wurde dann von den Schülern mit den gemeinsten Worten bezüglich ihres mosaischen Glaubens beschimpft. Meine Frau sah auch, wie mein Sohn von Mitschülern geschlagen wurde, indem sie ihm die vollen Schulmappen auf den Kopf schlugen. Er erzählte das auch und auch, dass er als sogenannter Mischling, wenn der Lehrer noch nicht da war, oder in der Pause gehänselt wurde. Mein Junge hat sich das so sehr zu Herzen genommen, dass er immer ruhiger, stiller, scheuer und ängstlicher wurde. Im Jahre 1937 musste ich zum Lehrer kommen, weil mein Sohn plötzlich denjenigen, der ihn geschlagen hat, wiederschlug. Der Lehrer meinte, dass mein Sohn nicht mehr weiß, was er tut, dass er wild um sich geschlagen hat. Der Lehrer schlug dann vor, zum Krankenhaus zu gehen. Wir gingen auch nach Karlshorst zum Krankenhaus und mein Sohn wurde untersucht. Wir konnten wieder nach Hause gehen. Später kam eine Aufforderung, meinen Sohn ins Krankenhaus Westend, glaube ich, zu bringen. Ich möchte noch erwähnen, dass mein Sohn, als wir ins Krankenhaus Karlshorst kamen, zu dem Arzt ohne Aufforderung sagte, dass er Jude wäre. Mein Sohn kam dann nach Wuhlgarten[1], Herzberge[2], Wittenau[3], wo er sich meist ein viertel bis halbes Jahr aufhalten musste. Zwischendurch kam er immer wieder für einige Zeit nach Hause. Etwa im Jahre 1938/39 bekam ich eine Vorladung zum Gericht in der Invalidenstr. Ich musste meinen Sohn mitbringen. Dort war eine Kommission, darunter meines Wissens auch ein Arzt, die beschloss, dass mein Sohn sterilisiert werden soll. Ich bekam dort eine schriftliche Aufforderung, dass mein Sohn auf Grund des Gesetzes zur Verhütung erbkranken Nachwuchses am so und so vielten zu der und der Zeit im Krankenhaus Köpenick sterilisiert werden soll. Ich wusste nicht, was ich machen sollte, ging dann aber doch hin. Mein Sohn wurde sterilisiert. Er war dann noch einige Wochen bei uns zu Hause. Dann kam er wieder in verschiedene Nervenheilanstalten. Zuletzt war er in der Landesanstalt in Sorau[4]. Er war dort etwa ein halbes Jahr, als wir die Nachricht erhielten, dass unser Sohn an Unterernährung und Erschöpfung im Jahre 1941 verstorben ist.[5] Der Beerdigungstermin wurde uns mitgeteilt und wir fuhren auch hin. Unser Sohn wurde mit noch zwei anderen zusammen in einem Grab beerdigt. Ich dachte mir damals, dass man dort vermutlich wegen der Judenverfolgungen dem Leben meines Sohnes ein Ende setzte. Die anderen beiden Verstorbenen waren ebenfalls sogenannte Mischlinge und wurden zusammen mit meinem Sohn beerdigt.

Quelle: BStU, Bd. 42, Bl. 90–93.

1   Als »Anstalt für Epileptische, Wuhlgarten« bei Biesdorf 1893 gegründet. 1928 Umbenennung in »Städtische Heil- und Pflegeanstalt Wuhlgarten«. Seit 1968 »Wilhelm-Griesinger-Krankenhaus Berlin«. Heute Teil des Krankenhauses Hellersdorf.
2   Gegründet 1893 als »Irrenanstalt Herzberge bei Lichtenberg«. 1925 Umbenennung in »Städtische Heil- und Pflegeanstalt Herzberge«. Diente während der Zeit des Nationalsozialismus als Euthanasiestätte. Heute Fachkrankenhaus für Neurologie und Psychiatrie Berlin-Lichtenberg.

3   Gründung 1880 als Irrenanstalt der Stadt Berlin zu Dalldorf. Umbenennung 1925 in Wittenauer Heilstätten. Heute Karl-Bonhoeffer-Nervenklinik.
4   Die 1812 in der Niederlausitz gegründete »Irrenanstalt Sorau« (heute Zóraw oder auch Zary, Polen) wurde später in »Landesanstalt Sorau« umbenannt.
5   Nach Auskunft des BArch vom 17.11.2006 konnte Ferdinand Nabel in der Datenbank der »Euthanasie-Opfer« nicht ermittelt werden. Er kann jedoch als Opfer dieser Aktion wegen der nicht lückenlosen Überlieferung des Materials nicht ausgeschlossen werden. Die seit dem Oktober 1939 praktizierte Euthanasie, auch Aktion »T 4«, nach dem Sitz in der Dienststelle Berlin, in der Tiergartenstrasse 4, benannt, führte bis August 1941 zum Tod von über 70.000 Menschen.

109

R., Gerda, geb. 13. Oktober 1907 in Berlin.
»Jüdin«, »Mischehe«.
1933: Hilfskraft für Schreibarbeiten, Filiale Zeitschrift »Vorwärts«.
Befragung am 14. Mai 1963, Oranienburg, Bezirk Potsdam.
Tätigkeit und Wohnort 1963: Hausfrau, Hohen Neuendorf, Bezirk Potsdam.

Meine Schwester Elisabeth wurde aufgrund eines gerichtlichen Beschlusses unfruchtbar gemacht. Meine Schwester war als Kind einmal gestürzt, wodurch als Folge einer schlechten Verheilung eine Deformierung und Verunstaltung der Nase vorhanden war. Sie sah dadurch etwas unglücklich aus. Und fühlte sich selbst dadurch auch gehemmt. Sie führte einen sehr soliden Lebenswandel und war außerordentlich arbeitsam. Obwohl vor der Machtübernahme niemals die Frage nach Schwachsinnigkeit meiner Schwester gestanden hat, wie ein Arzt nur Ähnliches festgestellt hatte, wurde plötzlich 1936 durch das Erbgesundheitsgericht Berlin-Charlottenburg der Beschluss gefasst, dass sie, meine Schwester, wegen angeborener Schwachsinnigkeit unfruchtbar gemacht werden müsste.[1] Meine Schwester wehrte sich insofern dagegen, dass sie zu den geforderten Terminen nicht bei der zuständigen Dienststelle erschien. Daraufhin wurde sie im Mai 1937 durch 4 Personen der Gestapo oder Kriminalpolizei, ich kann nicht mehr sagen von welcher Dienststelle sie waren, verhaftet und zwangsweise ins Krankenhaus eingeliefert. Durch Strahleneinwirkung wurde dann die Unfruchtbarmachung vollzogen. Nachdem wurde sie zwangsverpflichtet, bei der Altstoffverwertung in Berlin-Schöneberg, Fa. Rose, die niedrigsten Arbeiten zu verrichten. Dort war sie bis Dezember 1942 tätig. 2 Tage vor Weihnachten 1942 erfolgte ihre erneute Verhaftung und sie wurde nach Auschwitz deportiert. Von diesem Tage an bekam ich von meiner Schwester nie mehr ein Lebenszeichen.

Quelle: BStU, Bd. 36, Bl. 67–74.

1   Das Erbgesundheitsgericht berief sich dabei auf das »Gesetz zur Verhütung erbranken Nachwuchses«, das am 1.1.1934 in Kraft trat (RGBl. 1933 I, S. 529). Gemäß Paragraph 1

ist erbkrank, wer unter angeborenem Schwachsinn, Schizophrenie, zirkulärem (manisch-depressivem) Irresein, erblicher Fallsucht, erblichem Veitstanz (Huntingtonische Chorea), erblicher Blindheit, erblicher Taubheit, schwerer erblicher körperlicher Missbildung oder schwerem Alkoholismus leidet.

109a

Beschluss der II. Kammer des Erbgesundheitsgerichtes Berlin vom 26.1.1937, betr. Unfruchtbarmachung der Elisabeth Joseph wegen »Schwachsinn«

```
262 XIII.756.36           B e s c h l u ß !
                          ------------------

                    Die II.Kammer des Erbgesundheitsgerichts
              Berlin hat unter Mitwirkung des Amtsgerichtsrats
              Dr.Dr.Neubauer, des Mag.- Obermedizinalrats Dr.Streblow und
              des Facharztes Dr.med.Siebert in der Sitzung vom 26.Januar
              1937 beschlossen:

                    Die am 31.Oktober 1897 in Berlin geborene
                    Arbeiterin Elsbeth  J o s e p h , wohnhaft
                    in Berlin NW, Wilhelmshavener Strasse 56,
                    ist unfruchtbar zu machen.


                         G r ü n d e :
                         -------------

                    Das Gericht ist zuständig, denn Elsbeth
              J o s e p h  wohnt in seinem Bezirk.
                    Der Pfleger der Elsbeth J o s e p h , ihr
              Vater Salomon J o s e p h , ist im Termin am 5.Januar 1937
              über das Wesen und die Folgen der Unfruchtbarmachung aufge-
              klärt worden. Es ist ihm und der Elsbeth J o s e p h  Ge-
              legenheit zu eingehender Stellungnahme gegeben worden.
                    Der Antrag ist gestellt von dem Amtsarzt in
              Berlin - Tiergarten. Dem Antrag war stattzugeben, denn die
              Voraussetzungen des § 1 des Gesetzes vom 14.Juli 1933 liegen
              vor.
                    Das geht hervor aus dem amtsärztlichen Gutachten,
              aus dem Schulbogen, sowie aus dem persönlichen Eindruck, den
              Elsbeth J o s e p h  auf das Gericht machte.
                    Die Intelligenzprüfung ergab ein vollständiges
```

> - 2 -
>
> Versagen. Sie konnte offensichtlich nicht lesen und nicht rechnen. Ihr Leben beweist zudem, dass sie nirgends lange aushalten konnte.
>
> Der Schwachsinn ist angeboren, denn weder die von ihr angeführte Lues noch der Fall in den Keller sind ausreichend, um einen derartig schweren von Kindheit an bestehenden Schwachsinn zu erklären.
>
> gez.Dr.Dr.Neubauer   gez.Dr.Streblow   gez.Dr.Siebert.
>
> Ausgefertigt:
> [Unterschrift] Justizangestellter
> als Urkundsbeamter der Geschäftsstelle
> des Erbgesundheitsgerichts.

Quelle: BArch, DP 3, Nr. 949, Ber. VII/11.

110

I., Ruth, geb. 23. Oktober 1921 in Leipzig.
Nach Adoption nimmt sie 1925 das »jüdische Glaubensbekenntnis« an.
1933: Kind, Leipzig.
Befragung am 10. Mai 1963, Leipzig, Bezirk Leipzig.
Tätigkeit und Wohnort 1963: keine Angaben.

Am 23.12.39 wurde ich durch eine Karte aufgefordert, mich beim weiblichen Arbeitsdienst[1] zu melden. Um diesem zu entgehen, habe ich heimlich Deutschland verlassen.
Mit meinem zukünftigen Mann, Fred I., habe ich dann mit der Eisenbahn Wien aufgesucht und meldeten uns hier bei der jüdischen Gemeinde.
Auf Umwegen gelangten wir dann nach Budapest und verblieben hier in einer Art Internierungslager der jüdischen Gemeinde bis Mai 1940. Mit Genehmigung der italienischen Behörden gelangten wir Anfang 1941 nach Saloniki[2], wo ich dann auch geheiratet habe.
Bemerken möchte ich noch, dass ich in Leipzig die Kennkarte für Juden erhalten habe, diese wurde von mir während der Flucht nach Griechenland bei der Kontrolle durch deutsche Behörden vernichtet.
In Saloniki wohnten mein Mann und ich in einem Haus der jüdischen Gemeinde Salonikis. Größeren Diffamierungen durch die faschistische Wehrmacht waren wir bis Ende 1943 nicht ausgesetzt.

Da zu diesem Zeitpunkt die Judentransporte begannen, begaben wir uns nach Athen.[3] *Im April 1944 wurde mein Mann von einem Sonderkommando der SS abgeholt und habe nie wieder etwas von ihm gehört. Zwischenzeitlich wurde mein Kind am 2.4.1944 geboren. Nach kurzer Zeit hat man mir mein Kind in der Klinik in Athen durch eine Spritze getötet in meinem Beisein. Der Arzt, ein Grieche, gab an, er müsse es auf höhere Anweisung tun. Der Name dieses Arztes ist mir nicht bekannt.*

Mitte Juni 1944 kam ich mit einem Transport nach Auschwitz, wo ich im Gefängnis bis Anfang Juli verblieb. Von hier wurde ich nach Leipzig gebracht und war bis 25.10.1944 in Untersuchungshaft. (…)

Von der Untersuchungshaft kam ich nach Ravensbrück in das KZ. Hier war ich bis Ende Oktober, brauchte aber nicht arbeiten. In Ravensbrück hat man mir mein letztes persönliches Eigentum wie Trauring usw. weggenommen. (…)

Von Ravensbrück wurde ich nach Salzgitter[4] *in das KZ gebracht und war hier bis März 1945. Hier musste ich Bombenringe unter den erschwertesten Bedingungen drehen. Selbst bei Luftangriffen mussten wir in der Baracke bleiben.*

Von Salzgitter kam ich dann nach Drütte[5] *bzw. nach Bergen-Belsen, wo ich bis zur Befreiung am 15.4.45 war. Da ich inzwischen an Typhus erkrankte, konnte ich erst am 15.4.1946 nach Leipzig entlassen werden. Ich war in einem englischen Krankenhaus und bin hier gut behandelt worden.*

Quelle: BStU, Bd. 39, Bl. 47–52.

1 Der RAD sah laut Gesetz vom 26.6.1935 vor, dass männliche und weibliche Jugendliche zwischen 18 und 25 Jahren einen Arbeitsdienst von einem halben Jahr abzuleisten hatten (bis 1939 galt der weibliche Arbeitsdienst als freiwillig).
2 Thessaloniki, Kurzform Saloniki, Stadt in Griechenland.
3 Im April 1941 hatte die faschistische Wehrmacht das griechische Festland besetzt. Die Deportationen der Juden begannen im März 1943 nach Auschwitz, Treblinka und Bergen-Belsen. Das KZ Bergen-Belsen befand sich nördlich der Stadt Celle. Es diente als Durchgangs- und Auffanglager. Britische Truppen befreiten am 15.4.1945 das Lager und fanden 56.000 Männer, Frauen und Kinder vor, die sich in einem furchtbaren Zustand befanden.
4 Salzgitter-Watenstedt war ein Außenlager des KZ Neuengamme (1944 – April 1945). Das KZ Neuengamme, an der Peripherie der Stadt Hamburg gelegen, bestand seit Frühsommer 1940.
5 Salzgitter-Drütte war ein Außenlager des KZ Neuengamme (1944 – April 1945).

111

Fuchs, Elsa, geb. 23. September 1892 in Thum/Sachsen.
»Jüdin«.
1933: Hausfrau, Chemnitz.
Befragung am 11. Mai 1963, Berlin.
Tätigkeit und Wohnort 1963: Hausfrau, Berlin-Lichtenberg.

Bereits 1932 begannen die Diffamierungen gegen uns mit aller Grausamkeit. Stefan[1] besuchte in Chemnitz am Staatsgymnasium die Oberprima. Er schrieb in dieser Zeit bereits wunderbare Gedichte, die sogar in der sozialdemokratischen »Volksstimme« abgedruckt wurden. Ich entsinne mich noch an einen dieser Verse, der als Export überschrieben war. Es hieß sinngemäß: »Wir exportieren, exportieren, wir haben Export in Offizieren«.

Es setzte gegen Stefan und uns eine öffentlich groß aufgezogene Diffamierungskampagne in Chemnitz ein. Von der Stadtverwaltung wurden gemeinsam mit den Nazis große Hetzveranstaltungen gegen unsere Familie aufgezogen. Die Zeitungen griffen diese Diffamierungen mit auf und Stefan wurde vom Gymnasium geworfen. Wir hießen damals nach dem Namen meines ersten Mannes, Flieg[2]. Ich entsinne mich an eine Zeitungsschlagzeile, wo geschrieben wurde »Flieg flog doch«. Ich erhielt fortlaufend anonyme telefonische Drohungen und Beschimpfungen mit der Maßgabe, dass unser Haus in die Luft gesprengt wird.

Mir gelang es noch, Anfang 1933 – ich möchte mich berichtigen, es war Ausgang 1932 – in Berlin meinen Sohn Stefan an einem Gymnasium unterzubringen. Dabei half mir insbesondere der heutige Chemnitzer Prof. Epping. Dadurch konnte Stefan noch 1933 1 Semester an der Humboldt-Universität studieren[3]. Zu dieser Zeit waren die Verfolgungsmaßnahmen immer grausamer. Stefans Aufenthaltsort in Berlin war ihnen noch nicht bekannt. Unmittelbar nach der Machtübernahme der Nazis drang nachts eine Horde in unsere Wohnung ein. Sie wurde angeführt von dem damaligen Chefredakteur des Chemnitzer Tageblatts und einem Apotheker aus der Zschopauer Str.[4], beide in SA bzw. SS-Uniform. Sie bedrohten uns mit Reitpeitschen, verlangten meinen Sohn Stefan zur Abholung, brüllten meinen zweiten Sohn, der damals 15jährig war, an, dass sein Bruder Stefan zum Erschießen reif ist. Mein Mann wurde als Geisel aus der Wohnung geschleppt. Ich durfte ihm nicht das geringste mitgeben. Es wurde ihm angedroht, dass er bei der geringsten Bewegung erschossen wird. (…)

Meinen 15jährigen Jungen schickte ich sofort nach Berlin, um Stefan zu warnen, der unverzüglich über Spindlermühle[5] Riesengebirge illegal über die tschechoslowakische Grenze ging und sich nach Prag rettete.

Bei all diesen Maßnahmen wurde uns nicht die geringste Begründung gegeben und die gesamte Atmosphäre war so lebensbedrohend, dass gar nicht der Mut aufgebracht werden konnte, nach einer Begründung für die barbarische Verhaltensweise gegen uns zu fragen. Ich wurde noch angebrüllt, dass mein Mann solange festsitzt, bis mein Sohn wieder da ist.

Stefan gelang es, in Prag weiter zu studieren und wegen seiner guten Leistungen erhielt er Anfang 1935 von 2 ausgeschriebenen Stipendien einer Stiftung ein Stipendium zum Studium in den USA. Mein Mann wurde nach etwa 10-12 Tagen wieder entlassen. Wir wurden boykottiert und mein Mann litt unter solchen seelischen Depressionen, dass er sich am 9. Juli 1935 selbst das Leben nahm. (…)

Am 14. März 1939 heiratete ich den damaligen Oberrabbiner Dr. Hugo Fuchs[6]. Dieser war am 9. November 1938 aus seiner Wohnung geschleppt worden. In seiner Wohnung war er so zugerichtet worden, dass ich, als ich später die Wohnung betrat, an den

Korridorwänden sein hochgespritztes Blut fand. Er hatte bei der Mißhandlung instinktiv seine Hände schützend über den Kopf gehalten und mit Knüppeln wurde derart auf ihn eingeschlagen, dass seine Finger alle gebrochen waren. Ich erfuhr, dass er für den Transport nach Buchenwald bestimmt war, aber da er so lebensgefährlich zugerichtet worden war, konnte er nicht auf den Transport gegeben werden und wurde dann Mitte Februar 1939 aus dem Chemnitzer Polizeigefängnis entlassen. Wir heirateten, wie schon gesagt. Er konnte schon seine Wohnung nicht mehr betreten. Er hatte einen Sohn aus erster Ehe in Argentinien und die Umstände zwangen, dass er Hals über Kopf bereits 1 Monat nach unserer Heirat nach Argentinien emigrierte[7]. Ich musste ganz allein zurückbleiben, da die Argentinischen Einwanderungsgesetze nicht zuließen, dass ich mitkönnte.
Ich war damals Anfang 40 und kam zur Zwangsarbeit. Unter Bewachung mussten wir in Chemnitz in regelrechten »Judentrupps« die Straßen und Parkanlagen reinigen, Holz sägen und Schnee schippen. Bezahlung erhielt ich nicht. (…)
Meine Söhne Stefan und Werner kämpften in den USA, um für mich die Bürgen zu stellen, die für meine Rettung, in Verbindung mit Auswanderung erforderlich waren. Ich vergesse nie, wie fürchterlich selbst die Auswanderungsrepressalien waren. Es waren von den USA Quoten ausgegeben und wir Betreffenden erhielten Nummern.[8] Alles erfolgte über das Konsulat der USA in Berlin. Teilweise sehr junge Konsularangestellte behandelten mich und insbesondere die polnischen Juden mit einer herzlosen Arroganz. Diese ablehnenden Auskünfte, dass die Nummer erst in Jahren zur Auswanderung vorgesehen ist, waren fast vernichtend für die Betreffenden. Mit einem Koffer gelang es mir, 1941 eine Passage zu erhalten und meinen Söhnen nach den USA zu folgen.

Quelle: BStU, Bd. 42, Bl. 72–76.

1 Ihr Sohn war Stefan Heym (1913–2001), der bekannte deutsche Schriftsteller und Politiker (1994 Alterspräsident des Deutschen Bundestages).
2 Daniel Flieg, Kaufmann.
3 Studium der Zeitungswissenschaften an der damaligen Friedrich-Wilhelms-Universität in Berlin.
4 Die Straße verlief vom Zentrum aus in südöstlicher Richtung.
5 Špindlerův Mlýn – tschechischer Erholungsort im Riesengebirge.
6 Hugo Fuchs (1878–1949) studierte Philologie und Geschichte an den Universitäten in Berlin und in Leipzig. 1907 Promotion. 1907 bis November 1938 Rabbiner der Israelitischen Religionsgemeinde zu Chemnitz. S. auch: Juden in Chemnitz. Die Geschichte der Gemeinde und ihrer Mitglieder. Hrsg. Jürgen Nitsche/Ruth Röcher, Dresden 2002.
7 In Buenos Aires amtierte Fuchs von 1939 bis zu seinem Tode als Rabbiner der deutsch-jüdischen Flüchtlingsgemeinde.
8 Die in den USA seit 1924 geltenden Einwanderungsbestimmungen legten Quoten fest. So konnten pro Jahr 150.000 Menschen einwandern. Aus Deutschland und Österreich sah die Quote jährlich insgesamt 27.230 Einwanderer vor. Voraussetzung war ein ordentliches Einreisevisum (Immigrant Visa). Vorzulegen waren dafür zahlreiche amtliche und private Zeugnisse und Papiere.

112

K., Ida, geb. 5. Januar 1901 in Königsberg[1].
»Jüdin«, »Mischehe«.
1933: Inhaberin Kohlengeschäft, Stargarder Straße 8, Berlin.
Befragung am 20. Mai 1963, Berlin.
Tätigkeit und Wohnort 1963: Hausfrau, Berlin-Mahlsdorf.[2]

Im Sept.1936 wurde meine Tochter geboren. Bis zu ihrem 4. Lebensjahr 1940 lebte sie bei uns. Das letzte Kohlengeschäft hatten wir bereits aufgeben müssen. Das 4jährige Mädel konnte auf der Strasse nicht mehr spielen. Sie wurde als Jüdin beschimpft und diffamiert.

Durch eine bekannte Lehrerin war es uns möglich, die Kleine illegal mit einem Kinderverschickungstransport aus Berlin evakuieren zu lassen. Sie lebte in Bayreuth bei Pflegeeltern. Nach einem 3/4 Jahr war sie von uns bereits so entwöhnt, dass wir sie nochmals zu uns nahmen. Kurz danach erlitt sie einen Unfall, als sie beim Klettern am Zaun sich die Wade sehr gefährlich verletzte. Es war 1942, meine Mutter wurde an diesem Tage gerade nach Theresienstadt verschleppt. Die Kleine durfte von keinem Arzt behandelt werden. Wir durften kein Taxi benutzen und auch kein anderes Verkehrsmittel. Ein Bekannter von uns trug das Kind auf den Armen zur Unfallstation in der Ziegelstr. (Berlin Mitte). Der Bekannte gab dann seine Personalien an, um überhaupt zu ermöglichen, dass die Kleine behandelt wurde. Sie bekam dann noch eine Blutvergiftung. Und dadurch war sie 1943 bei uns, als ich in der großen Aktion[3] abgeholt wurde. Wir hatten bis dahin auch dem Kind gegenüber verheimlicht, dass ich jüdisch bin und sie kam an diesem Tage von der Straße hochgelaufen und rief im Haus: »Mutti die Juden werden abgeholt, was sind denn das für Leute?«

Auf der Straße standen die LKW's und die jüdischen Bürger wurden aus den Häusern geholt. Unsere Nachbarn nahmen meine Tochter zu sich in die Wohnung, damit sie nichts merken sollte, wenn ich abgeholt werde. Ich wurde dann auch am gleichen Tage geholt und mein Mann erzählte ihr, ich wäre bei einer Hochzeit als Köchin. Die Kleine freute sich, dass ich ihr dann von der Hochzeit ein Stückchen Fleisch mitbringe, da wir so etwas fast gar nicht mehr kannten. Als ich aus der Großen Hamburger Str. entlassen wurde, war die Enttäuschung bei ihr sehr groß, als ich nachts ankam, sie aufwachte und ich nichts mithatte. (...)

Nachdem ich abgeholt worden war und wieder zur Entlassung kam, versuchten wir sofort unsere Tochter wieder aus dem Haus zu geben, was uns auch gelang. Durch die Wirren der letzten Kriegsmonate verloren wir jede Verbindung und kannten den Aufenthalt unseres Kindes nicht mehr. Erst mit vielen Mühen fanden wir sie dann in Sachsen-Anhalt in einem kleinen Dorf bei Bitterfeld im September 1945.

Quelle: BStU, Bd. 43, Bl. 98–104.

1 Aus dem Vernehmungsprotokoll ging nicht hervor, ob es sich um Königsberg/ Neumark oder um Königsberg/Ostpreußen handelt.
2 Gestorben am 17.5.1991. Vgl. CJA, Friedhof Weißensee Beisetzungsregister.
3 Fabrik-Aktion.

113

Flöte, Ilse, geb. 20. August 1896 in Ludwigslust/
Mecklenburg-Schwerin.
»Jüdin«, »Mischehe«.
1933: Hausfrau, Berlin.
Befragung am 10. Mai 1963, Schwerin, Bezirk Schwerin.
Tätigkeit und Wohnort 1963: Rentnerin, Ludwigslust.

Ich erwähnte bereits, dass mein Mann seine Arbeit bei der Berliner Stadtbank aufgeben musste, weil er mit mir verheiratet war. Er bemühte sich dann laufend, eine neue Arbeitsstelle zu bekommen, aber immer, wenn die Sprache darauf kam, dass ich Jüdin bin, wurden seine Stellengesuche abgelehnt.
1940 gelang es ihm, bei der ehemaligen jüdischen Bank in Berlin am Wilhelmplatz, die unter der Firmenbezeichnung Heinz, Tecklenburg & Co.[1] lief, anzukommen.
Sein damaliger Chef hieß Graf Bernsdorf[2]. Das war ein sehr zuvorkommender und anständiger Mensch. Er war früher Botschafter in England gewesen. Er sagte zu meinem Mann, da er wusste, dass ich Jüdin war, mein Mann solle mich in erster Linie beschützen und wenn es nicht anders möglich sei, solle er ruhig der Arbeit fernbleiben, bis die Gefahr für mich vorüber sei. (…)
Bezüglich der Lebensmittelkarten möchte ich noch hinzufügen, dass etwa im Jahre 1940 eine Aktion im Regierungsbezirk Schöneberg lief, um die jüdische Bevölkerung zu sammeln und abzutransportieren. Ich war an dem betreffenden Tage auch zu der Stelle, wo die Lebensmittelkarten ausgegeben werden sollten, hingegangen. Soweit ich mich erinnere, war es eine Schule. Der Name der Schule ist mir entfallen. Als ich auf dem Hof der Schule nach den Karten mit anderen jüdischen Bürgern anstand, trat ein Bekannter, namens Artur F., jetzt wohnhaft in Westberlin (...) an mich heran und warnte mich. Er teilte mir mit, dass die jüdischen Bürger, die sich ihre Lebensmittelkarten abholen wollten, hier vorne durch eine Tür hingingen und hinten auf einen Wagen geladen und abtransportiert würden.
Ich habe mich daraufhin sofort nach Hause begeben und konnte so dem Abtransport entgehen.
Herr F. war übrigens der Portier in dem Haus, wo wir wohnten, und er warnte uns auch jedes Mal, wenn die Gestapo wieder bei uns im Hause war und nach mir fragte.

Quelle: BStU, Bd. 31, Bl. 183–190.

1 1889 gründete die in Bamberg ansässige jüdische Bank A. E. Wassermann eine Filiale in Berlin, Wilhelmplatz 7. Im Zuge der Arisierung des Unternehmens am 1.1.1938 entstand aus der Berliner Filiale das Bankhaus von Heinz, Tecklenburg & Co. Es verwaltete unter anderem die »Einkaufsgelder« für Theresienstadt.
2 Albrecht Graf von Bernstorff (1890–1945) trat nach seinem Studium 1914 in den Auswärtigen Dienst ein. Von 1923–1933 wirkte er an der Botschaft London, zuletzt als Botschaftsrat. Auf eigenen Wunsch wurde er 1933 in den zeitweiligen, 1937 in den endgültigen Ruhestand versetzt. Ab 1933 arbeitete er für das Bankhaus A. E. Wassermann. Bernstorff gehörte dem Solf-Kreis an, einer Oppositionsgruppe um Hanna Solf (1887–1954), der Witwe des Diplomaten Wilhelm Heinrich Solf (1862–1936). Ihre ungefähr 10 Mitglieder übten in verschiedenen Formen Widerstand gegen das Naziregime, z. B. Hilfe bei Fluchtvorhaben. Nach mehrfachen Verhaftungen wurde Bernstorff am 23.4.1945 im Gefängnis in der Lehrter Straße in Berlin-Moabit ermordet.

114

Lanius, Emma, geb. 28. Oktober 1892 in Lipenec b. Prag.
»Jüdin«, »Mischehe«.
1933: Korrespondentin, Handelsvertretung der UdSSR, Berlin.
Befragung am 21. Mai 1963, Zeuthen, Bezirk Potsdam.
Tätigkeit und Wohnort 1963: Rentnerin, Zeuthen.

Ich wurde mit Hunderten anderen Juden in verschlossenen Eisenbahnwagen verschleppt.[1] Nach langem Hin- und Herfahren kamen wir in Theresienstadt an. (...) Ich arbeitete in der sogenannten Putzkolonne und musste die üblichen Schikanen, die alle KZ-Häftlinge erleiden mussten, hinnehmen. (...)
Mein 1927 geborener Sohn Karl war während meiner Inhaftierung bei einer guten alten Dame in Berlin-Köpenick[2]. Nach Beendigung der Schulzeit, erlernte er den Beruf eines Werkzeugmachers und wurde nach Beendigung seiner Lehrzeit, es war im Spätherbst 1944, in ein KZ überführt. Es waren dies die Lager Sarstedt bei Hannover und Lenne in Westfalen. Mein Sohn wurde im März 1945 von der amerikanischen Armee befreit. (...)
Am 11. Juni 1945 traf ich mit meinem Sohn in Berlin ein.

Quelle: BStU, Bd. 45, Bl. 90–95.

1 Emma Lanius wurde am 10.1.1944 von Berlin nach Theresienstadt deportiert. Vgl. Theresienstädter Gedenkbuch, S. 253.
2 Karl Lanius wohnte während dieser Zeit bei Frau Pühringer in Berlin-Köpenick, Güldenauer Weg 52. S. Vorderseite des Dok. 114a.

114a

Postkarte von Emma Lanius aus dem Ghetto-KZ Theresienstadt an den Sohn K. in Berlin-Köpenick vom 17.4.1944

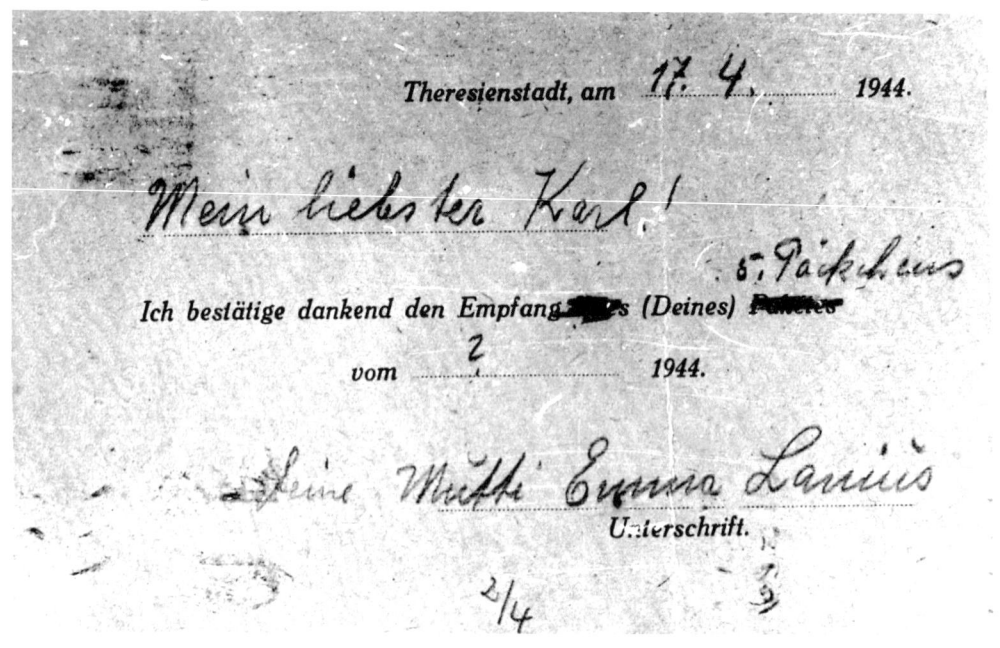

> Theresienstadt, am 17.4. 1944.
>
> Mein liebster Karl!
>
> Ich bestätige dankend den Empfang ~~des~~ (Deines) ~~Paketes~~ 5. Päckchens
>
> vom 2 1944.
>
> ~~Deine~~ Mutti Emma Lanius
>
> Unterschrift.

Quelle: BArch, DP 3, Nr. 958, Ber. XVI/12.

115

Heitmann, Regina, geb. 11. Juli 1903 in Posen.
»Jüdin«, Ehemann trat bei Heirat zum »jüdischen Glauben« über.
1933: Hausfrau, Berlin.
Befragung am 7. Mai 1963, Berlin.
Tätigkeit und Wohnort 1963: Hausfrau, Berlin-Lichtenberg.[1]

Meine Schwester Minna Baehr verstarb 1940 an den Folgen eines Kaiserschnitts im jüdischen Krankenhaus.[2] Das Kind Judis Baehr blieb am Leben. Nach der Entlassung aus dem Krankenhaus nahm ich das Kind zu mir. Der Vater wurde als sogenannter »Geltungsjude« geführt. Ich hatte das Kind bis zum 2. Lebensjahr bei mir. Im März 1943 kam die Gestapo zu mir in die Wohnung und verlangte sofort das Kind von mir. Ich hatte das Kind zum Glück nicht in der Wohnung, da wir fortlaufend gezwungen waren, den Aufenthalt des Kindes geheim zu halten. Mir wurde von dem Gestapomann auferlegt, das Kind unverzüglich zur Großen Hamburger Str. zu bringen. Ersatzweise haftete mein Junge an Stelle der Judis. Wir beschlossen in der Familie,

Judis sofort untertauchen zu lassen und ihr Vater fuhr mit dem Kind nach Berlin Woltersdorf zum katholischen Kinderheim. Er zog sich Arbeitskleidung an und gab das Kind, das noch nicht richtig sprechen konnte, unter dem Vorwand ab, dass er es in 2 Stunden wieder abholt. Wir hofften, dass das Kind gerettet werden kann, wenn es namenlos in diesem Heim abgegeben ist. Kurze Zeit danach wurde in den Zeitungen eine Beschreibung des Kindes und ein Suchaufruf veröffentlicht. Durch Hausbewohner in der Höchste Str. wurde das Kind identifiziert. Wir erfuhren, dass das Kind auf der Transportliste für Auschwitz steht und ich bot alles auf, um in der Großen Hamburger Str. den Natan Blond[3] zu bestechen und es gelang mir für Geld, dass das Kind auf die Liste für Theresienstadt kam, da dieses Lager nicht unmittelbar als offizielles Vernichtungslager galt. Der Vater des Kindes, mein Schwager, wurde nach der Identifizierung in Fahndung gestellt, von der Gestapo aufgegriffen, wurde nach Berlin-Moabit ins Gefängnis gebracht. Wir erhielten noch einmal illegal Nachricht von ihm, dass er vor Hunger eingeht und er ist tatsächlich in diesem Gefängnis verhungert. Ich habe diese Bestätigung dann durch einen Mitinsassen erhalten. Judis kam tatsächlich nach Theresienstadt. Wir kennen die Frau, die sie gerettet hat. Es ist die spätere Pflegemutter von Judis, Elly J., jetzt wohnh. Prag 3. (...) Sie hat mir geschrieben, wie der Transport in Theresienstadt ankam, sie das 2jährige Mädchen fand und es unter ständigem Einsatz ihres Lebens ständig versteckte und verheimlichte, wenn die Kindergruppen für die Vergasung in Auschwitz zusammengestellt wurden. Sie hat nach der Befreiung das Kind mit sich genommen und als ihr eigenes in der CSSR aufgezogen.

Regina Heitmann; Quelle: BArch, Bild 183-B0711-0005-015/Stöhr

Wir haben später erst über den Suchdienst Verbindung zueinander bekommen. Ich habe noch lange um Judis gestritten, da sie doch eine der wenigen ist, die aus meiner Familie noch lebt. Ich hatte meiner Schwester beim Sterben versprochen, alles daran zu setzen, um die Kleine zu retten. Judis lebt jetzt auch in Prag, ist schon verheiratet und selbst Mutter. Ich habe später eingesehen, dass Frau J. alles für Judis getan hat, was man unter Einsatz seines Lebens überhaupt zur Rettung des Lebens eines Kindes tun kann. Am 18. Mai dieses Jahres werden mein Mann und ich nach Prag fahren, um endlich die Frau kennen zulernen, die unsere Nichte vor der Gaskammer bewahrt hat und auch Judis werden wir nun nach so langer Zeit wiedersehen.

Aus meiner eigenen nahestehenden Familie ist kein einziger am Leben geblieben. 33 Verwandte insgesamt sind umgebracht worden.

Quelle: BStU, Bd. 48, Bl. 125–129.

1   Gestorben am 1.5.1985. Vgl. CJA, Friedhof Weißensee Beisetzungsregister.
2   Minna Baehr, geb. Stargardt, verheiratet mit Alfred Baehr, wurde laut Aufnahmebuch des Jüdischen Krankenhauses am 30.9.1940 aufgenommen. Sie verstarb dort am 8.10.1940. Die Diagnose lautete Geburtsstillstand. Ihre Beisetzung erfolgte am 13.10.1940 auf dem Jüdischen Friedhof Weißensee. Vgl. CJA, 2 A 1 K, Nr. 26, Eintrag Nr. 3240.
3   Das Mitarbeiterverzeichnis der Reichsvereinigung der Juden in Deutschland vom September 1941 benennt einen Nathan Blond als Karteiführer bei der Jüdischen Kultusvereinigung in Berlin. Daher ist sein Einsatz als Ordner im Sammellager Große Hamburger Straße möglich.

116

S., Bruno, geb. 26. Mai 1899 in Krefeld.
»Arier«, »Mischehe«.
1933: Heilpraktiker, Inhaber eigener Praxis, Stettin.
Befragung am 13. Mai 1963, Staßfurt, Bezirk Magdeburg.
Tätigkeit und Wohnort 1963: Heilpraktiker, Staßfurt.

1939 erfolgte meine Einberufung zur faschistischen Wehrmacht. 1942 wurde ich als »jüdisch Versippter« als wehrunwürdig erklärt und entlassen. Ich konnte meine Praxis nicht mehr eröffnen, weil ich es ablehnte, mich von meiner Frau scheiden zu lassen. Zunächst wurde ich dienstverpflichtet als Arbeiter in einer Margarinefabrik und Ende 1943 verschleppte mich die Gestapo in das Lager Rothenförde[1] bei Staßfurt. Im April 1945 befreite mich die amerikanische Armee.

Quelle: BStU, Bd. 36, Bl. 26–30.

1   Rothenförde heute Ortsteil von Staßfurt.

116a

Schreiben der Deutschen Heilpraktikerschaft e.V. München an Bruno S. in Stettin vom 27.2.1943, betr. Aufforderung zur Trennung von seiner »volljüdischen« Ehefrau als Voraussetzung für die Zulassung als Heilpraktiker

Quelle:
BArch,
DP 3,
Nr. 949,
Ber. VII/5.

> **DEUTSCHE HEILPRAKTIKERSCHAFT e.V. MÜNCHEN**
>
> Herrn 22
> Ferd.Bruno S███████,Heilpraktiker
> Stettin 7
> Pölitzerstr.78a
>
> POSTSCHECKKONTO: MÜNCHEN NR. 3509
> BANKKONTO: SPARKASSE DER HAUPTSTADT DER BEWEGUNG MÜNCHEN, ZWEIGSTELLE 3, LEOPOLDSTRASSE 51, KONTO NR. 20390
>
> MÜNCHEN 23, DEN 27.2.43
> GISELASTRASSE 4 FERNSPRECHER 30393/96
> MN 2560
> BETREFF: Zulassung als Heilpraktiker
>
> Die Parteikanzlei hat nach eingehender Prüfung Ihrer persönlichen Verhältnisse dahingehend Stellung genommen, dass trotz der guten Beurteilung Ihrer Person Ihre Zulassung als Heilpraktiker nur dann erfolgen kann, wenn Sie sich endlich entschliessen, sich von Ihrer volljüdischen Ehefrau zu trennen. Sie müssen auch einsehen, dass der uns aufgezwungene harte Krieg in Rassefragen gegenüber Juden, kein Kompromiss irgendwelcher Art zulässt. Wir erwarten Ihre endgültige Stellungnahme bis spätestens 10.3. Sollten Sie bis dahin nicht erklären können, dass Sie die notwendigen Massnahmen zur Ehescheidung eingereicht haben, müssen wir jedes weitere eintreten für Sie zu unserem Bedauern ablehnen und Sie ebenfalls als Mitglied der deutschen Heilpraktikerschaft streichen.
>
> Heil Hitler!

117

S., Ida, geb. 4. März 1899 in Breslau.
»Übertritt zum Judentum«, »Mischehe«.
1933: Besitzerin eines Lebensmittelgeschäftes, Breslau.
Befragung am 6. Mai 1963, Leipzig, Bezirk Leipzig.
Tätigkeit und Wohnort 1963: Hausfrau, Leipzig.

Hierzu möchte ich noch bemerken, dass ich durch meinen Übertritt zum Judentum den Juden gleichgestellt wurde und denselben Maßregeln ausgesetzt war. Mein Mann war Chordirigent und Lehrer in Breslau und wurde im Jahre 1933 seiner Stellung sofort enthoben. Da mein Mann keine Anstellung mehr erhielt und um die Existenz unserer Fam. aufrechtzuerhalten, habe ich in Breslau ein Lebensmittelgeschäft aus eigenen Ersparnissen aufgemacht, dass mir bei der ersten Judenaktion zu halten unmöglich war, da die Bevölkerung im Geschäft eines Juden nicht mehr einkaufen durfte. Im Jahre 1941 im November, war die erste Judendeportation, zu der auch mein Mann seitens der Gestapo abgeholt wurde. Ich persönlich war auf der Liste der Abzuholenden nicht dabei. Ich ließ meinen Mann jedoch nicht alleine gehen, sondern habe mich auf der

Liste mit auftragen lassen. Gemeinsam wurden wir dann beide mit ca. 1.000 weiteren jüdischen Männern, Frauen und Kindern in ein Sammellager in Breslau verschleppt, wo wir entsetzlichen Qualen und Belästigungen sowie Verhören ausgesetzt waren. Während wir am letzten Tage ca. nach 12 Tagen auf Grund unserer Mischehe und der verschiedenen hartnäckigen Reklamationen seitens meiner christlichen Angehörigen auf freien Fuß gesetzt wurden. Nach meinen genauen Erinnerungen ist von diesem Transport nicht ein einziger Jude zurückgekehrt.[1] (…)

Ich wurde wiederholt durch die Gestapo zur Ehescheidung von meinem jüdischen Mann gedrängt. Ferner wurde mein im Februar 1944 geborenes Kind, das untergewichtig war, aus antisemitischen Gründen von jeder Betreuung ausgeschlossen, am ersten Lebenstage der Straßenkälte ausgesetzt und mir keinerlei ärztliche Hilfe gewährt, so dass das Kind nach wenigen Tagen verstarb.

Quelle: BStU, Bd. 35, Bl. 82–85.

1 Der erste Transport aus Breslau mit 1.005 Juden ging am 25.11.1941 nach Kaunas (Kowno). Alle Deportierten wurden am 29.11.1941 erschossen.

118

Rosenthal, Charlotte, geb. 5. April 1896 in Berlin.
»Arierin«, »Mischehe«.
1933: Hausfrau, Berlin.
Befragung am 17. Mai 1963, Berlin.
Tätigkeit und Wohnort 1963: Rentnerin, Berlin-Köpenick.

Dr. Schütze[1] kannte unsere Familienverhältnisse und wusste auch, dass mein Sohn als Geltungsjude galt. Aufgrund der jahrelangen Bekanntschaft mit meiner Schwester hatte Dr. Schütze ebenfalls ein persönliches Interesse daran, uns zu helfen. Dr. Schütze teilte meiner Schwester mit, dass er persönlich nicht in der Lage sei, etwas für meinen Sohn zu tun, dass er aber den Vorschlag mache, dass ich mich persönlich an den zuständigen Referenten für Judenfragen im Reichsinnenministerium, Dr. Globke, wende. Er sagte, dass Dr. Globke der einzige wäre, der mir eventuell helfen könne. Wenn ich zu ihm gehe, solle ich mich auf seine Empfehlung berufen, damit ich empfangen werde.

Im Jahre 1942, an einen genaueren Zeitpunkt kann ich mich nicht mehr erinnern, begab ich mich zum Reichsinnenministerium Unter den Linden[2]. Ich meldete mich beim Pförtner und fragte, wie ich zu Dr. Globke komme. Ich sagte auch noch, dass ich auf Empfehlung von Ministerialdirektor Dr. Schütze in einer persönlichen Angelegenheit komme. Soweit ich mich noch erinnern kann, wurde vom Pförtner aus telefonisch irgendwo angefragt, worauf ich die Erlaubnis bekam, das Ministerium zu betreten und mich in einem bestimmten Zimmer zu melden. (…) Globke saß an seinem Schreibtisch, der sich schräg vor einem Fenster befand. Ich blieb an der Tür stehen, während er vom Schreibtisch aus kurz zu mir herblickte und fragte, was ich wolle. Ich hatte den Eindruck, als ob er über die Störung verärgert wäre. Daraufhin sagte ich ihm, dass ich auf Empfehlung von Ministerialdirektor Dr. Schütze komme und zwar in einer persönlichen Angelegenheit betreffs meines Sohnes, der als Jude gilt. Ich trat an seinen Schreibtisch heran, blieb dort stehen und begann, ihm meine Angelegenheit vorzutragen, indem ich ihm erzählte, dass ich mit einem Juden verheiratet bin, der sich im Ausland³ aufhält und dass mein Sohn nach den Gesetzen als Jude gilt und nun die Gefahr besteht, dass er abtransportiert wird. Ich bat Dr. Globke, mir zu helfen und meinen Sohn von den Auswirkungen der Rassengesetze zu befreien. Ich würde ihn als Mutter sehr darum bitten, weil bei den zu erwartenden Maßnahmen gegen die Juden sein Leben bedroht sei. (...) Nachdem ich ihm nun mein Anliegen vorgetragen hatte, fragte er mich in einem zynischen Ton, ob ich von meinem Mann geschieden sei. Als ich das verneinte, gab er mir eine so gemeine Antwort, die mich auf das äußerste erschütterte, weil ich das selbst von einem Nazibeamten nicht erwartet hätte. Er sagte nämlich in einem aufbrausenden Ton: »Dann kleben Sie ja immer noch an dem Juden!«

In der gleichen Tonart fuhr er fort: »Das hätten Sie sich eher überlegen sollen, bilden Sie sich ja nicht ein, dass durch eine jetzige Scheidung Ihr Sohn noch gerettet werden kann!« (...) Wenn ich noch einmal meinen Eindruck von dem Besuch bei Dr. Globke zusammenfassen soll, so kann ich nur sagen, dass ich hier einem Menschen gegenüber gestanden habe, dessen Zynismus und Menschenfeindlichkeit alle meine Vorstellungen von den Faschisten übertraf. Sein Auftreten war das eines fanatischen Judenhassers, der mich, weil ich mit einem Juden verheiratet war, wie eine Aussätzige behandelte, mit der er jeden Kontakt vermeiden wollte. (...) Nachdem mein Besuch bei Dr. Globke ergebnislos verlaufen war und die ersten Auswirkungen der sogenannten Endlösung der Judenfrage in Form von verstärkten Deportationen und Verschlep-

Charlotte Rosenthal
Quelle: BArch, Bild 183-B0710-0002-013/Zentralbild

pungen spürbar wurden, entschloss ich mich auf Anraten meiner Schwester und eines ihr bekannten Rechtsanwaltes, die Scheidung von meinem Ehemann einzuleiten. Das war der einzige Weg, um meinen Sohn[4] und auch mir selbst das Leben zu retten.

Quelle: BStU, Bd. 30, Bl. 281–288, Bd. 48, Bl. 150–158.

1   Gemeint ist Dr. Erwin Schütze, geb. 1887, seit dem 1.5.1933 Mitglied der NSDAP und als Ministerialdirektor leitender Beamter im Reichsministerium des Innern. 1944 musste er seine Dienststelle verlassen und wurde nach Oberschlesien versetzt.
2   Unter den Linden 72–74.
3   Dem Ehemann von Charlotte Rosenthal war es im April 1939 gelungen, mit einem Schiff von Genua aus nach Shanghai zu emigrieren. Er kehrte 1947 nach Deutschland zurück. Am 8.5.1963 wurde er als Zeuge vernommen. S. BStU, Bd. 30, Bl. 263–264. Er verstarb am 19.6.1970.
4   Der Sohn von Charlotte Rosenthal, Hans-Alfred Rosenthal, geb. 1924, wurde ebenfalls als Zeuge befragt. S. BArch, DP 3, Nr. 959, Ber. 16. Er gab der Autorin während der Gespräche am 31.5.2005 und am 2.5.2008 wichtige Hinweise. Charlotte Rosenthal verstarb am 31.10.1982.

119

Strämlow, Valerie, geb. 10. Januar 1911 in Berlin.
»Jüdin«.
1933: Schneiderin, Berlin
Befragung am 17. Mai 1963, Berlin.
Tätigkeit und Wohnort 1963: Rentnerin, Berlin.

Durch den Schuhwarenhändler Max Blumenau, aus der Hochmeisterstr.[1] bekam ich eine Stelle als Schuhwarenverkäuferin, obwohl er wusste, dass ich Sternträgerin bin. Am 30.6.1943 wurde ich in diesem Geschäft dann durch SA und Gestapo festgenommen und zur Hamburger Str. gebracht, wo sich ein Sammellager befand, welches durch SS bewacht wurde.
Nach drei Tagen ging der Transport mittels Viehwagen vom Anhalter Bahnhof nach Theresienstadt.[2] (…)
Mir ist noch folgendes in Erinnerung:
In der Großen Hamburger Str., dem damaligen Lager, befand sich die Stella Kübler.[3] Diese Person arbeitete für die Gestapo, denunzierte jüdische Bürger und brachte es fertig, ihre Eltern vergasen zu lassen.[4] Dann war dort ein gewisser Bachus tätig, der als Judenabholer bekannt war und einen Gestapoausweis hatte. Leiter des Lagers war der Gestapoangehörige Lachmuth[5] und Tuberke[6]. Wo sich jetzt die genannten Personen aufhalten, ist mir nicht bekannt.

Quelle: BStU, Bd. 33, Bl. 146–151.

1 Max Blumenau, Kaufmann, hatte sein Geschäft in der Hochmeisterstraße 23.
2 Valerie Strämlow wurde am 30.6.1943 von Berlin nach Theresienstadt deportiert. Vgl. Theresienstädter Gedenkbuch, S. 236. Hier wird sie unter dem Namen Valeria Schnürmacher, geb. 10.5.1911, vermerkt.
3 Gemeint ist Stella Kübler-Isaaksohn, geb. Goldschlag (1922–1994). 1940–1941 Besuch der Jüdischen Handelsschule sowie Zeichenschule in Berlin. Heirat mit Manfred Kübler, der 1943 nach Auschwitz deportiert wurde. Sie taucht unter, wird verhaftet und lässt sich von der Gestapo anwerben. 1944 Heirat mit Rolf Isaaksohn. Stella Kübler-Isaaksohn und ihr Ehemann liefern jüdische Bürger an die Gestapo aus. Im März 1946 wird sie verhaftet und zu 10 Jahren Arbeitslager verurteilt. 1956 lebt sie in Westberlin und wird 1957 erneut wegen Beihilfe zum Mord verurteilt. Nach Anerkennung der verbüßten Haftstrafe wohnt sie zurückgezogen in Süddeutschland. 1994 Freitod. Vgl. Günter Morsch/Ines Reich (Hrsg.): Sowjetisches Speziallager Nr. 7/Nr. 1 in Sachsenhausen (1945–1950), Katalog der Ausstellung in der Gedenkstätte Sachsenhausen, Berlin 2005, S. 221–224. Peter Wyden: Stella, New York 1992, Göttingen 1993. Christian Dirks: »Greifer«. In: Juden in Berlin 1938–1945, Begleitband, S. 233–257.
4 Sie konnte nicht verhindern, dass ihre Eltern Gerhard und Toni Goldschlag am 23.2.1944 von Berlin nach Theresienstadt und am 1.10.1944 von dort nach Auschwitz verschleppt wurden.
5 Felix Lachmuth, SS-Rottenführer, war Dobberkes Stellvertreter.
6 Walter Dobberke, geb. 1906, Gestapo-Angehöriger und Mitglied der SS, war Leiter des Sammellagers »Große Hamburger Straße« und des Fahndungsdienstes, unter dem die »Greifer« arbeiteten. Er zeichnete für die Deportation der Juden in Berlin verantwortlich. Dobberke soll in russische Kriegsgefangenschaft geraten und dort verstorben sein.

120

Rebling, Eberhard, geb. 4. Dezember 1911 in Berlin-Mariendorf.
»Reichsdeutscher«.
1933: Musikstudent, Berlin.
Befragung am 22. Mai 1963, Berlin.
Tätigkeit und Wohnort 1963: Professor, Rektor der Hochschule für Musik, Berlin.[1]

In Holland lernte ich 1937 meine jetzige Ehefrau kennen. Ich konnte diese jedoch nicht heiraten, da meine Ehefrau Jüdin war und ich als »Reichsdeutscher« den nazistischen Rassegesetzen, die von Holland akzeptiert wurden, unterlag. In England hätte ich zur damaligen Zeit heiraten können, mir fehlten jedoch die Mittel zur Hinfahrt.
1940, als Holland von der faschistischen Wehrmacht besetzt wurde, begann für uns eine schwere Zeit. Beruflich konnte ich nur noch illegal auftreten. Ich wurde als »Reichsdeutscher« gemustert und erhielt einen Wehrpass. Der Einziehung der faschistischen Wehrmacht entzog ich mich. Zu diesem Zeitpunkt gehörte ich bereits der holländischen Widerstandsbewegung an und lebte illegal.
Ich lebte in dieser Zeit unter falschem Namen mit entsprechenden Papieren und hatte eine ganze Zeit eine Villa gemietet in der sich laufend Personen verbargen. Es gelang mir

Eberhard Rebling; Quelle: BArch, Bild 183-B0711-0005-033/ Eva Brüggmann

immer wieder die faschistischen Dienststellen zu täuschen und Militärstreifen zu entgehen. Besonders den jüdischen Bürgern und deren Kindern, die am meisten gefährdet waren, half die Widerstandsbewegung. Ich könnte selbstverständlich weitere Aussagen über die große Solidarität der holländische Bevölkerung machen. Ich könnte auch noch viel über die abscheulichen Verbrechen der Nazi-Besatzer in Holland berichten. Ich will jedoch abschließend nur noch ein besonderes Ereignis schildern. Am 10. Juli 1944, ich hatte ein Haus in der Heide in Huizen gemietet und 20-22 Personen, vor allem jüdische Bürger, darin verborgen. Bei einer Razzia² durch die holländische SS wurde dieses Haus umstellt. Meine Ehefrau, deren Schwester, ich selbst und weitere Personen wurden verhaftet. Meine Ehefrau spielte bei der Durchsuchung des Gebäudes die »Verrückte« und erreichte damit, dass die anwesenden 3 Kinder, darunter auch unser Kind, nicht mit verhaftet wurde.

Quelle: BStU, Bd. 48, Bl. 130–139.

1   Gestorben am 2.8.2008.
2   Erst 61 Jahre später erfuhren Eberhard Rebling und seine Tochter Kathinka die Hintergründe der damaligen Ereignisse, s. Ad van Liempt: Kopfgeld. Bezahlte Denunziation von Juden in den besetzten Niederlanden, aus dem Niederländischen von Marianne Holberg, München 2005, S. 179–192. »Judenfänger« hatten das Versteck im Wald, am Naardense Driftweg in Huizen, ausfindig gemacht. Während einer Aktion des SD wurden die Insassen verhaftet. Rebekka Brilleslijper, die spätere Ehefrau Eberhard Reblings, unter ihrem Künstlernamen Lin Jaldati bekannt, wurde über Westerbork in die Konzentrationslager Auschwitz und Bergen-Belsen verschleppt, s. Dok. 141. Die

Tochter und Eberhard Rebling konnten mit Hilfe der holländischen Widerstandsbewegung überleben. Lin Jaldati und Eberhard Rebling schrieben ihre Erinnerungen in einem Buch nieder: Sag nie, du gehst den letzten Weg, Berlin 1986. Prof. Dr. Eberhard und Prof. Dr. Kathinka Rebling gaben der Autorin während eines Gespräches am 29.4. 2006 wichtige Hinweise.

121

Bachmann, Paula, geb. 26. November 1896 in Lask b. Łódź.
»Jüdin«, »Mischehe«.
1933: Hausfrau, Ehemann selbständiger Tischlermeister, Berlin-Kreuzberg, Manteuffelstr. 15.
Befragung am 3. Mai 1963, Berlin Baumschulenweg.
Tätigkeit und Wohnort 1963: Rentnerin, Berlin-Baumschulenweg.[1]

Mein Mann hatte gute Verbindungen. So kannte er auch Kriminalbeamte aus dem Revier in der Wrangelstr. Er unterhielt sich mit diesen und sie kamen überein, dass sie uns Bescheid geben, wenn wieder eine Aktion in unserem Bezirk[2] durchgeführt wird. Dafür verlangten sie Geld, was mein Mann auch gab. Es waren so jedes Mal 400,– bis 500,– RM. Wenn wir dann Bescheid bekamen, fuhr ich jedes Mal nach Thüringen, einmal zu einer Schwägerin nach Gewitz bei Zeitz und zum anderen nach Gera zu einer anderen Schwägerin. Dort kannte mich niemand und wenn meine Schwägerin Besuch bekam, versteckte ich mich in ihrem Keller, bis derselbe wieder weg war. Das zog sich bis etwa zur Befreiung durch die Rote Armee hin.

Quelle: BStU, Bd. 30, Bl. 5–9.

1   Gestorben am 16.2.1980. Vgl. CJA, Friedhof Weißensee Beisetzungsregister.
2   Berlin-Kreuzberg.

122

K., Karol, geb. 3. Januar 1904 in Brüssel/Belgien.
»Jude«.
1933: Selbständiger Vertreter, Bad Godesberg.
Befragung am 8. Mai 1963, Leipzig, Bezirk Leipzig.
Tätigkeit und Wohnort 1963: Versandleiter, Fa. Karl Borbs, Leipzig.

Als Vertreter war ich viel unterwegs und befand mich zu der Zeit, als die Nazis an die Macht kamen, gerade in Berlin. Von der Frau, bei der ich damals wohnte, wurde mir einmal gesagt, dass jemand vom Polizeirevier da gewesen sei und mich sprechen woll-

te. Dies war der Grund, dass ich zum Revier ging. Dort wurde mir von einem Kommissar, den ich nicht kannte und zu dem ich keinerlei Beziehungen hatte, gesagt, ich sollte verschwinden, sonst könnte es passieren, dass er mich abholen müsste. Woher dieser Polizist das wissen wollte, habe ich nie erfahren, genau, wie mir der Grund der Warnung nie bekannt geworden ist. Für mich war das natürlich ein Signal, sofort zu verschwinden. Meine Fluchtrichtung war Polen, wo ich auch unbehelligt hinkam. Ich lebte in Łódź. Bis 1939 war ich in Polen vollkommen sicher. Ich arbeitete als Vertreter. 1939 fiel ich in der Nähe von Warschau der faschistischen Wehrmacht in die Hände und galt als polnischer Kriegsgefangener. Von Anfang an legte ich mir einen falschen Namen zu, vernichtete meine Papiere und galt deshalb niemals als jüdischer Bürger. (…)

Wie schon gesagt, wurde ich als polnischer Bürger 1939 in der Nähe von Warschau gefangen genommen. Da ich im wehrpflichtigen Alter war, galt ich als Kriegsgefangener. Ich legte mir einen polnischen Namen zu und galt für die deutschen Dienststellen als Pole. Im September 1939 wurde ich mit einem Transport nach Deutschland transportiert. Zuerst arbeitete ich in der Nähe von Magdeburg in der Landwirtschaft. Ich galt immer noch als Kriegsgefangener. Es kann 1940 gewesen sein, als ich und noch andere Kriegsgefangene plötzlich zu polnischen Fremdarbeitern erklärt wurden.[1] Dies hatte zur Folge, dass ich mehr Freiheit hatte und mich auch außerhalb des Lagers bewegen konnte. Allerdings war ich verpflichtet, ein sichtbares farbiges »P« auf meiner Kleidung zu tragen. Dies sollte das Erkennungszeichen als polnischer Staatsbürger sein. Ich kam dann vom Lande weg und direkt nach Magdeburg in eine Rüstungsfabrik. Eines Tages wurde ich zum Lagerleiter bestellt, der mir eröffnete, dass ich ein »Jude« sei. Darüber war ich natürlich sehr erschrocken. Er sagte mir, dass ich am nächsten Tag dem Arzt vorgeführt werden sollte. Dies nutzte ich aus, um noch am gleichen Tag ohne Papiere zu verschwinden. Ich flüchtete nach Leipzig. Hier tauchte ich erst eine Zeit unter und wurde später durch eine Streife gestellt. Da ich die französische Sprache beherrsche, gab ich mich als Belgier aus, der von Hannover geflüchtet ist. Dies wurde mir auch geglaubt. Nach einiger Zeit erhielt ich sogar einen Pass als Belgier. lch wurde über das Arbeitsamt zur Firma Bernhard Frölisch vermittelt. Diese Firma war im Leipziger Westen und zwar in der Hähnelstr. Hier hatte ich es sehr gut getroffen. Ich konnte dort mit wohnen und wurde gut behandelt. Eines Tages sagte mir der Betriebsleiter, dass für mich eine Vorladung zur Gestapo in der Karl-Heine-Str. vorliegen würde. Zur gleichen Zeit sagte er mir aber auch, dass er bereits alles weitere erledigt hätte und ich nicht mehr dorthin brauchte. Ich bin auch niemals dort gewesen. Ich habe also die gesamte Kriegszeit als Belgier in Leipzig gelebt, d.h. von 1943 ab, vorher war ich ja »Pole«. Mit Kriegsende ging ich erst einmal nach Belgien zurück. Mein Ziel war Brüssel, da ich mir dort meine Geburtsurkunde besorgen wollte, um wieder zu meinem richtigen Namen zu kommen. Dies gelang mir auch. Durch diese gedrängte Darstellung meines Lebenslaufes ist ersichtlich, dass ich nicht unter meiner sogenannten »jüdischen Abstammung« zu leiden hatte. Dies war mir natürlich nur möglich, durch Führung eines falschen Namens und Täuschung der entsprechenden Dienststellen.

Quelle: BStU, Bd. 39, Bl. 1–6.

1 Im April und Mai 1940 wurden per Erlasse polnische Kriegsgefangene in »zivile« Arbeitsverhältnisse überführt, d.h. sie wurden Zwangsarbeiter, um den Arbeitskräftebedarf in der Landwirtschaft und in der Rüstungsindustrie abdecken zu können. Im Juli 1940 mussten sie sich den sog. Polenerlassen unterwerfen, die im März 1940 den polnischen Zivilarbeitern auferlegt worden waren. Darin wurde u.a. festgelegt, dass die polnischen Arbeiter ein »Polen-Abzeichen« zu tragen und sie sich vom kulturellen Leben der Deutschen fernzuhalten hätten.

123

M., Felix, geb. 28. Januar 1903 in Neustadt.
»Jude«.
1933: Vertreter einer jüdischen Firma, Paderborn, Westfalen.
Befragung am 6. Mai 1963, Berlin.
Tätigkeit und Wohnort 1963: Berlin-Lichtenberg.[1]

Am 21.1.1943 wollte meine Frau am Tage unsere Wohnung in der Bötzowstr. 22 (Berlin Prenzlauer Berg) aufsuchen und stellte dort fest, dass diese versiegelt war. Alle jüdischen Mitbewohner waren in der Nacht zuvor abgeholt worden. Damit stand für uns fest, dass wir gleichfalls ins Lager kommen. Wir waren von diesem Zeitpunkt an gezwungen, sofort irgendwo unterzutauchen. Vermögenswerte besaßen wir keine mehr, Gold, Silber und sämtliche Wertgegenstände hatten wir schon vorher abliefern müssen. Wir lebten von einer Nacht zur anderen illegal bei verschiedenen Bekannten über die ganze Zeit bis 1945. Für jeden, bei dem wir einmal schliefen, bestand sofort Lebensgefahr, da es verboten war, uns Unterkunft zu geben. Die restlichen Möbel aus unserer Wohnung waren zwischenzeitlich beschlagnahmt und abtransportiert worden. Wir hatten jetzt selbst nicht mehr die Lebensmittelkarten für Juden und mussten uns immer durchschlagen.
Durch die Hilfe eines Bekannten, Willi Schröder, der in der Chausseestr. (Berlin Mitte) eine kleine Fabrik zum Herstellen von Grammophonnadeln hatte, bekam ich Papiere auf einen falschen Namen. Ich habe stundenweise bei ihm aushelfen dürfen und verdiente so hin und wieder ein paar Pfennige. Aus einem Adressbuch hatte ich eine ganze Serie von Adressen unter dem Namen »Müller« herausgesucht, war dann durch die Straßen gelaufen, um so wie er mir gesagt hatte, festzustellen, wo unter einer dieser Adressen ein Haus durch Bombenangriffe dem Erdboden gleich war. Auf der Grundlage dieser Adressen und der Maßgabe, dass alle meine Papiere vernichtet waren, besorgte er mir über die Gauwirtschaftskammer eine vorläufige Bescheinigung und ich ging danach unter dem Namen Müller. Er hatte ein Haus in der Nähe von Cottbus und ich konnte dort eine Zeit unter falschem Namen leben. Mit meiner Frau konnte ich fast nie zusammenbleiben, da es zu gefährlich war. Meinen illegalen Aufenthalt musste ich dadurch aufgeben, dass im gleichen Ort durch Zufall eine Frau W.

mit ihren Kindern wegen Bombenangriffen evakuiert war und im selben Hause gewohnt hat. Die Kinder kannten mich auch von früher unter meinem richtigen Namen und dadurch wurde bekannt, dass ich nicht Müller, sondern M. heiße. Ich musste sofort wieder verschwinden.

Quelle: BStU, Bd. 32, Bl. 273–280.

1   Gestorben am 25.7.1984. Vgl. CJA, Friedhof Weißensee Beisetzungsregister.

124

B., Max, geb. 3. September 1909 in Vilna/Polen.
»Jude«.
1933: Selbständiger Vertreter, Chemnitz.
Befragung am 6. Mai 1963, Karl-Marx-Stadt, Bezirk Karl-Marx-Stadt.
Tätigkeit und Wohnort 1963: Rentner, Karl-Marx-Stadt.

Mit dem Jahre 1935 wurde mir durch das faschistische Regime meine Tätigkeit als Vertreter untersagt. In Zeitungen und an Bekanntmachungstafeln wurde darauf hingewiesen, dass Juden kein Gewerbe ausüben dürfen. Zur weiteren Unterstützung meiner Mutter und meiner Schwester begab ich mich in die Dörfer der Sächsischen Schweiz, wo ich illegal meinem Gewerbe nachging. Nach Chemnitz kam ich nur in gewissen Zeitabständen, um meine Angehörigen zu besuchen. Während der Ausübung meines illegalen Gewerbes musste ich in ständiger Angst leben, von den faschistischen Behörden gestellt zu werden.[1]
Im gleichen Jahr verließ mein Bruder seine Heimatstadt Chemnitz und lebte illegal in Polen. Ein Jahr später ging auch meine Schwester aus Deutschland (Chemnitz) in die Illegalität und lebte unter dem Namen »Gertruda Nowak« in Warschau.[2] (…)
Von meinen insgesamt 18 engeren Familienangehörigen lebt nur meine Schwester in Amerika und ich in Karl-Marx-Stadt.

Quelle: BStU, Bd. 32, Bl. 181–190.

1   B. wurde am 16.2.1938 verhaftet und kam in das KZ Sachsenhausen, wo er über drei Jahre inhaftiert war. Danach KZ Groß-Rosen und 1942 Auschwitz. Am 18.1.1945 musste er mit weiteren Häftlingen auf den sog. Todesmarsch.
2   Der Zeuge B. übergab dem Staatsanwalt Dokumente seiner Schwester. Diese weisen aus, dass sie als Jüdin mit falscher Identität außerhalb des Warschauer Ghettos überleben konnte.

124a

Kennkarte der Gertruda Nowak in Warschau

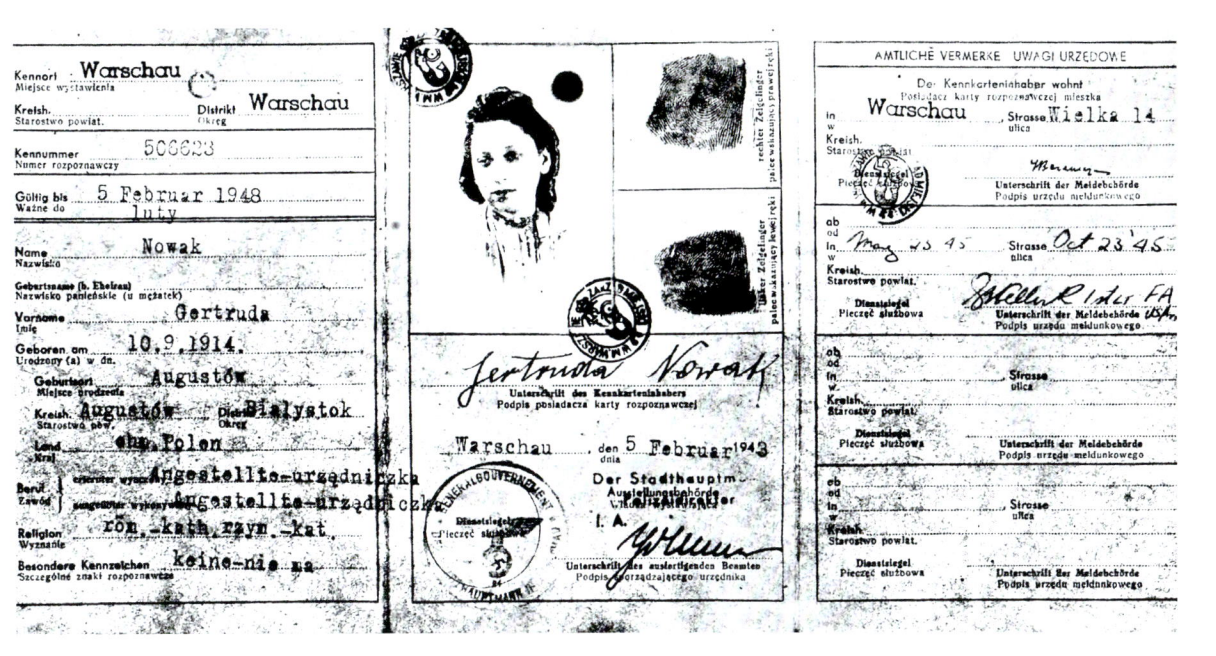

Quelle: BArch, DP 3, Nr. 945, Ber. III/25.

125

L., Marianne, geb. 26. April 1921 in Glowitz/Pommern.
»Jüdin«.
1933: Schülerin, Glowitz. Eltern besaßen eine Fleischerei. November 1938 Übersiedlung der Familie nach Berlin.
Befragung am 6. Mai 1963, Berlin.
Tätigkeit und Wohnort 1963: Sachbearbeiterin, Eggersdorf, Bezirk Frankfurt/Oder.

Es wurde auch nach mir gefragt. Meine Angehörigen verleugneten mich. Mit Hilfe meiner Eltern bemühte ich mich, illegal unterzutauchen. Nachdem ein solcher Versuch über einen Iraner gescheitert war, gelang es mir über unsere Waschfrau, Frau E., wohnhaft Berlin, Flotowstrasse 11 ?, (Haus durch Bombenangriff zerstört, die Genannte lebt noch in Eggersdorf b. Strausberg) bei ihr unterzukommen und mich dort zu verbergen. Bei ihr wohnte ich mehrere Monate bis zu dem Zeitpunkt, wo die Genannte im November 1943 ausgebombt wurde. Nach der Ausbombung von Frau E. zog sie mit mir nach Eggersdorf[1] zu meinen jetzigen Pflegeeltern A.

Obwohl mich A. nicht kannten, auch nicht meine Familie, nahmen sie mich auf und in Schutz. Mein Pflegevater, Wilhelm A., besorgte mir einen Bombengeschädigtenschein mit dem 2. Wohnort Eggersdorf, Eschenallee 26. Dieser Schein enthielt den Namen Marianne Liebold, geb. 26.4.1919. Diesen Namen hatten wir uns ausgedacht und von meinem eigentlichen Namen abgeleitet. Wir hatten mich älter gemacht, um aus der Zeit der nazistischen Dienstverpflichtung herauszukommen.

Mein Pflegevater verschaffte Frau E. eine Waschmaschine, damit sie dann wieder als Wäscherin arbeiten konnte. Dort habe ich mitgearbeitet. Für meinen Pflegevater habe ich hin und wieder auch für dessen Radiogeschäft in Berlin Ersatzteile eingekauft. In der Nachbarschaft galt ich als seine Nichte. Er besorgte mir auch ein Arbeitsbuch mit den gleichen Personalien. In der Eggersdorfer Zeit war ich durch mein illegales Leben der nazistischen Verfolgung entzogen.[2]

Quelle: BStU, Bd. 30, Bl. 50–64.

1 Ort etwa 15 km östlich Berlin, 1943 Kreis Niederbarnim, heute Kreis Märkisch Oderland.
2 Der Vater verstarb 1942 an den Folgen eines Betriebsunfalls, die Mutter und zwei Geschwister der Zeugin wurden im Mai 1943 nach Auschwitz deportiert.

125a

Kennkarte der Marianne L. in Berlin

Quelle: BArch, DP 3, Nr. 943, Ber. I/8.

125b

Bestätigung des Bürgermeisters von Eggersdorf vom 3.1.1945, betr. Identität der Marianne Liebold

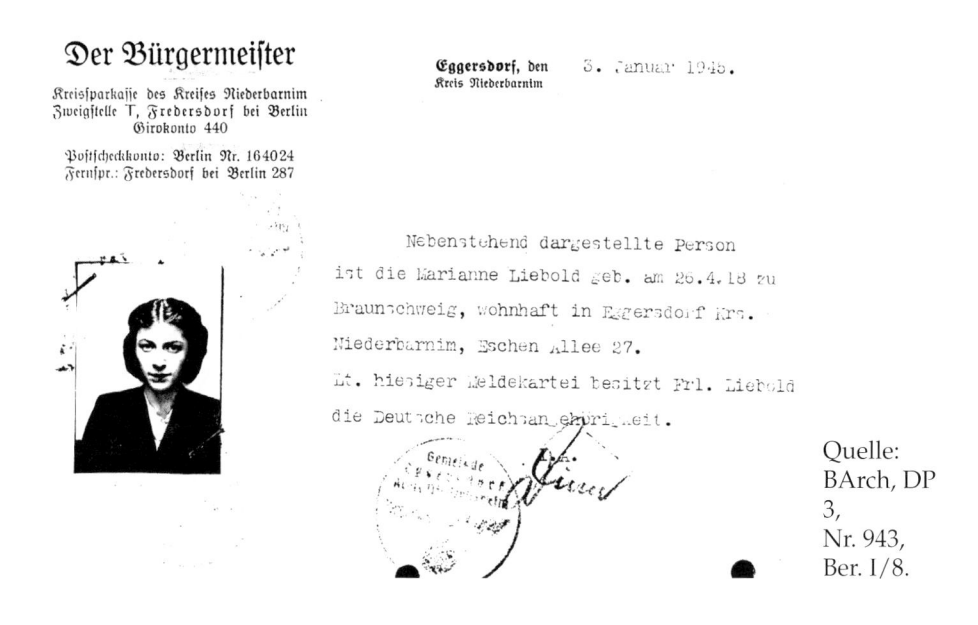

Der Bürgermeister
Kreissparkasse des Kreises Niederbarnim
Zweigstelle T, Fredersdorf bei Berlin
Girokonto 440
Postscheckkonto: Berlin Nr. 164024
Fernspr.: Fredersdorf bei Berlin 287

Eggersdorf, den 3. Januar 1945.
Kreis Niederbarnim

Nebenstehend dargestellte Person ist die Marianne Liebold geb. am 26.4.18 zu Braunschweig, wohnhaft in Eggersdorf Krs. Niederbarnim, Eschen Allee 27.
Lt. hiesiger Meldekartei besitzt Frl. Liebold die Deutsche Reichsangehörigkeit.

Quelle: BArch, DP 3, Nr. 943, Ber. I/8.

125c

Personalausweis der Marianne L., ausgestellt am 20.3.1946 durch die Orts-Polizeiverwaltung Eggersdorf.

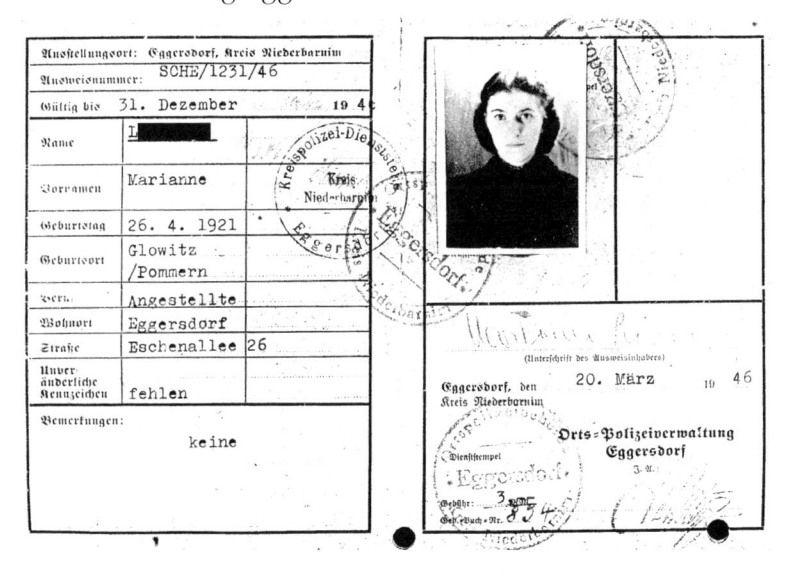

Ausstellungsort:	Eggersdorf, Kreis Niederbarnim
Ausweisnummer:	SCHE/1231/46
Gültig bis	31. Dezember 194_
Name	L▮
Vornamen	Marianne
Geburtstag	26. 4. 1921
Geburtsort	Glowitz /Pommern
Beruf	Angestellte
Wohnort	Eggersdorf
Straße	Eschenallee 26
Unveränderliche Kennzeichen	fehlen
Bemerkungen:	keine

Eggersdorf, den 20. März 1946
Kreis Niederbarnim
Orts-Polizeiverwaltung Eggersdorf

Quelle: BArch, DP 3, Nr. 943, Ber. I/8.

126

K., Margot, geb. 27. Mai 1907 in Greiffenberg/Schlesien.
»Jüdin«, »Mischehe«, 1939 Scheidung.
1933: Hausfrau, Züllichau.
Befragung am 17. Mai 1963, Berlin.
Tätigkeit und Wohnort 1963: Rentnerin, Berlin-Pankow.

Obwohl meinem Vater und mir schon längere Zeit bekannt war, dass wir mit weiteren Verfolgungen rechnen mussten, (wir hatten unsere wenigen Sachen für eine eventuelle Verhaftung bereits wochenlang gepackt) kam uns die erneute Verhaftung am 23.12.1941 jedoch sehr überraschend. Mir gelang es, mich dem Zugriff der Faschisten zu entziehen, so dass lediglich mein Vater zur Großen Hamburger Straße gebracht werden konnte. Seine Zuführung dorthin erfolgte durch jüdische Zutreiber der Nazis. Nach 14 Tagen erfolgte dann seine Deportation nach Theresienstadt.
Mit Hilfe von falschen Papieren und der Hilfe anderer Bürger gelang es mir dann, von diesem Zeitpunkt an, illegal zu leben. Ich hatte noch versucht, die Grenze zur Schweiz zu überschreiten. Der Plan misslang und ich habe mich dann zum Teil in Berlin zum Teil in der Provinz verborgen und dort gearbeitet.
In dieser Zeit hatte ich ein Freundschaftsverhältnis, das nicht ohne Folgen blieb. Da meine Illegalität jedoch drohte, entdeckt zu werden, war ich bemüht, durch einen Arzt die Schwangerschaft unterbrechen zu lassen. Die einzige Möglichkeit war jedoch, in das durch die Faschisten besetzte polnische Gebiet in der Nähe Oberschlesiens zu fahren. In Sosnowiec[1] gelang es mir dann, in das dortige Ghetto zu kommen und in dem Behelfskrankenhaus in einer Schule Unterkunft zu bekommen. Hier wurde dann am 22.3.1943 mein Kind geboren. Ich selbst erkrankte schwer an Kindbettfieber. Durch die große Einsatzbereitschaft der dortigen polnischen Ärzte überstanden wir, d.h. mein Kind und ich diese schwere Zeit. Im Juli 1943 wurden dort Razzien gegen die jüdischen Menschen durchgeführt, denen ich nur mit Mühe entging. Unter Zurücklassung des Kindes habe ich dann mit dem Versprechen, dass mein Kind später zu mir folgen würde, dieses Ghetto verlassen und bin nach Deutschland zurückgekehrt. Das war mir mit Unterstützung meines späteren Ehemannes möglich geworden. Ich habe dann später erfahren, dass wenige Tage nach meiner Entlassung aus dem Krankenhaus das ganze Ghetto geräumt wurde. Von meinem Kind habe ich dann nichts mehr erfahren können. Ich muss annehmen, dass es wie die anderen Insassen umgekommen ist.

Quelle: BStU, Bd. 45, Bl. 147–155.

1   Nordöstlich von Kattowice.

127

Werner, Margarete, geb. 29. August 1896 in Berlin.
»Jüdin«.
1933: Gemeinsam mit Ehemann[1] Miteigentümerin von Kinos, je zwei in Stolp/Pommern und in Berlin.[2]
Befragung am 3. Mai 1963, Berlin.
Tätigkeit und Wohnort 1963: Rentnerin, Berlin.[3]

Ich erhielt eine Zuweisung für eine Wohnung in der Westarpstr. 2 in Berlin-Schöneberg. Durch meinen Schwager wurde ich mit einigen Möbeln unterstützt. Nachdem ich mit meinem Sohn dort einige Tage gewohnt hatte, kamen nachts irgendwelche Beamte, die uns abholen wollten. Da wir nicht öffneten und sie sich momentan keinen Einlass verschaffen konnten, zogen sie nach einiger Zeit wieder ab und wir verließen die Wohnung unter Mitnahme einiger Sachen. Seit diesem Zeitpunkt lebte ich illegal. Ich trug selbstverständlich den Stern nicht mehr und wohnte nun bei verschiedenen Leuten, die ich kannte und die auch mich kannten und von mir wussten. Eine ganze Zeitlang lebte ich auf einem Kahn, der im Osthafen[4] stand. Bei der Fa. Seibt war ich bis Januar 1943 beschäftigt.[5] Der eine Meister sagte mir dann, dass er erfahren habe, dass auch ich bald an der Reihe sei, abgeholt zu werden. Er forderte mich auf, zu verschwinden und machte mir den Vorschlag, mich bei ihm zu melden, wenn ich gar nicht mehr weiter wüsste. Nachdem ich über das ganze Jahr 1943 mich bei den verschiedensten Leuten aufgehalten habe und auch auf dem Kahn lebte, meldete ich mich dann Ende 1943 bis Anfang 1944 bei dem Meister, der in Lichtenberg wohnte. Er war verlobt mit einer Krankenschwester, die mir ihre Schwesterntracht lieh, welche ich fortan trug. Ich wurde im Hause als Schwester Margarete bekannt. Wenn mal jemand etwas von mir wollte, hatte ich immer gerade Dienst. Genauso auch, wenn Luftalarm war. Ich konnte auch nicht den Luftschutzkeller aufsuchen. Mit der Post schickte ich mir selbst Einschreibebriefe auf den Namen Margarete Wendisch. Auf diesen Namen hatte ich auch eine Kleiderkarte. Polizeilich anmelden konnte ich mich natürlich nicht und es wurden allerlei Ausreden gebraucht. Auch Lebensmittelkarten empfing ich nicht. Dort wohnte ich unter unsäglichen Umständen bis zum Einzug der Roten Armee.

Quelle: BStU, Bd. 30, Bl. 91–101.

1 Der Ehemann verstarb im Juli 1939.
2 Puhlmann-Theater in Berlin, Schönhauser Allee sowie »Weltkino« in Berlin Moabit. Der Teilhaber Karl Holleufer verstarb 1939.
3 Gestorben am 29.4.1969. Vgl. CJA, Friedhof Weißensee Beisetzungsregister.
4 Der Osthafen ist ein 1913 in Betrieb gegangener, ehemaliger Industriehafen an der Spree in Berlin. An ihm entlang führt die Stralauer Allee.
5 Die Fa. Dr. Georg Seibt, Spezialfabrik für Rundfunkgeräte, befand sich in Berlin-Schöneberg in der Feurigstraße 54 unweit der vom Zeugen angegebenen Akazienstraße.

128

K., Betty, geb. 20. März 1905 in Leipzig.
»Jüdin«, Ehemann »Vierteljude«.
1933: Kontoristin, Leipzig.
Befragung am 16. Mai 1963, Leipzig, Bezirk Leipzig.
Tätigkeit und Wohnort 1963: Rentnerin, Leipzig.

Da dies der Fall war [Ablehnung des 1935 an das Reichsministerium des Innern betr. Heirat eingereichten Gesuches – E.S.], *verließ mein Ehemann im Januar 1936 Deutschland und ging nach Budapest. Sein Vater war dort seit 1914 wohnhaft. Im Februar 1936 verließ ich Deutschland ebenfalls nach Budapest. Nachdem mein Ehemann Leipzig verlassen hatte, wurde ich bereits von mir nicht bekannten Personen verfolgt und beobachtet. Der Grund dafür war, dass man meinen Ehemann suchte.*
In Ungarn gelang es meinem Ehemann mit Hilfe seines Vaters, die ungarische Staatsbürgerschaft zu erhalten. Durch einen Rechtsanwalt holte ich unter Verschweigung meines Namens eine Genehmigung zur Eheschließung bei der damaligen deutschen Gesandtschaft in Budapest ein. Diese wurde erteilt und wir heirateten im März 1936, wodurch ich die ungarische Staatsbürgerschaft ebenfalls bekam. Bis 1944, als die ungarischen Faschisten (»Pfeilkreuzler«)² die Macht in Ungarn übernahmen, konnte ich verhältnismäßig ruhig leben. Mir wurde zwar verboten, zu arbeiten, es gelang mir jedoch, dieses Verbot immer wieder zu umgehen. 1944 musste ich dann, da bekannt war, dass ich Jüdin bin, meine Wohnung verlassen, da ich sonst in ein jüdisches Arbeitslager geschleppt worden wäre. Ich lebte damals in der Wohnung einer Bekannten. Diese Wohnung hatte sehr hohe Zimmer. Deshalb waren Zwischendecken eingezogen worden. Dort hielt ich mich versteckt. Bei dieser Bekannten handelte es sich um eine weitläufige Verwandte des hingerichteten Judenmörders Adolf Eichmann, die gegen die Judenverfolgung war und vielen Menschen geholfen hat. Mit mir gemeinsam lebte dort zuletzt ein Doktor Mester. Er war ebenfalls Jude und wurde verfolgt. In dieser Zeit habe ich mit meinem Ehemann und noch einigen anderen in Budapest wohnhaften Personen gefälschte »Arier-Nachweise« hergestellt.

Quelle: BStU, Bd. 37, Bl. 185–192.

1 Bezeichnet nach der Pfeilkreuzpartei – Hungaristische Bewegung. Das Symbol der Partei stellte einem Hakenkreuz ähnelndes Pfeilkreuz dar. Nach der Kapitulation Ungarns am 15.10.1944 übernahm der Führer der Pfeilkreuzler Ferenc Szàlasi die Macht. Er war an der Verfolgung und Deportation der ungarischen Juden maßgeblich beteiligt.

129

S., Rosa, geb. 25. März 1903 in Zduńska Wola/Polen.
»Jüdin«, »Mischehe«.
1933: Mitarbeit in Automatenrestaurant des Ehemannes, Breslau.
Befragung am 9. Mai 1963, Halberstadt, Bezirk Magdeburg.
Tätigkeit und Wohnort 1963: Rentnerin, Halberstadt.

Meinem Ehemann wurden seitens der Gestapo laufend Vorhaltungen gemacht, sich von mir scheiden zu lassen. Da er das beharrlich ablehnte, wurde er 1944 von der Gestapo in das OT-Zwangsarbeitslager nach Blankenburg am Harz[1] verschleppt. Kurz darauf wurde mir nach einem kurzen Weg bei der Rückkehr durch die Hausbewohner mitgeteilt, dass ein Gestapo-Angehöriger da war und hinterlassen hat, dass ich mich sofort mit meinem Sohn [geb. 1938 – E.S.] dort zu melden hätte. Da ich ahnte, was mir bevorsteht, habe ich schnell einige Sachen notdürftig zusammengesucht und mich zunächst bei Bekannten verborgen. Da ich dort auf die Dauer nicht sicher war, habe ich mich mit meinem Sohn in Kellern vier Monate verborgen gehalten, wo ich im Mai 1945 von den sowjetischen Truppen befreit wurde. Ich habe dabei stets die Frontnähe gesucht und auch laufend die Keller gewechselt, da diese regelmäßig von Wehrmachtshelfern kontrolliert wurden. Meinen Sohn und mich habe ich von den in den Kellern vorgefundenen Lebensmitteln notdürftig ernährt.

Quelle: BStU, Bd. 41, Bl. 73–78.

1 Vermutlich das von August bis Oktober 1944 existierende Außenlager des KZ Mittelbau-Dora oder ein sich dort in der Nähe befindliches OT-Lager.
  Zu den wichtigsten Aufgaben der OT zählte ab Sommer 1944 die rasche Verlagerung der luftgefährdeten Rüstungsbetriebe unter die Erde oder ihre Auslagerung in Waldgebiete. Beteiligt an diesem Programm war auch die SS, unter der KZ-Häftlinge u. a. die Tunnel im Harzgebirge schlugen.

8. Leben nach der Schoa

Am 8. Mai 1945 unterzeichneten Wilhelm Keitel, der Chef des Oberkommandos der Wehrmacht, und weitere hohe Offiziere in Berlin-Karlshorst die Urkunde über die bedingungslose Kapitulation. Damit endete nicht nur Hitlerdeutschland, sondern auch das 1871 gegründete Deutsche Reich. Seine europäische Hinterlassenschaft, die eines Eroberungs- und Vernichtungskrieges, las sich in Statistiken der Getöteten, Ermordeten und Verhungerten so: UdSSR 27,6 Millionen, davon 8 Millionen Soldaten, Polen 6 Millionen, Frankreich 653.000, Großbritannien 368.000 und die USA 273.000. Zu Tode kamen aber auch 6,5 Millionen Deutsche, von ihnen 4 Millionen Wehrmachtssoldaten.

Der 8. Mai 1945 bedeutete die Befreiung für die in Gefängnisse und Konzentrationslager gesperrten Menschen. Zwangsarbeiter und aus Deutschland geflüchtete Emigranten kehrten in ihre Heimatorte zurück, andere blieben zunächst, wo sie waren und suchten eine neue Heimat. Untergetauchte Juden und in der Illegalität lebende Regimegegner verließen ihre Verstecke. Für die Überlebenden des Krieges und des Terrors begann in den elenden und armen Verhältnissen des Nachkriegs ein neues Dasein. Ganze Landschaften, Städte und Dörfer waren nach den Kriegshandlungen weithin verwüstet. Die Bevölkerung fing an, nachdem sie überlebt hatte, das Weiterleben zu organisieren.

In Deutschland sollten nach den Beschlüssen der Siegermächte UdSSR, USA, Großbritannien und Frankreich, die sie auf der Konferenz in Potsdam (17. Juli – 2. August 1945) gefasst hatten, Militarismus und Nazismus ausgerottet werden und ein demokratisches Staatswesen entstehen. Das Land wurde in vier Besatzungszonen aufgeteilt. Nachdem aus der amerikanischen und britischen Besatzungszone zuerst die »Bizone«, dann durch den Hinzutritt Frankreichs die »Trizone« gebildet und am 23. Mai 1949 der Staat Bundesrepublik Deutschland gegründet worden waren, wurde im Osten, der SBZ am 7. Oktober 1949 mit der Deutschen Demokratischen Republik ein zweiter deutscher Staat geschaffen. Dort wie hier lebte ein geringfügiger Rest von Juden, welche die Verfolgungen und die Martern der Lager überstanden hatten.

Gab es zur Zeit der Machtübertragung an die Faschisten in Deutschland 1933 550.000 Juden, die sich in einer Bevölkerungszählung zur »mosaischen« Religion bekannten, so wurden nach Kriegsende nicht mehr als ungefähr 14.000 Juden ermittelt. Die Zahl erhöhte sich durch die Überlebenden der Konzentrationslager und später die aus dem Exil nach Deutschland Zurückkehrenden. Für einen Teil der Menschen aus diesem Personenkreis besitzen wir durch die Zeugenvernehmungen des Jahres 1963 Angaben über ihre Situation nach der Befreiung und über Bedingungen und Ereignisse des Weiterlebens unter Menschen, die in ihrer Mehrheit willig oder gezwungen den Faschismus unterstützt hatten. Die Angaben sind knapp und teils dürftig, denn im Mittelpunkt der Befragungen stand Erlebtes und Erlittenes in der Zeit des Nationalsozialismus. Trotzdem können diese Informationen Interesse beanspruchen, sind sie doch in einem gewissen Grade charakteristisch für berufliche und private Lebenswege derer, die ihrem Leben Basis und Sinn zurückzugeben suchten. Zum besseren Verständnis werden im folgenden Mitteilungen von Personen herangezogen, deren Zeugnisse bereits in vorangegangenen Kapiteln in anderen Zusammenhängen dokumentiert wurden (Verweise auf die entsprechenden Nummern von Dokumenten erleichtern es, diese personelle Identität aufzufinden). Nur wenige neue Aussagen der Zeugen werden in diesem Kapitel abgedruckt.

Wie im Westen Deutschlands war für die Mehrzahl der Überlebenden der Schoa auch im Osten des Landes der Neubeginn unsäglich schwer. Physisch und psychisch nicht vorstellbar geschwächt, trauernd um die ermordeten Verwandten, vielfach die Mehrheit der Familienangehörigen, Freunde und Bekannten als vermisst beweint, traten sie in ein Leben in Freiheit ein, dessen Zukunft ihnen jedoch zunächst auch ungewiss bleiben musste. Hilfe und Ermutigung wurde ihnen in der SBZ zunächst durch Behörden der sowjetischen Militäradministration und der deutschen Selbstverwaltung zuteil. Viele, deren Zeugnisse vorliegen, konnten wieder Berufe und Tätigkeiten ausüben, denen sie vor Beginn der Verfolgungen nachgegangen waren, nun freilich unter sich herausbildenden, ihnen ungewohnten gesellschaftlichen und politischen Bedingungen. (130, 131, 132, 133, 134) Andere begannen, sich gänzlich neu zu orientieren und nutzten Möglichkeiten, die ihnen die antifaschistisch-demokratische Nachkriegsordnung bot. Sie wechselten in neue Berufe oder befähigten sich durch Weiterbildungen in fremden Arbeiten. (135, 136, 137, 138, 139) Eine erhebliche Zahl der Befragten nahm eine früher schon ausgeübte künstlerische oder literarische Tätigkeit wieder auf, andere versuchten und bewährten sich auf diesem Felde. Aus dieser Minderheit wurden nicht wenige über die DDR-Grenzen hinaus bekannt. Lea Grundig[1], Stefan Heym[2], Peter Edel (140), Eberhard Rebling[3] und Lin Jaldati (141) sind nur einige, deren Werk die Gegenwart überdauern.

Unter der Losung »Nie wieder Krieg, nie wieder Faschismus«, von Überlebenden der Konzentrationslager ausgegeben, begannen auch jüdische Bürger in Ostdeutschland, aktiv am sozialen, politischen und geistigen Wandel teilzunehmen und schlossen sich neugegründeten Parteien und Massenorganisationen an. Andere beteiligten sich, wie ebenfalls in Zeugenaussagen belegt, am Neuaufbau der jüdischen Gemeinden, die sich bald nach der Befreiung in zahlreichen Städten der SBZ konstituierten. In einem mit den Verhältnissen vor der Aufrichtung der Nazidiktatur nicht zu vergleichenden Ausmaß entwickelte sich so spezifisches jüdisches Leben in ostdeutschen Städten. Unerwähnt ließen die Zeugen hingegen, dass dieser Prozess eine schmerzhafte und folgenschwere Störung erfuhr, als gegen Ende der 1940er Jahre in Ungarn, der CSR und auch in der DDR Verdächtigungen, Verhaftungen und juristische Verfolgungen von Juden einsetzten, denen Zusammenarbeit mit dem US-amerikanischen Geheimdienst vorgeworfen wurde.[4] Geschahen diese Verfolgungen auch im Zeichen einer weiteren politischen Kampagne, so richteten sie sich doch in erheblichem Maße gegen Juden und deren Funktionäre. Das führte 1952/53 zu einer Fluchtwelle nach Westberlin und in die Bundesrepublik. Für die in der DDR verbliebenen Juden und die jüdischen Gemeinden bedeutete das einen schweren Rückschlag in ihrer Entwicklung. Unter Schwierigkeiten wurde die Arbeit der Gemeinden in den größeren Städten weitergeführt und schließlich wiederbelebt. (142, 143, 144)

Die Tatsache, dass 1963 über 630 DDR-Bürger vor Justiz- und Polizeiangehörigen freiwillig ihre Lebensgeschichten erzählten und von denen ihrer Verwandten berichteten, bezeugt den Willen, durch die Übermittlungen ihrer leidvollen Erfahrungen in Deutschland dazu beizutragen, dass nichts der Vergessenheit anheim fiel, die Schuldigen erkannt und belangt wurden.

1 Die Malerin und Graphikerin (1906–1977) kehrte 1948 aus ihrem Exil in Israel (1940–1948) nach Dresden zurück. Sie erhielt eine Professur an der Dresdner Hochschule der Bildenden Künste. In ihren Werken widmete sie sich immer wieder dem Thema Faschismus. S. auch ihren Bericht in: BStU, Bd. 48, Bl. 120–124, hier nicht abgedruckt.
2 Stefan Heym kämpfte als amerikanischer Staatsbürger im Zweiten Weltkrieg auf der Seite der Alliierten. Nach Kriegsende arbeitete er bei Zeitungen der amerikanischen Besatzungsmacht. Die Politik der McCarthy-Regierung bewog ihn, die USA zu verlassen. Er kam 1953 über Prag in die DDR. 1950 erschien die deutsche Übersetzung seines Romans: The crusanders, Boston 1948, Der bittere Lorbeer, veröffentlicht auch unter dem Titel: Kreuzfahrer von heute. Es folgten weitere, über die Grenzen der DDR hinaus bekannte Werke. S. auch Dok. 111.
3 Der Pianist und Musikwissenschaftler kehrte 1952 nach Berlin-Ost zurück. Er war Chefredakteur der Zeitschrift »Musik und Gesellschaft« und übte das Amt des Rektors an der Berliner Musikhochschule »Hanns Eisler« aus und war dort Professor für Klavierspiel. S. auch Dok. 120.
4 Vgl. Andreas Weigelt, Hermann Simon (Hrsg.): Zwischen Bleiben und Gehen. Juden in Ostdeutschland 1945-1956, Berlin 2008.

130

Isenthal, Georg[1]

Seit dem 2.6.1945 habe ich meine Praxis wieder eröffnet und in diesem Zusammenhang jegliche Förderung erfahren, die seitens der deutschen Staatsorgane möglich waren. Auch der sowjetische Kommandant, mit dem ich nach dem Zusammenbruch 1945 in der Carmen-Silva-Straße[2] zu tun hatte, war mir gegenüber sehr nett und höflich.

1   Im Dok. 56 finden sich Angaben zur Person des Zeugen und zu seiner Verfolgungsgeschichte.
2   Die Carmen-Sylva-Straße (1904–1954) verlief von der Schönhauser Allee über Prenzlauer Allee bis Greifswalder Straße. Heute Erich-Weinert-Straße, gelegen in Prenzlauer Berg, einem Ortsteil von Pankow.

131

S., Bruno[1]

Nach 1945 konnte ich in Staßfurt wieder eine Praxis als Heilpraktiker eröffnen. Die Praxis übe ich bis heute aus.

1   Im Dok. 116 finden sich Angaben zur Person des Zeugen und zu seiner Verfolgungsgeschichte.

132

Günther, Eberhard[1]

Bis 1945 führte ich erst noch das Bankgeschäft [in Zerbst – E.S.] *musste dieses dann auf Anordnung schließen.*[2] *Ich erhielt dann vom Rat des Kreises Zerbst bzw. Landratsamt den Auftrag, die Bank nach neuen Richtlinien zu eröffnen und aufzubauen. Ich habe diese Tätigkeit bis zum Eintritt in den Rentenstand im Jahre 1960 ausgeübt.*

1   Im Dok. 19 finden sich Angaben zur Person des Zeugen und zu seiner Verfolgungsgeschichte.
2   Ein Geschäftsbetrieb aller »alten Banken« war durch die Besatzungsmacht vorerst generell untersagt worden.

133

C., Samuel[1]

Nach der Zerschlagung des Faschismus im Jahre 1945 wurde ich unverzüglich wieder in meine Rechte als gleichberechtigter Bürger eingesetzt. Ich erhielt auch alsbald meine Zulassung als Rechtsanwalt wieder (ehemals Rechtsanwalt in Stettin) und war dann als Rechtsanwalt und Notar in Calvörde (Kr. Haldensleben) tätig. Seit 19. März 1948 war ich dann als Richter bei den Stendaler Gerichten tätig.

1   Im Dok. 4 finden sich Angaben zur Person des Zeugen und zu seiner Verfolgungsgeschichte.

134

Fürstenheim, Kurt[1]

Nach 1945 wurde ich Kreisarzt in Neuruppin. Ich bin weiter Kreistagsabgeordneter, Vorsitzender des Kreisausschusses der Nationalen Front[2] *in Neuruppin. Ich wurde im Dezember 1961 zum Sanitätsrat ernannt.*

1   Im Dok. 7 finden sich Angaben zur Person des Zeugen und zu seiner Verfolgungsgeschichte.
2   Am 7.10.1949 gründete sich die Nationale Front des Demokratischen Deutschland, ein Zusammenschluss von Parteien und Massenorganisationen sowie Bürgern.

135

G., Majer[1]

Im Mai 1945 wurde ich dann von der Roten Armee befreit und kehrte nach Bautzen zurück.[2] *Durch die bestehende antifaschistische Ordnung bzw. deren Organe*[3] *wurde mir jede Unterstützung gegeben und ich erhielt alle persönlichen Rechte, wie sie einem jeden Bürger zustehen, zurück. Ich bekam sofort eine Wohnung, Möbel und auch Arbeit zugewiesen und konnte mich von nun an wieder wie ein freier Mensch bewegen. Ich wurde zum 2. Mal geboren. Ich siedelte dann nach Leipzig über und war hier 3 Jahre als sowjetischer Dolmetscher und 7 Jahre als Annahmestellenleiter der VEB Wäscherei der Stadt Leipzig tätig.*

1   Im Dok. 35 finden sich Angaben zur Person des Zeugen und zu seiner Verfolgungsgeschichte.
2   G. war in die Konzentrationslager Auschwitz und Buchenwald sowie einige von ihm nicht benannte Außenlager verschleppt worden.
3   Grundlage der antifaschistisch demokratischen Ordnung bildete das Potsdamer Abkommen, das dem deutschen Volk die Chance gab, sein Leben auf einer demokratischen und friedlichen Basis wieder aufzubauen. In diesem Sinne erfolgte in der SBZ die Enteignung der Betriebe von Kriegsverbrechern und Großgrundbesitzern. Eine Bodenreform gab den landarmen Bauern und Umsiedlern Grund und Boden. In Gemeinden, Kreisen, Provinzen und Ländern wurden antifaschistisch demokratische Selbstverwaltungsorgane geschaffen.

136

Lanius, Emma[1]

Am 11. Juni traf ich mit meinem Sohn in Berlin ein. Ich erhielt Wohnung in Berlin-Lichtenberg. Am 10. September 1945 nahm ich meine Tätigkeit beim Magistrat von Groß-Berlin, Abt. Sozialwesen auf. 1951 wurde ich als Kaderleiterin in den Dietz-Verlag[2] geholt. Dort arbeitete ich bis Mai 1954. (…)
Mein Sohn nahm im Herbst 1945 sein Studium auf und ist jetzt bereits seit Jahren Doktor der Physik (Kernphysik), z. Zt. Direktor der Forschungsstelle für Physik hoher Energien in Zeuthen.

1 Im Dok. 114 finden sich Angaben zur Person der Zeugin und zu ihrer Verfolgungsgeschichte.
2 Der Dietz-Verlag ist auf den seit 1881 von Johann Heinrich Wilhelm Dietz (1843-1922) geleiteten Verlag zurückzuführen. Danach gehörte er der SPD. Durch den 1946 erfolgten Zusammenschluss von SPD und KPD und den Parteiverlagen Neuer Weg (KPD) und Vorwärts (SPD) entstand in Berlin der von Emma Lanius erwähnte Dietz-Verlag. Gleichzeitig existierte der Verlag J.H.W. Dietz Nachf. GmbH, seit 1999 Karl Dietz Verlag Berlin GmbH.

137

Sternheim, Bruno[1]

Nach der Befreiung des Lagers [Theresienstadt – E.S.] *durch die Sowjetarmee bin ich wieder nach Chemnitz zurück, wo ich am 2.1.1946 meine Tätigkeit als Elektroingenieur im Eltwerk Siegmar-Schönau[2] aufnahm. Ab 1.4.1946 bis Ende 1950 hatte ich dort die Funktion des Betriebsleiters übertragen bekommen.*

1 Im Dok. 98 finden sich Angaben zur Person des Zeugen und zu seiner Verfolgungsgeschichte.
2 Elite-Diamant-Werk für die Herstellung von Fahrrädern, seit 1952 »VEB Fahrradwerke Elite Diamant«.

138

Bachmann, Fritz[1]

Nach 1945 war ich zunächst bei der Kriminalpolizei. Später habe ich bei der VVB Furniere und Platten[2] gearbeitet und dort wurde mir auch die Möglichkeit zur Aufnahme eines Abendstudiums gegeben, das ich als Ingenieur für Holz-Technologie abgeschlossen habe.

1 Im Dok. 95 finden sich Angaben zur Person des Zeugen und zu seiner Verfolgungsgeschichte.
2 Die VVB Furniere und Platten in Leipzig bestand von 1958 bis 1979, vorher 1948 VVB Mittelholz Leipzig-Wiederitzsch, 1951 VVB Holzbearbeitung, 1956 Hauptverwaltung Schnittholz-Furnier-Platten.

139

Magaram, Harry[1]

Zunächst habe ich mich in Stollberg/Sa. niedergelassen. Dort habe ich bis 1948 in einem Kino als Theaterleiter gearbeitet. Bis 1952 war ich bei der Wismut in Aue und Saalfeld[2] als Schachtleiterhelfer. Vom Objekt 86 in Saalfeld wurde ich dann zur ABF in Jena[3] delegiert, wo ich bis 1954 war. Im Anschluss daran studierte ich an der Hochschule für Binnenhandel[4] und zuletzt an der Karl-Marx-Universität[5] – Wirtschaftswissenschaftliche Fakultät – in Leipzig. Im Jahre 1961 erhielt ich mein Diplom als Dipl.-Ökonom und arbeitete seit dieser Zeit im VEB Drehmaschinenwerk in Leipzig[6] als Absatzleiter.

1 Im Dok. 71 finden sich Angaben zur Person des Zeugen und zu seiner Verfolgungsgeschichte.
2 Die Sowjetisch-Deutsche Aktiengesellschaft (SDAG) Wismut war ein Bergbauunternehmen, deren Standorte sich in Thüringen, Sachsen und Sachsen-Anhalt befanden und Uranerz förderten. Seit 1948 erfolgte eine Erweiterung des Bergbaus auch in Aue/Sachsen.
3 Zwischen 1949 und 1963 lernten an der Jenaer Arbeiter- und Bauernfakultät 5.300 Studenten für die Erlangung ihrer Hochschulreife. 1963 wurde die ABF geschlossen.
4 Die Hochschule für Binnenhandel in Leipzig war 1953 gegründet worden. Sie diente der Ausbildung von Binnenhändlern. 1963 erfolgte ihre Auflösung. Die Ausbildungseinrichtung wurde der Universität Leipzig angeschlossen.
5 Am 5.2.1946 wurde die Universität wieder eröffnet. 1953 erhielt sie den Namen Karl-Marx-Universität Leipzig. Die Gründung der Universität Leipzig (Alma mater Lipsiensis) geht bis in das Jahr 1409 zurück.
6 Nach Auflösung der Firma A. H. Paul in Leipzig 1946, wurde das Unternehmen Werkzeugbau und Reparaturbetrieb GmbH Leipzig gegründet. Am Ende des Jahres 1949 erlosch die Firma. Mit dem Vermögen wurde der VEB Drehmaschinenwerk Leipzig aufgebaut.

140

Edel, Peter[1], geb. 12. Juli 1921 in Berlin.
»Geltungsjude«.
1933: Schüler, Berlin.
Befragung am 27. Juni 1963, Berlin.
Tätigkeit und Wohnort 1963: Schriftsteller, Journalist, Berlin-Lichtenberg.[2]

Von Auschwitz kam ich später über Sachsenhausen und Mauthausen in das Konzentrationslager Ebensee[3], wo ich am 5. Mai 1945 befreit wurde.
In allen diesen Lagern versuchte ich, Widerstand zu leisten, und da ich durch meinen erlernten Beruf als Maler und Graphiker und nach einiger Zeit auch durch die Hilfe der Kameraden Zeichenmaterial in die Hände bekam, für SS-Leute Porträts nach Fotos zeichnen musste, benutzte ich dieses Material auch dazu, heimlich Zeichnungen herzustellen, die die Verbrechen der SS und das Lagerleben dokumentarisch festhielten. In den letzten Lagern war ich zusammen mit meinem tschechoslowakischen Kameraden Leo Haas, der ebenfalls als bekannter Maler und Graphiker auf dieselbe Weise seine antifaschistisch-künstlerische Tätigkeit fortsetzte. Einige dieser mit Hilfe der Kameraden aus dem Lager herausgebrachten Zeichnungen hängen heute u.a. im Museum für Deutsche Geschichte[4] und im Museum der Nationalen Gedenkstätte Sachsenhausen.[5] Beschreibungen und Reproduktionen einiger dieser Arbeiten wurden in Heft 4,»Junge Kunst« im Jahre 1960 veröffentlicht.[6]

Quelle: BStU, Bd. 48, Bl. 200–205.

1 Eigentl. Peter Hirschweh.
2 Gestorben am 4.7.1983.
3 Ebensee war ein Außenlager des KZ Mauthausen. Es befand sich am Südufer des Traunsees in Oberösterreich und existierte vom 18.11.1943 bis zur Befreiung am 6.5.1945. Die Aufgabe der Häftlinge bestand darin, Stollenanlagen für die Raketenversuchsanstalt Peenemünde zu bauen. Am 3.5.1945 befanden sich 16.449 Gefangene in Ebensee. Am 5.5.1945 verließ die SS-Bewachung das Lager, das einen Tag später durch amerikanische Truppen befreit wurde.
4 Das Museum für Deutsche Geschichte wurde am 18.1.1952 als zentrales historisches Museum gegründet. Eröffnet wurde es am 5.7.1952 im »Zeughaus«, in Berlin, Unter den Linden. Seit 1990 Deutsches Historisches Museum.
5 Die Nationale Mahn- und Gedenkstätte Sachsenhausen wurde am 23.4.1961 eröffnet.
6 Sein Roman »Die Bilder des Zeugen Schattmann« (1969) trägt autobiographische Züge. Schattmann soll vor dem Obersten Gericht im Globke-Prozess aussagen und erinnert sich an seinen Leidensweg. Der Roman diente als Vorlage für den 1972 unter dem gleichen Titel entstandenen 4teiligen Fernsehfilm.

141

Rebling, Rebekka, Künstlername: Lin Jaldati, geb. 13. Dezember 1912 in Amsterdam.
»Jüdin«.
1933: Engagement beim holländischen Revue-Ballett. Seit 1937 Tänzerin und Sängerin in eigenen Programmen mit jiddischen Liedern und Tänzerin auf jüdischen Themen.
Befragung am 22. Mai 1963, Berlin.
Tätigkeit und Wohnort 1963: Sängerin (Vortragskünstlerin), Eichwalde b. Berlin.[1]

Nicht möglich war es, Margot und Anne Frank zu retten. Zuerst erkrankte Margot an Flecktyphus. Sie begann, bei hohem Fieber zu phantasieren, schleppte sich noch einige Tage hin und verstarb dann. Das war für uns alle besonders schrecklich. Margot war ein herrlicher tapferer Mensch. Anne Frank war über den Tod ihrer geliebten Schwester in größte Verzweiflung geraten. Wir versuchten, sie aufzumuntern und kümmerten uns besonders um sie. Auch Anne Frank war ein talentiertes und gutes

Lin Jaldati; Quelle: BArch, Bild 183-B0711-0005-023/Stöhr

Mädchen. Hunger und Fleckfieber jedoch, hervorgerufen durch die SS-Banditen in Menschengestalt, löschten auch diesem jungen Mädchen das Leben aus. Anne lag in den letzten Stunden neben ihrer toten Schwester.² Mit diesen beiden Mädchen starb gleichzeitig die 16jährige Sonja van Amstel³, die Tochter einer Amsterdamer Bildhauerin. Sie alle starben als junge, unschuldige Opfer jener Rassengesetze der Nazidiktatur. Dieses Mädchen haben wir dann in eine Decke gehüllt, in eine große Grube getragen und beerdigt. Ich erkrankte selbst an Fleckfieber und begann schon zu phantasieren. Zuletzt, d.h. unmittelbar vor unserer Befreiung, erkrankte auch noch meine Schwester. Wären die Engländer nur einen Tag später nach Bergen-Belsen gekommen, glaube ich kaum, dass ich dann noch am Leben gewesen wäre. Die Engländer kamen zuerst vor unser Lager und verschwanden jedoch wieder. Als sie erneut zu unserem Lager kamen, trugen sie Schutzanzüge und führten Planierraupen mit. Diese Planierraupen mussten zuerst die Leichenberge wegräumen und den Weg frei machen für das Betreten des Lagergeländes. Erst nach diesen Maßnahmen konnten wir behandelt werden. Die letzten Tage erlebte ich mehr im Unterbewusstsein, hervorgerufen durch das Fleckfieber. Nähere Einzelheiten, die ich zuletzt geschildert habe, erfuhr ich von meiner Schwester. Damals glaubte ich immer, dass die Männer in den Schutzanzügen Teufel seien, die mich in einer Pfanne braten. Tatsächlich ist, dass die Engländer unsere Tragbare, auf denen wir lagen, laufend von unten anwärmten, um uns so zu helfen. Allmählich bekam ich, zuerst künstlich, dann auf normale Art stärkende Lebensmittel zugeführt und wurde so gerettet. Ich möchte (…) erwähnen, dass ich bei meiner Befreiung noch 28 kg wog.

Nach einigen Wochen kam ich nach Holland zurück. Ein Jahr benötigte ich für meine Genesung, soweit eine solche überhaupt noch möglich war. Die holländische Regierung gab uns jede erdenkliche Unterstützung. Ich wurde als aktive Widerstandskämpferin anerkannt und begann allmählich, nach meiner Genesung wieder beruflich, und zwar als Sängerin, tätig zu werden. Tanzen kann ich nicht mehr, da ich mir in der schrecklichen Zeit des faschistischen Terrors ein Herzleiden zugezogen habe. 1952 kam ich mit meinem Ehemann in die DDR und genieße hier alle Rechte als Bürger und Widerstandskämpfer gegen den Faschismus.⁴

Quelle: BStU, Bd. 48, Bl. 140–149.

1 Gestorben am 31.8.1988.
2 Anne Frank, geb. am 12.6.1929 in Frankfurt/Main, emigrierte 1934, nachdem der Vater, der jüdische Kaufmann Otto Frank, 1933 nach Amsterdam geflüchtet war, gemeinsam mit ihrer jüdischen Mutter und ihrer Schwester Margot ebenfalls nach Amsterdam. Nach dem Einmarsch der Wehrmacht 1940 in die Niederlande versteckte sich die Familie. 1942 begann Anne Frank, ein Tagebuch zu schreiben. Die Unterkunft wurde im August 1944 verraten. Das Tagebuch fiel nicht in die Hände der Faschisten. Anne Frank und ihre Schwester wurden in die Lager Westerbork, Auschwitz und Bergen-Belsen verschleppt. Als einziger der Überlebenden der Familie gab der Vater 1947 das Tagebuch der Tochter in Amsterdam heraus, das in 55 Sprachen übersetzt wurde und ein einmaliges Dokument der Verfolgungsgeschichte der Juden darstellt. Danach wurde der Stoff in Theaterstücken (1956) und Filmen (1959) nachvollzogen. Das Grab von Anne Frank

und ihrer Schwester Margot, von den Angehörigen eingerichtet, befindet sich auf dem Gelände der Gedenkstätte Bergen-Belsen. In dem Anne-Frank-Haus in Amsterdam, das im Mai 1957 errichtet wurde, eröffnete im Mai 1960 ein Museum. In Zusammenarbeit mit dem Anne-Frank-Haus entstand im Juni 1998 das Anne-Frank-Zentrum in Berlin, Rosenthaler Straße 39.
3 Lin Jaldati lernte Sonja van Amstel im KZ Bergen-Belsen kennen. Sie und ihre Familie waren nach Auschwitz verschleppt worden, dort von ihrer Mutter getrennt, kam Sonja van Amstel dann nach Bergen-Belsen.
4 Lin Jaldati wurde durch ihre Interpretation jiddischer Lieder bekannt. Gemeinsam mit ihrer jüngsten Tochter Jalda Rebling, geb. 1951, gestaltete sie Konzerte im In- und Ausland. 1980 produzierten Lin Jaldati, Jalda und Eberhard Rebling die Platte »Für Anne Frank« und seit 1982 auch unter Mitwirkung der ältesten Tochter Kathinka, geb. 1941. 1984 gab sie gemeinsam mit ihrem Ensemble, Eberhard Rebling – Klavier, Kathinka Rebling – Violine, Jalda Rebling – Gesang, ein vielbeachtetes Konzert im Saal der Israelitischen Cultusgemeinde Zürich. Der Live-Mitschnitt des Konzerts erschien 2004 als CD.

142

Kowalski, Franz[1]

Die Befeiung durch die US-Armee am 12.4.1945 erlebte ich in Nordhausen, besser gesagt im Gefängnis in Heringen.[2] Dorthin war ich noch gebracht worden, weil ich nach dem Bombenangriff am 4.4.1945 das Lager mit anderen eigenmächtig verlassen hatte. Ich erhielt alsbald Arbeit, wurde anerkannt als OdF-VdN und es wurde uns seitens der Verwaltungsorgane jede Möglichkeit der Unterstützung zuteil, dass auch ich mir wieder eine gesicherte Existenz aufbauen konnte. Auf religiösem Gebiet wurde uns nach Gründung der DDR gleichfalls jegliche Unterstützung gegeben. Wir konnten z.B. in Halle die durch die Faschisten 1938 vernichtete Synagoge wieder im alten Stil aufbauen und eigene Ferienlager für unsere Kinder errichten, die großzügig materiell unterstützt werden.[3] Mit Genugtuung erlebte ich die menschliche Anerkennung und die mir gebotene Möglichkeit, aktiv auf unserem religiösen Gebiet und gesellschaftlich mitzuarbeiten. Ich gehöre seit 1946 dem Gemeinderat und der Gemeindevertretung Uthleben[4] an und 15 Jahre lang Vorsitzender der Ständ. Komm. Sozialwesen. Ich habe mich ferner in der Volkssolidarität[5] betätigt. Ich hatte auch Parteifunktionen, wurde dann aber aufgrund meiner Tätigkeit in der jüdischen Gemeinde Halle entlastet. Ich bin seit 2 Jahren Vorsitzender der jüdischen Gemeinde Halle und gehöre dem Beirat des Verbandes der jüdischen Gemeinden in der DDR[6] seit 12 Jahren an.

1 Im Dok. 61 finden sich Angaben zur Person des Zeugen und zu seiner Verfolgungsgeschichte.
2 Heringen liegt 15 km nördlich der Stadt Nordhausen.
3 Die Jüdische Gemeinde zu Halle hatte sich 1947 wieder gegründet. Zu diesem Zeitpunkt gehörten ihr noch 62 Mitglieder an. Nach dem Tod des Vorsitzenden, Hermann Baden, übernahm 1962 sein Stellvertreter Franz Kowalski das Amt. Auseinandersetzungen in der Gemeinde führten dazu, dass Franz Kowalski 1968 den Vorsitz niederlegte

und sich der Jüdischen Gemeinde zu Dresden anschloss. Vgl. 300 Jahre Juden in Halle, hrsg. von der Jüdischen Gemeinde zu Halle, Halle 1992.
4 Der Wohnsitz von Franz Kowalski befand sich in Uthleben, Bezirk Erfurt, so dass die Geschäfte der Gemeinde häufig durch die Vorstandsmitglieder wahrgenommen werden mussten. Gedankt sei der Jüdischen Gemeinde zu Halle, die der Autorin wichtige Hinweise übergab.
5 Die Volkssolidarität als eine Massenorganisation zur freiwilligen solidarischen Hilfe, insbesondere für ältere Menschen, hatte sich am 24.10.1945 gegründet. In ihrer Anfangszeit widmete sie sich den kriegsgeschädigten Kindern, der Hilfe von Umsiedlern und heimkehrenden Kriegsgefangenen sowie der Betreuung von älteren Menschen. Sie richtete Heime und Tagesstätten für Kinder, Jugendliche und Rentner ein, schuf Einrichtungen zur allgemeinen Verpflegung und Betreuung, z. B. auf Bahnhöfen. Ab Anfang der 1950er Jahre widmete sie sich ausschließlich der Betreuung älterer Menschen. Seit 1990 ist sie Mitglied des Paritätischen Wohlfahrtsverbandes.
6 Im November 1946 trafen sich in Berlin Vertreter der Jüdischen Gemeinden zu Berlin, Dresden, Leipzig, Erfurt, Eisenach, Chemnitz, Magdeburg und Halle, um über die Gründung eines Dachverbandes zu beraten. 1947 wurde dieser als Landesverband der Jüdischen Gemeinden in der Sowjetischen Besatzungszone zugelassen. Berlin nahm aufgrund der alliierten Beschlüsse einen Sonderstatus ein und gehörte dem Verband somit nicht an, wurde aber durch den Repräsentanten des Landes Brandenburg, Julius Meyer, vertreten. Seine Aufnahme in den Landesverband der Jüdischen Gemeinden in der DDR erfolgte 1961. Vgl. Andreas Weigelt, Hermann Simon (Hrsg.): Zwischen Bleiben und Gehen, S. 75–129.

143

Heilbrunn, Georg[1]

Ende 1945 eröffnete ich wieder eine Mützenfabrik, die ich 1960 aus Gesundheitsgründen auflöste.
Seit Gründung der VVN bin ich ehrenamtlich in der VVN tätig gewesen. 4 Jahre war ich als Schöffe[2] beim Stadtbezirksgericht Prenzlauer Berg tätig. Des weiteren wirkte ich mit beim Aufbau der Nationalen Front im Stadtbezirk Prenzlauer Berg. Zur Zeit bin ich noch ehrenamtlich tätig im Vorstand der Jüdischen Gemeinde von Groß-Berlin[3].

1 Im Dok. 52 finden sich Angaben zur Person des Zeugen und zu seiner Verfolgungsgeschichte.
2 Laut Gesetz über die Verfassung der Gerichte der DDR (Gerichtsverfassungsgesetz) vom 2.10.1952 (s. Gesetzblatt vom 17.10.1959), ist das Amt eines Schöffen ein Ehrenamt. Die Schöffen wurden gewählt und nahmen an der Rechtssprechung teil. Sie übten in Verhandlungen in Straf- und Zivilsachen das Richteramt mit gleichem Stimmrecht wie ein Berufsrichter aus.
3 Georg Heilbrunn gehörte dem Vorstand der Jüdischen Gemeinde von Groß-Berlin an, der sich im Januar 1953 nach der Fluchtwelle formiert hatte. 1952 zählte die Gemeinde in Ostberlin 2.100 Mitglieder, 1956 1.200 und 1960 980. Vgl. Ulrike Offenberg: »Seid vorsichtig gegen die Machthaber«. Die Jüdischen Gemeinden in der SBZ und der DDR 1945–1990, Berlin 1998, S. 236.

144

Merkel, Samuel[1]

Im August 1945 kam ich wieder mit meiner Ehefrau nach Leipzig zurück. Ich bekam die Gewerbegenehmigung für ein Kosmetikgeschäft. Später im Jahre 1956 wurde ich in den Vorstand der jüdischen Gemeinde[2] berufen und zwei Jahre später zum Vorsitzenden dieser Gemeinde gewählt. Diese Funktion hatte ich bis 1962 inne. Aus Krankheitsgründen trat ich dann zurück.

1 Im Dok. 32 finden sich Angaben zur Person des Zeugen und zu seiner Verfolgungsgeschichte.
2 Die Israelitische Religionsgemeinde zu Leipzig wurde am 15. Mai 1945 wiedergegründet. Im November 1945 gehörten der Gemeinde 250 Mitglieder, im Januar 1949 368 und 1962 130 Mitglieder an. 1956 und 1957 war Merkel Vorstandsmitglied und 1958, 1959 und 1960 Vorsitzender des Vorstandes. Nicht aufgeklärt wurde, warum Samuel Merkel in der Mitgliederliste der Gemeinde aus dem Jahre 1935 als Samuel Ferkel geführt wurde. Gedankt sei der Israelitischen Religionsgemeinde zu Leipzig, die der Autorin wichtige Hinweise und Dokumente übergab.

Anhang

Register der Dokumente (in alphabetischer Reihenfolge der Zeugen)

B., Gerda 51
B., Max 124, 124a
Bachmann, Fritz 95, 95a, 95b, 138
Bachmann, Paula 121
Baer, Lothar 5
Bendit, Willy 91
Benjamin, Margot 8
Bernics, Gertrud 69
Bernstein, Max 45
C., Samuel 4, 133
C., Toni 44
Cerf, Ella 80, 80a
Cohn, Dagobert 92, 92a
Cohn, Erich 28
Cohn, Gertrud 41, 41a, 41b
Edel, Peter (Zeuge im Prozess) 140
Eisen, Walter 53, 53a
F., Mally 27
Flöte, Ilse 113
Frischmann, Elsa 86
Frucht, Elly 106
Fuchs, Elsa 111
Fürstenheim, Kurt 7, 7a, 134
G., Hermann 39
G., Luise 10, 10a, 10b, 10c
G., Majer 35, 135
Garzke, Elise 47
Gehrke, Johanna 89, 89a
Grünstein, Elly 50
Günther, Eberhard 19, 19a, 19b, 19c, 19d, 132
H., Iren 105
H., Karl 96
Hallerstede, Siegfried 102
Hamann, Magdalena 76, 76a
Heilbrunn, Georg 52, 52a, 143
Heitmann, Regina (ZP) 115
Herfurth, Else 22, 22a, 22b, 22c
Hermuth, Lea 90
Heß, Richard 6, 6a
Hirschfeld, Albert 63, 63a
Hofmann, Ernestine 23
Hüttner, Johann (ZP) 81
I., Ruth 110
Isenthal, Georg 56, 130
Israelowicz, Hans (ZP) 24
J., Gabriele 30, 30a
Jungbluth, Jenny 85, 85a, 85b
K., Betty 128

K., Charlotte 67
K., Erika 84, 84a
K., Erwin 68
K., Ida 57
K., Ida 112
K., Karol 122
K., Margot 126
K., Walter 16
Kass, Esther 88
Kohn, Bernhard (ZP) 9
Kowalski, Franz 61, 142
Kuhn, Walter 65
L., Ludwig 66
L., Marianne 125, 125a, 125b, 125c
Lanius, Emma 114, 114a, 136
Levy, Richard 55
Looser, Wilhelm 36
Lorenz, Karolina 101, 101a
Loszczynski, Harry 46
M., Edith 78
M., Felix 123
M., Gerhard 64, 64a
M., Hans 94
M., Hermann 74, 74a
Magaram, Harry 71, 139
Margraf, Frieda 99
Matthias, Helene 2
Mech, Roman 40
Meinzer, Alfred 38
Merkel, Samuel 32, 144
Moses, Agnes 20
Nabel, Franz 108
Nachmann, Hans 87
P., Moszko 60
Pikarski, Nathan 54, 54a, 54b
R., Gerda 109, 109a
R., Günter 93, 93a, 93b, 103
Rasch, Karl 77
Rebling, Eberhard (ZP) 120
Rebling, Rebekka (ZP) 141
Rosenberg, Paula (ZP) 82
Rosenthal, Charlotte (ZP) 118
Rosenthal, Heinrich 43, 43a, 72, 72a, 97, 97a
Rosenzweig, Hermann (ZP) 62
Rotstein, Siegmund 26
S., Bruno 116, 116a, 131
S., Erika 14
S., Erna 29

S., Felix 31
S., Hugo 13
S., Ida 117
S., Margarete 104
S., Rosa 129
S., Theodor 49, 49a, 49b
S., Willi 15
S., Wolfgang 34
Sabalski, Margarete 70
Salzmann, Alfred 83, 83a, 83b, 83c
Saretzki, Elsa 1
Seyffert, Frieda 100
Silbermann, Max 25, 25a
Sonenstain, Maria 75, 75a
Sternberg, Wilhelmine 21, 21a
Sternheim, Bruno 98, 137

Stieger, Eidel-Fayga 107
Strämlow, Valerie 119
Süßermann, Moses 33
Sydow, Erna 18, 18a
T., Sara 58
T., Susanna 11, 11a, 11b, 11c, 11d
V., Bernhard 42, 42a
Vaternacht, David 37, 37a, 37b, 37c, 37d
Wattmann, Willy 48
W., Mordechaj 59
W., Werner 12
Weissrock, Erwin 3
Werner, Margarete 127
Wittmann, Ella 79
Z., Detlef 73, 73a, 73b
Zorn, Rosa 17, 17a, 17b

Ortsregister

Ahrensdorf 80
Alpen, Gebirge 10
Alsfeld 29
Altona 48
Alt-Ruppin 33
Amerika 126, 228
Amsterdam 21, 161, 177, 244–246
Anderlecht 84
Angern 190, 191
Antwerpen 119
Argentinien 159, 212
Artern 50
Athen 210
Aue 47, 101, 242
Auschwitz, KZ 19, 21, 82, 102, 119, 136, 140, 144, 146, 159–161, 163–166, 167–169, 177, 180–181, 183, 193–194, 205, 207, 210, 217, 223–224, 228, 230, 240, 243, 245–246

Bad-Sülz 126
Baja 202
Barmen 101
Bartnig 42
Bautzen 95, 240
Bayreuth 53, 213
Belgien 59, 84, 93, 131, 225–226
Belzéc 144
Bergen-Belsen, KZ 210, 224, 245–246
Berlin-Baumschulenweg 225
Berlin-Biesdorf 107, 206
Berlin-Buchholz 26, 169
Berlin-Charlottenburg 111, 207
Berlin-Friedrichshagen 27
Berlin-Hohenschönhausen 111, 181
Berlin-Johannisthal 181
Berlin-Jungfernheide 140
Berlin-Karlshorst 50, 177, 206, 236
Berlin-Köpenick 25, 30, 179, 206, 215–216, 220
Berlin-Kreuzberg 225
Berlin-Lichtenberg 30, 81, 206–207, 210, 216, 227, 233, 241, 243
Berlin-Lichterfelde 31, 33, 168
Berlin-Mahlsdorf 30, 213
Berlin-Marienfelde 142
Berlin-Moabit 43, 145, 165, 215, 217, 233
Berlin-Oberschöneweide 205
Berlin-Ost 9, 12, 238
Berlin-Pankow 26, 69, 110, 127, 149, 165, 232, 239
Berlin-Plötzensee 182
Berlin-Prenzlauer Berg 26, 110, 127, 227, 239, 247

Berlin-Treptow 205
Berlin-Wedding 112, 140
Berlin-Weißensee 27–28, 58, 70, 76, 111–112, 120, 127, 140, 150, 170, 174, 179–182, 214, 218, 220, 225, 228, 233
Berlin-Zehlendorf 28, 142
Beuthen 87–88, 90–91
Bielefeld 150
Bielitz 165
Biesdorf s. Berlin-Biesdorf
Birkenau s. Auschwitz
Bitterfeld 213
Blankenburg 235
Blechhammer 119
Bober 205
Böhmen 49, 147
Bolivien 16
Bonn 19–21, 117
Borsigwalde 181–182
Brandenburg 12, 156, 158, 167, 170, 247
Brandenburg-Görden, Haftstätte 165, 167
Brasilien 16
Breslau 27, 68, 73–74, 90, 103, 160–161, 219–220, 235
Brockau 103
Brüssel 84, 225–226
Buchenwald, KZ 92, 95, 97, 101–103, 114, 117–118, 141, 151, 164, 167, 193, 212, 240
Buchholz s. Berlin-Buchholz
Budapest 209, 234
Budow 140
Budsin 108
Buenos Aires 212
Burg 184

Calbe 136
Calvörde 239
Chateau du Loir 186–187
Chemnitz 79, 81, 169, 177, 192, 210–212, 228, 241, 247
China 16, 78, 124
Colmar 47
Coswig 63
Cottbus 12, 177, 193, 227
Cravant 138, 184
Częstochowa 87–88, 131–133

Dachau 20, 92, 95, 102, 126, 167, 169
Dahlem 33
Dalldorf 207
Dänemark 93, 131, 145
Danzig 129, 145, 151

Degersheim 83
Desna, Fluss 162
Dessau 63
Deutsch-Krone 173
Dnjepr, Fluss 162
Dora, KZ 141, 166, 235
Dresden 12, 20, 48–49, 81, 90, 156–158, 169, 176–177, 194–195, 202, 212, 238, 247
Drütte 210

Ebensee 243
Eberswalde 96, 133
Eggersdorf 229–231
Eiche 173
Eichwalde 244
Elbing 123, 125
Elsaß 47
Elsterberg 53–54
Emmaus 28
Emsland 52–53
England 16, 49, 83–84, 121, 126, 194, 214, 223
Erfurt 12, 36, 50–52, 68, 83, 103, 117, 134, 147, 160, 201, 247
Essen 51
Ettersberg 95, 102
Evian 62

Falkensee 140
Flossenbürg, KZ 169
Frankfurt/Main 19, 25, 36, 81, 137, 147, 167, 188, 190, 196, 245
Frankfurt/Oder 12, 96, 112, 133, 158, 173, 229
Frankreich 16–17, 49, 59, 83, 92–93, 117–118, 131, 138, 143, 164, 190–191, 203, 236
Freiberg 168–169
Friedenau 182
Fürstenwalde/Spree 80

Gardelegen 31, 140–141, 184
Genua 78, 222
Gera 12, 53, 114, 225
Gewitz 225
Gleiwitz 82, 119, 167
Glogau 161–162
Glowitz 229
Görlitz 205
Görschnitz 53
Göteborg 118
Gotha 201
Greiffenberg 232
Griechenland 190, 209–210
Grimma 55
Großbritannien 49, 59, 93–94, 236
Groß-Rosen, KZ 102–103, 119, 162, 228

Gunsleben 117
Güterfelde 155–156

Halberstadt 183–184, 200, 235
Haldensleben 172, 200, 239
Halle 12, 126, 164, 246–247
Hamburg 10, 26, 80, 114, 126, 210
Hannover 215, 226
Harz, Gebirge 187–189, 196, 235
Havelberg 80
Hennigsdorf 140
Heringen 246
Herzberge 206
Hessen 29
Hirschberg 205
Hof 113, 176
Hohen Neuendorf 207
Holland 16–17, 49, 161–162, 223–224, 245
Huizen 224

Israel 17, 19, 117, 238
Italien 16, 49, 59, 82

Jena 242
Jerusalem 9, 28
Jugoslawien 158, 190, 193

Kairo 179
Kaiserwald, KZ 151
Karl-Marx-Stadt 12, 47, 79, 81, 101, 192, 228
Karlovy Vary 203
Karlsruhe 10, 114
Kattowitz 90
Kattowitz-Josefsdorf 140
Kaunas 143, 220
Klein Machnow 52, 123
Koblenz 186
Kolmar 108, 155
Köln 19, 117, 204–205
Königs Wusterhausen 131–132
Königsberg 213–214
Köpenick s. Berlin-Köpenick
Krakau 81, 89, 97, 102, 129–130, 133, 162–163
Krakau-Płaszów 163
Kraków s. Krakau
Krefeld 218
Kuba 16
Kyritz 156

Lagrasse 118–119
Lankwitz 33
Lask 225
Le Lude 186–187

Leipzig 12, 19, 29–30, 42–43, 48, 55–56, 78–79, 81, 85–90, 95, 108–109, 113–114, 116, 118, 121–122, 127–128, 136–137, 150, 153, 155, 157, 161–164, 183, 187–188, 191–193, 195–196, 203, 209–210, 212, 219, 225–226, 234, 240, 242, 247–248
Leipzig-Plagwitz 55
Leipzig-Schönau 113
Leipzig–Wahren 195
Lelow 95
Lemberg 91, 195
Lenne 215
Leslau 134
Libau 147–148
Lichterfelde s. Berlin-Lichterfelde
Lidice 147
Liebstadt 123
Lipenec 215
Litauen 150
Litzmannstadt 144
Liverpool 126
Löbau 156–157
Łódź s. Litzmannstadt 130, 134–136, 144, 225–226
London 78, 84, 121, 161, 215
Longwy 190
Lübbow 52
Lublin 129–130, 163
Lüchow 52
Ludwigslust 134, 214
Luxemburg 117, 131, 186, 191
Lwow s. Lemberg

Magdeburg 12, 14, 29, 31, 63, 67, 73, 97, 104, 117–118, 138, 140, 172, 183–184, 187, 190, 200, 204–205, 218, 226, 235, 247
Magdeburg-Stadtfeld 117
Mahlsdorf s. Berlin-Mahlsdorf
Mähren 49, 147
Mährisch-Ostrau 76, 192
Majdanek, KZ 144
Malchow 163–164
Marienburg 36
Märkisch Oderland 230
Mauthausen, KZ 20, 168–169, 177, 243
Mecklenburg 12, 20, 126, 163, 186, 214
Mecklenburg-Schwerin 214
Mieste 141
Minsk 143
Moabit s. Berlin-Moabit
Möckern 85
Mohrungen 123
Moskau 113
Mühlheim/Ruhr 117

München 49, 92, 95, 114, 219

Narew, Fluss 62
Natzweiler-Struthof, KZ 191
Neubrandenburg 12
Neuendorf 80, 207
Neuengamme, KZ 191, 210
Neuenhagen 112
Neuruppin 240
Neu-Sandez 81
Neustadt 227
Niederbarnim 230
Niederlande 93, 131, 145, 224, 245
Nikolaiken 121
Nordafrika 117
Nordhausen 134, 141, 147, 166–167, 246
Nordsee 10
Normandie 184, 191
Norwegen 131
Nowogrodek 150

Oberschlesien 119, 222
Oloron-Sainte-Marie 204
Oranienburg 141–142, 194, 207
Orloron 203
Orsorkow 204
Osnabrück 167
Osterode 55, 187–189, 196
Österreich 59, 61, 83–84, 102, 145, 150, 212
Osteuropa 62, 82, 149, 162
Ostpreußen 123–124, 129, 214
Ottmuth 119

Paderborn 227
Palästina 16, 28, 49, 61, 80–81, 117, 203
Paneriai 150
Papenburg 52–53
Parchim 186
Paris 36, 49, 81, 92, 107, 118, 161, 183–184, 186, 191, 193–194, 203
Pas de Calais 203
Peenemünde 141, 243
Persien 28
Placzow s. Krakau-Plaszów
Plauen 53–54
Podolien 150
Podzwicyniec 159
Polajewo 96
Polen 17, 49, 59, 62, 81, 85, 87, 89, 91–92, 95, 97, 110, 119, 129–134, 140, 143, 162–164, 166, 190, 204, 207, 226–228, 235–236
Pommern 29, 78, 140, 156, 229, 233
Portugal 143
Posen 70, 96, 108, 114, 129, 134, 155, 181, 216

Posen-Jersitz *200*
Potsdam *12, 20, 33, 52, 96, 123, 131–132, 140–142, 155–156, 174, 207, 215, 236*
Prag *49, 147, 211, 215, 217–218, 238*
Prausnitz *27*
Prenzlauer Berg s. Berlin-Prenzlauer Berg
Pyrenäen, Gebirge *193*

Radeberg *176*
Radom *129*
Ramle *9*
Ravensbrück, KZ *163–164, 210*
Reims *190*
Reinickendorf *145*
Rheinland *59, 101, 201*
Riesengebirge *211–212*
Riga *143, 148, 150–151, 157*
Roßlau *63*
Rostock *12, 126, 186*
Rothenförde *186, 218*
Rottleberode *141*
Rumänien *157*

Saalfeld *55, 242*
Saar, Fluss *10*
Saarland *37*
Sachau *184*
Sachsen *12, 54, 95, 156, 168, 177, 210, 242*
Sachsen-Anhalt *12, 213, 242*
Sachsenhausen, KZ *92, 95, 103, 119–121, 126, 134, 165–166, 168, 223, 228, 243*
Saloniki *209–210*
Salzgitter *210*
Salzwedel *191*
San, Fluss *62*
Sangerhausen *50*
Sarstedt *215*
Schildau *205*
Schkeuditz *42*
Schlesien *42, 55, 88, 129, 160, 205, 232*
Schlesiersee *161–162*
Schloppe *173*
Schöneberg s. Berlin-Schöneberg
Schweden *49, 93, 118*
Schwedt/Oder *112*
Schweiz *61, 83–84, 203, 228, 232*
Schwerin *12, 20, 134, 186–187, 214*
Sensburg *121*
Shanghai *16, 78, 123–124, 222*
Siegmar-Schönau *241*
Sobibór *144*
Sokolow *133*
Solsdorf *55*
Sorau *206–207*

Sosnowiec *232*
Sowjetunion *16, 36, 81, 85, 91, 117, 130, 133, 143, 150, 164*
Spanien *117, 143, 203*
Spindlermühle *211*
Stahnsdorf-Güterfelde s. Güterfelde
Stalingrad *145, 176–177*
Stanislau *85*
Staßfurt *136, 186–187, 218, 239*
Stendal *29, 239*
Stettin *29–30, 149–150, 218–219, 239*
Stollberg *242*
Stolp *78, 233*
Strasbourg *114*
Strausberg *229*
Stuttgart *123*
Stutthof, KZ *151, 157*
Südafrika *16*
Sudetenland *49, 204*

Tangerhütte *190*
Taucha *153, 155*
Teheran *28*
Tel Aviv *9*
Tessin *126*
Theresienstadt, Ghetto-KZ *36, 52–53, 55, 81, 108, 114, 137, 144, 146, 161, 167–171, 188, 192–193, 195–196, 213, 215–217, 222–223, 232, 241*
Thorn *134*
Thum *210*
Thüringen *12, 55, 95, 114, 162, 201, 225, 242*
Tour/Le Mans *186*
Treblinka, KZ *144, 210*
Trebnitz *103*
Trier *186*
Tschechoslowakei *49, 59, 164, 203*

Uelleben *201*
Uhlenhorst *30*
Ungarn *145, 164, 202, 234, 237*
Uthleben *134, 246–247*

Viersen *201*
Vilna *149–150, 228*
Vilnius s. Vilna

Waldheim *176–177*
Warschau *62, 87, 103, 129–130, 134, 146, 174, 226, 228–229*
Warthe, Fluss *162*
Wartheland *129*
Wedding s. Berlin-Wedding
Weichsel, Fluss *62*

Weimar 50, 95, 97, 102–103, 114
Weißwasser 162
Wendenschloß 179
Wengrow 133–134
Wermsdorf 163
Westberlin 194, 214, 223, 238
Westerbork 161–162, 224, 245
Westeuropa 59, 130
Westfalen 215, 227
Westpreußen 36, 129, 134, 173
Whitley 83
Wien 83, 89, 101, 144, 170, 209
Wismar 135
Wittenau 182, 206
Wjasma 52

Wloszczowa 95
Wolmirsleben 186
Wriezen 158–159
Wuhlgarten 206
Wulkow 169–170
Zarki 132–133
Zbinczin 89
Zehlendorf s. Berlin-Zehlendorf
Zeitz 225
Zerbst 63–64, 66, 105–106, 239
Zeuthen 131–132, 215, 241
Zgierz 134
Zduńska Wola 235
Zwickau 53, 101

Liste der Dokumente aus Privatbesitz

1. **Antisemiten an der Macht**
   1933 bis 1935

Schreiben des Präsidenten der Reichsmusikkammer (gez. Dr. Peter Raabe) an Richard Heß vom 22.8.1935, betr. Ablehnung des Aufnahmeantrages und damit Verbot einer weiteren Berufsausübung, s. Dok. 6a.

Schreiben des Reichs- und Preußischen Ministers des Innern an Dr. med. Kurt Fürstenheim vom 12.3.1935, betr. Ausschluss »nichtarischer« Ärzte von Weiterbildungsmaßnahmen und Sonntagsdiensten, s. Dok. 7a.

2. **Entrechtete Staatsbürger**
   Der 15. September 1935

Schreiben der Preußischen Standesämter Berlin III an Gerhard Gebel vom 24.7.1935, betr. Ablehnung der Eheschließung zwischen einem »Arier« und einer »Nichtarierin« (Abschrift), s. Dok. 10a.

Schreiben des Staatskommissars von Berlin an Luise Veuve vom 23.3.1936, betr. Aufforderung zur Entrichtung von 10.- RM für die Versagung der Ehegenehmigung, s. Dok. 10b.

Vorladung an Luise Veuve durch das Städtische Gesundheitsamt Mitte vom 14.9.1936, betr. Ehegenehmigungsgesuch und Vorladung zu einer ärztlichen Untersuchung, s. Dok. 10c.

Die Nürnberger Gesetze in Übersichtstafeln, Legende, s. Dok. 11a.

Die Nürnberger Gesetze in Übersichtstafeln, »Mischling 2. Grades«, s. Dok. 11b.

Die Nürnberger Gesetze in Übersichtstafeln, »Mischling 1. Grades«, s. Dok. 11c.

Die Nürnberger Gesetze in Übersichtstafeln, »Jude«, s. Dok. 11d.

Schreiben der NSDAP Kreisgeschäftsstelle Leipzig, Amt für Erzieher, Abteilung der Kreisamtsleiter, an Richard Zorn vom 11.10.1935, betr. seinen Ausschluss aus dem NS-Lehrerbund, s. Dok. 17a.

Urkunde, ausgestellt am 5.7.1937, betr. Versetzung des Volksschullehrers Richard Zorn in den dauernden Ruhestand, s. Dok. 17b.

Urkunde, ausgestellt am 26.6.1937, betr. Versetzung des Postschaffners im Kreisdienst Karl Erich Walter Sydow in den dauernden Ruhestand, s. Dok. 18a.

3. **Leben im Ungewissen**
   1936 bis Herbst 1938

Schreiben der Kreisleitung der NSDAP Zerbst an Eberhard Günther vom 6.9.1935, betr. Einschätzung des Geschäftes als »nicht rein arisch«, s. Dok. 19a.

Schreiben der Anhaltischen Industrie- und Handelskammer an die Firma Schlüter & Günther vom 23.2.1938, betr. Einschätzung der Firma als »nichtjüdisch«, s. Dok. 19b.

Schreiben des Kreisleiters der NSDAP Zerbst an die Firma Schlüter & Günther vom 29.3.1938, betr. Einschätzung der Firma als »weiter jüdisch«, s. Dok. 19c.

Schreiben des Gauleiters der NSDAP Magdeburg-Anhalt an das Bankgeschäft Schlüter & Günther vom 11.4.1938, betr. Bestätigung der Entscheidung der Kreisleitung, die Firma als »jüdisch« einzuschätzen, s. Dok. 19d.

Schreiben der Reichsärztekammer Berlin, der Beauftragte für jüdische Behandler Dr. Hermann, vom 12.10.1938, betr. Auflagen gemäss der 4. Verordnung zum Reichsbürgergesetz, s. Dok. 21a.

Kennkarte der Else Herfurth aus Breslau, s. Dok. 22a.

Benachrichtigung der Standesämter I und IV in Breslau durch Else Herfurth vom 30.1.1939, betr. Änderung des Vornamens, s. Dok. 22b.

Geburtsurkunde der Else Schindler, ausgestellt am 14.9.1940, betr. Eintragung des zusätzlichen Vornamens »Sara«, s. Dok. 22c.

Reisepass von Max Silbermann aus Leipzig, ausgestellt am 6.1.1938, s. Dok. 25a.

Schreiben des Polizeipräsidenten zu Leipzig, Ausländeramt, an Jacob J. und Familie vom 28.10.1938, betr. Verbot des Aufenthaltes im Reichsgebiet und Ausweisung der Familie, s. Dok. 30a.

4. Terrorisiert, beraubt, vertrieben
   November 1938 bis September 1939

Uhrengeschäft Vaternacht, Innenausstattung (Foto), s. Dok. 37a.

Uhrengeschäft Vaternacht, Fensterauslage (Foto), s. Dok. 37b.

Menschenansammlung vor dem demolierten Uhrengeschäft Vaternacht nach der »Kristallnacht« (Foto), s. Dok. 37c.

Uhrengeschäft Vaternacht nach der »Kristallnacht« (Foto), s. Dok. 37d.

Bescheid über die Judenvermögensabgabe des Finanzamtes Zerbst an Ida Freudenberg, Schwiegermutter des Eberhard Günther, vom 15.2.1939, s. Dok. 41a.

Bescheid über einen weiteren Teilbetrag der Judenvermögensabgabe an Ida Freudenberg, Schwiegermutter des Eberhard Günther, vom 13.11.1939, s. Dok. 41b.

Mitteilung des Haus- und Grundbesitzer-Vereins Biesdorf-Nord e.V. an Bernhard V. vom 4.12.1938, betr. Ausschluss aus dem Verein, s. Dok. 42a.

Schreiben des Leihhauses der Stadt Leipzig an Isidor Rosenthal vom 30.3.1939, betr. Bestätigung des Verkaufes von Gegenständen aus Edelmetall, s. Dok. 43a.

Arbeitszeugnis für Theodor S., ausgestellt am 31.12.1933 durch die Firma Hermann Tietz, Berlin, s. Dok. 49a.

Arbeitszeugnis für Theodor S., ausgestellt am 4.1.1939 durch die Firma Ury Gebrüder A.-G., Leipzig, s. Dok. 49b.

Entlassungsschein der Kommandantur des Konzentrationslagers Sachsenhausen für Georg Heilbrunn, ausgestellt am 14.12.1938, s. Dok. 52a.

Schreiben des Oberfinanzpräsidenten Leipzig, Devisenstelle, an die Eheleute Dr. Walter und Margarete Eisen vom 27.1.1939, betr. Bestätigung einer vorläufigen Sicherungsanordnung, s. Dok. 53a.

Schreiben des Oberfinanzpräsidenten Ostpreußen, Devisenstelle, an Nathan Pikarski vom 10.3.1939, betr. Ausfuhr von Gegenständen (Durchschrift), s. Dok. 54a.

Beleg über die Ablieferung von Wertgegenständen durch Maria Pikarski an das städtische Leihamt Elbing vom 29.3.1939, s. Dok. 54b.

5. Schwindende Lebensbasis
   September 1939 bis Juni 1941

Bekanntmachung der Israelitischen Religionsgemeinde Leipzig vom 21.6.1940, betr. das Betreten von Parkanlagen, s. Dok. 63a.

Entlassungsschein aus der Wehrmacht für den Obergefreiten Gerhard M., ausgestellt am 25.8.1942, s. Dok. 64a.

6. In der Phase der »Endlösung«
   Juni 1941 bis 1945

»Der gelbe Stern«, schwarzer Davidstern auf gelbem Stoff mit der Kennzeichnung »Jude«, zu tragen aufgrund der Polizeiverordnung vom 1.9.1941, s. Dok. 72a.

Berechtigungsausweis für Detlef Z. zur Benutzung von Straßenbahn, Omnibus, Obus zwischen Wohnung und Arbeitsplatz, der Firma Märkle & Kniesche, ausgestellt am 28.10.1941, s. Dok. 73a.

Erlaubnis des Polizeipräsidenten in Leipzig für Detlef Z. zum Verlassen der Wohngemeinde Leipzig zum Arbeitsplatz in Taucha, der Firma Märkle & Kniesche, ausgestellt am 17.12.1942, s. Dok. 73b.

Schreiben der Bezirksstelle Brandenburg-Pommern der Reichsvereinigung der Juden in Deutschland, Berlin, an Hermann M. in Stahnsdorf-Güterfelde vom 27.5.1942, betr. Verbot des Haltens von Haustieren, s. Dok. 74a.

Rundschreiben der Israelitischen Religionsgemeinde zu Dresden e.V. an alle Teilnehmer des Transportes vom 21.1.1942, betr. Entrichtung von geforderten Zahlungen, s. Dok. 75a.

Brief von Dora Fellner an Magdalena (Lena) Hamann vom 14.5.1942, betr. befürchtete Deportation und Abholung des untergestellten Koffers, s. Dok. 76a.

Sterbeurkunde für Werner Cerf, ausgestellt vom Standesamt II Auschwitz, Kreis Bielitz, am 24.4.1943, s. Dok. 80a.

Erlaubnis des 15. Polizeireviers Berlin für Alfred Salzmann, ausgestellt am 27.3.1943, betr. Benutzung von Stadt-, Strassen- und U-Bahn, s. Dok. 83a.

Spar-Karte der Bank der Jüdischen Selbstverwaltung Theresienstadt für Alfred Salzmann, s. Dok. 83b.

Geldschein aus dem Ghetto-KZ Theresienstadt - Quittung über 100-Kronen, s. Dok. 83c.

Hochzeitsfoto, aufgenommen aus Anlass der Vermählung der Schwester von Erika K., s. Dok. 84a.

Heiratsurkunde des Kurt Löwenbach und der Susanna Horwitz, ausgestellt am 22.8.1941 vom Standesamt »Horst Wessel« Berlin, s. Dok. 85a.

Foto der Hochzeit von Susanna und Kurt Löwenbach, Berlin, s. Dok. 85b.

Entlassungsschein aus dem Lager Große Hamburger Str. 26 für Walter Gehrke, ausgestellt am 18.12.1942, s. Dok. 89a.

Entlassungsschein aus dem »Sammellager« Rosenstrasse 2–4 für Dagobert Cohn, ausgestellt am 6.3.1943, s. Dok. 92a.

Verpflichtungsbescheid für Günter R. vom 17.10.1944, betr. OT-Einsatz auf dem Fliegerhorst in Burg, s. Dok. 93a.

Merkblatt, betr. Status und Verhaltensweisen im Zusammenhang mit der Dienstverpflichtung des Günter R., s. Dok. 93b.

Marschbefehl der OT-Einsatzgruppe IV in Osterode/Harz für Fritz Bachmann vom 4.4.1945, s. Dok. 95a.

Reisebescheinigung der OT-Einsatzgruppe IV in Osterode/Harz für Fritz Bachmann vom 4.4.1945, s. Dok. 95b.

Kennkarte des Heinrich Rosenthal in Leipzig, s. Dok. 97a.

Brief von Kurt Lorenz aus Leipzig an Karolina Lorenz in das Ghetto-KZ Theresienstadt vom 10.3.1945, s. Dok. 101a.

7. Widerstand, Selbsthilfe, Solidarität

Beschluss der II. Kammer des Erbgesundheitsgerichtes Berlin vom 26.1.1937, betr. Unfruchtbarmachung der Elisabeth Joseph wegen »Schwachsinn«, s. Dok. 109a.

Postkarte von Emma Lanius aus dem Ghetto-KZ Theresienstadt an den Sohn Karl in Berlin-Köpenick vom 17.4.1944, s. Dok. 114a.

Schreiben der Deutschen Heilpraktikerschaft e.V. München an Bruno S. in Stettin vom 27.2.1943, betr. Aufforderung zur Trennung von seiner »volljüdischen« Ehefrau als Voraussetzung für die Zulassung als Heilpraktiker, s. Dok. 116a.

Kennkarte der Gertruda Nowak in Warschau, s. Dok. 124a.

Kennkarte der Marianne L. in Berlin, s. Dok. 125a.

Bestätigung des Bürgermeisters von Eggersdorf vom 3.1.1945, betr. Identität der Marianne Liebold, s. Dok. 125b.

Personalausweis der Marianne L., ausgestellt am 20.3.1946 durch die Orts- Polizeiverwaltung Eggersdorf, s. Dok. 125c.

Verzeichnis der Abkürzungen

ABF	Arbeiter- und Bauernfakultät
BArch	Bundesarchiv, Berlin-Lichterfelde
BdVP	Bezirksbehörde der Deutschen Volkspolizei
BStU	Bundesbeauftragte für die Unterlagen des Staatssicherheitsdienstes der ehemaligen DDR, Archiv
BVG	Berliner Verkehrsgesellschaft
CJA	Stiftung Neue Synagoge Berlin - Centrum Judaicum, Archiv
CSR	Tschechoslowakische Republik.
CSSR	Tschechoslowakische Sozialistische Republik
DAF	Deutsche Arbeitsfront
DRK	Deutsches Rotes Kreuz
Gestapo	Geheime Staatspolizei
HJ	Hitlerjugend
K	Kriminalpolizei
KdF	Kraft durch Freude
KPD	Kommunistische Partei Deutschlands
KZ	Konzentrationslager
KPdSU	Kommunistische Partei der Sowjetunion
MfS	Ministerium für Staatssicherheit
MGR/SBG	Mahn- und Gedenkstätte Ravensbrück/Stiftung Brandenburgische Gedenkstätten
ND	Neues Deutschland
NKWD	Volkskommissariat für Innere Angelegenheiten
NSDAP	Nationalsozialistische Deutschen Arbeiterpartei
NSF	Nationalsozialistische Frauenschaft
NSV	NS-Volkswohlfahrt
OdF	Opfer des Faschismus
OKW	Oberkommando der Wehrmacht
OT	Organisation Todt
SA	Sturm-Abteilung der NSDAP
SBZ	Sowjetische Besatzungszone
SD	Sicherheitsdienst
SDAG	Sowjetisch-Deutsche Aktiengesellschaft
SED	Sozialistische Einheitspartei Deutschlands
SPD	Sozialdemokratische Partei Deutschlands
SS	Schutz-Staffel
StGB	Strafgesetzbuch
StUG	Stasi-Unterlagen-Gesetz
UdSSR	Union der Sozialistischen Sowjetrepubliken
VdN	Verfolgter des Naziregimes
VEB	Volkseigener Betrieb
VP	Deutsche Volkspolizei
VPKA	Volkspolizeikreisamt
VVB	Vereinigung Volkseigener Betriebe
VVN	Vereinigung der Verfolgten des Naziregimes
WHW	Winterhilfswerk
ZK	Zentralkomitee